第一章　一块钱尽是血泪

民国时期，上海外滩

我童年时，是使用银元的时代。

"银元"早期在上海，叫作"银饼"，这是咸丰六年（1856）上海富商私家所铸造的。这些富商都是经营"沙船"生意的。所谓沙船，是十丈有余的木杆大帆船，由北方运盐到上海，由南方运黄沙到北方。这种黄沙混合了石子和泥土，叫作三合土，是建筑物的主要材料。这种沙船厂，雇用员工数以百计，每月发工资时，为免称量碎银引起争执，所以就由富商王永盛（即王信义沙船厂）、郁深盛（即郁子丰沙船厂）等自铸银饼，规定每一饼有白银五钱。银饼是用手工打成的。这种银饼，是咸丰五年（1855）所铸，我也见过。

后来墨西哥的银元（俗称墨银）流入中国，这是用机器铸造的，分量更准确。外国人到中国来购买物品，都使用这种银元。

一块银元 七钱三分

银元每一个，是用白银七钱三分铸成，库秤是七钱二分，银质最标准的是墨西哥铸成的，上面有一只"鹰"，所以又称为"鹰洋"，因是外洋运来的，文人笔下称为"番饼"，民间称作"洋钿"。一部分文人甚至把一块钱称作"番

鹰洋　　　　　　龙洋　　　　　　袁大头

佛一尊"，足见当时一般人对银元的重视和膜拜。

　　鹰洋在清朝时已普遍流行，大清帝国在光绪年间大量铸造了多种银元，上面有一条龙，称为"龙洋"。到了民国初年，袁世凯秉政，又铸造了一种银元，上面有很大一个袁世凯的头像，所以后来民间将这种银元称为"袁大头"，简称"大头"。上述数种银元，在同一时期等价使用。

　　银元之下，还有两种辅币，第一级是"银角子"，南方称为"毫子"；第二级是"铜元"，俗称"铜板"。这两种辅币，并不是十进制，是要跟着银价、铜价的上落而定，所以又称"小洋"。兑换店天天有市价牌子挂出，一元能换铜板多少？那时市价没有多大上落，银元一枚，可换铜元一百二十八枚左右。

　　白银七钱三分的银元已很重，要是有一百银元的交易，重量即达七十三两，这是不可能带在身边的，因此市面上大宗交易，都用钱庄的庄票，后来钞票也通行起来了。

　　可是银行与钱庄的库存，仍以白银为本位。一切用银元作为流通品，往来结算只是使用银元，所以每天一清早在银行、钱庄汇集之区，可以见到行庄的老司务（即工役）背上负着一个黄藤笆斗，漆上了钱庄名称的黑字，里面盛着银元，互相递解。数目大的要用特制的铁框厚木箱解款，钞票就没有这种麻烦。好在解银元的木箱既笨又重，必须两人才抬得动，抢劫是不可能的。况且那时治安良好，在银行和钱庄区的警卫也极严密，盗劫绝少发生，抢笆斗的事十数年中偶或有之，劫银箱的事简直不曾听见过。

银元放在身边，锵锵有声，而且白花花的色泽更是炫眼，所以旧时个人携带大量银元容易发生事故，俗语所谓"财不露白"，"白"字旧时指银元宝或白银，后来即指白银制成的银元。

钞票轻而易于携带，不会惹人注目，于是钞票的通行越来越旺，使用大量银元的机会日渐减少，大抵十元以下的往来，都用银元，十元以上的则用钞票。钞票分一元、五元、十元、五十元四种，百元钞票我没有见过。

现在已不容易见到从前的银元，目下香港的一元硬币，轮廓比旧时的银元小上一圈，厚度也薄一些。因为银元是九八纯银铸成，仅百分之二是其他金属，所以硬度比百分之百的纯银还要硬。当时银元也有假的，是掺和铜质或铅质制成的，精明的人都懂得辨别的方法，只要拿一块钱敲另一块钱的边缘，真的锵锵有声，假的会发出木木然的哑声。

还有一种含铜质极少的假银元，只要以两手指夹在银元中心，用口唇向银元边际一吹，真的银元会发出很轻微而悠长的"殷"一般的银笛声，假的就没有。银钱业的从业员，在年少学业时，就要练习辨认银色和各种版样，以及辨别响声。银元越出越多，版样名称有二十多种，辨别大批银元的真假，要敏捷。要是不懂得这些技术，就会吃进"夹铜洋钿"，令人懊丧不已。

银元的排列安放，有一定的规格，有一块木板叫作"银元板"，是一块板上雕出十行半圆形的凹穴，每一行可以放五十元，二十行就是一千元，这是银行、钱庄和大商行中所必备的工具。

点数银元又有一种方法，是凭两只手，右手只拿一块银元，左手拿成叠银元。左手指陆陆续续把银元推出，右手就循次一块一块地敲响银元的边，一面敲一面听，听到声音不好的，即刻把那一块钱剔出，于是再敲再数，一五、一十、十五、二十地唱着数下去，一百块钱，不到一分钟，就把鉴别的工作做好了。

小商店，出入较少，凡是逢到一块钱交易，伙计们首先把这一块钱向厚木的柜面上一掷，声音清脆的就收了下去，声音有一些木木然的，就要请客人换一块，所以辨别银元的真假，也是一般人生活上的常识。

银元时代的生活，讲起来，真有一番沧桑史。我就依据自己在这个时代的往事作为出发点，写成本文，借以反映近六十年来物价的变迁。

在我稚龄时期，一切都不甚了了，每天只知道向父母要一个铜元。当时一个铜元，用处极大，可以买糖十粒八粒，可以买大饼油条各一件，或是买生梨一二枚、马蹄二串。记得小时候，到城隍庙去游玩，一个铜元可以买一块百草梨膏糖，孩子们一面吃，一面听卖糖的人（俗呼小热昏）唱着各种各样的歌词。城隍庙的酒酿圆子，是每碗铜元二枚，吃一碗肉面是四个铜元，一块肉又大又厚。汽水称为"荷兰水"，每瓶二个铜元。鸡蛋一块钱可以买到一百五十余只，已经算是很贵的了。

我六岁前，绝少有机会可以看到一块银元。新年中到九姑母处拜年，姑丈号称巨富，开设典当七家，姑母见到我非常高兴，给我一块钱作为"拜年钱"，我拿着银元回来，觉得飘飘然已成为有钱人了。我拿到的那块钱，又由我姑母剪了一个红纸"囍"字，牢牢地贴在上面。我明知这一块钱可以兑到一百多枚铜元使用，但这是我最初得到的财富，无论如何不肯兑换，常常放在袋中，玩弄不已，有时还拿出来炫耀于人，自鸣得意。

我的家庭环境，在幼年时代，是上海县城内的世家。我父亲子晋公合了五房弟兄，在县城大东门大街开设一家陈大亨衣庄、一家陈锦章衣庄，又开了陈荣茂、陈大升两家绸缎局。早年租界尚未十分繁荣，上海的县城，以大东门为第一条马路，最大的商店是裘天宝银楼、祥大布庄、程裕新茶栈等。我们的店铺除陈大升绸缎局开设在大东门外，其余都开在大东门内，当时上海城里的商业大机构大致是如此而已。

我的叔父常常夸耀我们家的财富，他说："郭半城，朱一角，陈家两头摸。"意思是说姓郭的地产占到半个城，姓朱的占一只角，姓陈的家宅与店铺由城内开到城外，两面可以摸到钱财。那时我们沾沾自喜，自以为了不起。其实这个时期，我家已濒临破产边缘，叔父还蒙在鼓里，我那时年纪小更不知道。

我们绸缎局的总店，除了铺面之外，里面还有很大的住宅，占地约二亩半，我就是出生在这里。我有同胞兄弟三人，大哥承淇（小名阿兴），我名承沇（小名阿沅），弟弟其时还没有出世，只有我常常在绸缎铺中玩耍。我和店中一个姓章的学徒最为相得。一天，我口袋里揣着一块钱，抓在手中反复把玩，对他不时卖弄。那学徒看得呆了，因为他没有工资，每月只领月规钱小洋二角，这种月规钱是包括学徒洗浴理发以及购置鞋袜之用。他见了我的一块钱，也拿去放在手中把玩不已，他讲：绸缎铺中薪金最高的掌柜先生，每月的薪水不过八元；普通的职员，不过六元、四元，刚满师的学徒每月只有一元。你拜一个年，就拿到一块钱，真令人艳羡，要好好地保存起来。

我听了他的话，隐隐然流露出一种骄傲的姿态。姓章的学徒有些看不上眼，就反唇相讥地说："小开！你不要得意，我满师之后，努力做事，也会发达，到时我的钱一定比你多，而且要买一辆包车（即私家两轮人力车），那时节我高高地坐在包车上。你这种小开没有一些用处，可能已做乞丐，只能帮我推车，向我伸手要一个铜板呢！"我听了他的话，气得了不得，但是他这几句话却深深地印在我心坎上，知道一个人没有本领，将来是会成为乞丐的。所以要赚一块钱，也不知道要流几多汗血，所谓"汗血铜钿"即是说当时一块钱的来之不易。这个章姓的学徒，名荣初，果然在三十年后开了两家织布厂，又和刘鸿生合设章华呢绒厂，是国产呢绒第一家，成为上海有数的大实业家。

惨遭逆境　幼年失怙

民国三年（1914），我六岁，南市县城商业日益衰落，裘天宝银楼搬到小东门，我们也跟着在小东门开设了一家很大的绸缎铺，其实这是孤注一掷之计，我家的命运就靠此一着，不料只开了一个短时期，就宣告破产。从前的商业机构最重信用，虽已破产，一切欠债，仍要全数还清，只有倒出，没有倒进，所以在还清欠债之后，每一房的家中，便一无所有了。

从前没有幼稚园，我初时在绪纶公所的学塾中，接受私塾教育，请的一位塾师是秀才，月薪十二元。继而进大东门育才小学，这家小学开设在王家祠堂中，老师都是知名之士，其中职员有史量才、曹汝霖、黄炎培等（按：现在留在香港的银行家徐大统兄，制衣业巨子朱敬文兄说起来都和我是先后同学）。一天，我从学校中放学回家，见到父亲与母亲都在流泪，说是不久我们就要迁出这个大宅，将来你也不能再在育才读书，因为育才小学每学

民国时期，上海南京路

期学费三元，以后负担不起了。我很天真地说："我还有一块钱，你们拿去用好了。"我的父母听了，破涕为笑说："我们尽管穷，不会用你这一块钱的。"

我家店铺倒闭后，父亲郁郁寡欢，认为来日大难，于是不做老板做伙计，到一家大绸缎铺去当总账房，月薪十元，他觉得环境大非昔比。有一天，他叫着我的小名说："阿沅，我带你到夷场上去吃大菜，今天姑且作乐一下。"（按：上海县城中人称租界为夷场）我就跟着父亲搭电车到英租界大马路（今南京东路——编注，以下同），在石路口一家很简陋的粤式西餐馆进餐，我记得电车到法租界是收费铜元一枚，由法租界进入英租界的电车又是铜元一枚，西餐是每客小洋二角，我第一次吃到牛油面包和炸猪排。父亲告诉我，牛油和面包是不要钱的，我就吃了很多，觉得涂了牛油滑润异常，极为可口。吃完之后，父亲又带我到一家时髦儿戏馆去看戏，每客收铜元十枚，儿童是不要钱的。那时节上海南市居民有一种风气，到租界去一定要吃大菜、看戏、坐马车，成为三部曲。我嚷着要坐马车，父亲说马车是私家设备，出租的马车，要到跑马厅旁马车行去租，每租半天，需花小洋六角，太浪费了，于是仍然坐电车回家。

这般的欢乐时光，只过了一天，次日父亲以铜元二枚，购酱猪肉两块，吃了之后，患上了严重的痢疾。来势凶险，一日数变，请西医治理，医生一味摇头，病势日益严重，经过了七天，他老人家竟溘然长逝。临终时，有气无力地说："阿兴要出洋，阿沅要做医生。"断断续续地重复说了几次，这是我父亲对我们兄弟俩的期望，其时我父亲只得三十七岁。

我的父亲虽有这样的期望，可是那时我们家中尽其所有只得三十六枚银元，连后事都无法料理，兴哥拿出了他的积蓄五块钱交给母亲，我也把一块压岁钱拿了出来，母亲号啕大哭起来，大家也跟着泪如雨下。

我的一块钱，母亲没有接过去，一边哭，一边将我的手推开。我手中的一块钱，本来上面贴有一个红纸的囍字，受到泪水的浸润，成为血液般的红色。母亲以为我流了血，哭到晕厥过去，我却以为家中又死了一人，痛哭失声。待她醒了之后，她嘱我将银元藏好，免得引起更多伤感。这些情况，以后我每逢发寒热做噩梦时，总是呈现出这一幕悲剧。

接着，我的四伯父匆匆赶到，进门便大哭，哭到嘶不成声。这时我的大姐年仅十六岁，兴哥十岁，我六岁，大妹四岁，幼妹二岁，都在童年，而且母亲还怀有三个月的身孕，就是后来遗腹而生的士范弟弟。

四伯父看了这般凄凉情景，他安慰我母亲说："一切身后的事，由我来安排。"这天，大家只是哭，但是我母亲意志坚强，她说："天下事无不了之局，我也会负起这个重任。"亲友们都暗暗着急，如何料理善后；谁都知道这是不可想象的困难大事。

母亲在送四伯父出门时说了几句话，就如何处理的办法，表达了她的意见。

从前南市世家的风气，办丧事都有一个经办各家红白大事的人叫作"账房"，还有一种专管派送讣告或报丧条的人，叫作"执事"。这种职务是对许多世家常年而流动性的服务，往往世袭二代三代地传下来，对各家亲友关系熟识得很。四伯父一出门，立刻去请他们来帮忙，由一个执事星夜分派报丧条，大部分的名单都由四伯父开出，执事对各家的地址了然于胸。四伯父对这个执事暗示：此次丧事经济拮据，非同往日，希望你口头上通知大家要送现钱。

当时上海的习俗，丧事送礼，都是白蜡烛一对，清香两股，锡箔一块，或是长锭两串，代价不过小洋三四角，比较接近的亲友，加送一副白竹布的挽联，代价也不超过二角钱。这次丧仪，亲友因得到暗示，纷纷改送赙仪，有些送一元，有些送二元，有几家豪富的竟送十元，这数目在当时算是很惊人的了。这次收到的钱总数有一百多元，殡葬的问题，都可以解决了。

那位临时的账房先生，和我家有数代交谊，他说："陈家如今虽然情况不好，但是世家的丧仪不能显得太寒酸，可以把已闭歇的绸缎铺中全部陈设搬在一边，由贳器店布置灵堂，要有三道灵门，才够气派。"贳器店也是三代相熟，讲定租赁器材全尽义务，只花工料两块钱就够了。我们就照他的意思办理，这一场殡仪，总算做得还很体面。

从前旧家，都是大家庭，逢到红白大事，无论你做得怎样好，必然有人说长道短，妄加批评，特别是一些长辈老太太闲话最多。我母亲因为这次父亲的突然死亡，一定要焚化一份"六斤四两"。

所谓六斤四两，即锡箔总重分量一百两，是代表白银一百两的象征物。当时上海的锡箔都由绍兴运来，用纯锡打成，价值不菲。通常人家焚化锡箔，不过用一刀两刀，每刀重约半两，大约小洋二角，可以折成纸锭一大篓。六斤四两就可以折成数十篓，由亲戚女眷们，日以继夜地帮忙折成。这种焚化锡箔的习俗，意思是使身故的人在九泉之下不至于经济困难，也表示活着的人对死者身后的关怀。

在各亲友帮忙折锡箔时，有位老太太说："子晋公生前吃惯用惯，六斤四两是省不来的。"也有一位老伯母认为："现在家境如此困难，可省即省，不应这般浪费，花这么多钱，买这些锡箔有什么用。"众说纷纭，十分刺耳。

我的大姐那时已很懂事，听了闲言闲语，一时气恼，便到后房箱底中取出一串"康熙铜钱"，这种铜钱，既厚且重，每一百个制钱，用红线扎成一条，每十条名为一串，这是我母亲嫁时的"压箱钱"，一向不肯花用。大姐把康熙铜钱给大家看，并说："这六斤四两锡箔是用我母亲的压箱钱买的，现在还有多余的几串，请大家看看。我母亲不会浪费银钱，花无用之物以表哀思，这是应该的。"一位妯娌又插一句嘴说："这真所谓穷归穷，家里还有三担铜。"这句俗语，是含有讽刺性的，我的大姐听了就哭起来，母亲不出一声，只是暗暗拭泪而已。

殡仪分三天举行，外面的事情都由叔叔伯伯们照料，"知宾酒席"每席二元，有四大盘六大碗之多，一切都办得很得体。当时南市的民风淳朴，在开吊之日，有一位方老伯（即后来上海商界闻人方椒伯之尊翁），他亲自来祭，临行时对我四伯父诚诚恳恳地说："你们这一次受到经济上的大灾祸，最主要的就是你们有一块地产押给我，我催促着你们来赎，料不到你们始终没有力量来赎，消息一传开来，存户纷纷来提款（按：旧时商店，都接受亲友存款收息的），存户一挤提，店铺周转不灵便站不住了，所以子晋公的早亡，我不无内疚。"说罢之后，拿出庄票一张，数目达八百四十两。他说："这笔款子是我历年计算你们利息太厚，现在我就拿这笔钱来作为赙仪，以赎前愆。"四伯父深深作揖，接受了他的厚赙仪，等方老先生走了之后，就把庄票移交给我母亲。

　　丧事完毕后，我们一家人扶柩到安亭祖坟下葬。安亭距离上海一百里左右，火车可以直达，我家祖坟地区广大，穴位排列五级，能葬五代子孙。有一个祠堂，相当宏伟，堂外有祭田百亩，租与农家耕耘，将租米作为祭祀及修葺祠堂之用。在安亭墓祠时，我的叔叔说："你们一家七口，应迁入祠堂居住，以维永久，而省开支。"我母亲坚持不允说："孩子们居住乡间，将来的教育，便不堪想象。"我的叔叔是一个读书人，他说："安亭是一代宗儒顾亭林的故里，读书是不成问题的。"我母亲认为这种见解太不合时宜，所以在葬仪完毕，就毅然决然地拖了儿女回到上海，集合亲友说："我决计在上海教养儿女，将姓方的八百多银两分存三家绸缎铺，以十五年为期，取本又收息，十五年中子女们的教育与生活就不成问题了。"亲友们对我母亲的主张都认为有见解，要是我母亲没有这种决心和毅力，那么我们弟兄姐妹，都成了乡下人，我们日后每人的历史也要重写了。

不久，家中又发生一件悲惨的事，就是大姐体素羸弱，突遭家难，一病即倒，与世永诀，下葬安亭，耗银元二十余元。这一事又使我母亲伤心不已。这许多事情，我当时年纪还小，不甚了了，母亲在我长大之后，总是叨叨不绝地讲个不休，令我深印心坎，永远难忘。

迁出旧宅　生活艰辛

父亲丧事完毕后，我们搬离绸缎庄后面的旧宅，但要找一个新居，问题极大。当时各处的房租，小宅一处月租都要十元、八元，到处托人代觅，幸亏有一个老亲戚说："我在薛家浜有一个巨宅，内有四间大屋，假使你们去住，每月只收租金二元。"我母亲就欣然携带我们入住。

哪知道，这座房屋虽然很雄伟，后面却有一条其臭不堪的河浜，浜的另一面有七八十家猪棚，上海大部分的猪肉都取给于是。我们住在那里，一天到晚，鼻子闻到的都是猪只的臭味，听到的都是猪只的叫声，推开后窗一望，见到的都是剐猪的情景，不但满地是血腥，而且叫声凄厉。

还加上苍蝇蚊子，成群结队地向人袭击，有时苍蝇的脚上还带着细小的猪血渍。这般情况，怎样也住不下去，但是我母亲为了节省开支，只有咬紧牙关忍着住下去，也住了三年之久。

这三年中，我家的伙食，老是粗茶淡饭。米价每担三元六角，每天佐膳食品限定四个铜元，以一个铜元煮青菜一大盘，一个铜元购豆腐豆芽之类，二个铜元购"东洋鱼"一块。所谓东洋鱼，是红色的海产鱼干，又称萨门鱼，由日本运来，价廉味咸而耐食。这般的膳食，常年不变，五天吃一次蛋，每月难得吃到一次"炒肉丝"，即使有肉，肉丝也不过寥寥可数的十几条。如此清寒生活，就养成了我后来见到青菜就厌，见到鱼坚决不吃，一心只想吃猪肉。

当时我们一家人，身上穿的衣服都是旧的，三年五年从不添一件新衣裳，我穿的是一件竹布长衫，脚上是布鞋布袜，都是我母亲一针一针做成的。

搬到薛家浜之后，因为距离育才小学远，学费贵，所以就改进马家厂浦东小学附属小学继续攻读。从前小学校中，读的课本只有国文、修身、英文、算术、地理、历史六本书，名为"共和国小学教科书"，每册售八分钱，都是商务印书馆出版的。

那时读书，着重国文和算术，这两科成绩在九十分以上的，就可以跳班。我因为在私塾中读过一个时期，所以国文不成问题；算术考试时，只有四题，只要算得对，总是一百分，所以我每一学期都能跳一次班，只有四个学期，小学就毕业了。

在初进浦东小学时，我和母亲有一个争执，就是不肯穿布袜，布袜土里土气，难看极了，一定要改穿洋袜，洋袜是洋纱织成的，比较好看。母亲勉强地答应了，其实那时节的洋袜不过五个铜元一双，但是穿不到半个月就破了。鞋子是布鞋，布鞋也不过穿半个月。同学之中，只有一个人穿皮鞋，他是校主杨斯盛的孙子，简直令全校同学羡慕不已。那时一双儿童皮鞋，最贵的达一元左右。我在毕业礼的前夕，一定要母亲买一双皮鞋，母亲坚持不肯，我盈盈流泪，想把自己的私蓄一块钱拿去买，但是考虑了几天，还是作罢。诚如俗语所谓："一块银元像圆台面一样大。"

小学毕业典礼举行前一周，母亲为我在箱底取出"熟罗"牌绸裁做长衫一件，并且向亲戚家借到一双皮鞋。到了毕业典礼那天早晨，先到理发店理发，那时理发一次，只收铜元八枚。理好了发，我回去穿了新长衫和皮鞋，囊中带了一块钱，欣欣然到学校接受证书。同学们见到我周身焕然一新，都对我刮目相看。

到了下午三时典礼完毕，国文老师送了我一张戏票，令我到陆家浜中华职业教育社大礼堂看钱剑秋女士主演的爱美剧《少奶奶的扇子》，这出戏是根据英国文学家王尔德的名著改编的，这是话剧运动早期演出的一出名剧。

散戏后，中华职业教育社散发传单，招收半工半读学生，同时还有人领导我们去参观他们的实习工场，有一个炉灶，是专门制造珐琅招牌的，所谓珐琅，即现在的搪瓷。

入学的人不但不收学费，每月还可以领到两块钱津贴，我看了很是心动。

那天下午七时，四伯父要我到他家吃饭。我穿了那双皮鞋，来来往往都是步行，很不习惯，好像脚上钉了马蹄铁一般。四伯父见到我拿了毕业证书，极为高兴。吃饭时，我表达自己的意思说："想投考中华职业教育社的珐琅班，可以赚些钱贴补家用。"四伯父不以为然，说："我家世代读书和经商，你却要去做工，须知做工的同伴不良，往往染上赌博习气，你千万不可参加，你如果遵从父亲的遗命学医，一切由我负担，但是也要中学毕业之后，才能进入医学院。"四伯父的话我只有遵从。（按：现在香港的搪瓷工业的厂主，多数是由这个珐琅班出身的；有些成了厂主，在非洲开厂，每年有极大盈余。）

我小学毕业后，即考入民立中学，学费每学期十六元，校长是苏颖杰（绰号苏白眼）。学校办理得很好，有学生一千人，每年都有盈余，我真不懂，当时每人十六元的学费如何能支持下去？我写这篇文稿时见到报载，香港的私立学校今年学费是每学期三百元至一千五百元，而且今年还有九十多家学校宣告倒闭，足见从前的十六块钱，价值是很高的。

民立中学的学制是四年，只要成绩好，一样可以"跳班"。我得到国文教师陆澹盦先生（即擅长编剧、力捧"绿牡丹"黄玉麟的人）的帮助，只读了三年即告毕业。

先学西医 再学中医

民立中学毕业后，我决心学医。最初投考小南门内南洋医科大学（即东南医学院前身），这是几位留日学医的人创办的，内中有一位教师是德国留学生，所以这间医校，可称是德日派。因为是私人开办，规模不大，学生也不过二百多人，学费每学期收四十元，和一般学校来比较，这学费已算很贵，我的学费全由我四伯父负担。

在南洋医科大学，我苦读了一年，对医学基础渐有认识。不幸在暑假中我患上了伤寒症，就请大学中一位教师治疗，但是西医治伤寒并无对症药物，只是要我静卧四星期，吃葡萄糖和维他命 C 而已，不料病势越来越严重。后来家人力劝就诊于孟河丁甘仁先生，只连服了五天中药，热度竟然退清了。四伯父就对我说："你学西医，而西医不能治愈你的病，现在中医把你的病医好了，你不如改学中医。还有一个理由，你将来学成西医之后，开业时节，各项设备，这是一笔很大的数目，恐怕我都负担不起，你就做不成医生了。"

那时节恰好丁甘仁先生创办"上海中医专门学校"，自任校主，延请谢利恒先生为校长，四伯父代我转托王一亭、朱福田两位世伯写了一封介绍信，投考"中医专门学校"。当时投考学校，这封介绍信就等于保证书一样。经过考试后，我即被录取。

上海中医专门学校的学费，每学期是二十四元，四伯父的负担就减轻了许多，我进了这间学校之后，一心攻读中医旧籍，进步很快。

为师服务　渐知物价

中医旧籍，都是艰深的文言文，常有费解之处，因而又百般设法拜一位国文教师，补习国文。恰好有一位常州名儒姚公鹤先生（曾任《申报》主笔，商务印书馆编辑），他在办理一个法政讲习所，我虽然没有意思去学法律，但是介绍人说："姚老师要请一个誊写钢板和油印的人才，你大可趁此机会跟他做这种工作，那么补习国文的学费可以完全免收。"我听了能免学费，就很高兴地去做这项工作，而且行了一个拜师礼。姚老师对我也很满意。后来我再拜章太炎先生为师，也是从姚公鹤老师方面发展出来的。

我从姚公鹤老师之后，不但国文大有进步，而对社会关系的接触收获更大，因为他的烟榻之旁，每晚都有不少名儒学者相聚倾谈，如孟心史、蒋竹庄、庄俞、董康、胡朴安、陆尔奎、叶楚伧、戴季陶、陈冷血、陈布雷、唐驼等。他们所谈的或是批评时事，或是臧否人物，都有很丰富的处世经验，所有谈话资料，也有极高深的学问，由此我智识顿开，见闻大增，对做人的道理懂得不少，觉得这许多学问都是书本上所没有的。

旧时做门生，老师的事什么都要做，除倒痰盂、扫地、

民国时期，上海旧城厢内各类店铺广告

整理烟榻、迎送宾客之外，还要帮他购买一切杂物，因此我对物价才渐渐明了起来。

其时的物价，又不同于几年之前了，记得在"老大房"，熏鱼小洋两角可以买到六七块；"邵万生"的熟火腿每一包也是两角，这是最高贵的佐食品。其他如臭豆腐干，铜元一枚可买两块，粽子糖铜元一枚可购五粒，品海香烟每盒铜元三枚，强盗牌香烟每包也是铜元三枚，小白锡包每包小洋二角，大白锡包每包小洋二角半，唯有"茄力克"，每罐售价九角，开罐出售每十支小洋两角。

米价日益高涨，每担达四元两角，大家觉得"米珠薪桂"这句话，真是一点不错。

上海人饮酒，以绍兴酒为最普遍，本色每斤一角，花雕每斤一角二分半。饮洋酒的人较少，三星白兰地最昂贵，每瓶要银元四块，只有少数富家和妓院中才备有。

我师姚公鹤是吸鸦片的，当时文人雅士多数有烟霞癖，因为并不犯禁。鸦片烟亦公开发售，当时上海最有名的一家批发商是"郑洽记"，零售而规模最大的是石路上的一家"老延龄"，铺面好像银行一般宽阔，门口有阔而且大的红木柜面。我常常奉命到附近一家小的零售铺去买烟，其时每一小罐是小洋两角，鸦片的净重是一钱。又有一种是香港来的"公烟"，有黄铜制成的小盒，每盒也是小洋二角，重量记不清了。只记得姚老师处，夜夜高朋满座，要烧掉好几盒。

我当时已经喜欢买书，可是一走进书店，总要翻上十本书才买一本，普通书薄薄一本只售五分、八分，林琴南的《红礁画桨录》和《茶花女》要卖到大洋四角，我虽欢喜，但觉得价昂，无力购买。

初识丁翁　领教理财

我在中医专门学校读书的时节，每月由四伯父给我零用钱二元，包括鞋袜及膳费车费。那时一顿午餐，吃得省俭一些是铜元八枚，要是吃得丰富一些，要小洋二角。我所能节省出来的只是车费，每天走来走去，很少搭电车。其实那时的电车费，经过华界、法租界到英租界三段，不过铜元五枚而已。

我常常想到"钱"的重要，一定要想办法利用课余时间赚一些钱。恰好购到丁福保先生所办的《中西医学杂志》，篇末有一则招请抄写和剪贴工作职员的小广告，我就跑去应征。那时丁福保先生声誉卓著，与卫生家伍廷芳齐名。我见他面色红润，一把银白色的胡须，接待时笑容可掬，令人如坐春风。我说明来意之后，他看了我履历上写的国文教师是章太炎、姚公鹤，医学教师是丁甘仁，即刻就录取了我。但是我声明，每天只能在下午四时至六时两个钟头来做工作，初时丁福保先生认为时间太短，后来我对他的工作，贡献了若干意见，他认为尚有可取，于是破格录用，议定月薪银元六枚。就从此时起，我开始自己赚钱，精神上的愉快简直无法形容。辛辛苦苦地做了一个月，终于拿到了一个月的薪水，丁福保先生对我的工作很满意，临时加我两元，更令我喜出望外。

我对丁福保先生的工作，很感兴趣，对他既有帮助，我自己也有相当进步。他那时正在编辑一部《古钱大辞典》，书的内容是将古今的钱谱，以及藏家的拓本，详注年代和藏者姓名。凡是"著录"的古钱，都列入这部书中，洋洋大观，美不胜收。

我对这部书的工作，有两点贡献，一是代为收集日本的古钱图录，二是古钱的图式，尽量不采用临本，一律要用拓本。由于当时的印刷是石印，用拓本可以保存真相。

我虽然每月只得薪金八元，但袋中常有铿锵的银元撞击声，气概为之一壮。内心有说不出的快乐，外表上也觉得飘飘然，因为当时八块钱是有很多东西可买的，我除了添置衣衫鞋袜之外，还陪母亲和弟妹上菜馆去吃了一餐。

记得那时的"和菜"，四菜一汤是一块钱。第一个月，吃过用过，口袋中还余五块钱。

第二个月开始，丁福保先生要我助编《说文解字诂林》，这部书他已出版发行，但是他发觉有不少错误，要我把这部书送到章太炎老师处，请他加以评述。章老师原是"小学"专家，他指点要怎样搜集资料，怎样改编，他开列出许多有关小学的古籍名目，从此我就天天到旧书店搜集资料，埋头工作。丁福保先生处虽有好多位旧学人才，但是搜集资料的能力还不如我，我因此更受丁氏的激赏。

丁福保先生倡导素食，来往的朋友，是另外一批人物，最接近的一位就是李石曾先生。有一天，丁氏坐了自备汽车，着我陪他到金神父路（今瑞金二路）花园坊去访问一个老友。进门时由一个长须老人亲自开门，只见那老人家容光焕发，丰神飘逸，我一看就知道他是国民政府主席林森（子超）。经过介绍之后，林森对我非常客气，亲自倒了杯茶给我。我见到客厅中，只有四张藤椅和一张圆形的藤桌，内室只有一张行军床（即帆布床），原来这个屋子是他的嗣子承租的，他只是到上海时作为居停之用，俭朴如此，出人意外。

林森喜欢搜集小摆设和古钱，和丁氏款款深谈，逸兴遄飞。忽然间林森说："我为了调解国事纠纷，要到福建去走一次，这是一个艰巨的任务，有被扣留的可能。"丁福保先生说："何不到此间著名测字名家丁太炎处去测一个字，再定去留。"林森纵声大笑，认为测一个字，虽也不妨，但这时局势有剧变模样，他的行踪惹人瞩目，便说："可不可以把这位测字先生请来家中一谈。"丁福保说："不必，自有办法。"说罢，就请林森口占一字，林森就说了一个"福"字，同时丁福保也说了一个"放"字，叫我坐了汽车到新闸路鸿庆里丁太炎处。

一般人认为丁太炎的"太炎"两字，是沾章太炎师的光，其实丁太炎的成名，还在章太炎师之前。清朝光绪末年，他在北京的钦天监做事，慈禧太后病亟时，李莲英到他那里去测一个字，他断然地说：那字是"两龙宾天"之兆。李莲英认为荒唐，消息传了开来，丁太炎被拘入狱。不久，果然光绪与慈禧先后驾崩，摄政王执政后，才把他释放，丁太炎也就逃到上海以测字为业。

我到了丁太炎的府上，见到他烟容满面，形神消瘦，只是两目炯炯生光，望上去显得很精明。那时客厅中坐了十多个人等待占卜测字，他好像老吏断狱一般，对每一人只说几句话，问卜质疑的人都唯唯而去。

轮到我占卜时，依例要焚香跪拜，默祷之后拈一个字卷。我说："我已经有两个字带来，只要请先生解释一下。"丁太炎就对我说："当坛卜字是一元二角，自带字来要收两元。"我说："照办。"

丁太炎先看了"福"字，问我要占何事。我答："出门远行。"他见我站在他的右面，他就说："'福'字半面是'示'字，加上'右'字，是一个'祐'字，可见洪福齐天而有神明保佑，要是到福州去的话，更是顺利；要是到福建莆田的话，那么'田'字是'累'字的头，有些麻烦。"我再问："有无生命危险？"他说："没有。"

接着他又看"放"字，他照例问："所占何事？"我说："不知道。"他说："这个'放'字的一点是代表'一'字，下面是简笔的'万'字，旁边是一个'文'字，大约是有一笔钱要想放出去。占这个字的人，是一位有心人，要是他真的想放息的话，放心去做可也。"

我觉得他讲的话，简单明了，不觉心动起来，我说："我也想占卜测字，能不能只付半费？"丁太炎望了我一眼说："占卜一字必须照我的润例付钱，不如把你的生辰八字说出来，我替你简单地算一个命。"我就说出："我的生辰是光绪三十四年（1908）二月十四日寅时生。"他一算之下，问我要问何事。我说："问前程。"他说："你的前程好极了，将来定是一个千万富翁。"我就笑起来说："上海富翁能有一百万的人已经不得了，丁先生大约不知道上海的情况，租界上首富是地皮大王程霖生，绰号程麻皮，也谈不上千万富翁。后来程麻皮为了标金五百秤的投机差额，把全部地产契据押在天主堂，他竟然倒下来了。那时黄金十两为一条，七条为一秤，以此来计算程麻皮的家产也不过尔尔。至于上海最大的民营银行，是陈光甫先生创办的上海商业储蓄银行，资本最初不过五万元（按：初稿我写十万元，今查书始知资本五万元）。劝工银行、女子银行，创办资本不过二三万元而已。所以你说我将来有千万家私，我不敢相信。"丁太炎似真似假地笑了一阵说："说不说由我，信不信由你。"说罢，我就告辞了。（按：我当然自忖不会成为千万富翁，但是照敌伪时代后期储备票的情形下来计算一下，倒真有千万元收入，勉强地解说，也可以说是应验的。）

我对相面、算命、测字，并不相信，倒是丁福保先生对这件事看得很重。对"福"字的解释，林森拈须微笑，点头不已。至于丁福保先生对这个"放"字的解释，口头上不说对与不对，但是观察他的神情，似乎也道中了他的心意。

次日，我正在工作，丁福保先生对我说："你明天早上，先行沐浴理发，并预备水果四式，专程地送给我，我准备把理财的秘诀传授给你。"我说："好极了。"

翌晨，我带了水果礼物，到了丁家。丁福保先生叫我进入内室，那间房间的布置，是日本式的榻榻米。两人盘膝对面坐下，茶几上焚了三炷线香，丁先生正襟危坐，款款而谈，说是：

> 一个人读了一些书，往往对钱财看得很轻，认为是阿堵物，提到钱就俗了，这是不对的，所以文人往往不知理财为何事，一生潦倒，所谓"百无一用是书生"。其实，一个人的生存是脱不了钱的，不善理财一世苦。
>
> 理财的方法，从来都是老生常谈，人人都知道，要是知而不行，等于"无知"。要是能够按照我说的

话去做，人人可以致富。所以我要传授你几个秘诀：

一、择业要向大众方面着想，选中一个行业，要专心致力地去"做"，绝对不能改行，只要努力，行行可以出状元。

二、一个人不可以懒，一懒百事休，"勤"要勤到与众不同的勤力，触类旁通，必然会出人头地。钱财一定要追求不息，但是不正当的钱，一文也不能妄取的。

三、赚到了钱之后，一定要懂得"节"，赚十文，最少要节三文，等到所业有成，那么赚到十文可能只用二三文，把积下来的钱，筹备更大的计划，因为"由钱生钱"更为容易。

四、赚钱不易，管钱更难，只会赚，不会"管"，仍旧不懂得理财的道理。能够理财之后，还要会"用"，会用比会管更难，用得不得当是浪费，用得有意义，才算得是理财家。

这些话讲明之后，他又举出许多当代成功者的故事。我听了大为感动，我说："我也明白，林琴南翻译的却尔司迪根斯著的《苦海孤雏》里面有一句名言：赚十个先令，用八个，一生一世快乐；赚八个先令要用十个先令，一生一世苦恼。"丁氏颔首称是。

先时，我曾经和一位表兄同游半淞园，门票每张为小洋一角，游船一小时为铜元六枚。两人一面划船，一面吃花生瓜子，在河中豪兴大发，相互"言志"。表兄的终身愿望，只希望能够在洋行中赚到三十元，那时他可以供应一家开支之外，还可以有一辆钢丝包车，连车夫的工资都在内了。

我说我的志愿，希望将来做医生，每月能赚四十元，已经很满足了。要是医生不走运的话，只有进善堂做一个主诊医生，薪水虽不过三十元，也可以维持家庭。

这是两人读书时代的愿望，深深地印在脑海之间，足见胸无大志，可笑非常，不过那时赚钱不易，任何人不敢存什么奢望。

生活困顿 卖文助学

我在读书时能够赚几块钱，真是得来不易，但是生活上又非再多赚几块钱不可，于是我处心积虑地想出一个办法来。当时上海的《申报》，天天有一个副刊，叫作"常识"，刊出后每篇稿酬一元。我就开始投稿，专门写一些验方，连续地寄出稿件二十多篇，但是稿件寄出之后，音讯全无，如同石沉大海。可是我并不气馁，只怪自己写得不好，还是继续不断地写。不料在三个月之后，忽然登出一篇"疥疮验方"，这是我的文字第一次在报上见到。领稿费时，只见稿费单上附注了"着投稿人来与编者沈思孚一谈"几个字，我知道沈思孚就是沈信卿，是一位江苏省教育界前辈。

沈思孚见到我穿了青布长衫，如学生模样，态度极和蔼。他问我的学历之后，便说："我手臂上有一堆多年的老疥疮，看了你的稿件，就到药店买成药'一扫光'来擦，只费了两个铜元，把多年的顽病就医好了，所以要见见你。"我就很诚恳地谢他。接着他又问我的境况，我也依实相告，他说："好，你的稿件尽管不断寄来，我每月登出八篇，以助你求学时的需要。"我称谢而归。

这次领到的一元稿费，也是我生平第一次用文字换钱，当天意兴豪发，拉了六七位同学到邑庙"春风得意楼"去吃茶。茶资是铜元八枚，各种小吃，如生煎馒头、蟹壳黄等，又吃掉了铜元二十余枚，在那几位同学看来，简直是一件豪举。

隔了几天，我把会见沈思孚的事告诉姚公鹤老师，姚老师说："报馆的投稿人，向来是各有地盘，外边的人是不容易投入的，你能打入这个圈子，很不容易。以后你的稿子让我先替你润饰一下，一定还要好。"

否极泰来 进入鸿运

在中医学校肄业的最后一年，就在校主丁甘仁老师处开药方。谢利恒老师特别为我吹嘘，说我的字清秀而迅速，所以别的同学做录方的工作，总要等候三个月以上，只有我一进丁老师的诊所，就为他写药方，写了三个月，丁老师很是满意。一天，有一个病人拿了药方到抛球场京都达仁堂去配药，不料达仁堂的伙计看了我写的药方，说药的分量写得不明白，拒绝配方。病家打电话来质问，丁老师颇有愠色，要我即刻到药铺去察看一下，到底错在哪里。我见老师面孔不好看，也急得什么似的，不知如何得了。

我到了达仁堂，那个伙计指着药方说："你们上海医生写三钱二钱的'钱'字，都不像钱字。"我回说："这是我们南方中医传统的简写法。"他听了我的话，就说："我们不识，所以不配。"于是我就和那位伙计争执起来，我说："你们虽是北京的老药铺，现在到上海来做买卖，也应入境随俗，该把上海医生习用的简笔字学习一下。"那伙计竟然倔强得很，把处方一推，岸然不理。于是我就振振有词地骂了他一顿，我说："你们要是不听我的话，全上海的中医，都不会向你们配药。"那伙计还是说："我们不在乎几张药方，我们是靠出售药丸的。"

正在争执之际，东主乐笃周带着笑容由里面走出来，很客气地问我尊姓大名，我见他态度温和，气恼就消了许多。才把这件事情说明，乐笃周说："你来得正好，我想请你把所有简笔的字码，对我们全体伙计解释一下，以免下次再有这种事情发生。"我见他态度很诚恳，于是就把"钱""两""钱半""两半"等简笔字，写了一张示范的清单，乐氏就说："怪不得我们配方的生意寥寥无几，今后完全要把这些简笔字学习明白。"说完他就送我一份"乐家老铺"四字的拓本，原来这四个字是明朝权相严嵩所写。

我拿到这个拓本，很是高兴，我又把他们的药丸仿单加以评述，我说："你们这张仿单如果不加修正，在上海是行不通的。"乐笃周很虚心地请我进入内室，问我："这张仿单由明代沿用到现在，是刻了木板印成的，何以在此地行不通？"我说："仿单原文语句陈旧不明，而且对病名症名分得不清楚，教人怎样能看得懂？"乐氏恍然若有所悟，打躬作揖送我出门，而且说："明天要来拜会丁老师表示道歉之意。"

次日，乐笃周果然来见丁老师，随带百元面额庄票一张，并说："你们的陈师兄光临小店，经他一番指示，茅塞顿开，所以我除了亲来道歉之外，奉上此区区之数，希望老师请一个人来为我们把全部丸散仿单修改一下。"那时病人很多，丁老师匆匆地接过了庄票便对我说："既然你主张要他们修改仿单，那么就由你去做好了。"在那时的一百元，真是一个可观的数目，我接收了这笔钱，不觉头都有些晕起来。

丁老师把这事交代清楚之后，又在百忙之中，亲自送乐笃周出门，这是很难得的事。我正在奇怪，丁老师说："乐笃周家私百万，是北京的首富，你以后该对他要多多联络，他们北方人是最讲究礼貌的。"

我把达仁堂的丸散仿单修改补充，又经医界名宿余继鸿老先生润饰之后，工工整整地誊写成册，送给乐笃周。乐氏一边看，一边赞说："陈师兄，你能不能再帮一个忙？我想请一桌酒，邀请几位上海名医，你可否为我做一番联络工作？"我说："丁甘仁老师向不应酬，人家发请帖，至多到一到就走，绝不会坐下来吃到席终。不过我有一个办法，这一次我凭空受到你一笔墨金，应该由我来出面，而且要预备上好烟土，那么丁老师自会欣然光临。"乐笃周大喜说："就由你出面好了，到时我另外备法国名酒和云南小只'马蹄土'。至于在哪家菜馆，和请哪几位名医作陪，都由你安排。"

那时节上海的北方菜馆"会宾楼""大雅楼"，一席酒是银元十元。广东菜馆在虹口有"会元楼"，每席是十一元，在法大马路（今金陵东路）有一家"鸿运楼"，全席是八元，但是要用鱼翅的话，就要加四元，因为他们的白汁排翅是驰誉全上海的。

鸿运楼向不讲究装修，恰好这时他们刚油漆一新，老板在内室有一间烟房，专供自己吸烟的，因为他们有这个设备，所以就订下了鸿运楼。鸿运楼主人知道我要借用他的烟房，初时颇有难色，后来听到我备了"马蹄土"飨客，他也垂涎欲滴地说："烟房尽管借给你，不过我也想香一筒。"我说："可以。"

所谓"马蹄土"，形状就像马的足蹄，是印度产的最上品烟土。价格最贵的时期，一两马蹄土相等于白银五两，不是豪富阶级是吃不起的，而且出产不多，物以稀为贵，更抬高了它的身价。

丁甘仁老师听到我要宴客，也很高兴，再听到有马蹄土飨客，更是欢喜，他说："这个土一定要拿到我这里来熬煮。"姚公鹤老师听到这个消息，也要参与其盛。还有谢利恒老师、恽铁樵先生、徐小圃先生等都在被邀之列。

到了宴客那天，乐笃周盛装而来，见到当时上海的名医，一个个应邀而到，他更高兴，每人送吉林人参一两，当时这种参的售价每两是银元十二元。（按：一九七一年五月香港的市价，吉林参每两为港币一万三千元，而且看来还有直线上升之势。）

这一次在鸿运楼的宴客，是我第一次请客，几位前辈在席散之后，大家鱼贯而入内室，吞云吐雾，谈笑风生，直到深夜。我所费的不过十二元几角，乐笃周的烟土和洋酒所费比我费的还多，但在他觉得收获很大。

这次宴会之后，我自己计算一下，我在银行中的积蓄，已经有了两百元以上。这个数目，在当时已是很可观了。这是我后来实行创业计划的基础。隔不到几年，境况完全改变，都是从这两百块银元开始的。所以我对鸿运楼这次宴会，认为是我否极泰来，进入鸿运的一个转折点。

第二章

地窟下藏银揭秘

民国时期，外滩信号塔

富家地窖　窖藏银元

在我年幼时钞票早已流行，但是老一辈的人，总是重视银元，对钞票是不信任的，认为钞票只是一张"纸"，而银元是真正的银子。尤其是外国银行的钞票，中国人吃过两次苦头，一次是第一次世界大战德国的"马克票"，一次是帝俄末代的"卢布票"，所以对外国钞票绝不重视，连对美钞也没有些儿兴趣。有许多大户人家及一般旧家，家中都密藏一些银元，少的一两百元，多的上千上万，并不稀奇。藏银的地方叫作"地窖"，这些地窖往往连子女都不知道在哪里。所以从前想发财的人，口头上不是说"希望你中马票"，而是说"希望你掘到藏"。至今逢到新正初五财神日，要把猪的脏肠作为供品，因为"脏"字与"藏"字同音，讨一个好口彩。

我八岁那年，亲眼看见过"掘藏"的一幕，这是我毕生不能忘怀的。

一天，我的姑丈逝世，人人知道他是一个富商，当然身后一定有分家涉讼的风波发生。送殡之后，过了三天，果然四伯父关照我说："阿沅，明天一早我和你到城隍庙去赌咒。"我问："为啥？"四伯父说："明天我要和你一起去，你要赌一个咒，明天见到的事永远不告诉人，你去不去？"我说："去！"次日清晨六点钟就到城隍庙，向城隍菩萨赌了一个咒，并默祷说："我今天见到的事，如果讲给别人听，一生一世罚我头痛。"这种城隍庙中的赌咒，从前认为是一件大事，比现在的宣誓仪式要隆重得多。

赌咒完毕之后，四伯父和我各坐人力车一辆，飞驰到露香园姑母家，当时内内外外还是一片丧家景色，姑母和表兄等早在迎候，大家都叫我的伯父为"娘舅"。原来这天是掘藏和分家的日子。从前没有什么律师，凡是分家都由舅父来执行，所以当时有一句口头禅，叫作："父死之后，除却娘舅无大人。"而他们的娘舅中以四伯父年纪最长，为人也公正，所以请他来主持这件事情。只见他们三三五五地耳语，也不知道他们讲些什么。到中午因为家里做着佛事，所以大家吃素，并且循次跪拜叩头，下午六时又匆匆忙忙吃了一餐，主要吃的是定胜糕，这个"胜"字是预祝高升的意思。吃完之后，所有婢仆跟着和尚到寺院中去守夜拜忏。家中仅留下清一色的自家人，于是在死者神像面前一个个焚香叩头，姑母号啕大哭，姑丈还有一位很能干的姨太太，也恭恭敬敬向四伯父叩了一个头说："舅老爷你应该要说话了。"四伯父就从从容容地说："姐丈病重时只说了一句话：'东西放在书房画箱底下。'说了这句话之后，已是奄奄一息，并伸出两个手指说着'二十'两字，这'二十'两字是什么意思？"当时据估计，大概是地窖之中，有二十只瓦缸。于是全体到书房中去，那时早已准备好了铲凿等铁器，先把书房中的画箱搬开。画箱是很厚很重的樟木大箱，用朱红漆推光的，尺度比书房门还阔，想是早年雇工在书房里制造的，想要搬出书房是不可能的。

画箱是一连四个大木箱叠起来的，第一箱是字轴，第二第三箱是画轴，第四箱是用康熙铜钱串成一把一把的剑，剑的长度五尺，每一把剑是一千个康熙铜钱扎成的，所以十分沉重。每搬一个箱子要四个人合作才能移动，这都是从前防偷窃避盗劫之法。

四个大箱子搬开之后，下边的地板已呈酥烂状态，所以很容易把它掘开，下边竟是一块极大的像水泥般的石板，我伯父说，这是糯米和石灰拌成的凝和土。于是由长子动铲，几个子女一同帮着忙，花了很多时刻和气力才把凝和土打烂，下面现出八个缸，于是大家通力合作，费了九牛二虎之力，才把缸一个一个搬出。缸内银元宝是用桑皮纸包裹的，桑皮纸已近乎糜烂成灰的程度，上面写着"同治几年藏"和"光绪几年藏"字样。我年纪很小，看到这种情况，只有屏息凝神，全屋子都听不到什么声息。

八个缸掘出来之后，姑母就说："这八个缸，我也参与其事，他临终怎么说二十、二十呢？"四伯父说："你出嫁的时候是填房身份，可能在他的前妻时代还有十二缸，所以他说二十呢？"大家听了这话，于是再向四周继续搜索，花了一个多钟点一些些没有结果。四伯父说："爽性往下掘，再试试看。"大约再掘下几尺，果然打破了一只缸，银元的锵锵之声，清脆入耳。于是又花了好多时间，陆续把缸掘出，一点之下，果然是十二只，连前共计二十只，每只内藏银元一千和银元宝一对。

姑母见到这些缸，不断地流泪说："我家开了几家酱园当铺，现在倒的倒了，烧的烧了，幸亏他一生省吃俭用，才留下这二万银元。"说毕，大家都陪着流泪。

这时已经深夜，大家请舅父说句话，四伯父踌躇了好久，才把如何分配的办法说出来。当然儿子每人一份，女儿照规矩只给一些嫁妆费而是没有份头分的，但是四伯父主张女儿也各分半份，姨太太也分一份，姑母也分一份。首先跪在地下的是两个女儿和姨太太，继而几个儿子也跪下来表示同意。姑母极大方地说："四哥你分得好公道，我完全同意。"接着向儿子说，现在向舅父叩过头之后，以后不准再有一句话。儿子们个个唯唯称是。

姑母又说："依照旧时的规矩，主持分家的舅父，应该也分一份。"四伯父连说："不必了，不必了。"大表兄就说："我们大家已分了银元，剩下来的四十只元宝，应该孝敬四舅父。"四伯父强而后可，说："四十个银元宝，我和你们母亲各得一半，而其中有两个元宝要给阿沅的。"因为我在场目击其事，要我保守这个秘密，而且还有要我做下一代的证人之意。这两个元宝大小相等于阴历十二月二十三日送灶君老爷上天供的糖元宝一样。

我得到了这两个元宝，把玩不忍释手，但与书上看到的两耳又薄又尖的元宝完全不同。原来元宝有好几种，一种是官方铸的叫作"元宝"，民间银楼铸的叫作"圆锭"，

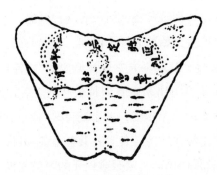

嘉定县杜念曾私家所铸的元宝

民间富家也有自铸元宝的。此外有一种中心是很饱和的圆形，上面有很细的环纹，叫"方锭"，是一块方形的白银，中心也是凸起有细致的纹，两耳都是很薄的。我拿到的一只是圆锭，十两重，上面也有细纹，所以称作纹银。我把圆锭玩了很久，四伯父说："交给我代你保管，小孩子拿来拿去是要闯穷祸的。"

待到分配完毕，时已接近天亮，许多婢仆还在寺院里守夜，于是大家动手急急忙忙把泥土碎石和坏地板丢弃花园中，仍旧把画箱照原样放回原处。大表姐已经预备好饭菜一桌，绍酒两壶，请大家来吃分家的这一餐，名作"和气酒"，又称"兴隆酒"，其时我已经倦得倒下来了。

地窖中埋藏银元的风气家家都是如此，不过数目和方式不同。城里人如此，乡下人更普遍。因为银元的价值，是经久不变的，而且藏在地下，可以防止抢劫、火灾、水灾。只因从前救火的设备简陋之极，一烧就是几百间屋，贮藏钞票危险极多，而窖藏银元就没有这种顾虑。

后来，抗战开始前有一个时期，银元收归国有，只有钞票可以通用。但是"法令尽管是法令"，各户人家窖藏的银元还是不肯拿出来。直到抗战胜利之后，纸币崩溃，老百姓对什么币都不相信，大家把窖藏的银元搬出来。不但上海有数千银元摊，连各省各县各市各乡村，都是银元的世界，这就说明民间平素窖藏银元的习惯是根深蒂固的。

受教甘翁 突遭波折

我跟随丁甘仁老师写方的时节，仍住在南市，一清早步行到英租界，沿途经过中西名医的诊所，当时有几个医生早晨七时已经开诊，夏应堂门诊六角六（即小洋六角、铜元六枚），殷受田门诊四角四，唯有平乔路上的张骧云（即张聋聋）门诊取费二角二。西医陈一龙、庄德、臧伯庸收费都是小洋八角。

这种观察，对我将来开业很有帮助。看他们如何应付病家，如何诊疗处方，他们各有千秋。最有趣的是张聋聋。早晨六时，满屋子满天井都是伤寒发热的病人，都由家人用藤椅铺板抬来，他家里的天井极大，里面有许多卖各式点心和粥品的小贩，专门供应给陪伴者的家属吃的。

这时张聋聋年纪已很老，他有两个儿子、两个孙子帮着料理，一天要看到二三百号。后来和他们相熟之后，才知道张聋聋的门诊虽然收二角二，但是有人只给几个铜元，他也一样替他们看病。

张聋聋家用只许用铜元，银角子丢在一只空火油箱中。所谓"火油箱"，就是装五加仑汽油的方形铅皮箱，倒油的时候不过打两个洞，可将全部汽油倒出。张家就利用这种空箱，打一个放进银角子的小口，每天陆续把银角子丢下去，只能放进，无法拿出，积满一箱就送到密室中，子孙要搬都搬不动，抢劫偷窃都不怕的。

丁甘仁老师的门诊是一元二角，每天看到一百号左右，是全上海诊金最贵的一人。（按：后来安徽王仲奇、北京陆仲安到上海开诊，门诊取费二元、四元，但是每天求诊的人不过一二十人。）

丁甘仁老师因为有嗜好，门诊时间定早晨九时起，诊所就在白克路（今凤阳路）珊家园，有时延迟到九时半才开始，我必然先到诊所等候。有一天我迟到了十分钟，别的师兄就凑上去写方。丁老师一边唱药方，师兄一边写方，那位师兄因为听不懂他的常州土话，紧张太甚，落笔踌躇，丁师面有不悦之色，便问："陈某人怎么不来？"一会儿我到了，丁老师问我："你家住在哪里？"我说："住在南市，相距此地有五里路，是步行来的。"丁师在那天门诊完毕之后，吩咐管家的挂号先生说："明天起让陈师兄住到这里来。"指定一个小房间使用。这小房间就在弄堂底，中间有一个横额，是吴昌硕写的"留有余地"四字。我很高兴，因为我知道这个房间，要五年以上的老师兄才有资格居住，我一下子就住进去，别的师兄都有不豫之色。我这才知道一个人立身处世，最初会受到同窗的歧视，将来会受到同业的嫉妒，必须要做一种联络工作，即近世所谓打开公共关系。

我那时节每月有固定的收入二十余元，我就划出四分之一作为交际费，四分之一作为服装费，其余一半作为储蓄。我用这些交际费请了四位老师兄到新世界游乐场去玩了一次，门券是每人小洋二角。里面有许多吃食的摊档，我又花了几毛钱，买了许多咸的甜的东西，抓在手里大家边吃边玩，尽欢而散，于是我才能安安逸逸地住进这间小屋中。

这时节黄磋玖（楚九）办九福公司，将发行"百灵机"药丸，先期把面额一千元的股票送给八位中西名医，并选为董事。中医只有丁甘仁老师名望最大，所以特送一份。丁老师接受之后，交给他的第二位哲嗣仲英先生，要他代表出席董事会，并将开会通知书由我送到四马路（今福州路）中和里仲英先生处。

仲英先生和蔼可亲，豁达豪爽，是出名的好好先生，他望了我一眼就说："我也有诊务在身，哪有空闲去开会？由你代表就算了。"我当即答应，其时我觉得仲英先生雅量宽宏，医术湛深，后来我又正式再拜仲英先生为师。

我到黄楚九那边去开会，那时节他的住宅"知足庐"还没有造好，开会的地点就在龙门路黄楚九眼科医院。在这里我又认识了颜福庆、庄德以及他的女婿臧伯庸、曾焕堂等，我叨陪末座，居然有时也发表几句话，黄楚九对我侧目而视。开会完毕之后必然有一席很丰富的宴席，由粤菜馆"杏花楼"承办，我一问价钱，每席是二十四元，不禁吃了一惊。席间还有游艺节目，因为黄氏那时早已开办大世界游乐场，凡是新请来戏曲或杂技的艺员，必然先在黄氏宴会中露面试艺，因此在知足庐落成之后，我认识不少京剧方面的名角，如孟小冬、潇湘云、粉菊花等，都是年轻貌美、艳光四射的。

我这时渐渐重视仪表，以四块几角做了一件白色的熟罗长衫，两块几角做了一件黑色的铁线纱马褂，二元四角做一身方格纺绸短衫裤，头上戴了一顶小结子瓜皮帽，足上穿了一双白底缎鞋，在当时是很时髦的。穿西装的人百不得一，如果穿西装，都是吃洋行饭的，被人讥为"假洋鬼子"或"洋行小鬼"。

许多同学身上的零用钱，每月不过一二块钱，所以比较起来，我就好像宽裕得多。为了消除他们对我的歧视，我常常请他们上小食馆吃东西。

一次，甘仁老师给我一个红纸包，里面有十块钱，他说："我有一个老朋友洞庭山人席筱杞，要经销一种日本戒烟药，叫作'哑支那'，你替他做一份仿单，两张广告，这十块钱是送给你的。"我当晚即将稿件拟就，次晨就交代清楚。

隔几天，"哑支那"的广告已经刊出，轰动一时。原来好多瘾君子早已知道"哑支那"这类药，本来是秘密出售，现在换了一个新名词，专销中国。这类药品，名目虽是戒烟药，其实是鸦片的代瘾剂，吃了之后，不但过瘾，而且还有一股杏仁的香味，每包一元可服五天。席筱杞在三马路昼锦里设了一个门市部，生意好极，顿时成为新兴富翁。

甘仁老师的第三个儿子名叫涵人，比我大七岁，烟瘾很深，长孙济万，比我大四岁，都在中医专门学校读书，是比我高一班的同学。两人听到"哑支那"发财的事，知道仿单是我做的，硬生生地指我也是股东之一，坚决要我让出一些股份。我对天立誓，只承认代拟广告稿，不承认是股东，双方争到面红耳赤，我弄得没有办法，只有陪他们去见席筱杞。到了"哑支那"的门市部，只见人头涌涌，门庭若市，一个个拿着一块钱，或两块钱，伙计们把银元掷在台上一验，声音不错，立刻丢到后面很大的藤制"笆斗"中，再看内部有四个笆斗，都装满了银元，我们看得发呆。席筱杞问明了我们来意，他当即声明说："存仁弟是没有股份的，既然两位世交光临，大家应该香香手。"随手就在笆斗中掏出银元，每人送二十元。各人拿到这二十块钱，都喜出望外，只有涵人心中还不满意，硬要索取"哑支那"十盒，席氏说："日本进来的货色，只有四十大箱，看来几天就要卖完了，我要应付门市，不如再送各位五块钱吧！"

后来才知道"哑支那"是用吗啡制的，妙就妙在有股杏仁香味，吃了之后，十分顶瘾。可是这家发行所被同业告发，说是高等毒品，因此仅做了二十几天生意，捕房即加封闭，但是那四十箱"哑支那"早已销空。席筱杞上下打点，捉去了一个小伙计，就销案无事。

在黄楚九处，我又认识了孙玉声（别署海上漱石生）和刘山农（天台山农）。孙漱石是世交，特别对我亲热，他是大世界游乐场出版的《大世界报》主编，他送我两张长券，从此我凭券出入大世界，无须购买门票了。

大世界游乐场中，那时盛行诗谜摊，是文人雅士荟集之处，其中陆澹盦、恽铁樵都是教过我国文的，此外还认识了何铁珊、王西神、夏赤凤、张横海、陈夔龙等名流，又在茶座上认识文学家兼实业家的陈蝶仙（天虚我生），他是名士而讲求理财实务的。

那时节上海中医坐汽车的很少，丁甘仁老师坐的是一辆福特篷车，我和他的司机搅得很熟。一天丁老师叫我到南市同仁辅元堂接洽事情，我坐了他的车去办理。先一日大雨，南市地势较低，发生了水患，我就顺道坐了车去探望我母亲。那时我家住在王信义浜一个旧宅中，从前汽车都是很高的，坐在汽车上威风十足，到门口时，好像衣锦荣归，邻居的小孩子都围着来看，无限羡慕，连摸一下车门都感到快乐。进门见到水深及膝，到了楼上，母亲正在发愁，见了我说："为了贪图房租每月只付十二元，但是现在这种旧房子，一下雨，常常水深数尺，水退之后，成年累月地潮湿和霉气，实在不能再住下去了！"我说："再隔几年，我一定会请你搬到夷场上去的。"我母亲才展颜微笑。

接着我说："今天我坐汽车来，专程接你老人家到夷

20 世纪 30 年代,上海大型游乐场"大世界"外景,该游乐场 1917 年开业,经营电影、马戏、戏剧等品种,投资者为黄楚九

场上去玩一宵。"母亲说："也好。"于是叫弟妹和邻居小孩四五人穿好新衣衫,坐上汽车飞驰向租界而去。

那时节的汽车,鸣笛全是用皮球形的喇叭,开进闹市时,司机不断地用手揸皮球,发出一种叭叭之声,所以当时的小孩子,都叫汽车为"叭叭车"。我们先到四马路大西洋西餐馆吃西餐,每客是小洋六角,小儿还可以一客分成两份。母亲非常高兴,饮了三杯酒,深深地透了一口大气。接着我带了大家去大世界游乐场。进门时我手执两张长期门票,向立在守闸处的总稽查"闹天宫福生"一扬,这个徐福生很机警地一挥手,由我领了大队小孩浩浩荡荡地免费进去。

小孩们一进门先看"哈哈镜",个个看得开怀大乐,我母亲却觉得很不适宜,对我说:"阿沅,这种地方,一个人学坏容易,学好难,你现在在此不费分文直进直出,我担心你遇到坏朋友坏女人,我真吓煞哉!"我说:"放心,任何坏环境改变不了我的个性。"母亲听了我的话,似乎放心些,于是大家很快乐地玩了一晚。玩毕,我叫了一辆出差汽车。所谓出差汽车,即等于香港的"的士",直送到遥远的南市,车价由"大世界"到南市是一元二角。

痛失宗师　转从业师

我在丁甘仁老师处写方,正是中医专门学校的实习时期。原想随从二年,以增学识,不料这一年上海大疫,许多医生病倒了，而各处善堂求诊的病人，增加了两三倍。丁甘仁老师也突然患上了湿温伤寒症，那时他的哲嗣仲英师只得停诊侍候。仲英师待我很好，他说南市广益善堂缺一个医生，就派我去应诊，不过是临时性的，为期大约三个月，月薪是二十四元。于是我就即日赴任，我未毕业就开始做医生了。

丁甘仁老师卧病一个月，竟撒手西归，享年五十五岁。这么一来，对我的刺激很大。那些天我在广益善堂门诊只做一个上午，下午就到丁家去帮忙做各项事务工作。

丁公甘仁是上海第一名红医生，小说家朱瘦菊（别署海上说梦人）著的《歇浦潮》小说中形容丁公是一位千万富翁。在交易所风潮中，《晶报》发表过一个消息，说是："名医丁甘仁一夜之间；投机亏折百多万。"其实这类消息都是言之过甚。实际上，丁公谢世后，检点家财，只有珊家园一所住宅，是朱斗文卖给他的，当时价钱是六万四千元，还有一所在登贤里的房屋，是自己建筑的，花了二万六千元，在银行现款仅一万余元，继室欧阳夫人有现金十余万，此外在他家乡常州有田五千亩，他的财富如此而已。如此看来，一个人要积一些钱，真不容易。

从前上海人还有一种风气，有钱的人逝世之后，一定要举行一次盛大的出殡仪式，上海人称作"大出丧"。最盛大的是盛杏荪、周扶九二人的出丧，不但全上海市民空巷去观看，连四乡的人都远道赶来参与其盛。

丁家的出丧，当然也并不能简陋，但是所费浩大，譬如上海孤儿院来一队乐队，就要捐一千元，诸如此类，所费不赀，因此这次出殡，就限定不能过分铺张。

我在这次丧事中，日以继夜地帮忙。我只想在出丧行列中，要骑一匹"顶马"。所谓顶马，是排在灵轿之前的一匹白马，照例应该由女婿骑的，但是丁公那时没有女婿，又因我担任"排道子"的任务，所以就骑上了马。一路行来，自己觉得威风凛凛，英武不可一世。

丧事终结之后，我见到丁仲英师对治病的功夫真有一套，而做人之道，更是值得崇拜，所以我就要求继续师事仲英先生，他并不受我赀金就颔首答应了。

记得清代名医叶天士有一个故事，他生平拜过十七个老师。我这时计算一下，要是将国学老师再加上医药老师，恰好也是十七位。但是我对仲英师追随最久，获得不少临床知识，可以说他是我唯一的业师。

仲师宽大　备受优遇

我拜了丁仲英老师，与他的长子济华同居一室，是住在一间马棚楼上。所谓马棚楼，旧时是置放马车的，马车淘汰之后，改放汽车一辆，上面就变了一间很大的居室，这时他们对我相当优待。

还有一件好事情，仲英师除了自己诊病之外，大门口还有一间小房间，由学生们代诊贫苦的病人，限定在早晨七时至九时，对他们不但施诊，而且还赠药，以看到九时为止，逾时不再接受贫苦病人，以免扰乱正常业务。仲英师就派我担任这件事，一方面也增加我许多临床经验。

这间小室，不但有一张写字台，而且还有一架电话。从前一个电话月费六元，可见顶费大得惊人，所以能在写字台旁有一个电话，真是足以自豪。（按：旧时上海的电话，都是挂在墙上，用时先要用手摇一阵，然后拿起听筒，向接线员报明要打号数，号数上面还有一个区名，分中央、东、南、西、北五区。）我有了这个电话之后便利不少，因为从前接洽事情，都靠两条腿走来走去，现在有了电话可以减少许多往返跋涉。

一清早做施诊给药的工作，贫苦病家有好多患重病的，我一一加以处理，手挥目送，应付裕如，因此学识与经验大为进步。其中有一部分病者实在是吸毒的乞丐，从前吸毒是不犯法的，所以并不加以歧视，他们的病都由脱瘾而起，丁家备有一种用鸦片烟混合制成的止痛丸、止泻丸，只要给他们三粒药丸，就可以诸病全消，因此来的人很多。我在这里就学到一种本领，一看他们的面貌和脉象，即刻可以知道是有毒瘾在身。有许多寒士，不承认吃烟，但是经我一看，他就无所遁形了。

我向来一早起身，工作是不停的，越是忙碌，精神越是旺盛，从来不生病，唯一的嗜好就是看电影。小的时候，小南门通俗电影院是我常去的，座券大人收铜元十二枚，小童收六枚。影片全是默片，并没有银幕，只是设一张白幔布而已。在白幔布后面放着五排椅子，坐这种座位看戏，

民国时期，南京大戏院

只纳半费，可是映出来的画面和字句都是相反的，我坐这种位子，所费不过铜元三枚。后来进一步到西门方浜桥共和大戏院去看电影，座券小洋一角，所看的多是有连续性的侦探长片。全部戏最少有二十四本，每隔一星期换一次片，每次只四本。我还记得所有影片都是《宝莲历险记》《宝莲夺宝记》《血手印》之类。

后来卓别林影片问世，都是一两本的短片。相隔二三年，罗克（香港称神经六）相继出品，也是短片，观众欢迎有如疯狂一般。后来葛雷菲斯导演，丽琳盖许主演的《赖婚》上映，我特地从南市赶到北四川路（今四川北路）虬江路上海大戏院来看，门券为小洋四角，这是电影演整本戏的开始。

后来北京大戏院开幕，我的戏瘾更深。待到爱多亚路（今延安东路）南京大戏院开幕，票价已收小洋六角，这个座价维持了很长久，足见银元的价值。它对外汇的汇率很久很久没有波动。我在丁家常常陪同老同学和老师的子女们去看电影，和他们的关系处得很好。

由那个时节起，每天晚上，我已不能常到姚公鹤老师家去。因了电话的便利，自己有一班朋友，到了傍晚，约三约四，都会集在我的办公室中。我欢喜和文艺界中人交往。邵洵美是一个领袖，他为人很慷慨，每晚往往由他做东道，因此认识了张光宇、张振宇、胡伯翔、胡伯洲等，还有两个外国男女记者，一位史沫特莱，就是后来写《宋氏三姐妹》出名的；一位斯诺，后来到延安为毛泽东写文章的。这两个人都会饮几杯酒，常以六块钱购一瓶常纳华克威士忌酒，一饮之后，都是放浪得很。

仲英师对我的工作相当满意，有许多特别的事情，总是交我去办。那时国民军还未到上海，孙传芳称为五省总司令，委任丁文江为淞沪督办，即相当于上海市市长的职务。丁文江励精图治，一派新的手法，成立了淞沪卫生局。上任之初，发布中西医都要登记的消息，全上海的西医都急起来了，中医界也个个皱起眉头来，好像大祸临头一般。上海本来有一个"中医学会"，会所在南市石皮弄，原由丁甘仁老师当会长，甘仁师逝世后，由仲英师继任会长。

卫生局派来一个科长拜访仲英师，那时恰巧门诊繁忙，科长是徽州人，呢呢喃喃不知讲些什么，仲英师就说："明天我派我的学生陈存仁到贵局回拜，详细情形你和他研究好了。"

当时卫生局设在南市毛家弄一个旧式巨宅中，我到了那边先见科长，后见局长胡鸿基，胡氏对中西医登记茫无头绪。我说要是实行考试的话，这件事是行不通的，因为好多老医生开业已数十年，要是考试不及格，连民众都会反对的。胡鸿基就提出凡是开业五年以上的，先发执照，其他不足五年的医生和新开业的人留到后来再行考试。我说"好"，便鞠躬而退。

我回来后，把经过报告老师，他说："这件事一定有许多麻烦，由你去办吧，遇到为难的事，我再出面斡旋。"于是我就帮助中医学会书记印发通告，收集履历表和照片。报名参加的有九百多人，其余还有两个中医团体。如法炮制了三本会员册，送到卫生局那边，卫生局审查了三个月，剔除三十几位著名的江湖医生，全体发给中国有史以来第一批"医士执照"。

这件事实行之时，中医学会照章收入会费每人二元，年费一元，有许多老会员已积欠会费十年八年的一样清缴，因此中医学会多了一笔大钱，否则的话，会中收支不够，仲英师每年要贴一百多元，因此我在丁家也算立了些微功。

同时我知道卫生局经费极有限，全局人员只得八名，科长薪水为三十元，一个小书记的月薪只得八元，自从发给医生执照之后，经费大为富裕，全体都加了薪。

仲英师门外挂几个招牌，如上海中医学会办事处、广益中医院办事处、广仁善堂办事处、尚志山房经租处等，实际上都是利用老师的诊所地点适中、交通便利，作为接洽事务的场所，来往的人并不多，本来没有一个专人驻守，一切都由我应付。

有一天，我忽发奇想，对丁老师说："我想办一张医学常识性报纸，叫作《康健报》，也想挂一块招牌，未知老师能允许否？"丁老师说："你尽管去办，挂招牌是没有问题的。"哪知道诊所中有一位挂号先生，实际上等于总管家，他见到我的形势一天一天壮大起来，大为嫉妒。我摸到他的心理，到北京路去花了六块钱，买一只银箱（香港称夹万）送给他，那位挂号先生十分欢喜，特别是身上挂了一只银箱锁匙，更是威风无比，从此他对我的事就不反对了。

不料，还有一个是老师的老娘舅，长年寄食师门，连鸦片都由老师免费供应，他对我也极为妒忌，极力反对办报，说："报纸上要是登错一张药方，会弄出人命来的。"仲英师笑而不言。

老娘舅接着又说："听说某人家里的鸦片，全是云南大土，你有没有办法弄几个泡来试试？"我说："那便当得很。"隔了一天，我拿了一个烟罐，里面装满了烟泡，老娘舅一闻这股香味，笑逐颜开，从此他再也不反对我办报的事了。

书寓风光 别有天地

正在筹备《康健报》时期，忽然接到朱斗文来电话说："我的侄子阿挺服毒自杀，已送入仁济医院，你和他是同班同学，又是结拜弟兄，你该到医院中探望他一下，因为他的神经有些毛病，非你们年轻人去劝慰他不可。"我听完了这个电话，立刻到麦家圈仁济医院去，他住的是头等病房，房中挤满了全家的亲友，个个暗暗饮泣。我一看阿挺，已经洗过胃，生命没有危险，但是两目直视，满口胡言乱语，完全变成一个神经人，什么人都认不出，甚至连他自己母亲也不认识。我连叫几声，毫无反应，我想这是痴癫症（即电击性神经分裂症），服药未必有效。我在他的后脑部分，重重用手指力压几下，只见他喔的一声喊起痛来，同时吐了一大阵，神志略为清醒，叫我一声"小阿哥"，但是对他母亲仍是认不清。朱伯母一边流泪，一边说你们是结拜兄弟，这一次要全仗你的大力了。我想尽了种种办法逗引他，他终是胡言乱语，不知讲些什么话。大约到近天亮的时候，阿挺渐渐清醒，大哭一场之后，说："我受了肖红老四的骗，用去我许多钱，现在她移情别恋，我一定要和她拼个死活，请你替我去评评理，我讨不到肖红老四，我这一条命也不要了。"他的母亲一看到儿子清醒过来，非常快乐，说："陈先生，你和他是要好弟兄，我家一支单传，希望你好好地劝劝他。"不久，朱斗文也来了，顿足长叹向我说："所有妓院的房屋，十有其八是我家的产业，

20世纪30年代，上海福州路上的红灯区

现在我的侄子在妓院中吞生鸦片烟，幸亏自杀未成，否则这段新闻闹出去，台就坍得大了。现在他虽已清醒，可是他对肖红老四还是执迷不悟，你们两人差不多年龄，容易劝慰，我把这件事就拜托你了。"

七天之后，阿挺的神经渐渐正常，身体也复原了，出院时拉着我就要到爱多亚路"易庐"肖红老四家去。我对妓院（雅名"书寓"）的情况完全外行。一进妓院，门口的相帮高呼客来。我们上了楼，在房间坐下，几个莺莺燕燕把他包围起来，为他特地布置一间精美的小房间，供阿挺作为养息之所，朱斗文也来了，对老鸨说："这位陈先生，你们叫他陈大少，一切事由陈大少照料他，所有账款都归我付。"说罢之后，立即离去，我想说一句话也来不及。

我在妓院中，大家都十二分恭维我，口口声声"陈大少"，我听了之后，觉得怪难受的。片刻之间，端出四只银碟装的水果，中间另有一只很大的糖果盘。四碟水果，一碟是暹罗文旦（即泰国柚），连皮都全部剥光，晶莹光洁；一碟是花旗橘子（即金山橙），一碟是青岛牛奶葡萄，一碟是西瓜子。我对四种水果中的花旗橘子，其时还没有尝到过味道，正想动手去拿，旁边一个如花似玉的姑娘，用纤纤玉手已送到我嘴边，我先尝试了一些，结果把全碟花旗橘子都吃光了。

阿挺见到我这般模样，不禁笑了起来说："小阿哥，你到这里来，也应该尝尝滋味，向例我们追求一个女人是千难万难的，唯有到这里来，男人最威风，女人是百般迁就的，我只恨的是肖红老四，我出全力捧她成为'花国大总统'，现在她的阔户头多得很，竟然把我一脚踢开，今天我要找她来算账，见到了非把她一刀戳死了不可。"说时两眼凶光突起，就拿起一把水果刀紧紧地握在手中，一房间的姑娘们，人人花容失色。正在这时，楼梯上一阵脚步声，几个姑娘拥出了一个雍容华贵的绝色美人，即是肖红。

阿挺见到肖红，妒火中烧，怒目而视，杀气腾腾。肖红不慌不忙，轻轻松松地对阿挺讲了几句极婉转温柔的话，只见阿挺顿时态度就软了下来，那把水果刀早已不知去向，

当年妓女坐包车出堂差

叹了一口气对肖红说："我条性命险乎送在你手中。"说完这句话，两个人像扭股儿糖一般地扭在一起，阿挺一派神经现象，竟随风而逝。

肖红本是广东人，但能说一口软而且糯的苏州话，个性温柔，不过肤色稍为黑了一些，可是她一颦一笑，实在有倾国倾城的媚态，当晚就备了一桌菜来替阿挺消气压惊。

那时，肖红堂差忙得不得了，一忽儿就不见了，阿挺又咆哮如雷，我在旁加以规劝。我说："这个女子，你是不配的！你究竟年轻，她只当你是一个小孩子，世故人情，你比她差上十万八千里。而且你的前程似锦，我劝你要坚坚决决地死了这条心！"阿挺听了我的话，呆了一阵说："你的话虽有道理，但是我总少不了她。"我说："以后和她做个朋友也就算了。"阿挺很忠厚，竟垂首默然无言。

我们一边吃一边谈，饮的是六块钱一瓶"斧头"牌三星白兰地，吸的是"茄力克"香烟，这是当时最高的享受。两人饮了三杯酒后，我说："你不如另找一个对象。"阿挺就叫了一个云兰阁，把自杀殉情的意图完全打消了。

当时妓女出堂差，坐的都是装有干电灯的钢丝包车，唯有肖红是第一个自备汽车出堂差。大约隔了一个半钟头，她回来了，见了这个情况，她也笑起来说："一个客人不做一个小姐，一个小姐也不做一个客人，你这样才对。"肖红这样说，阿挺也作会心的微笑，当着肖红的面，答应送云兰阁钻戒一只，翠镯一个。肖红很大方地对云兰阁说："侬快点谢谢朱大少。"一些没有醋意。

第二天阿挺要我请客，我坚持不肯，阿挺说："书呆子，堂子里的规矩完全不懂，只要你答应请客，主人是不用花钱的。"原来上海妓院的规矩，请一次客要发十张八张帖，由每一位客人付出三块钱"买票"，还要拉两台麻将，每人坐下来，头钱要抽赢家的三分一。做主人的是一个钱不需要花的，主人就难在请客人。还有一点，凡是客人来，坐汽车的要给一块钱轿饭票，坐包车的给四角钱轿饭票，妓院中一席精致船菜，成本只花十二元，所以一夕所得，剩余还是不多。但是豪客，一定要请双台，或双双台，所谓双台，买票、麻将的输赢，也是加倍。双台买票每位六元，双双台买票是每位十二元。

阿挺叫我请客，我说："我哪里来的客人？"正在这时，朱斗文有电话来说："今晚由我请客。"阿挺说："不对的，应该由存仁小阿哥请客。"朱斗文说："好，我们两人出面，全桌客人由我带来。"他这样一说，我就轻松下来。

华灯初上，客来如云，当时的绅商巨富，早已坐满了两桌麻将，待到筵席一开，每一个客人都叫两三个小姐陪坐，唱戏的唱戏，唱小调的唱小调，大家吃得醉醺醺。这班客人都是豪客，平时要见他们一面都不容易，但是在这种场合，大家亲热得犹如弟兄一般。因此我才知道妓院是生意人最好的交际场合，有许多大生意都在妓院中三言两语讲成的，所以逛窑子、吃花酒，算不得是嫖，好多人一切生意，都到生意浪来谈，这"生意浪"三字，即指妓院。客人如此讲，妓女也是如此讲，口头绝不提"妓院"两字的。

这一场请客，方式很特别，菜肴并非由妓院中代办，是向四家著名菜馆点的特制菜，四只冷盆是由八仙桥湖南菜馆做的，四个热炒是四川菜馆"陶乐春"做的，烤鸭和蜜饯山东枣是由"梁园"做的，白汁排翅和蜜炙火腿，是"鸿运楼"做的。四面送到依次上菜，每一道菜都是精品，大家吃得津津有味。我心里正在奇怪，怎么不见客人买票。我只邀了一位朋友，是望平街上有名的广告大王郑耀南，他也是预备来买票的。还有一位《晶报》主笔余大雄是朱斗文邀来的。朱斗文说："今天吃的是便饭，由主人请客，不需要买票的。"我对余大雄来参加，暗暗有些诧异，因为其余的客人都是富商巨贾，这班人见到报人都有些怕的，为什么朱斗文又约他来呢？席散之后，朱斗文对本家说："今天我很高兴，席赏二百元。"本家听到这个数目，开心得跳起来，就拉长了嗓子，高声喊说"朱大少席赏二百元"，一时由内室传至外面，外边也接着喊说"谢谢朱大少"，又接着楼底下也一齐喊起来，一路喊到大门口。这种喊法，是妓院中的规矩，我初次听到，心里真要笑出来。

阿挺挟着云兰阁到另外一个小房间中倾谈，朱斗文拉着我说："你慢一步走，我有话和你谈。"于是朱斗文横在烟炕上，我也横在他的对面，一时许许多多小先生（即雏妓）爬在朱斗文身旁，像一群猴子缠绕一般，敲背的敲背，捶腿的捶腿，捏脚的捏脚，笑谑之声不绝于耳。朱斗文本是上海的豪富，这时他穿了一身格子纺绸上下装，左手指上戴了一只钻戒，右手指上戴了一个翡翠戒，当时上海阔佬们到妓院中，总是戴钻戒和翡翠戒的。他三筒鸦片一抽，口袋中一只"打簧表"，叮叮当当地响起来，这是早年报时的名表，每到一个钟点，它就会自动报时，我还是初次见到。我说："这个表让我看一看。"朱斗文就把表除下，表的下面还拖着两个翡翠垂梗。这表的牌子，是"汉密尔敦"，是当时最有名的手表，我看了爱不忍释，朱斗文说："你既欢喜，我就连翡翠梗一起送给你吧。"我说："无功不能受禄，断断不敢接受。"

朱斗文摈除一群小先生，轻轻地说："这一次你把阿挺说服，移情于云兰阁，连神经都正常了，你的功劳真是了不得。因为那天阿挺在群玉坊肖红的干娘房中，猛吞一罐生鸦片，毒发初步，直僵僵由救生车抬出去，整个群玉坊都轰动了。堂子里的人传话最快，都说阿挺已经吞生鸦片烟死了，特别是肖红当选"花国大总统"之后，大家都嫉妒得很，阿挺的妈妈赶到妓院中号啕大哭，开口第一句骂肖红是'扫帚星'，《晶报》还算顾全我的面子，只写了一段方框小稿，叫作'扫帚星花国大总统'。这件事差不多上海社会有许多人都知道，有些人还认为我的地产，租给人家经营妓院，这是报应。所以我今天特地约一桌人来吃饭，是含有辟谣作用，我约余大雄来，让他看看阿挺既没有死，而且神经完全正常。所以这个打簧表，是我甘心情愿送你的，你还是受了吧！"

我坚决不肯接受，朱斗文说："那么你以后无论要做什么事，我一定全力帮忙。"（按：当时上海钻石价值最高，但是旧时钻石叫作老克丁，棱角是没有的，现在香港的都是新克丁，棱角有一百四十四个以上。如今钻石大约涨了一千多倍，而翡翠玉石，大约涨了五千倍。在我写这篇文字之前二月，恰好香港举行珠宝展览会，我看到有一只翡翠的马鞍戒，定价是五十万元，照我看来，还比不上当年朱斗文那个翡翠戒的浓度、光度和重量。）

朱斗文接着说："你还要陪阿挺一个时期，恐怕他的病还要复发。"我说："这一点我不敢应允，因为我正在筹备办《康健报》，哪里有空闲再到这里来。"朱斗文说："你办《康健报》要不要本钱？"我说："本钱有限，倒是拉广告维持经常开支很困难。"朱斗文说："我再请一桌花酒，约中西药业中人，包起你的广告也就算了。"我心里想这种事最费唇舌，断断没有如此容易。

隔了三天，朱斗文果然又大请客，约的是黄楚九、袁鹤松、周邦俊、陈楚湘、雷显之等。郑耀南听到这个消息，早由他的商业广告公司预备了八份广告合同，他说："我也要做些生意，合同签下之后，略取佣金，由我代你把广告稿收集，每月广告费归我来收。这种广告，老板即使签字，底下的人有种种阻碍，你是不会应付的。"我说："好极。"

筵席一开，客人翩然而来，每一个人叫了二三个妓女，歌声琴声齐作。我心想在这种情况之下，怎样会把我的事讲得好。不料朱斗文只轻轻松松的三五句话，把我要办《康健报》请大家登一些广告的事就说明了。大家齐声说："这个没有问题。"朱斗文就拿出合约，他们拿起来看也不看上面的数目，就签了字。

这天黄楚九没有到，因为黄氏新建的"知足庐"落成不久，黄太太定了一个规矩，黄氏和朋友可以召妓到知足庐，但不许黄楚九再进妓院。朱斗文对我说："黄楚九的一份，由我移樽就教。"又隔了两天，他带了一个福建厨子，到知足庐去借地请客。

知足庐地处爱多亚路，是三层楼，黄氏的家眷住在三楼，二楼是烟炕和打牌之所，底层的大厅是专供宴客用的。朱斗文和我等到了那边，对黄楚九轻轻讲了几句话，黄说："陈存仁本来是相识的。"再一看每期广告一格，计费四元，全年五十二期，共计二百元，他也不说一句话，就在合同上签了字。郑耀南在旁看得呆了，他为我细细一算，八份合约，一年可收一千六百元。他说："存仁兄！你的《康健报》出五年也用不完这些钱，这般收获，令人羡然。"

肖红老四在上海已成了名，举止比一般明星还阔。有一天，她在百忙中，拉着我到后房中谈天，起初对我说了一篇好话，接着送我四双绣花拖鞋，我老是不肯受。肖红含笑带嗔操着软糯苏州话说："你这个人呀！憨是憨得来，别人在我身上用千把洋钿，我不过逢到端午节送他一双绣花鞋。现在么，为了阿挺险些乎害煞我，笑舞台已经排好一出戏，叫作什么'花国大总统横扫记'，真当我是扫帚星，这一出戏一做之后，我哪能再做人呢？一定要自杀给大家看，你不受我的拖鞋，触足我霉头哉！"我说："好，我受你就是。"

旧时妓院中人，满口讲的是吉利话，名为"口彩"。肖红把拖鞋排在桌上，向我解释，鞋面绣的是梅、兰、竹、菊，表示四季常春。角上有一个小字，是"羊"字，表示肖红的生肖和标记；鞋头是浅红、深红、紫红、深紫四色，代表肖红的"红"字，这四双鞋祝我将来红到发紫，还爽爽快快地问我将来要不要"红到发紫"？我才只得受下。

我受过了拖鞋礼物，我说："我也要捧捧你，你有没有着色的照片？由我转送给几个办画报的朋友去做封面。"肖红顿时笑得两眼只剩一条线，说："我明天打电话约你，一同到大马路宝记照相馆去拍照。"那时五彩照还没有发明，宝记的着色照片是有名的。

次日，肖红竟然坐了一辆开篷的顺风牌汽车，到我处来。幸亏她叫一个穿着白号衣的车夫来叫我，我觉得这事情张扬开来太糟糕，但是突如其来身不由己，一下子就坐上她的汽车。经过四马路望平街一带，大家都认识花国大总统肖红，认识我的人还少。可是终于消息传到我四伯父那里。一天，下午八时，四伯父亲自找到我住处马棚楼上来。那时我还未归家，他很气恼地苦候着。等到深夜十二时，我喝得醉醺醺地回来，四伯父一见到我，两眼含泪说："阿沅，你真是大变了，这样下去，十年窗下都是白费，眼见你堕落即在目前。"我一点也不解释经过，当面立一个誓说："明天起再也不到这种地方去了。"

从此以后，阿挺横请竖请我都不去，有事情商量到菜馆中倾谈。后来阿挺赴美国，今成富商，声名显赫，到香港来总是找我。肖红是广东人，亦在香港久居，开口都操广东语，苏州话只当不懂，前事一句都不承认。她已嫁得一个大商人，归宿很好，年龄亦有六十多岁了。

出《康健报》 风行一时

我在仲英师家一年后，公余之暇，每天总有二三个人请我看病，当然都是亲戚和朋友，有些送钱，有些不给钱，这个情形，老师毫不介意，但是别人看了，认为是"饭店门前摆粥档"，怪不好意思。因此我决定向老师说明要自己设立诊所，兼办《康健报》，老师一口应允。我就想到办报以望平街为最适当，诊所以南京路（俗称大马路）为最相宜，于是我就找到一个两全其美的场所，在望平街南京路转角柏林花纸行和心心照相馆的二楼，经租的是哈同

作者早年在上海编辑的《康健报》，唐驼题签

洋行，我拿了王一亭的介绍信去见他们的总管姬觉弥，姬一口应允并且说："这个二楼房租收你每月五十元，一切小费押租都不收，但是这个房屋的原有承租人，要三个月之后才迁出。"我说："好。"

于是我积极筹备《康健报》的事，去见丁福保先生，讨论一切，他对出版方面是极有经验的。丁福保听见我有八张常年广告合约，认为是奇迹，他说："这个报纸，既是周刊，每期一大张，排工每期十二元余，印刷费每千不过四元，每一令白报纸可印一千张，用日本纸市价不过二元四角，用瑞典纸也只需两元五角，所以这份报纸可以赚到很多钱。但是有一个要点，内容要很丰富而很有趣味，否则，医药常识的报纸，没有多少人要看。有一句名言：'学无术不行，术无学不久。'所以里面的文字，必须要打破旧例，另创一格才是。"

我说："我已经预备把医学常识文字用极通俗的笔调写出来，阴阳五行绝对不提，古来艰涩的文句也不用，绝不抄袭旧书，更不抄袭西医文稿，每篇自出机杼，每期十多篇稿子，共计约一万字，开始我准备全部自己写。"

丁福保说："不对的，你的稿件尽管写，要有十个著名医家帮同撰写，才有号召力，否则是销不出去的。"我说："你这意见好极了，第一个就要请你老先生捧场，每期一篇。"他一口答应，可是其余九个医家就不容易找了，因为好多老医生只会看病，不会写稿，于是两人就苦苦地想对象。

结果，想到了丁仲英老师、谢利恒老师、恽铁樵先生、俞鸿宾先生、秦伯未先生、陆士谔先生、章次公兄等，再想也就想不出来了。

我灵机一动，想出非医界中人有一位聂云台（总商会会长，曾国藩之外孙），老年退休，常写养生文章，可以请他帮忙。还有一位向恺然（别署平江不肖生），写《留东外史》及《江湖奇侠传》出名的，他会引用验方以小说的笔调来写的。还有姚公鹤老师，生平多病，可以请他写各种疾病的疗养经过；再有一人是吴鉴泉，可以写提倡太极拳强身的稿件。

丁福保说："够了，够了，这张报纸出来，定然轰动一时，亏你想得出，我生平做事'箭无虚发'，而你却有很大的冲力，真所谓'另有一只弓'。但是你要注意一件事，好稿子不容易得到，你应先准备十期稿子，否则，出版之后，还有许多琐屑的事，没有时间再来拉稿子的。"

计议既定，我等不到迁入望平街，就把第一期样报印了出来。仲英师看后连声说好，我就征求老师的意见，可否暂借老师的诊所做发行所，老师说："尽管你去用就是了。"于是《康健报》就正式出版，当天望平街发出五千份，一销而空。报贩头子蒋顺卿来说："你这报可以销到一万份以外。"我就叫印刷所连夜添印，第一期实销一万四千份，售价每张铜元二枚（即二十文），批发价为十二文。我一算下来，这些报纸全部销去，即使没有广告，都已有钱赚了。（按：当时报纸销路，《新闻报》日销十五万，《申报》《时报》在伯仲之间，都超过十万。此外《晶报》销七万份，邹韬奋办的《生活周刊》销六万，我办《康健报》轮到第十位。）

第一期出报后，果然杂务丛集，有好多人来订阅全年，当时我未经过精密计算，以外埠订阅每期收大洋四分，全年连邮费收二元。我初想本埠订户是不会有的，谁知道有钱的人怕每期零买费事，情愿着人来付钱订阅全年，并且说要用牛皮纸袋包寄，认为这种报纸是值得保存的。

从前《新闻报》的广告价格最昂，报头旁的封面长行每行一元四角，我居然以十行地位在《新闻报》登了一张广告，并要求排字房替我排在报头之旁第一条。

从前新闻报馆排字房，是在旧屋底层，还是三合土泥地，里面除了机器之外，样样都是旧东西，广告的编排，由排字房的头目擅自处理，我和他们打了交道，送了十包大英牌香烟给排字房头脑，他就一口答应。

广告登出后，外埠订户信如雪片飞来，于是我又登《申报》广告，当时《新闻报》的广告效力较大，《申报》的广告地区较远，连陕西的平凉、新疆的伊犁都有订户来。

从前邮局对邮件的收费，上海平信是一分，本外埠印刷品是半分，但是对大量报纸，有特别优待，重量以格兰姆计算，大约一磅重的报纸寄费不过五分，这是表示提倡文化之意。这两种寄费的距离，相差得很多，可是要享受这个优待办法，每月至少要有五百磅以上的寄件为起点。

我因为每份报纸寄出去要花半分大洋邮费，实际上与一张报的成本差不多，所以一定要研究一个办法出来，先向邮局申请认为"新闻纸类"，其次是如何能取得论磅寄费大宗邮件的资格。

那时节一切事情我都亲力亲为，先向京沪、沪杭两路各县电话局索取电话簿，抄录电话簿上的商店住宅地址赠送报纸。一天，我正抄得筋疲力尽时，秦伯未和邓钝铁两人来访，拉着我要到"高长兴"去饮酒，高长兴是当时上海一家有名的专门供应绍兴酒的酒铺。考究饮好酒的人，常到那里去浮一大白，这时米价已比从前高了一些，酒是米做的，所以酒价也跟着涨起来，花雕每斤卖到二角九分，

锡酒壶　秦伯未　作

酒壶都是锡制的，每壶是半斤。

　　钝铁催着我，我一味写信封，伯未等得不耐烦，见到桌上笔墨俱全，拉起笔来就画了一个"酒壶"（见图），钝铁说："快些走，快些走！"我回说："没有空，我要连抄十几个深宵，才能了事。"钝铁说："我现在受雇于华安合群保险公司，也是抄写这些东西，受了他们月薪三十五元。办公时间常无公可办，让我把你这些电话簿带到公司里去，明天起只要花三天时间，就可以替你抄好。"我听了他的话，心想这是不可能的，既然他说肯抄，不妨就给他拿去。

　　次日晚间，邓钝铁来电话说三万多个地址全部抄好。我对他的运笔如飞，实在钦佩之至。后来邓钝铁改名"粪翁"，以书法驰誉海上，每次开展览会，卖出大小书件数百件，收入往往达到八九千元。这是一个怪人，后来坠机丧生的王植波，就是他的学生。

我有了许多地址之后，将报纸上的广告完全删去，全排文字，印成样报，这批样报，竟然招揽到千多份订户。但是电话名册收集有限，我又以大洋四毫买一本邮政章程，细细研究，发觉其中有一种随信附送印刷品的办法，对我的推销一定有效，所以就添印样报数万份，照章纳费，交给他们随信附送，这一来，就取得大宗邮件计费的优待。而寄出的样报，每一百份便有三五个订户，因此订户的纪录直线上升。第一个阶段，订户达到八千份，每份收银元二元，我顿时拥有一万几千元现款，在当时可以算得小康了。

望平街的新诊所，如期可以迁入，我把它装修一新。这座转角上的房子，还有一个圆顶，上面可以扯旗。那时节上海有一个有名的测字先生，叫作"小糊涂"，他女儿是学医的，因此和我很相熟。他为我拣了星期一可以迁居的日子，我哪里能等，在星期日前夜就搬迁各项书籍文件一个人住了进去，挂起牌来，次日开始诊病。

向来我在四马路老师家中，每天总有二三个人来找我看病，门诊收四角四十文，我迁入望平街，门诊收费改为一元二角。在迁移之前，预先约定几个老病家到我新诊所来撑撑场面，不料当天就吃了一个大鸭蛋。到了晚上入睡之时，只听见人说四马路大火烧，交通都截断了，我也无心去探听究竟。次日一早我走到四马路，只见数十条灭火喉，都集中在西中和里，原来是中西药房起火，我老师的诊所已被波及，烧到一片平地。我寻到丁师暂住之处去安慰了他一番，丁师向来大度乐观，面无戚容，说："你昨天搬出，当天晚上就起火，如果你迟迟不搬出，可能还烧不起来呢。"师生两人笑了一阵。

回来之时，我细细一想，要是听了"小糊涂"的话，这天不搬出，那就要烧掉我贮存的六千元邮票。（按：从前外埠订报多以邮票代银，但是收了邮票，往往一时卖不掉。）还有一件大事，如果烧去了八千个订报户的地址，那就无从稽考，有报无处寄，失尽信用，兹事体便大了。

开业十余天，差不多天天吃鸭蛋，同学们来访问我，都说："你的门诊收费定得太贵。"我也有些后悔。不料有一个出售"小小豆腐干"而起家的陈万运，开办了三友实业社，职工有五百多人，他来访问我说："我们全体职工由公司请你做常年医生，月薪订五十元。"我一口应允，因为这样一来，房租就有着落，而且天天有人上门，气氛就不同了。

悬壶应诊 盛宴亲友

以后，每天总有一两个到三五个病人到诊，心里就安定下来。这时我用了一个挂号职员，薪水每月六元，还买了一部钢丝包车，车夫薪金每月八元，从前的钢丝包车黑漆胶轮，走动时钢丝闪闪生光，这是我从小就怀有的向往。第一天叫车夫接我的母亲来，母亲开心得笑起来。她到了我的诊所中，居然有二三个病人等着，她老人家连吃三筒水烟并说："我家沉寂已久，你竟然在夷场上设这么大的诊所，应该像像样样地请一次开业酒，多年的老亲戚要阖家请来叙一叙，这不但门楣生光，而且日后可能会介绍许多病人来。"我说："遵命。"

我就开了一张名单，已有四百多亲友，于是我就到二马路（今九江路）太和园订了四十桌酒。四伯父知道了这个消息，非常高兴，又开了两席世交的名字，其中有一位是当过国务总理的孙宝琦，还有两位太史公，一位是叶柏皋（尔恺），一位是沈淇泉（卫），都是名翰林，名单上有了这几位前辈，我觉得很是光荣。

四伯父还对我说："我没有儿子，你是知道的，历年来我心目中最关心的是你，想要你做我的立嗣子，不知你的母亲同意不同意？"我说："这是没有问题的。"四伯父接着就说："到了那天，应该要有两个仪式，第一是正式向仲英老师叩头谢师，补送贽金二百元。第二由我宣布你已经立嗣给我，以后改口呼我作爸爸。"我说："完全照办。"

当时上海的菜馆，场面都不太大，很少有可以一次开数十席的地方，因此太和园就在厅前大天井中，搭起棚来，张灯结彩，还有执事赞礼的人，同时还请了一班吹鼓手（俗称小堂名），道贺的客人一进门，就吹打起来，气氛十分热闹。当时上海名流陆伯鸿，对我很器重，由他办的普益习艺所送来一班军乐队，宾客齐集之后，由军乐队奏乐，在乐声悠扬中，举行双重仪式。

仲英老师笑到合不拢嘴来，四伯父殷勤招待客人，还由执事高唱定位入席的仪式，丁老师应坐首席，但是他推却得很厉害，坚决要让孙宝琦坐首席，因为他老人家官职最高，董康也帮着拉孙宝琦坐下；还有两位太史公和章太炎师、姚公鹤师等，分坐各席首座，当时上海十大名医，全体都到，共坐满了四十五席。筵席费每桌十二元，连了酒水小账，以及吹打执事车饭茶担等，共花了六百元左右。

我母亲招待许多女客，笑逐颜开，兴致勃勃，认为是我大展宏图的开始，并且偷偷地对我说："要是你有一个女友，今天订婚，那么更加令我高兴了。"

我对那天的情况，一切都满意，就是有一个初恋成熟的女友，我等了整晚她仍没有来。这位女友是在中西女塾寄宿读书的，每两个星期只回家一次。我曾经征求她的同意，所以特地拣在她休假的日子举行这次宴会，料不到她届时竟然爽约，其中实在有无限的"隐痛"，只是为了她的弟弟有浓厚的"财富观念"，百端挠阻，深深地刺伤了我的自尊心。

第三章

事章太炎以师礼

民国时期，上海外滩一景

我拜识章太炎先生是在民国十七年（1928），那时我才二十岁，初在中医专门学校毕业，常到武进姚公鹤老师家去补习国文。姚老师和章太炎先生友谊很深，三天五天总有书信往返，书信都叫我送去的，因此太炎先生对我很面善。

那时太炎先生住在南阳桥康悌路（今建国东路）底一小巷内，因为地处转角，客堂成斜角形，太炎先生的卧室，就在楼梯中间的阁楼上（上海人称亭子间），我每次去，总是直达阁楼，坐等回信。

垂询家世 立雪程门

有一次，太炎先生问我："姓什么？叫什么名字？"我答复他："我叫陈保康，字存仁。"又问我："籍贯何处？家世如何？"我一一对答。他起初以为我是公鹤先生的一个书童，后来经我说明，日间在丁甘仁老师处助写药方，晚间从姚老师学国文，他甚为激动，自称对中医很有研究，并且也能处方，所以对我大感兴趣，认为我要习国学，何不拜他为师？我听了这话，喜出望外，立刻对他三鞠躬，改称老师。他的太太汤国梨女士也走了出来，章先生要我叫声师母，她见了我非常欢喜，因为有了我在他们左右，可以帮她做许多杂务。

章太炎老师讲的一口杭州话。但他并不是杭州人，而是余杭县仓泉镇人。他说话口齿极不清楚，而且有浓重的鼻音，因为他生过鼻渊，常年流浊涕，所以听他讲话很不容易领悟。我因生在上海，原籍浙江平湖，和杭州很近，所以他讲的话都能听清楚。

我执贽章门之后，他初时没有教过我一次书，不过指点我先读某书，后读某书，也时常提出些问题问我，略为讲一下就算了事。但是有时他会讲一个字，讲上半小时以上还讲不完，除非有客来访，才终止讲释，否则会滔滔不绝地讲下去。他这样的做法，使我进步很快，所以我天天先到章老师处盘桓三四小时，再到姚老师处逗留一二小时。

在章老师处，临走他必留膳。但菜肴之劣，出乎想象之外，每天吃的无非是腐乳、花生酱、咸鱼、咸蛋、豆腐等物。我总是伴着他进晚餐，因为他家中没有婢仆，菜肴都由师母就近购买，吃时她并不和我们同坐，经久之后，汤师母常教我到"邵万生"去买玫瑰乳腐，到"紫阳观"买酱菜，其他一切杂物，也都由我购买。

太炎老师实际上经济情况非常穷困。他的嗜好，只是吸香烟而已，自己吸的是"金鼠牌"，飨客则用"大英牌"。此外，欢喜吸水烟。一筒水烟，地下必留有一个烟蒂，因此家中地板上就有成千成万经烟蒂烧焦的小黑点。他的衣衫，常年不过三四套，从未见他穿过一身新衫。师母说太炎先生最怕洗面，更怕沐浴，手指甲留得很长，指甲内黑痕斑斑。每天来拜访老师的人，不过一两位，因为那时他和时人交恶，所以来往的朋友，远远不及姚老师。不过来访他的人，都有许多食物带来，如绿豆糕、豆酥糖及种种杭州土产，是他最中意的。

太炎老师唯一的收入，是靠卖字。他不登广告，所以来求字的人极少。幸而有上海著名笺扇庄朵云轩主人，常常带了纸张来求他写字，每次都有小件大件百数十宗，取件时不论件数多少，总是留下笔润银币五十元。

鬻书生涯　清贫拮据

我到师门第二年，才知道老师已欠租二十个月，房东迫着要他迁出，章师母写了一封信，叫我拿去见董康（绥经），董氏很有钱，当即写了两张庄票，交我带回。她有了这两张庄票，一张偿付积欠;同时迁居同孚路（今石门路）同福里二十五号，将另一张庄票付租。搬迁之费，完全由朵云轩主人负担。他们家私极少，但有木版书近八千册。

同孚路的新居，较为宽大和爽朗，并特辟一室，专供藏书。但全部书籍没有一个书橱或书架，只是在厢房中间格上一条板桌，凡是实用书，都放在桌上，不常用的，都堆在地下。

在同福里居住不久，章老师竟发了一笔小财。一天，革命元老冯自由来访，要他写两件东西，一件是孙中山先生的"中华民国政府成立宣言"，一件是"讨袁世凯檄"。

这两件原稿，本是章师手撰的，冯氏要求他亲笔再各写一件，成为"历史文献"，当时冯氏不过致送笔润墨银二十元。不料这件事，报纸上竟大登特登，有无数人都来求章师再写这两件原文，我记得一共有五六十份，有的送墨银四十元，有些送墨银二百元。章师抱定宗旨，效黄夷甫口不言钱，章师母又不便出面，一切都由我应付。章师大约写到十件以上，就恼怒异常，再也不肯动笔，经师母横劝直劝，他只是不出声。后来想出一个办法。原来他平日吸的都是"金鼠牌"香烟，有一次人家送他一罐"茄力克"香烟，章师称它为外国金鼠牌，时常吵着要吸，师母不舍得买，这次就允许他每写一件，买一罐给他，这样，问题就解决了。

他最喜欢吃的东西，是带有臭气的卤制品，特别爱好臭乳腐，臭到全屋掩鼻，但是他的鼻子永远闻不到臭气，他所感觉到的只是霉变食物的鲜味。

有一位画家钱化佛，是章府的常客，一次他带来一包紫黑色的臭咸蛋，章师见到欣然大乐。当时桌上有支笔，他深知化佛的来意，他就问："你要写什么，只管讲。"当时化佛就拿出好几张斗方白纸，每张要写"五族共和"四个字，而且要他用"章太炎"三字落款，不要用"章炳麟"。章师不出一声，一挥而就。隔了两天，钱化佛又带来一罐极臭的苋菜梗，章师竟然乐不可支，又对钱化佛说："有纸只管拿出来写。"化佛仍然要他写"五族共和"四字，这回章师一气呵成写了四十多张。后来钱化佛又带了不少臭花生、臭冬瓜等物，又写了好多张"五族共和"，前后计有一百多张，章师也不问他用处如何。我和化佛极熟，他告诉我：三马路（今汉口路）"一枝香"番菜馆新到一种"五色旗"酒，这是北京欢场中人宴客常见的名酒，这酒倒出来时是一杯浑浊的酒，沉淀几分钟，就变成红黄蓝白黑五色的酒（其实红色、黄色是一种果子油，蓝色是薄荷酒，白色是高粱，黑色是颜色液体，放在一起，所以会沉淀为五种颜色），当时此酒轰动得不得了。钱化佛念头一转，想出做一种"五族共和"的屏条，汉文请章师写，满文请一位满族人写，蒙回文请城隍庙一个写可兰经的人写，藏文请一个纸扎铺的人写，成为一个很好的屏条，裱好之后，就挂在番菜馆中，以每条十元售出，竟然卖出近百条，化佛因此多了一笔钱。

章师并没有什么固定的收入，朋友来请写字，向不要钱。笺扇庄来写，按润例收费，每两三月虽得有人来恳他写寿序，或墓志铭等，由师母出面，索价每件一百元。有时银子收了之后，章师对某人不欢喜，就坚持不肯写，常把事情弄得很僵。杜月笙先生家祠落成时，要遍求当代名人的墨宝，由章士钊开出名单，第一名就是章太炎，要他写一篇《高桥杜氏祠堂记》。章士钊虽开出名单，但声明不负联络之责，杜氏便想到一位游侠儿徐福生，外号"闹天宫福生"，此人曾与章师同狱甚久（章师因苏报案被捕入狱），自以为与章师颇有交谊，就领命而去。章师见了闹天宫福生，敬烟敬茶，十分客气，可是要他作一篇祠堂记，竟断然拒绝。福生颓然而归，向杜氏说明实情，说他

《高桥杜氏祠堂记》，章太炎手书

章太炎先生送给作者的字幅：诚敬勤朴

无法办到。杜先生知道我是章氏的学生，问我有什么办法可以拿到这篇文章。并且说："要不要开一张一千两的庄票带去？"我说："这是要弄僵的。"后来我到章师家里去，乘机进言，我说太史公在《史记》上作过一篇《游侠列传》，老师应该对杜先生的祠堂落成作一篇文章。他听了这句话，就问我杜先生生平情况，我就一件一件讲出来，他老人家越听越高兴，章师母也从旁鼓励，我乘机立刻拿一张幅度很大的宣纸，说是："老师的文字应该写成一幅横披，作为他们家祠的镇宅之宝。"章师不出一言，也不起稿，就一边抽烟，一边写字，大约不过四十分钟，已经写成。我就把它送到杜宅，章士钊那时边看边赞说："真是传世之作。"杜先生也很高兴，就封了一包墨金，准备叫我送去。我说："这是不需要的。"但想起章师母也出了大力从旁鼓励，于是我就接受了这包墨金，交给了师母，这笔钱师母拿来维持了几个月的生活。

　　章师的书件落款，往往只写"某某属"或"某某嘱书"，绝不称"仁兄"或"先生"。求书的人，为了这点很不高兴。而且他写的是小篆，当时的富商巨公，对这种字体都不认识，不表欢迎，所以他的鬻书生涯十分清淡。民国十七年（1928）北伐军到了上海，先时他曾做过孙传芳参议，而且到孙幕中讲学，时人颇多非议，所以门庭冷落车马稀，深居简出。

　　章师对金钱看得很淡，对生活问题全不放在心上，经济全由师母调度。师母常叫我出去张罗钱财，我总唯命是从。但是有一次打了一个包裹，要我到当铺去典质，这次我坚持不肯从命。我说：我母亲有训，"一生不上公堂，一世不到典当"。所以我不肯去，师母为之黯然。问我有什么办法，我说我可以再介绍一个学生，就是同学章次公。师母立即答允，从此次公也立雪程门，有许多事，都叫次公去做，从这时起，我就轻松了许多。

民国十八年（1929）中秋，房东又吵上门来收租，据说已欠租好多个月，师母潸然泪下，章师竟毫不介意。他对此等事多采不了了之的态度，有时连他自己居处的地址，他也弄不清楚。一次他到三马路来青阁去买书，去的时候，他叫了一辆人力车去的，看了半天，一本也没有买，施施然走出书店，踏上另一辆人力车。车夫问他到哪里，他只是指向西边，而始终说不出自己的寓所所在。车夫拉了半天，知道情况不妙，便问他："先生你究竟想到什么地方？"章师告诉车夫："我是章太炎，人称章疯子，上海人个个都知道我的住处，你难道不知道吗？"车夫频频摇头，在无可奈何的情况下，仍将他拉回来青阁，然后才把事情解决。类似这般的笑话，在章师是常常有的事，不足为奇的。

客居杭城 题诗讲学

某年春间，杭州昭庆寺方丈，带了一筐杭州有名的土产"方柿"送给章师，他一口气吃了六只，要是师母不加阻止，可能整筐会吃完。他这样的吃法，不仅是对方柿，对其他爱好的食物，也是如此。

昭庆寺方丈求了几张字之后，临行说了几句客套话："老师如果有兴趣，可到寺中来小住几日，吃住全由寺中供给。"章师听了信以为真，一口答应，并说："我要来住几个月。"方丈还以为他是随口说说，所以也随口说了一句"欢迎欢迎"。

昭庆寺方丈走了之后，他就吵着立刻要上杭州，一则可以顺便还乡扫墓，二则可以踏青访旧，对旅途费用，他从没有想到过。

后来章师寻出一只考篮（旧时读书人应考用的书篮），其中放了两本书和一个水烟筒，一包皮丝烟，天天吵着要启程，而且命我与次公同行。师母迫不得已，筹了二十元，陪同前去，我与次公各带四元，即行就道，当时火车的三等座价，不过一元八毫半，就此四人浩浩荡荡，直到昭庆寺。

昭庆寺的知客僧，本是极势利的，但是因为章师是知名之士，所以他立即安排了两个房间，供我等居住。次晨杭州各报，大事登载，轰动整个杭州，来访的新知旧雨，络绎不绝，人人带了纸张，来求字或是求文。知客僧生财有道，竟然拿出一本缘簿，叫求字求文的人随意乐助，收入大为可观，于是对章师大加敬重，每日供奉的蔬食异常丰富。

有若干人，又写了请帖，邀他赴宴，他难得应允一二人，但他对食物，平日因为牙齿残缺不全，只吃花生酱、乳腐之类，所以对宴席上的菜肴吃不惯，往往不经咀嚼，囫囵

民国时期，浙江杭州，西湖十景之三潭印月

吞下去，因此常常不舒服。后来就谢绝酬宴，来访者只得带了许多土产相赠，于是床边床下都堆满食物，章师怡然大乐。一天他主动地要到"楼外楼"去小酌，楼外楼主人一见章师，殷勤招待。我们一共四人，章师只点了三味菜，一味是宋嫂鱼（即西湖醋鱼），一味是东坡肉，还有一味是随园方脯（即蜜饯火腿），这些名目，都是章师根据书上来的。主人见了菜单哑然失笑，说："这些菜是不够吃的。"后来上菜，除了章师的点菜之外，竟然多了不少味。吃罢之后，章师见到邻桌已铺好纸墨笔砚，章师即一跃起座，就问主人要写什么，主人回答说："随便什么都可以。"章师竟然写了一首张苍水绝命诗，长得不得了。

正在写字时，蒋介石偕夫人由周象贤陪同登楼，翩然入座。当时座中并无他客，蒋介石很安详地点了三味菜，对着西湖纵览水光山色，双方都不打招呼，蒋介石和夫人等吃得很快。临行时，周象贤低声对蒋介石说，那写字的就是章太炎。蒋介石立刻过来招呼说："太炎先生你好吗？"章师回答说："很好很好。"蒋介石又问他近况如何，他答说："靠一支笔骗饭吃。"蒋介石说："我等你一下，送你回府，你有什么事可以随时关照象贤。"章师频说："用不到，用不到。"并且坚持不肯坐车。蒋介石没有办法，就把自用的手杖送给他，作为纪念，章师对这根手杖倒很中意，称谢握手而别。

次日，杭州各报大登这件新闻，说章师"杖国杖朝"，蒋介石对故旧极为关怀。

章师在楼外楼所写的张苍水绝命诗，主人初见之下，心中认为大大不吉。写完之后，他拿去给识家展阅，有人指出，张苍水绝命诗字数极多，章先生仅写了起首一段，要他再备许多纸张，邀请章氏每天来写，写成一个长卷，价值甚高。次日楼外楼主人又拿了请帖来，邀请章师前往进膳，说是到了许多新鲜湖虾，希望他每天去吃饭，章师欣然接受。约十天，他把绝命诗全部写完，并且在卷尾加了一节长长的跋语。这件墨宝，传说楼外楼主人以墨银二百元售出，后来又几经易主，十五年后，被陈群以黄金二十两的代价购得。

　　当章师到杭州的第二日，晨起忽然要穿马褂，并命我与次公，同样要穿马褂。但是我们两人，当时还在少年时代，穿的只是竹布长衫，向来不备马褂。章师无奈，便叫我们两人，带了香烛一副及水果数件，慢慢儿由昭庆寺沿河滨到楼外楼旁边的"曲楼"，原来他去凭吊他的老师俞樾（字曲园）故居。到了曲楼门前，就让我们叫门。应门的是一位老妪，章师就高视阔步而入，那老妪询问来访何人，章师说来拜祭老师。双方因言语隔阂，那老妪方在扫地，竟举起扫帚作逐客状，章师与我们二人，只得退出。章师说，老妪不解事，姑坐在门外，等有人出入时，再说明缘由进入。于是他就在门外土墩上大谈其幼年时，就在此就读，当时门前无马路，这条路是后来填出来的。又指着湖边的"苏堤白堤"，说当时都是一些泥土的小路，六条桥也是后来造的。他说为了拜谒老师，应该立雪，多等几个时辰是没有关系的，无论如何要进去拜祭一下。大约等了两个时辰之后，曲楼门开，有一个中年人走出，章师就诚诚恳恳地向他说明来意。那人自称姓陆，并说："曲园已数度易主，所以屋内没有一人是姓俞的。"章师乃要求到园里去"耍子"（杭州话游览之意），主人即陪我等入内，庭园中，有枇杷树两棵，章师指说："这仍是旧时之物。"到大厅中又见一幅横额，写着"春在堂"三字，说："这也是曲园老人的遗墨。"就命我等点起香烛行三跪九叩首礼。陆姓在旁看得呆了，章师又说出左边厢房，即是旧时他的读书处，要求拿出纸笔要留几个字，但是主人只有笔墨而无纸，章师即在墙上题了两首诗，黯然而别。

章师在杭州每日行动，报纸都有记载，因此来访者络绎不绝。那时汽车很少，凡是坐汽车的来客，知客僧便加意招待，章师对此并不重视。一天，当地有个沈姓绅士坐了一辆马车带了两个少年来访，知客僧陪着晋谒章师，介绍说："沈氏是杭州富绅，他的马车在杭州是有名的。"章师大悦，说，明天要借用一天。沈氏当即应允，并说他有两个儿子，国学已粗有根底，求章师收为门生，栽培造就。章师即问沈氏二子，平时所读何书，二子应对极得体，而且能背诵诗书，章师认为可造之才，二人即跪地拜见老师。倏忽间由马车上搬来龙井茶叶、金华火腿及杭缎两匹，同时恭致贽敬一包。章师见了贽敬，认为不可受，师母暗暗着急，命我等两人急速将贽敬收了下来交入室内，师母启视之下，竟是银元二百，不禁展颜而笑。

自此报纸又腾载章师在杭广收门生，因此引起许多人都来投章师门下，贽敬多少不等，以四十元者为最多，一百元者亦不少，在杭收二十余人。师母深感贫困多时，料不到杭州之游，竟有如此收获。

章师此次去杭州，常感胃部不舒，且有气喘，所以只预备讲学三五天。讲学日期定后，即在昭庆寺讲经堂举行，方丈为他设了一个讲坛，地上排了数十蒲团。章师到堂之后，命将讲坛撤去，亦坐蒲团上，说这是汉时的讲学方式，应该是没有讲坛的。

第一日，讲"经学源流"，对康有为"伪经考"，大肆抨击，听者兴高采烈。第二日，讲"清代国学"，听者更众。第三日，讲"小学大义"，听者都不了了，但学生日多一日，竟达百余人之多。章师讲学三日之后，感染伤风，兼发胃病，讲学便中止。

讲学之前，沈姓两子驾马车而来，章师命昭庆寺香积厨备豆腐四方，百页结十六只，偕师母和我们几人，登车出艮山门，意欲拜祭他的祖坟。出城后但见市廛林立，与旧时面目全非，章师不知祖坟何在，命我等到各小茶馆访问他的老家人阿炳，问了好多处，有人说，阿炳有时来有时不来，又不知他居在何处，于是章师只得对山祝拜而回。

苏州讲学 广收弟子

章师住在昭庆寺时，每天都有新闻记者来访问，常有人随带摄影师，要求和章老师合影留念。当时无闪光灯，都用镁光拍摄，光线极强，而气息极烈，引起章师咳嗽大作。恰巧有灵隐寺方丈来访，相谈之下，方丈力劝章师移居灵隐寺避嚣，从这时起，章师每晨健步登韬光观海，胸襟为之大宽，且仍有学生执贽从学。忽有上海来人说，他家中失窃。师母说家无长物，不过一些书籍，尽偷无妨。章师却不以为然，急于要回上海，恰有铁路局长任筱珊，在灵隐寺养疴，就送了章师六张头等车票，章师乃决计匆匆返沪，并对各学生说："以后讲学，改在沪寓。"

回到上海之后，见前后门的锁，已被除去，章师为之顿足叹息，拍门数下，即有人来开门，一见之下，竟是他的老家人阿炳。原来阿炳在杭时听到章师坐马车来找他，便搭车来沪。这时师母囊中甚丰，除偿付积欠房租之外，还和我们商量应付学生方式。我与次公建议设立章氏讲学会公开招生，师母笔很健，当即就草拟宣言及章程一份，向各省故旧征求赞助人，并印了一本捐册，募集经费。不料这件事，反应出乎意外。张学良首先捐银三千元，当时孙传芳虽已失意下野，也派人送来两千元。各方捐款五百、一千的很多，总数若干，我们不便过问，约略计之，总在二万元左右，但章师从不问讯，学生来报名有二百多人。

一天，章师旧友李根源（印泉）来访，师母对他说，历年贫困，现在经济稍稍宽裕，该作如何处置。印老说："养老以苏州为最宜，应该往苏州购屋，作为永居之计。"师母大为合意，章师亦不反对，便托印老在苏州觅屋。不久就在苏州锦帆路废基买到一幢旧宅，宅中花木扶疏，颇富园林之胜。章师不久就移住新居，开办讲学会，学生以沪杭两地最多，苏嘉各地亦不少，此中人才辈出，有许多人后来都在文坛负有盛誉，至今香港有若干大学教授，都是这个讲学会出身的。

论医识药 不为良相

章师移居苏州，我与次公，每星期必赴苏一次，虽然行旅极便，但是毕竟因两地相隔较疏。

老一辈的文人，读书之外，兼览医书，所谓儒门事亲，一定要研究医学，据说俞曲园也能处方治病。章师对医学方面，亦颇勤习。他开的都是仲景古方，可是他的药方，别人拿到了不敢进服。他知道我与次公都在丁甘仁办的中医专门学校就学，他常询问某病某症，应用何种时方，我们便把时方的用药告诉他，他有时认为也有相当意义，而且他有一个留日时代的学生，是西医余云岫，他也常问他西医的理论。又有一个门生，本来是做铃医的，所谓"铃医"，就是背负药箱，手执铃串，行走江湖为人治病的。此人国学根底好，章师颇加重视，他认为铃医的单方，都从经验得来，多少有些价值，他也不耻下问。

章师秉性耿直，尤好讥评显达，但对于后进，却又奖掖备至，对友朋，交谊笃厚。他和腾冲李根源（印泉）先生很知己，后来印老归隐，久慕吴地山水秀丽，文物阜庶，因而僦居苏州。某年印老患上了脑疽症，章师致书其孙，畅论医法，详问病情，推荐医生，又馈赠了好多药物，从二月一日至五月七日，连发手书十三通，情辞殷切，可见章师亦属性情中人。李老脑疽好了之后，裱装书函，成为一卷，视若拱璧。

章师擅长作联语，民国十四年（1925）三月十二日，孙中山先生在北平逝世，曾以一联挽之，左舜生先生评论此联之风调，实为当时挽孙诸联之冠。联曰：

孙郎使天下三分，当魏德初萌，江表岂让忘袭许？

南国是吾家旧物，怨灵修浩荡，武关无故入盟秦！

联意仅在反对当时之孙段张三角联盟，于中山先生初无贬词，闻治丧处诸委员得此联后未敢悬挂，但已传诵人口矣！

外交界名宿伍廷芳，晚年研究灵魂学，提倡养生术，自谓可望活至一百岁。陈炯明炮打观音山之役，伍奔走折冲，舌敝唇焦，忧急而卒，遗命效欧西火葬法，不欲从世俗之棺葬，事闻于先生，即成一联云：

一夜变须眉，难得东皋公定计。

片时留骨殖，不用西门庆花钱！

见者无不作会心之笑，因为章师用了伍子胥和武大郎的通俗典故。他作挽联，时时起念即得，一挥而就援笔写在纸上，付邮寄去，这是我亲眼得见的，并不需要正式写起来，所以一点不费什么事。

章师与恽铁樵很友善。铁老早年任商务印书馆《小说月报》编辑主任，中年治医学甚精湛，著有《伤寒论辑义按》等书，达数十万言，门生弟子遍天下。友人章巨膺辑恽先生遗著，名为《药盦医学丛书》。铁老晚年到苏州去养病，就住在章师家，铁老逝世时，章师有联云：

千金方不是奇书，更从沧溟求启秘。

五石散竟成末疾，尚怜甲乙未编经。

章师和西医往还也很多。某年名西医江逢治患"夹阴伤寒"而卒，先生亲撰挽联志哀，付邮寄去。联云：

医师著录几千人，海上求方，惟夫子初临独逸；

汤剂远西无四逆，少阴不治，愿诸公还读伤寒。

这副挽联，微有调笑性质，富于含蓄，但非明眼人不能辨。

章师对中医界贡献亦很多，章氏讲学会就印有专著《猝病新论》一巨册。所谓猝病，就是指急性传染病，王慎轩君又为印专辑一册。民国十八年（1929）章师又助秦伯未、严苍山、王一仁、章次公诸君创办中国医学院，并任院长之名；民国二十年（1931）间又助章次公、陆渊雷、徐衡之三位，创办国医学院，章师亦任院长；民国二十五年（1936）又任苏州中医学校校长。所以追本寻源，章师在中医界训导的功绩，是不可抹杀的。

我编纂《中国药学大辞典》，请章师作序，章师指示搜考方法很周详。某年赴苏州火车拥挤，我赴苏时臀部受了伤，只得用布包裹进谒。章师正临窗挥毫，看见我的情形说："其三折肱之谓乎？"索纸濡墨，写了"三折肱"三个字送我。这天他逸兴大发，我就陪他到观前街雪怀照相室拍了一张相，因为肆主林雪怀是我的旧友。拍好了后，我同他赴酒家买醉。章师对出入街坊，素所不喜，晚年更不喜欢摄影，这天竟扶杖而行，并同到玄妙观一游，这是很少有的事，章师见到"肝气菩萨"，就大笑。到民国二十五年（1936），章师遽赴修文之召，灵前所悬挂的遗像，就是当年雪怀所拍的那一张。生死间事，注有定数，当时在无意中请章师摄影留念，不料这照片竟成为永远的纪念品。

章师鼻部隆然，呼吸感微塞，难得有短时间的通畅，谈话时常作粗浊嗡嗡声，同时鼻孔中的两行清涕，汩汩而出，有时如玉柱长垂，色现微黄，随拭随流。据先生自称是患鼻渊症，并且疑为有脑漏，尝取中药辛夷为末而嗅之，借资疗治。我见了告诉他用碧云散方将芙蓉叶研末，比辛夷末更有效。过了几天，再趋谒章师，他笑说芙蓉叶末，实在比辛夷末舒适而有效。恰巧这时杭州虎跑寺僧人某来索书，章师当场展纸濡墨，挥笔书辛夷芙蓉叶可治鼻渊的话，所撰文句，极饶风趣。有人劝章师割治，他不以为然，恐割治后，仍易复发。章师的鼻渊症，病源起在民国三年（1914）遭受袁世凯幽羁之时，因为被风寒所侵，初患重伤风，不加治疗，日子一久，才迁延成这种疾病的。

返璞归真　愿葬青田

章师疾恶如仇，凡人有不善，他总是面加呵斥，不稍留余地。到了晚年凡他不喜欢看见的人，绝不接见，即使见了也不多说话，嘿尔顾他，不再作灌夫骂座。曾与人书，有云："少年气盛，立说好异人，由今观之，多穿凿失本意，大抵十可得五耳。假我数年，或可以无大过。"先生晚年已趋重平实，前后志趣迥然不侔，亦是涵养功力日见深邃之征，有人说汤夫人从旁婉劝，也与有功焉。汤夫人名国梨，是当时有名的才女，婚后琴瑟敦笃。

　　章师逝世后，他的家人厝殡灵榇于居室中，不谋入土营葬，盖章师生前托杜志远代谋葬地，书谓："刘伯温，为中国元勋，平生久慕，欲速营葬地，与刘公冢墓相连，以申九原之望，亦犹张苍水从鄂王而葬也，君既生长其乡，愿为我求一地，不论风水，但愿地稍高敞，近于刘氏之墓而已。"（原函见《一士类稿》，徐一士著）要营葬于青田，以遂其夙愿。但迁延未决，后来中日风云，日趋紧张，战争既起，大江南北，铁蹄纵横，他的家人都到内地逃避寇患。临行之前，即掘地宅中，为先生窀穸之安。敌伪盘踞时代，我特地到苏州，凭吊章师的墓庐。墓前杂草丛生，陈设萧然，所悬遗影已失所在，只留一老妪守宅。过了数年，遇章师的长公子章导（孟匡）在宴席间，仪表英伟，言辞隽朗，也可说是"哲人有后"了。

第四章

结婚前失恋滋味

礼查饭店是上海开埠后建立的第一个正规西餐厅旅馆，初创于 1846 年，1907 年扩建，1910 年落成

我悬壶开业，门诊虽定诊金一元二角，实际上，当时人对一枚银元看得很重，超过一元以上，更是一件大事。所以有时病人付四角或六角，甚至不付钱，我也照样替他看。初时打开业务，真是难到极点。

　　那时米价，每担是四元左右，小家庭一夫一妻的话，每月三四斗就够了。子女多的人家，一个月也不过吃一担米而已，所以银元的地位还是相当稳定。

　　那时节上海的人口，不过二百万，米是由松江、常熟、无锡、太仓等地供应。后来人口渐渐增加，米商就向暹罗购买，米质干燥，价格较廉，可是涉及外汇问题，所谓外汇是跟着金子价格走的，有时金贵银贱，有时银贵金贱，常有波动，因此也牵动到米价有时跌三四角，有时涨三四角不等。

　　一般民众，对米价最敏感，吃到便宜的米，好像开心得很，吃到贵米，就有米珠薪桂之感。其实米价上下相差不过几角钱而已。

　　我开业一年之后，门诊情形渐入佳境。因为一元二角的定价，实在定得太高，当时的老年名医收费也不过如此，所以业务进展很慢。足见从前一个少年医生要厕身于名医群中，实在是不容易的。但是做了一年之后，除了特约的商店职员们之外，门诊也有十号左右，同学们对我刮目相看了。

由于每天病人不多，因此每来一个病者，我就有机会仔细辨证，而且空闲时多，可以不断地看书、翻书，这样耐心地研究和苦守着，对我学识方面很有帮助。

意中有人　两心相照

开诊既久，每一星期我的嗣父必定要来看看我的光景。那时《康健报》业务进展得很快，因此我把两个楼面都承租下来，一小部分租给一个牙医生。牙医生有两个女职员，她们一有空就走到我诊室来，我嗣父常常见到她们，总认为不像大家闺秀，尤其见到她们穿了高跟鞋，认为太时髦了。偏偏其中一位女职员，见到我嗣父，奉茶敬烟，递上一条热腾腾的毛巾，嗣父反而觉得不自在。他对我说："向来上海的规矩，有底子的人家，先成家，后立业。你清寒出身，要先立业后成家。现在已经到了快要成家的时候，我看这些小姐是不对的，你要十分小心。我现受委要到安徽盱眙县接任盱眙关税局的'会办'，比督办次一级，每六个月要回南京述职一次，希望你六个月之内找到一个世家小姐，急速结婚，否则我实在不放心。"我说："好的。"嗣父临走时，还切切叮嘱说："古时交友的标准'毋友不如己者'。但是择偶的对象应该要'毋偶胜于己者'，而且一定要你母亲看得中，我也要看一看。"

其实那时节，我接触到的女性不在少数，心目中已有一位小姐，正在中西女塾读书，她的祖父是上海一百名人之一（按：一百名人系当时《晶报》选出的），这位小姐仪态端庄，姿容娟秀，又是一位杰出的高才生。

中西女塾是教会办的一家贵族式的女子中学校，宋氏姐妹以及张乐怡、周淑苹等，都是这间女塾毕业的。学校的课程着重英文，学生们未曾毕业已经能说流利的英语。我认识的这位小姐，姓什么，我不能再提，只写她的英文名字叫作"爱丽丝"。

我认识爱丽丝很久，自觉出身清寒，而且学的是中医，每次见到她，多少总有些自卑感；何况她又是百万富翁的孙女，我对她只是很高兴地服务一切，什么事教我做，我总做得头头是道。

有一次，她的相片挂在南京路宝记照相馆的橱窗中，丰容盛鬋，仪态万方，实在美极了。但是她的母亲认为大家闺秀的相片，不应该公开挂出来，有一天她母亲向宝记照相馆交涉，要他们除下来。宝记老板姓邱，是广东人，说话硬绷绷，他说："我们照相馆从来不挂妓女之类的相片，现在挂出的四张，一张是陆小曼，一张是唐瑛，你的千金列在一处，格外显得高贵。"而且表示坚决不肯除下。她母亲气极了，争执了几句，老板连睬也不睬。回来之后，她母亲由气生愤，认为不除下这张照片，总不甘心。那天我正在她家中，我说："我有办法。"她母亲就说："好，就请你去交涉吧！"我说："我要拿一张同一款式小照片，说话才有根据。"她母亲当即给了我一张。到了次日，我轻轻易易地把那张挂在橱窗中的着色大照片拿在手中送到她的家里去，她母亲就问我交涉的经过，我说："我只是说了一些很有理由的软话，老板说我不过，就爽性把这张大照片也送了给我。"爱丽丝高兴得很，我临走时，爱丽丝轻轻地叫着我说："那张小照片，我签个名送给你吧！"说时作了一个很含蓄的微笑。

从前的小姐们，轻易不肯把自己的玉照送人，我得了这张照片之后，觉得飘飘然周身轻松，况且向来对她有爱慕之意，这一来，更令到我想入非非了。

爱丽丝不但中英文好，还会画水彩写生画。她曾经为她的母亲画了一张彩色肖像，栩栩如生。我在凝神欣赏时，她轻轻在我耳边说："你想不想也画一张？"我说："这是求之不得。"

爱丽丝在中西女塾寄宿，每两星期回家一次，回家的时候她的汽车一定经过我的诊所，司机阿黄指着诊所说："陈世兄就在这个诊所中。"爱丽丝就叫司机停车，走到我诊所来。那天是星期六下午，我正有几个病人在看病，我见到一位丽人翩然而至，一看原来就是爱丽丝，她神态自若地说："你归你看病。"她就坐在候诊室的沙发上，浏览我诊所的布置，等我看完了病人，她就把已经绘成的画像送给我。我呆呆地看了一阵，对她赞不绝口，一面我就拿出朱古力糖来，她很喜欢地吃着，和我一边吃一边谈，不知不觉谈了一个钟头，大家觉得很投机，要不是阿黄来催，爱丽丝还不想走。

第二天是星期日，一清早阿黄送来一封爱丽丝父亲给我的信，信中叫我要去做一件事。阿黄笑嘻嘻地说："我家小姐，向来轻易不肯到人家去盘桓，对你好像很有意思，而且关照我回家不可透露。她曾经探问我关于你的事，那是更有意思了。"我笑而不言，拉着他到隔壁饭店弄堂去吃午餐。

所谓饭店弄堂，那边有几家挂着老正兴招牌的本地饭店，我和他一同登楼，他说："我向来都在楼下吃，只有穿长衫的人才上楼吃。"我说一同上去，当即叫了一只生煸草头，腌笃鲜，另外还切了一盆咸肉，叫了一斤黄酒（按：当时物价生煸草头是铜元八枚，腌笃鲜小洋二角半，咸肉论块计算，每块铜元三枚，白饭一碗是三个铜元，第二碗白饭叫作添头，是铜元二枚）。我和阿黄谈了很久，阿黄饮了几杯黄酒说："小姐对你很有意思，这种情形我从未见到过。"我于是就问："你们小姐喜欢些什么？"他很粗鲁地说："她妈！最喜欢吃闲食。"

本来喜欢吃闲食，是少女们常见的习性，我对阿黄说："你星期一早晨送小姐上学时，到我诊所来叫我一声。"当夜我就预备好四盒食物，花银元二枚，一盒是南京鸭肫干，一盒是天禄熏鱼，一盒是熏青豆，还有一盒是天晓得的苏州糖果。到了星期一清晨，阿黄居然来叫我，我就把四盒食品送到车上，我说："这四件东西，是谢谢你为我画了一张像。"她很妩媚地一笑，我正想把车门推上，阿黄说："陈先生应该送小姐一程。"我赧然地登车，她也含笑不拒，于是一路谈笑，送她到忆定盘路（今江苏路）学校门口。此后，每逢她假满上学，我一定带了各式食品送给她，如是者有半年之久。

后来我爽性每隔两个星期六中午，便坐了阿黄的车子去接她出学校。有一次她又主动到我诊所来盘桓了好久，看见写字台的信件筐，筐中有二百多封挂号信，还没有拆过，她问我："为什么不拆？"我说："这些信都是来订《康健报》的，附有邮票、钞票、汇票，非亲自动手不可，我现在比较忙一点，所以常常积了这么多信，没有时间去拆。"她听了这话，就说："我来帮你拆。"说着就一封封小心翼翼地拆开来，抄下姓名地址，连答信的信封和订报单都写好，足足写了四个钟点，她还是觉得很高兴。阿黄在车中已等得不耐烦，跑上来说："小姐好回去了！"我说："慢慢，我还要请小姐吃点心。"于是又一同登上汽车，到抛球场沙利文餐厅饮下午茶。我恐怕她已很饿，所以就为她点了一客总会三文治，两个人相对无言，只是微笑。

情事生变　壮士断臂

这种情况又持续了半年光景。从前的少男少女，轻易不肯口头上吐一"爱"字，一切尽在不言中。但是她对我俩的情况，回家绝不吐露。有一次，是星期六下午，又坐着她的车子，我叫阿黄开到兆丰花园对面的惠尔康，吃有名的"曹家渡炸鸡"，那时每只是一元二角半。吃时我看她的神色特别沉默，正在谈话之时，她的眼眶中，突然流下一串珍珠般的泪儿来，我心想其中必有缘故。我苦苦地追问好几次，她才说："我和你做朋友，到此为止。"内情她不肯透露，我心中着急，还是不断追问，她说："我不久就要毕业了，父母要我到美国去学医，学额已经申请到，今次一别，至少要七年之后，才可重见。"她这句话含意甚深，而我又没有勇气说出"你是我第一个情人"，只好用火柴枝来代替我心中要说的话，把火柴砌成"I love you"三个字。她看了两脸泛红含羞起来，再也不肯吃东西，坚决地要走。我在无可奈何时，只问了她一句："你的毕业礼在哪天举行？"她说了一个日子。

到了她行毕业礼的那天，我带了花篮及礼物一包去观礼。中西女塾是上海出名的贵族化学校，全体毕业生都穿着极华丽的白色法国绸的旗袍，每人的襟上都插上一朵香水花（按：即洋玫瑰花，当时每朵售价七角）。她看到了我，笑容可掬，无限情深，接过了我的礼物，跟着送我一本她们的校刊《墨梯》，第一篇是她写的英文序文。突然间她的父母也来了，见到我觉得突兀，她很大方地说："陈世兄有一位女朋友，是今天毕业，所以他也来观礼。"这句话意存双关，她母亲是听不懂的，只是和我握手恭喜说："你医业成功，早该结婚了！"我只好报以苦笑。

毕业典礼开始，爱丽丝是毕业班的班长，成绩有六个A字，校主经汪帼贞女士颁奖，授予银杯一只。典礼结束时，爱丽丝代表全班同学，用英语致谢辞，措辞流利畅达，掌声如雷,我心上就蒙上了阴影,觉得她的才能"我不如也"。所以心里一则以喜,一则以惧,喜的是她才华出众,惧的是我的资格发生问题,实在配不上她的。(按:经汪幅贞,是上海著名的富孀,中西女塾的地产是她捐赠的,万国公墓的地产也是她捐赠的,在租界中区还有很多地产,南京路新世界游乐场也是她的产业,她的母家姓汪,最早期的"楼外楼"与新世界游乐场,是她的丈夫经润三与黄楚九合作经营的。)

我回到家中,打开《墨梯》一看,篇末有许多漫画,都是学生之间嬉谑的自由画。有一幅画注明"小白兔的大令"六个字,画中有一个人,穿了长衫,足蹬皮鞋,手中拿了七八盒食品,送给小白兔小姐。我一看这幅图,就知道图中穿长衫白皮鞋的是指我,而小白兔即爱丽丝在学校中的绰号。我看了图画之后,又是欢喜又是叹气,心想要是硬生生去阻止她的学业前程,于理不合,要是不阻挡她的话,又于心不愿。就因为这样的思想,连晚反复思索,要挥起慧剑,斩断情丝,又下不了这个决心,常常整夜思潮起伏,不能成眠。

她有三个弟弟,大弟对我最亲热,二弟三弟也是我的幼时同伴,这两个弟弟忽然发觉我与爱丽丝的交谊,竟横加反对。意思是我家非富有,和他家门不当户不对,于是想出各种理由,劝他的姐姐不要和我来往,爱丽丝听了他们的话并不介意。我知道我此时已引起同伴们绝大的妒忌,妒是一种最大的阻力,不但同业相妒,同学也相妒，尤其是同伴妒意更浓，弄得不好，同胞手足都会因妒而成仇的。

这两个弟弟见到爱丽丝声色不动，一天，竟然当着爱丽丝的面，打一个电话到华美药房，说是："请你们派人送一瓶4711香水来。"那时节华美药房，只有一个学徒，叫作"阿富"，就把香水送到，他的二弟就向阿富说："上次你说过花国大总统肖红坐着汽车经过你们门口，车中坐着一个陈存仁，这事究竟有没有？"阿富说："有呀！这是我亲眼目睹的。"两个弟弟得意非常，望着爱丽丝，爱丽丝带着不愉快之色说："这个小伙计，信口开河，我不信。"两个弟弟面面相觑，知道这种手法并未发生效力。（按：阿富就是华美药房徐翔荪的学徒，后来成为药业巨商史致富，著名的女伶过房爷即是他。）

爱丽丝性格纯良，她实在也有到美国留学去的意图，经不起两个弟弟的缠扰逼迫，忽然吐露一句话说："二弟三弟，你们两人到陈世兄那边走一次，代我向他讨还几封信和几张照片。"两位弟弟顿时如奉圣旨一般到我诊所来。

我明白他们的来意，暗暗纳罕，信札与照片，别人是不知道的，这真是出于爱丽丝的本意。我确乎当场软了下来，取出八封信，六张相片。那六张相片，我一张张地看一下，就是有一次到戈登路（今江宁路）大华饭店花园中去游览，胡蝶的未婚夫林雪怀擅长摄影，为我们俩拍了这六张照片，其中有一张是两个人合摄的。当时名门闺秀，轻易不肯同男性合拍一张照，凡是肯合拍的，就是表示已经心许了。

那两位弟弟一看了这几张照片，呆若木鸡，顿时说不出话来，我也觉得不能把这些东西随随便便地还给他们。我说："还总归还，不过我要亲自还给爱丽丝才心服。"

两个弟弟回家之后，隔了一个钟头，爱丽丝电话来了，声音低微，呜呜咽咽地对我说："我的照片和信札，你可不可以还我？"我说："明天六点钟在沙利文当面还给你。"我挂了电话，就想到爱丽丝一定受了两个弟弟的逼迫，才有这一个很凄凉的电话。

到了次日下午六时，我进入沙利文餐厅，爱丽丝已在等着，这是向所未有的情况，在以往她总是迟到三分钟的。我坐下之后，点了她欢喜吃的东西，我也随便叫了些饮料，我望她一眼，她两眼略带殷红色，相对默默无言。隔了半个钟头之后，我问她是不是要向我索回信件和照片。她微微点了点头，我就把这些东西诚诚恳恳地交给她，而且还附带把底片也还给她，她只是在抹眼泪，一句话也没有说。这样坐了两小时，大家一些没有吃，正要起身的时候，她三个弟弟走到我们面前，原来他们三人早已坐在里面弯角的沙发上窥伺着。大弟弟和我拉手，说："我真佩服你，这是壮士断腕的精神。"两个弟弟面有愧色，爱丽丝很大方地说："两个星期之后，你在太和园宴客，我一定会来的。"我说："好极了。"哪知道到了那天，并不见她的芳踪莅止，原来还是受了两个弟弟的阻挠。

不久，她坐了美国总统号轮船到美国，我还送她两件绣花旗袍（每件当时值银元二十元），只是没有去送行。（按：九年之后，她得了医学博士回国，嫁给了一个北洋政府财政总长的儿子。她现今在大陆仍旧做着医务工作，月薪人民币约七十元。）

从前，秤人重量的磅秤不常见，每逢立夏节，多数到米铺去借他们平素秤米的磅秤来衡量自己的体重。这一次我受到了爱丽丝的刺激之后，我再去磅一下，竟然体重减轻了十八磅之多，这时我就体验到心理卫生的重要，婚姻不能全仗爱情，财富是决定一切的力量，我的财富不如人，只有知难而退。

摒弃万虑　寄情游乐

我经过了这次刺激之后，想起嗣父对我说过两句话："交友，应毋友不如己者；论婚，毋求胜于己者。"同时我还抱定一个伟大的牺牲精神，让人家无虑无牵安心出洋求学，完成她得到博士学位的资格，"想"尽管是这样的"想"，心里总是放不开。这件事闷在心里，没有一个人可以向之诉苦，令到情绪异常恶劣。

一天，同学章次公来，他坦白地对我说："吃上了鸦片，真是没有出息，这两天我正在戒烟，但是戒虽戒，想还是想，简直要想得发神经病了。"于是我也透露了我的心曲，告诉他关于我和爱丽丝的事，章次公就拿起笔来画了一张"一寸

一寸相思一寸灰，可憐！

章次公

同学章次公赠作者的游戏画

相思一寸灰"的图，这幅画图，至今我还保存着，附刊于此。

于是彼此安慰之后，就一同到新世界游乐场去游览。当时有一种规矩，门券是二角，如果要进去兼吃西餐的话，就不必再购门券，只要付六角钱买西餐券就可入场。但是他们的西菜，原料既差，做得又不好，两人吃得一无滋味。恰巧那天是他们的跑驴场开幕，这是很新鲜的玩意，每跑二十分钟收小洋二角，这个数字，一般人认为是极高的。

我们两人也不问什么价钱，越骑越高兴，一连骑了三个二十分钟，就是两人共付小洋十二角，所费虽多，倒令得我们豪兴勃发，从此连续多天，夜夜去跑驴为乐。

当时认识到了不少朋友，如盛文颐（即敌伪时期土贩大王同济善堂主持人）、胡同文（即贝润生女婿）、邱长云（当时上海的著名颜料商），还有陆小曼女士（即徐志摩的新

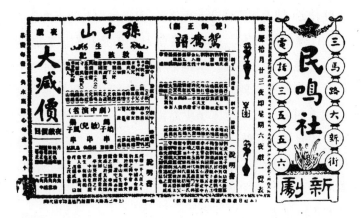

民鸣社的戏单

夫人，上海早期的交际花）。足见当时花小洋二角骑二十分钟驴子，普通人是不敢问津的。

那时节有一种所谓新剧，上海人叫作"文明戏"。三马路大新街民鸣社是其中最有名的一家，演员号称都是革命分子。我现把当时民鸣社的戏单刊登如后，内有小字，注明夜戏价目：月楼五角，特别包厢、特别正厅四角，头等包厢三角，头等正厅二角，二等正厅一角。幼儿只收半票。所以那时节身边有一块钱，日子是好过得很。

若干上海的所谓"小开"，即香港所谓二世祖之流，还有一种打弹子的嗜好。每天夕阳西下之后，大家都到一品香旅社打弹子，每盘收费小洋四角。但是我们没有此项经验的人，每天都提早去，由弹子房的职员陪着我们打，他会教我们怎样打，每盘都要另给酬劳。在这里我又认识了叶仲芳（即上海富商叶澄衷之孙，是上海出名的小捣乱）。

打弹子的技术，一时不易学习，于是我们又常常到新世界跑冰场去游玩，每跑半小时代价一角，我对这个玩意儿倒颇有成就，在这时我又认识了大名鼎鼎的京剧武生盖叫天。可是跑冰场中品流很杂，除了纨绔子弟之外，还有许多名妓，排夕必至，其中有一个"高第"，是群芳会中有名唱"黑头"的，她对跑冰也有一手。某次，盖叫天为了与人争风，在跑冰场中和人打架，吓得我们从此不敢再去。

这时丁福保的公子惠康，由德国柏林大学得博士学位归来，丁福保先生郑重介绍，认为可以结为挚友。我设宴大东酒楼，为惠康洗尘，当时筵席费为十八元，到者均认为我迹近豪奢了。餐罢之后，众意要请丁惠康到舞场去观光，那时舞场尚属初创，第一家为陈亚泰所办的"黑猫舞厅"，第二家是周世勋所办的"桃花宫舞厅"，酒价昂贵，茶资小洋四角，可是饮茶的就觉得很寒酸。当时的舞票是每一元可跳三次，这是第一流的舞厅价格。此后舞场越来越多，北京路一家胜利舞厅，老板是陈济美，每元可跳到十三次。这家舞厅，后来还产生了一位电影红星。

有一天，丁福保先生和我谈理财之道。说是他在清代末年，以八百元银币，在静安寺路（今南京西路）派克路（今黄河路）口购进杏林医院的原址，现时市面已旺盛起来，有银行家以十三万六千元的代价购买了去，再扩充余地改建二十四层楼的国际饭店。他说理财的方法，以买地产为

20世纪30年代，上海国际饭店，为当时
国内及远东最高的建筑，其基地的一部分，
即丁福保先生购进的杏林医院

最可靠。我听了这话，大受刺激，觉得不积一些钱怎样能
够买得起地产呢？

迅速成婚 安居乐业

我这般专事游乐，正事都无心料理。母亲就唠唠叨
叨地说："阿沅！你要赶快地成亲，否则总不是事体。"
于是我母亲放了风声出去，这风声传了开来，做媒的人
就有六七人，我看过都不中意，觉得比起爱丽丝来相差
十万八千里。

母亲还偷偷地对我说："结婚之时，照上海的通例，

除了结婚请酒布置新房之外，对女家要送两千元到四千元的妆奁费，你一定要预备好。"我说："知道了。"

这时业务逐渐发展，我的诊所，晚间因为空着，由严独鹤（《新闻报》"快活林"编辑）等每星期三借作打牌之所。星期四由摄影家林泽苍（《摄影画报》创办人）召集一般影友，研究摄影，因此带来许多女性，我周旋其间，觉得这般情况总有些不大好。

我思索了许久，决定找一门近亲，她是一位世家千金，我幼年时即与她相识，此时她芳年二九，正在黄家阙路务本女子中学读书。

务本也是上海有名的女学校，人才辈出，校风淳朴，没有像中西女塾那般的贵族化。这位小姐姓王名定芬，就是现在我的太太。

在我们议婚时，也有相当阻力。因为她有三个哥哥，都在北京当大学教授，姐夫吴有训，是弹道学的发明家，一家都是高级知识分子。在他们的心目中，我只是一个中医生，似乎资格配不上。幸亏她大哥王明之（当时清华大学工学院院长）说了一句话，对我的婚事极有帮助，他说："沅弟做事很勤奋，将来会有前途的。"于是亲事就谈成了。

但是小姐方面，旧时南市的风气，不订婚是互不谈话，也不能相约出外的。我记得从前梁启超某次为人证婚，说过一句话："老式的婚姻，先结婚再培养爱情，离婚率很微；新式的婚姻，先谈恋爱，再谈婚嫁，离婚率很高。"这几句话，真是名言。

我和王定芬女士，从小相熟，但是要谈恋爱的话，时间方面赶不及，遵照嗣父的叮嘱，所以亲自向她的父母求婚，一下子就订了婚。

初时开业，我买的一辆钢丝包车，是很华贵、用人拉的两轮车，车夫身强力壮，拉得非常之快，这是其他地方所少有的。

后来我到颜料巨商邱长云处去看病，守门的人不肯让我的包车拉入，并且说现在连西装裁缝都坐起包车来，偏不开门。因此我就买了一辆FART的二手车，而且还用了一个司机，但是觉得炫耀太甚，因为胆子小，好像很不习惯，只坐了两个星期，就转售给别人了。只是常常要到南市去进行婚姻的事，又觉得包车太不济事了。

况且南市的小姐们，只有在订婚之后，才肯偕同出游。那时节我就买了一辆小型汽车，叫作"佩佩奥斯汀"，即小型柯士甸房车，这种小型车现在没有了，车价为一千一百元，汽油费每加仑为四角八分。但是又要用一个司机，当时月薪为二十元，所以自己着急地练习驾驶。其时上海私家汽车极少，考取驾驶执照的手续很简单，一下子就拿到了车牌。定芬住在南市，我常常接她出来去看戏。

那时节我最爱到九亩地新舞台去看戏。演京戏是夏月润的《关公走麦城》，新戏是《济公活佛》及西装侦探戏《就是我》等，舞台上有真马车上台，一切布景都是立体活动的，负责设计的是老友熊松泉和张聿光二人，是从日本学来的。票价正厅为四角，边座二角，后座一角，楼上包厢为一元二角。我还记得冼冠生托着盘子兜售陈皮梅，后来冼冠生开设冠生园，成为上海糖果饼干大王。

屡次出游，感情大增，我的母亲大为欢喜，嗣父也从盱眙关税局赶回上海说："订婚之后，宜即结婚，绝对不能拖延。"

当时许多老亲戚全在南市，大家主张南市的人一定要在南市结婚，但是南市只有一家大富贵菜馆，可排三十席酒，地方是不够用，因此就假座"半淞园"举行婚宴。

半淞园是南市唯一的私家花园，里面有大型假山和小桥流水的景色，因为维持经费太大，也出售门券，每人收费小洋两角。我和半淞园园主沈家是老亲戚，他说从来没有人假座这里举行过婚宴，但是"江上草堂"地方很大，你可以尽量摆酒，如果摆不下，可以摆到草堂外面各处。

半淞园的设计，是由设计哈同花园的乌木山僧策划的，由画家任伯年逐一布置楼台亭阁，门前有高邕之写的"江山一览"四字横额，里面挂的对联，每一副都出于名人手笔，尤其是董其昌写的一幅字，特别名贵，因为董氏是松江人，真是相得益彰。其中"江上草堂"横额，是曾熙（农髯）所题。当时人有西江月词，称颂该园云："左右清源映带，东西树竹交加，却从澹雅胜繁华，毕竟名园无价。"不知出自何人手笔，也曾传诵一时。

喜帖由章太炎老师起稿，延请张群（岳军）做证婚人。那时上海市市长张定瑶离任，张群初到上海，行将就任市长，所以他很悠闲，一早就到半淞园，雇了一只小艇泛游其间。临到结婚典礼军乐大鸣，找来找去找不到证婚人，于是派出了很多人去寻，才把他寻回来。行礼时他说："我初到上海，即逢喜事，觉得非常高兴。"

筵席由"大富贵"包办。当时上海人习俗，普通送礼不过二元，但十九都是阖第光临，所以小孩子特别多，除了筵开四十多席之外，小孩子另有一种儿童席，也开了不少桌。

我记得大富贵的筵席费是十二元，儿童席是五元。但是儿童席的桌上早已摆了许多糖果和蜜饯的东西，菜是四碟水果四碟冷盘，第一盘菜是炒虾仁，最尾是豆沙八宝饭。宴罢之后，分送蜜糕喜果，老老少少皆大欢喜。

从前结婚之后，先住老家三天，没有什么蜜月旅行这回事，后来就回到望平街诊所中特辟的新房，每天的家常菜肴都很考究，伙食费每天不过小洋六角，足见当时的物价是很安定的。难得上一次菜馆，我欢喜到北四川路吃广东菜，虹口新雅酒楼的和菜最精美。两个人吃是两菜一汤，叫作"一元桃菜"，收费一元。后来隔了好多年，新雅才到南京路开设新店。

婚后生活，渐趋正常，业务也跟着有了进展。开始仍有一段很艰难的过程，初时来看病的都是贫苦阶层中人，如司机、看门人以及店员等，由于这些人的重病看好了之后，才引起车主、业主、店主的重视，待到再看好他们主人的重病，又影响到资富阶层，于是门诊进入正常阶段，特别是三友实业社，职工扩大到三千人，所以他们付给我的每月诊费也提高到三百元。这数字在当时于米价来说，是很可观的。

我的嗜好，除了看戏之外，就是喜欢搜购医学古籍，分门别类地阅读和珍藏。家务都由定芬负责，处理得井井有条，生了一个儿子，取名树桐，一个女儿取名树榕，如今也都娶的娶，嫁的嫁了。

后来，在我和定芬结婚二十五年纪念时，我心里还曾想到爱丽丝，想到她的弟弟在百般破坏时说："陈某人活动得很，将来一定有一妻数妾。"所以阻挠爱丽丝嫁给我。但是我至今仍然守着一夫一妻，想起来不禁暗自好笑。

我常常想到自己该做一件伟大的事情，既要具有学术上的价值，又要能赚些钱。但是心里只有一个轮廓，怎样去着手进行，觉得自己没有丰富的资料。

我想到钱财的积储，并没有多大价值，不如用一部分钱来收购医药古籍，手头上有了丰富的资料，便什么事都能打开了。

那时节，我的生活已养成一种良好的习惯。早起一定写一篇日记，记述上一日的事情，诊务的情形，日中每天有二十几个病人，所以空余的时间较多，就乘机撰写医稿。诊务完毕后，就偕同定芬看一场电影，然后拣一家菜馆进餐。那时节应酬不多，到东到西的只是找各种地方性的著名菜馆轮流来吃。

从前上海菜馆很多，但是上菜馆多数是点吃各菜馆拿手的名菜，因此也养成我一种精究饮馔的嗜好，不但讲究吃的艺术，同时还要向厨师请教怎样配料和如何调味与烹制。

我的小家庭中，本来每天菜肴只限定小洋六角，后来雇了一个女佣，对做菜颇有功夫，伙食费用逐步增加到小洋八角。定芬受到我的鼓励，学着做菜。累积了许多年时间，定芬竟然能够做出四冷盆、四热炒、四大菜和一品锅等，因此我就每月请两三次客，所费不过六七元之谱，但是菜肴已很丰富了。

我绝不打牌，认为打牌是最费时失事，消耗有用的时间，定芬也难得打牌。我每天下午诊务完毕，总要抽出一些时间，到三马路一带旧书铺去搜购旧书，兴趣浓厚。

当时旧的木版书，宋版当然买不起，但是翻阅一下，已爱不释手。元代版本比较多，书价的标准，大概是元版刻本每部二元，明版刻本竹纸最多，每部一元五角上下，要是宣纸印的才能卖到一元七八角；清代的刻本，稀见的卖一元一二角，普通的刻本都在一元以下，这是他们对熟客的标准书价。每一部书多数是四册、六册。多的有二十四册、四十册等，那么价钱就不同了。

书坊铺中，每一种书都有一种定价，标价不问多少，我们熟客总是照上面所列的标准，重新讨价还价。我自己把买到的书编成一份目录，凡是目录中尚未列入的书，每一种都想买，因此在各旧书坊，无人不熟，无一家不相识。在书坊中把看中要买的书堆在一旁，翌日书坊中人便会把它送到我诊所来。

我因为在旧书铺逗留的时间太多，总是由定芬为我预备了七点半那场的电影票，到各旧书坊来找我，往往一找就找到，否则我会一直流连下去，乐而忘返。

远游燕京 物价更廉

一年之后，我的医书目录已增到一千余种，于是越买越难，越买越缺，我就想到，一定要亲自到故都琉璃厂去走一遭。

医生的例规，每年腊月初八九后生意便进入淡季，要到次年正月半之后，方能恢复旧状。所以我一到阳历十二月，就利用这个机会到各地去旅行，苏州、无锡、镇江、南京以及杭州西湖，是我常去的。

这几个地方的菜肴，各有其不同的风格，我除了选饮择食、游山玩水之外，仍然不忘搜购旧书。但是这许多地方都是鱼米之乡，要买旧书，只有苏州还能购得一些稀见的版本，可是苏州人"向天讨价，落地还钱"，买一本书要费许多唇舌，尤其看我是上海人，要价更高。

自从决意要想到北方去，定芬开心不已，因为她的胞兄胞姐都在北方教书，所以这一次定期预备在故都玩一个月，料不到后来竟然逗留到两个月，这是意料不到的，但收获之大也出乎意想之外。

从前到北平，交通工具只有火车。我们坐的是"蓝钢车"，过了南京，才知道中国之大，实在是大得不得了，火车一共要走三日三夜。每到一个站，站上都有许多小摊贩来兜售土产，一篮篮一包包的东西，只要六个铜元至八个铜元；唯有到德州，有一种熏鸡，每只要卖到小洋二角。初时我认为太贵，只想买两只，后来一想，蓝钢车餐厅的大菜，每客要小洋六角，那么不如多买两只，也可以代替一餐。料不到德州熏鸡肉质既肥且嫩，香味浓郁，口颊留香，舌本生甘，简直是从未吃过的珍品。

火车进入山东境内，因为地近枣庄，有一种红枣，色泽鲜红，形如鸡心一般，每一篓卖铜元八枚。我觉得东西虽好，价钱太贵，只要买两篓。那个小贩取出一粒红枣，朝地下一掷，竟然砰然有声，分裂成为二三块，足见这种红枣清脆异常，于是我又多买了两篓。火车一开动，开始吃枣，脆既脆得不得了，甜亦甜得很适度，而且无核的，所以我俩一下子就吃光四篓，代替了一餐。计算起来，比吃大菜又美又廉，省了许多钱。

到了北京（那时称北平）火车总站，已有亲友在接车。接触到眼帘的，就是"大前门"的伟大建筑。本来从前上海有一种"大前门"香烟，就以大前门为标记，但亲历其境一看，就觉得全然不同，这是一庭复式的城楼，高不可攀，伟大无可比拟，自己顿时觉得渺小得很。亲友们为我俩雇了两辆人力车（人力车在上海称为"黄包车"，在香港称"手车"，在北平称"胶皮"，意思是这种车轮是用树胶橡皮来制的），那时北平汽车不多，通常都是坐这种"胶皮"来往的。

一会儿，"胶皮"拉我们经过正阳门，正阳门比大前

"大前门"香烟，其图标为正阳门箭楼

门小得多了。之后才到使馆街六国饭店，这是民国史上有名的大饭店，但是这个旅馆比现在所见的大旅馆，差得太远了，虽是西式，却古老得很，房租每天为银元六元。亲友们说："这间六国饭店并不在闹市之中，将来你来来往往买东西，很不方便，而且六元的房租真是骇人听闻。"于是我尊重他们的意见住了一宵，迁到东安市场旁边的东华客栈，房租每天一元八角。这是中国式的老旅馆，带有前一个时代高升客栈的气息，可是居停的人，都是达官富商，在一般市民看来，已经华贵得很。

最初我就去拜会几个近亲，他们住的都是古老的大宅，名为四合院。所谓四合院，是一个"口"字形的房屋，多数是平房，又高又大，中间是一个很广阔的天井，四面住着四户人家。问到他们的租金，都不过八元左右，但是往往有大房六七间，客厅更大，床是炕型。所谓炕，是用泥土砖石砌成的，下面可以烧火。因为旧时的房屋没有保暖设备，冬天冷得很，都靠火炕来取暖的，门前的门帘，都用厚厚的棉花制成，看来好像一条棉被。

第一天，我到定芬的大哥家吃饭，六大盘家常菜，做得很可口，风味与南方完全不同。饭后向大嫂致谢，说今天花费太大了，她说："今天这些菜，不过花了两个大银儿。"

北平用的货币，虽用钞票，通常还是使用银元，但是他们称它为"大银儿"，银角子称为"小银儿"，铜元叫作"铜子儿"，至于铜钱已近绝迹了。

第一天出游，就到东安市场。东安市场是一个很大的场所，里面有各种各式的店铺，鳞次栉比，排列得密密层层，最多卖的是"糖葫芦"，里面有糖果食物几十种，都是南方所见不到的，蜜饯的果子有二三十种，看得人眼花缭乱。其余的铺子，如旧书铺、书画铺、古玩铺、印章铺，各有数十家，单单这一个东安市场，已觉得是文化气息极浓厚的市场，所以北平被称为"文化城"，一些也没有错。

从前上海书画界润笔，写字每尺一元，但北平的润例，每二尺一元，齐白石的画也是每二尺一元。掌柜劝我请齐白石刻一图章，我因喜爱工细谨饬之作，所以没有刻，反而请陈巨来刻一名字铜章，三字三元，但是铜章现在都是电刻品，陈巨来的铜章是刀刻的，工致得很，这种技术，现在也失传了。

晚间二哥请客，席设东来顺饭庄。这是一家清代以来有名的菜馆，一半开在马路的南面，一半开在马路的北面，是两个大花园。原定在新厅摆酒，我则要求在旧厅，因为《清宫十三朝演义》上说，有一位皇帝微服出巡，独自在东来顺小酌，饮到高兴时，就唱起戏来，谁知隔壁房间有一个票友，竟喝了一个倒彩，接着那人跟着唱下去，唱得连皇帝都佩服他，折柬相邀，成为密友。我问："这间房子在哪里？"二哥说："好，我们就到那间屋子里去吃吧！"只觉这间房，的确窗明几净，挂的书画都是名人手迹，我高兴至极。八个人都吃得醺醺大醉，结账时，只付了七个大银儿，我觉得北平的生活，不仅比上海好，而且物价也便宜得多。

北方产的水果，集中在北平，品种多得很，按照我那时日记上所记载的，小儿梨每一个铜元二枚，桃子每个铜元一枚，雅儿梨、烟台梨、莱阳梨，每斤只售一角。有一种苹果又熟又甜，每个铜元二枚，又有一种牛奶葡萄和玫瑰葡萄，每斤小洋一角半，是最精致名贵的水果了。

鸡蛋每只铜元一枚，鸭蛋更便宜，但鸽蛋就比较贵，要卖到二个铜元，制成品如北平松花皮蛋，也只卖铜元一枚。还有一种很大的糟蛋，是用鹅蛋做的，放在瓦罐里，两个蛋只卖铜元四枚，蔬菜方面，要比上海便宜到三分之一。

我的几个亲戚都是大学教授，月薪高达八十元，即使家中人多，也是月月有盈余的。

最初几天，我就想要到琉璃厂，但是因游览的地方实在多，买书的时间，怎样也挤不出来。

游颐和园 参观故宫

游览的目的地，先到颐和园。这个园子，比想象中要大上几十倍，一切陈设，极尽豪华，当然这是清廷那拉氏挪用海军经费数千万两所造成的辉煌胜迹！

在颐和园进门处，见到有一座极大的假山，是用整块巨大天然的岩石来雕琢成的，旁边有块铜牌说明某年某月某省巡抚献石，注明用民夫几千几百运到某省某地，因某省巡抚身故，继由他省巡抚继续雇工搬运，又运了一年几

颐和园中之石舫

个月，才运到直隶省，一路上逢山开道，逢水建桥等等字样，可见当时耗费民力之大了。

颐和园里面的景色，是将全国各地名胜缩纳在这个园内，里面有一个昆明湖，就是仿云南昆明湖造的，其他各处，建筑得宏伟精美。里面有一艘大石舫，是用一块大玉石琢成的，一半在水中，一半搁在岸边。只记得石舫附近，有一条叫作苏杭街（今苏州街），就是按照苏州的街道筑成，蔚然江南景色。

游历三大殿时，先经过午门，即戏剧中"推出午门斩首"的地方。午门上面有一个门楼，地方之大，比香港的大会堂要大两三倍，那时候已改为古物陈列所，里面所陈列的东西成千成万，我只注意到历代度量衡实物陈列室，有历代的尺秤锤。周代的尺短得很，不过英尺九寸模样，所以从前所谓"昂藏七尺之躯"实际上也不过英尺五尺多一些而已。

关于衡量的"铜锤"，汉代的所谓一两，只合漕秤二钱而已。我又见到一个明代的针灸铜人，也安放在这里，这个铜人，做得并不神似。

到了三大殿，先在天安门城楼上浏览，向四面一望，觉得帝皇的威仪，实在是气概万千。两面有两个华表，又高又大，是用玉石雕成的，所有的栏杆也都是玉石的，这种玉石，产自德州，晶莹光亮，其色皎白，在南方没有见过。

三大殿之中，太和殿最大，是皇帝临朝的正殿，其大无匹，大约有香港汇丰银行整个地基那么大。皇帝的宝座高高在上，地下放着腰圆形石座，标明一品至九品字样，究竟里面可以容纳多少文武官员，估计不出，宫殿的庄严，我想较之汉宫威仪，未遑多让。皇帝坐的宝座，参观的人是不准坐的，有穿着灰色制服的警察看管着，我便去和他打交道。警察见我是南方来的，相当客气，又见我和太太手中各拿着一个自动打电的手电筒，他拿来看看，爱不释手。我就说："老乡，这东西你喜欢不喜欢？如果你能让我在宝座上坐一坐，我就把这两个电筒送给你们两位。"我说完这话，他俩笑逐颜开地说："那还有什么话说，只是您要等参观的人少时，您坐上去，我们只当不看见就算了。"于是我就等游客稀疏时，一跃而登宝座。那座龙椅足足有六尺多宽，一个人坐在上面，觉得大而无当，但高高在上，倒也威灵显赫，确是非凡。

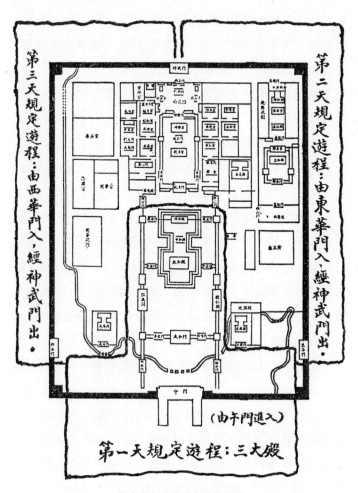

作者当年游览故宫的导游图

从前人说："皇帝的宝座，平常人坐了上去就会头昏。"我想到这话，便觉可笑。一会儿那两个警察来了，对着我装模作样地说："快些下来。"

为了保护这个宝座的完整无损，在民国时代是不准游客坐上去的。黎元洪做大总统时，见到这个宝座，几乎要作下跪状。只有袁世凯坐过一个短短的时期，他有没有头昏，我就不知道了。

这三大殿是轮值开放的，后面辟有一个故宫博物院，要购券分三天参观，并且要自备粮食。第一天由东华门进入，第二、第三天，由另外两个门进入，最后一定由后花园经过珍妃井而出，每天门券收银元一枚，十足可以在里面盘桓一天。

故宫博物院，内部的一切陈设，大体上保持原状，所有三宫六院都辟作展览室，譬如有一室陈列出历朝由各国贡奉的各式各样时钟，由铜壶滴漏开始，到鸡啼雀鸣的珐琅钟表为止。

又有一个展览室，专门陈设象牙制品的，桌上放的全是双翼锦盒，一面是五彩的人物画，一面是立体的象牙雕刻，刻得不但人物形貌酷似，还有秋千架、小蝴蝶等，手艺细致，栩栩如生，而且还有会活动的。

诸如此类的奇珍异宝，不必细说了。我所注意的，是文物部分。如许多经卷，是用金粉写在绢本上的，每一个字，比刻的还要精致。还有许多专供御览的手抄本，都出于翰林院学士之手，想来他们闲得很，我想每一部书，总要成年累月才能抄成一本吧？

在太医院故址中，我见到不少医学典籍，手抄本不计其数。原来太医院中藏有宋天圣五年（1027）王惟一所制的针灸铜人，却杳无踪迹。原来已在八国联军入京时，被日本军队掠去，藏在东京上野博物馆，我后来旅游日本亲眼见到。院中还有一个药库，大得比杭州有名的胡庆余堂还要大，后面也有一个鹿苑，但是其中的鹿，已不知死在谁手了。

我还注意到光绪皇帝大婚的寝宫，地方广大到极，但是阴暗也阴暗到极，白天也要点灯，所以宫灯排列很多，就卫生和空气而论，比现在的高楼大厦差得多了。至于那一张龙床，简直大而无当，大过寻常的床四倍之多。里面还有衣柜，床旁边还有搁架，上面放着许多内室用品，马桶和尿壶是江西景德镇进贡的，也是一种特制品，看的人最多。

又有一个寝宫，前面配着大玻璃，参观的人只能从玻璃中透视进去，却不能进入。这个寝宫已有西式风味，装了一个极古老的电话，这是宣统（溥仪）皇帝的读书处，一切文物纸张凌乱得很，据说还保持着溥仪在冯玉祥逼宫仓皇出走时的原状。

这几天为了游览，把我搜购医书的日程都耽误了，因为故宫所见的伟大，实在被它吸引了。

访琉璃厂 搜购医典

初到北平，亲戚们纷纷设宴款待。我太太的大哥说："沅弟，你到了北平一定要去见见曹汝霖。"我问："为啥？他不是有名的卖国贼吗？干吗我要去见他一次？"大哥说："他是我们的老姑丈，现在他闭门思过，不问世事，你一定要去投刺拜访一下，才合礼貌，而且你要搜购旧书，向他讨教一下，是不会吃亏的。"（按：曹汝霖所著之《一生之回忆》中说："二十一岁双亲为完婚，娶王氏，名梅龄，培孙之胞妹。"这里所说的培孙是上海南洋中学老校长，是我太太的叔父，所以曹汝霖是王家的姑丈，也算得是近亲。）

我说："也好。"次晨就借了一辆私家车，到铁扇胡同曹家（按：曹汝霖原住曹家楼，自从五四运动火烧之后，就迁出旧宅）。

那一天，曹汝霖不在家，由曹太太招呼我们，她是他的继室，对先室王氏的老亲戚看得很重，立刻叫账房写了一个请帖，席设中央公园"来今雨轩"，就在次日中午请我和王氏一家弟兄上那里去进餐。那天曹汝霖很早就等着，我看到他是一位精明能干的人物，面貌依然容光焕发，不过头发已经灰白，但不像一个老年人。他对人谈话和蔼可亲，令到我们做小辈的人觉得很有亲切感。他问我："有什么事要我帮忙吗？"我就告诉他："我要到琉璃厂搜购医书，是不是有折扣可打？"他说："琉璃厂旧书坊，定价划一，对生客一个钱都没有还价，但是我可以给你一张名片，你只要到富晋书社一家，凭名片可能打到六折。"我说："那好极了！"那时是冬天，但是他手中还拿了一把折扇，轻轻地挥动，我就请他把扇子给我看看，原来一面是水竹村人的画（水竹村人即徐世昌的别署，工笔画极精细），一面写的是王羲之、赵孟頫体，写得出神入化，没有署款。我就问："这是谁写的？"他说："就是我。"我说："我也是学王字赵字的，但是写到这样神似，我从未见过。"他说："好极了，本来我想送你一件礼物，实在想不出，明天我准定送幅字给你。"

当天下午我就到琉璃厂。琉璃厂地区极广泛，中间有一条广阔的石板街，两边都是笺扇庄、裱画店、旧书铺和古董铺。长长的一条石板街，单是旧书铺便有几十家，还有无数横街小巷，都是旧书摊和古玩摊。这一下子，等于一个瘾君子到了云南大土出产地一般，真是"乐极了"。我叫太太先回家，并说："到黄昏时自己回来。"

我第一家走进云来阁，先一看他们的目录，医书就有四百多种，有一锦装巨册手抄的《永乐大典》医学门残本一册，这是故宫里流传出来的，价格没有标明，我就坐在一旁披览了好久，真是爱不释手。这种书铺的布置，有一个客堂，中间放着四张八仙桌，每桌都坐满了阅书的人。掌柜的殷勤招待，不但奉敬一壶好茶，而且还拿出一个小小的象牙鼻烟碟来，旁边放上一个乾隆年间的鼻烟瓶，掌柜们说："这是西洋的哆啰烟，请您老人家试试。"我听了他的话，只是笑，心想自己还年轻，何以到处称我为老人家。我就问掌柜，这部《永乐大典》手抄残本要卖多少钱？他说："这本书要卖二十大元。"我伸了一伸舌头，从袋中掏出曹汝霖的名片，于是连老板都出来招呼说："随便你老人家给多少。"这一下倒是难倒了我，我说："我初到贵地，第一次就到你这里，我还要买许多书，请把这部书保留到明天再说。"临别时，他们有四个人鞠躬作揖地送客，还说"您老人家走好走好"。我出门时一想，买一本书未成，已花了两三小时。那么，我要买许多书，真不知要花多少时日？

第二家我到富晋书社，这是琉璃厂最大的一家书铺，我在上海时，就常向他们买书，见到他们藏书之富，甲于全国。我坐定下来，他们就来招呼，敬茶奉烟，我对他们说："我是你们上海的老主顾，常时寄钱来买书的陈存仁。"掌柜听了格外客气，端上两碟蜜饯金橘杏脯，片刻之间，掌柜已取出过去我买书的账簿，知道我的确是他们的老主顾。掌柜一边抽水烟，一边问我："您老人家这次到北平，要买些什么书？"我说："我在上海藏的医书已有一千多种，现在我带了自己藏书的目录来，凡是目录中没有的，我一律都要买，但是价格要请你公道些。"说时我又把曹汝霖的名片拿出来，掌柜满面笑容说："您老人家不必一家家去跑，我们可以代您把各家的书都搬来，任凭您挑，价钱方面，照同行往来加五厘，我们万万不敢多收。"我说："这个办法好极了，就这样办罢。"于是相约三天后再去。

三天后，他们另外领我到一间精室之中，放着我目录中所没有的医书一千多种，而且还抄了一份新的目录，供我对照选购，目录之下还注明书坊铺的铺名，其中有八十种书是北平大名医萧龙友所藏的，这里面全是珍贵稀见的书。我看了这个目录真的发呆了，因为这些书都是我在上海求之不得的。我就问掌柜："你们上海分店太小，云来阁在上海分店还比你们大呢！"掌柜就说："这种书的买卖，像流水一样，天天有人来看书，好的书立刻会被识家买去，上海的分店，只是出售复本书而已。"我对这个新的目录，翻阅了好久，再核对版本，我觉得他们的服务，简直令我无话可说，我就极爽快地说："这一千种书我全部都要，价钱方面是否能再便宜一些。"老板说："这些书一共是三千一百五十多元，要是您老人家自己到琉璃厂各家书铺去选购，恐怕六千元都买不到，我们只是赚你佣金五厘，因为您是曹润老介绍来的，我再让一厘。"讲到这里为止，他丝毫都不肯退让了。我说："好，就依你的价钱吧。"于是这批书就算买成了。

付了钱之后，我关照他要一包一包代为包好，写明第一包第二包字样，而且还要重做一个目录。到第二天，他们已经全部包好，目录也做好，掌柜还在店铺里请我吃了一餐丰富的午餐，北平首席名医萧龙友已七十余岁也请来作陪。几杯酒落肚之后，大家很高兴，掌柜忽然说："现在北平学术界倡议要保存北方古物，这些书恐怕寄不出去，要是真的寄不出的话，这批书全部可以退还，只是佣银不能退。"这话一出,我就呆了半天,心想托曹润老可能还有办法,我当场就打电话给润老,润老说:"你付了钱没有?"我说:"我已付了。"他说:"这一次你上了一个大当,这批书,寄三包五包还有可能,整批的运走,恐怕毫无办法。"他这样一讲,我面如土色,连酒也饮不下去了。

萧龙友不仅是名医,而且是北平数一数二的大书法家,因为他的藏书很久没人过问,这次能够脱手,他很得意,所以当堂取了一张宣纸,为我写一副对联。他正在写得得意时,忽然见到我这般为难神情,他也着急起来,轻轻地对我作耳语说:"陈先生你不要急,后天到我的诊所来,我自有办法,你安心好了。"隔了一天,我就到他诊所去。当时病人很多,他诊病又慢,看了三个病人之后,他取出三百张纸条,原来是"北平警察总局封"的封条,他说:"你用这个封条寄。一些也不会留难你。"我见他诊务很忙,拿了封条称谢而出。所以后来大批医书都能寄到上海,一些没有留难。

任何文物 摹制有术

京中还有一种书画摊,我在那边买到了道教中人画的陶弘景采药图,从这幅画开始,我就注意历代名医的图画文物。

我因为要搜集王羲之"鸭头诗",卷尾有王肯堂的跋,我问这东西弄不弄得到,书摊主人渊博得很,他说:"鸭头诗藏在故宫，我没有办法，富晋书社的掌柜姓王，您托他可能有办法。"于是我又到富晋书社，王掌柜知道我拿到了警察总局的封条，认为我很有办法，含笑恭迎，问我："还有什么事为您老人家效劳？"我就说明来意，他说："可以可以，一定给您办到，不过要照相费六元。"我说："照付好了。"我对六块钱很愿意付，但是照相的费用，在上海不过一元，即使是"宝记""王开"，也不过二元而已。

隔了六七天，富晋书局掌柜，亲自把鸭头诗王肯堂题跋的一节，影了相送来。我邀他一同到便宜坊去吃饭，那位掌柜代我点了四个名菜，结账时连酒不过一元六角，真是便宜得出奇。

在小酌时，王掌柜自己对我说："您老人家要什么故宫的古画，真的当然弄不到，但是可以借出来教人临摹，可以摹得一模一样。"我就说："有一幅《清明上河图》，内有街市，并且还有医生药铺等，可以看出宋代医药情况，可否弄来临摹一下？"王掌柜说："那不行，《清明上河图》除故宫所藏院本之外，元明两代有三种摹本，清代也有三种，到了清末，琉璃厂有位画家临摹得很逼真，但要六个月时间，现在此人已死，没有人能临摹得好了。"

于是我就说："既然故宫的画可以拿出来给人临摹，那么以假易真的事情，一定也在所不免。"王掌柜说："那自然啦，琉璃厂相熟的画家，摹仿古画，可以摹得一模一样，连皇帝的印和藏家的印，都由专人制作，再加上裱画的技术，可以将新的制成旧的，几能乱真，所以故宫里的东西，照目前的情形来说，假的也不少。但是假到真时真亦假，真到假时假亦真，鉴别的功夫，是另有一套本领。"我听了他的一番话，真是感慨不止。

王掌柜又说："北平有许多人藏着古笺，乾隆笺、道光笺已不算稀奇，有一家人家会自造麻布笺，这是专门临摹苏东坡写字用的，墨也是宋墨，请专写苏体字的人摹写伪作。买到的人，看到似漆一般的宋墨，必然信以为真，其实也是'西贝货'。所谓西贝，即与'假'同音的'贾'字。现在这些临摹假画的老先生们，已逐渐凋谢，然而假字假画也是很贵的。目今还有一位老先生能仿写乾隆御笔，请他题一首诗，或是盖一个'乾隆御览'玉玺，要价也不便宜。"听他这一席话，真是胜读十年书。

我忽然想起有一部书，是明代弘治十六年（1503）刘文泰等奉敕编撰《本草品汇精要》一书，每一种药都有一幅彩图，因为明末政局混乱，此书始终未能付印。我就向王掌柜问道："有没有这本书？"王掌柜说："这部书有点儿知道，这部书明代没有印，过了清代三百年，也没有印。民国成立之后，组织清官善后委员会，因为清官之内杂乱无章的纸张书籍，实在多到不计其数，给委员会清理之后，将没有什么价值的东西，一并车出，卖给文物铺共有四十大车。国务总理朱启钤得到这个消息，把四十车的纸张文物全数买下来，其中挑出一部书，就是您说的《本草品汇精要》。后来朱启钤作了一篇考证，学术界大为震动，当时会画会写的人多得很，抄出了四部复抄本，你们南方有一位藏书家陶希泉就买到一部，山东有一位主教也买到一部，其他两部不知落在何人之手。"我说："你讲的话，完全对的，陶希泉的一部，至今留在上海，轻易不肯出示。山东主教的一部，现在藏在意大利首都罗马国家图书馆中。"（按：后来1951年，我亲赴罗马，把这部书拍了许多五彩照片，陶希泉的一部转售给商务印书馆用铅字排印出版，而图画部分并未印出。）

接着我又问他："可否再向朱启钤借来再做一本复抄本？"他说："朱总长因为已经给人家复抄了四本，认为很遗憾，现在再也不肯借出来了。"这样的答复，我闻之若有所失。（按：在香港我遇到朱五小姐，问起这件事，她说："老太爷现在还健在，此书我实在不知道，不过古书文物已不属于他私人所有了。"其后，朱启钤亦逝世。）

王掌柜对我说："孤本的医书多得很，藏家不肯出售，但是可以花些钱，借出来请人手抄，抄写的人什么体都会写，每一千字，不过小洋三毛（即三毫子），你要什么体就写什么体。"此语一出，我大为高兴，就写出了几部书名。王掌柜说："其中有两部，立刻可以借得到，动手抄，日子是不多的。"我说："好极了。"我就托他一手包办，并且预付了一些钱给他。

过了十天，我又去拜访王掌柜，买了十多部书，他说："您要抄的书，已抄好四分之三，您要不要去看看？"我说："好极，那是求之不得，可以一开眼界。"王掌柜很殷勤地立刻陪我到琉璃厂西部，穿巷过路，到了一个四合院，里面有几十个人都在做抄写工作。这些人都是老先生，从前是替木刻书写底稿的，字体工整到数万字一笔不苟的，我在旁凝神而视，钦佩不已。

临行时，我对王掌柜说："三毛钱写一千字，实在太苛刻了。"王掌柜说："这是头等抄书的公价，还有一毛八分钱抄一千字的，就在隔壁，我再陪你去看看。"走到隔壁，门上贴有一张字条，写着"百本张"三字，里面抄写的人更多，书架上放着成千本手抄小册子。王掌柜说："这是专抄戏词的，他们抄好了各大名伶的本子，也没有什么叫作孤本、真本，都是几毛钱或一块钱买一套。有一种叫作"手汗本"，是老伶工死亡之后流传出来的，比较贵些。还有名伶新戏上演，每一配角派的单片，都是叫这家抄的。只要一天工夫，无论多少可以抄好，这种人的抄写代价，就是一毛八分钱一千字。"我目睹了这一批文抄公的境遇，又是惊奇，又是慨叹！

走出四合院时，恰好有一辆"胶皮"，王掌柜说："你不如坐车回旅店吧。"我就到东安市场醉玉斋去看我太太，因为她在那里选购玉器饰物，也买得很高兴。

临行时，发觉我的皮夹子不见了，这里面放着三百多元钞票，这一下子，令我有些发急。想来想去，这皮夹子一定是丢在胶皮车上，还珠无望了，幸亏口袋里还有八块钱。我也不动声色，照样同太太进餐，再到开明戏院去看戏。

北平的生活，实在便宜得很，消磨一个晚上，只用了四块钱。等到坐车回旅馆时已十一时半，我正在懊丧失去了钱包，只见旅馆中坐着一位伙计，笑容满面地对我说："陈先生，您今天在小店中看书，遗下一个小银包儿，掌柜叫我立刻送来，我在这里恭候了四个多钟头。现在请您点一点吧。"我接过来一看，一个钱没有少。我就抽出一张十元钞票送给那位伙计，那伙计极诚恳地说："这万万使不得，我在富晋书社的工资不过六元，受了您这笔钱，我就会卷铺盖了。"推了好久，他仍不肯受。我知道北平物价虽平，但是洋货很贵，于是在身边抽出一支银色钢笔，我说："就把这支笔送给你作为纪念。"那伙计又是欢喜，又是不敢受。我看出了他的神情，就把笔插在他的衣襟上，他才再三作揖称谢，其实那支钢笔在上海不过价值三元八角而已。

那伙计临行时说："您老人家皮夹中，钱是不会少的，特别是内中两张卡片，一张是曹汝霖，一张是萧龙友，还在那里，您千万要收好，这是逢到有困难时，到处可以应急的。"

我本来觉着这两张卡片又大又红，放在皮夹中，很不好看，本想丢开了事，谁知道后来我在药王庙无意中闯下了一场大祸，要是没有这两张卡片，恐怕还要上公堂吃官司坐牢监呢！

第五章

抗争后中医不废

民国时期，
《字林西报》大楼

废止中医 轩然大波

先要追溯到民国十七年（1928），废止中医这件事。那时刚是北伐成功开府南京，汪精卫在汉口时最出风头，他到处演说日本明治维新，第一件事是废止汉医。他自以为革新派领袖，屡次演讲表达他的意思，报纸上常常有这种零星的消息发表。我们中医界对他起了很大的反感，认为中医中药是全国人民的健康所赖，历史悠久，那时节西医全上海也不过六七百名，其他通都大邑，不过数十人。至于小的县、市、镇、乡，可能一个都找不到。所以对他的主张，认为纸上空谈，绝不会现诸事实。岂知后来他们的确不是空谈，先由褚民谊出面推动，经南京国民政府卫生部，召集了一个中央卫生会议，延揽各市的卫生局长、各省的医院院长、国立省立的医学院院长，以及各地著名的西医共一百二十人为委员，开会三天。那时褚民谊奔走活动及宣传，着着领先。这个会议，通过了一个议案，是要逐渐淘汰中医，原案是留日医家余岩（云岫）所起草提出。他们设想得很周到，深恐引起全国反对，所以最重要的一点，就是对已经开业的中医，一次发给执照，以后中医的产生就要绝迹了。原来的议案节录如下：

提案人余岩。

（议题）废止旧医，以扫除医事之障碍案。

（理由）……人体医学，其对象在于个人，其目的在于治病，今日之卫生行政，乃纯粹以科学新医为基础，而加以近代政治之意义者也，今旧医所用理论，皆凭空结构，阻遏科学化，旧医一日不除，民众思想一日不变，卫生行政一日不能进展，云云。

（办法）一、处置现有旧医，现有旧医为数甚多，个人生计，社会习惯，均宜顾虑，废止政策不宜过骤，爰拟渐进方法六项如下：

甲、由卫生部施行旧医登记，给予执照，许其经营。

乙、政府设立医事卫生训练处，凡登记之旧医，必须受训练之补充教育，授以卫生行政上必要之智识，训练终结后，给以证书，得永远享受营业之权利，至训练证书发给终了之年，无此项证书者，即应停止其营业。

丙、旧医登记法，限至民国十九年底为止。

丁、旧医之补充教育，限五年为止，在民国二十二年取消之，是为训练证书登记终了之年，以后不再训练。

戊、旧医研究会等，任其自由集会，并且由政府奖励，惟此系纯粹学术研究性质，其会员不得藉此为业。

己、自民国十八年为止，旧医满五十岁以上，且在国内营业至二十年以上者，得免受补充教育，给予特种营业执照，但不准诊治法定传染病，及发给死亡诊断书等。且此项特种营业执照，其有效期间，以整十五年为限，满期不能适用。

二、改革思想，操之不能过激，宜先择其大者入手，谨举三项于下：宜明令禁止，以正言论而定趋向。

甲、禁止登报介绍旧医。

乙、检查新闻杂志禁止非科学旧学之宣传。

丙、禁止旧医学校之开设。

这里所说的旧医，就是指中医。因为那时我们中医自称是"国医"，这是表示中国固有的国家医术，等于国语、国文、国旗、国徽、国术、国剧一类的名称。西医对这个称呼，大为不满，可是已经通行，亦没奈何，因此他们就议决把中医的名称改"旧医"，他们自己叫作"新医"。这表示中医是旧式的医术，不久要消灭的，他们的医药是现代化新生的，将来会新陈代谢的。

当时西医们，也不愿意人家称他作"西医"，因为"西"字，就表示从西方来的医术，隐隐衬托出中医是中国的国家医术。所以他们一切的公私文件，一律不称"西医"两字，而对中医的名称绝对不称国医，一律叫作旧医。整个提案，含有深刻意义。

这一个议案，一经各报披露，舆论界首先加以抨击，认为中医中药万不可废，要是实行的话，是行不通的。那时一般中医界，似乎并不重视这件事，唯有各自大发牢骚，痛骂国民政府措置不当，此外，只是听其自然，静观其变而已。

这个议案中有一项，检查报纸杂志的，即是指我刊行《康健报》而发。我正在想如何去应付，同学张赞臣打了一个电话给我，说："老陈，你见到这个新闻吗？"我说："已经见到。"他又说："你的态度如何？"我说："我当然反对，但我要想知道令尊翁的态度如何？"他说："家父年事已老，连这个议案都看不明白，他认为已开业的仍能开业，也就算了。"我就对他说："这件事不是这样看法，我要和你从长计议，这件事需要我们这些后起青年中医来想办法。"他听了，连说："对，对，对。"当即约定于门诊完毕之后，一同到南京路五芳斋二楼叙谈。（按：张赞臣的父亲是张伯熙，乃常州老名医，我拜姚公鹤为师，就是他老人家引荐的。）

电话约定之后，我一面应诊，一面想办法。我认为老一代的中医，由于习惯关系，都是安分守己以不问他事为主旨，所以要他们出面领导反抗，是不可能的事，但是老中医对各方面的社会关系很大，一定要借重他们的声望与地位作为号召；做实际工作，是要我们年轻一代来做的。当天下午五时，我们两人先后到了五芳斋，一见面就滔滔不绝地谈论起来，最后我提议召集全国中医代表到上海来举行一次大规模的抗争会。

五芳斋是上海有名的点心店，主要的业务以出卖汤团、糕饼、糖山芋、糯米藕，兼卖点心菜肴。我们两人随便叫

民国时期，上海苏州河

了些点心，一边吃一边讲，所花费的代价铜元十余枚，大家讲得很起劲，不知不觉已钟鸣六下。我俩主张先请谢利恒老师来讨论一下，听听他的意见如何，再定进行方针。于是摇了一个电话（按：那时上海的电话，是要用手摇、喊号码、再接线的）给谢老师，请他到五芳斋来吃饭。谢老师一口答应，立刻搭电车到五芳斋来。

谢老师素有"美髯公"之称，飘飘然地直登楼座，他为人风趣得很，开口就说："你们请我吃点啥？"我们说："知道老师喜欢吃'鳝糊过桥面'（按：所谓过桥，即面浇头，另装一盆），所以请老师到这里来。"老师笑说："为何大家不饮一些酒？"我们齐声说："好。"于是大家就边饮边吃，言归正传了。

谢老师也知道国民政府要逐步废止中医，他说："我们老一辈的还不受影响，你们年纪尚轻，对此作何打算？"我们就把召集全国中医举行抗争会的事，详详细细地说给他听，他听了一方面很高兴，一方面说："全国中医向无联络，究竟总共有多少中医团体，也不知道，召集起来恐怕有困难。"我们两人默默无言，认为这倒是一个难题。

正在思考之时，我忽想起我办的《康健报》，各省各县市，都有中医订阅；张赞臣办的一本《医界春秋》杂志，订户也是中医。就根据我们两人所有订户地址，在各省各市各县挑出二人，将抗争通电交给他们，转呈当地中医公会。谢老师说："好，这样，事情就有眉目了。"

全沪停诊 开会集议

那时节，上海本来有三个中医团体，酝酿着要组织一个统一的"上海市中医协会"，公推丁仲英老师为召集人，那时还没有正式成立，无形中内定丁老师做理事长，谢老师当监事长，于是我们就提出由丁、谢两位老师具名召集紧急会议，谢老师说："好。"我们吃罢了之后，付款一元还有得找。谢老师叮嘱我们快快把全国中医地址名单开列出来，我们两人就说："今晚我们开夜车，把全部名单摘录出来。"谢老师连声称是说："明天晚上就可以召集三个团体先开一个会议。"我们回说："遵命。"于是大家分手。

我与张赞臣两人，立刻各回家中，把订户名册细细查阅，查到南京、杭州、苏州、天津、北京、广州都有中医团体，没有团体的就选择二三人作为该地通讯员。我的一张名单，做到半夜三时才告完毕，计算下来，全国有三百个省县市，都有了地址。

次晨，我向丁老师处做说客，丁老师一口应允，并说："事不宜迟，要做就做。"于是各人分别摇电话，约定在一家番菜馆聚会，那天到会的不过二十多人。有陆仲安、夏应堂、殷受田、郭柏良等，大家看到我们所列的全国中医地址名单，认为这是"法宝"，不管我们上海市中医协会成立与否，先用这个名义发出"快邮代电"。

那时本有电报通讯的设备，但是要用电报来通知全国，计算起来，这笔费用太大了。有一种方式叫作"快邮代电"，只是用电报式的红格笺纸，上面印明"快邮代电"四字，实际即快信而已。所谓快信，要比平信多贴五分邮票。这种信，邮局不放在普通邮包中，优先发出，优先送递，都是赶快车（所谓快车，即小站不停的通车），我们用这种方式急速通知各地。这笔费用并不太大，可是日程计算起来，快信到北京要七天（那时津浦路尚未通车），到山西大同要十天以上，因此我们决定对较远的省份，只好打电报，这些费用暂时由丁老师垫付。

快邮代电的原稿，由我执笔起草，大家看了，认为字句很够激愤，又经谢老师改了几个字，格外活泼生动。

我们商讨之时，药业中有一位很激烈的青年叫作张梅庵，他主动来参加，他说："我们先要在上海召集中医师及中药店开一个大会，要全体停业半天，举行一个上海医界联合抗议大会。"他这句话一出，大家热血沸腾，一致赞成。就定期在六马路仁济堂施诊大厅举行。

到了那天，中医界有一千多人都停诊，药店老板及职工也有几百人参加，把一个仁济堂挤得水泄不通，不但大厅满坑满谷，连天井中也站满了人。这一次集会，大家都慷慨激昂地抢着讲话，气氛很是热烈，只是站得稍远的人，什么话都听不到，唯有张梅庵利用口号的方式，领导大家跟着他的口号一句一句高呼，显得万众一心，对中央卫生会议议决的议案要反对到底。最后由谢利恒老师演讲，大家肃静恭听。谢老师就把已拟定的通电读出，定于三月十七日假座上海总商会举行全国代表大会，一时掌声雷动。跟着提到经费问题，请会众自由捐助，即时大家争先恐后，各尽其力地捐到四千多元。药业方面的代表说，他们也准备开会集议，再送一笔款子来支持这项运动。

当天会议开到七点钟，我们几个核心人物，就在仁济堂附近，草草地吃了晚饭。丁仲英老师说："看来经费不成问题，应该在通电上说明，各地代表的旅费自备，到了上海，食宿费均由上海医界招待。"因为从前各地到上海来的人，都是住在普通的小旅馆，较豪华的人才敢入住惠中旅馆等处，普通的旅馆，每天的房金不过大洋一元四角至二元，照各地代表人数计算一下，要预先包定几家普通的旅馆，那时这种旅馆都集中在泥城桥平乔路一带。预定开会三天，各代表的两餐，也由上海医药界指定菜馆凭券招待，计算起来，我们上海医药界还负担得起，所以后来才在通电中注明这个办法，同时也声明若愿意自动捐款者，亦表欢迎。

各地响应 云集沪上

这个快邮代电发出后，不到六七天，南京、苏州、杭州均有复电寄来，都说决计参加，香港也有一个团体，叫中华医药会（地址在德辅道中），他们来电说明不派代表，但是汇寄了捐款港洋一百元表示响应。

从此，我们天天开筹备会，组织了秘书组、总务组、财务组、宣传组、接待组、干事组，推选有办事能力的同道，分别负担各组事宜。

我本来是中医协会的秘书主任，到了这个时候，有几组都由我负责。幸亏有一位江湾办报出身的医界人士蒋文芳，他动笔很快，我们在商量之下，请他担任秘书，这样一来，我可以省出许多时间来策划各组事宜。

这次仁济堂的筹备大会之后，我便拟了一段极长的新闻稿，亲自送到各报馆，要求他们全部刊登。从前报馆的编辑们，一向都是信赖中医的，他们对废止中医这件事深表愤怒，一收到这篇新闻稿，都一字不删地刊登在本埠新闻版的显著地位。当时上海最大的五家报纸，还兼写社论，阐述中医是不可废止的，这一来给我们增加了不少力量。

　　从前上海有许多社会团体，如总商会、商联会、中华国货维持会、各地旅沪同乡会，每逢社会上发生什么重大事件，他们都要发表通电表示意见。此次废止中医问题，他们激于义愤，都有通电发表，是一致拥护中医中药的。

　　这种反应，本来对我们中医很是有利，可是却因此而刺激了上海西医界的反感。当时西医界中最会动笔墨的是余云岫、汪企张、庞京周、范守渊四人，他们就出奇制胜地在各报发出反对中医的言论，于是我们也推出四人，由一人应付一人，如打擂台一般在报纸上展开笔战。本来我是应付庞京周的，两人笔战，大家认为我措辞得体，笔锋锐利。料不到半路上杀出一个程咬金来，此人就是当时所谓党国要人褚民谊，他拟好了一篇很长的谈话，送到报馆发表。从前报界对中央要员的谈话是很重视的，这段谈话稿送到报馆是下午三时，《申报》编辑赵君豪接到褚民谊这篇文稿以后，马上打电话给我，要我先去看一看，说："这篇谈话，来势很凶。你要不要先看一下？"我说："好。"我就立刻到《申报》编辑部，先把原稿抄了下来（可怜那时是没有复印机的），直奔姚公鹤老师家中，商讨对策。姚老师说："照报馆立场，褚民谊的谈话一定一字不易地刊出，你要应付他的话，最好当夜，拟写一稿送去，那么次晨就可以同时刊登于报端，否则的话民间人士反驳中央委员的文稿，未必会刊出。"我说："好。"马上就在姚家小房间中起稿驳复，又请姚老师修改了一下，连夜油印了十份，分送各报，次晨果然遑遑然全部登出，与褚民谊的谈话，相映成趣。医界中人看了无不拍案叫绝，说我做得既快且好。（按：有两家报纸对所谓中委褚先生怕得很，隔了一二天才补登我的稿件。）

从这个时候起，各报不断发表来自各方面的文稿，其中十分之七都是指责西医和租界上的医院怎样的腐败，怎样的以人命为儿戏！希望西医对医术方面要改善，其他零零星星的文字，都是说西医看不好的病，竟被中医看好的事实。所以在声势上，中医比较占上风；但也有一部分文字，是骂中医太保守，不能跟着时代走。

我忙了几天之后，款接组长余鸿孙来对我说："各省各县的医师都有信来。说有代表三五人至六七人，广州代表陈任枚来电要订高级旅馆房一间。那么平乔路的小旅馆似乎不相宜了。"问我怎样办。我说："款接组不能照规定的办法来做，大部分小县份代表送平乔路，小部分有钱的代表尽管为他们开第二级的惠中旅馆，或是第一流的大东旅馆，这些代表日后都有大宗捐款，我们多花一些招待费，是不会落空的。"

款接组的组员，都是年轻的医生，有二十多人听候余鸿孙指挥。某日某时到车站或码头，迎接时每组由八人等候，手执鲜明旗帜，报纸上天天都有登载各地代表抵沪的消息，只是那时没有摄影记者，所以报上没有登载图片，但已声势浩大得很。

每一地方的代表到达上海，当天晚上一定到大西洋西餐馆进餐，由丁老师、谢老师等坐候着做主席，并且发表演说。宾主双方，言论都很激烈，说这次大会，非推翻议决案不可。

到了三月十七日，计算已到的代表已经有十五省代表，二百四十三县的县代表，四个市的市代表共计正式代表二百八十一人。其中四川、云南、陕西等偏僻的省市代表，因为时间上赶不到，未能出席，可是都汇来了捐款。

这次全国中医师抗争大会，假座天妃宫桥的上海总商会大厅举行，这个会场是上海最宏伟的，有很宽畅的座位，到了这么多的代表还坐不满，于是由上海三个中医学校和药业职工会补充了全部空座，连楼上楼下两旁都站满了人，会期为三天。

三月十七　召开大会

这一次大会，本来准备全上海的三千中医停诊，九百家药店停业，一同参加的；但是这样一来，总商会的大厅容纳不下这么多人。所以只好向医家与药店分发几种标语、旗帜、横幅等张贴在门口，以示响应。

我同一辈青年中医当天上午就到总商会内外布置一切，并且还组织了纠察队维持秩序，款接组招待各地代表莅场。到了下午一时开会时间，各地代表均依时到达，把大厅挤得水泄不通。

大会开幕，先由蔡济平报告筹备经过，后由谢利恒老

1929 年 3 月 17 日抗争大会之后，全国十七省市代表在总商会大厅开第一次代表大会

师主持，接着有六个省代表致辞。可是最大问题，就是方言不统一，南方人不懂江浙人的话，江浙人不懂河南、河北的话。有两个代表，说得声泪俱下，而台下听的人竟然一句也听不懂。忽然间有一位福建代表跳上台来，碰台拍凳地大骂卫生会议的议决案，大家虽然也不懂他的话，但是见他那种慷慨激昂的神情，大为感动。

　　我那天担任大会的司仪，见到这般情况，认为要大家一致，唯有喊口号，可以鼓动全体的热烈情绪，以及统一意旨。标语是预先拟定写好的，于是就照标语请张梅庵领导喊口号。张氏那时很年轻，中气充沛，声如洪钟，由他先念一句，大家跟着高喊一句，一时响彻行云，好多人热血沸腾。接着由蒋文芳宣布："今天请各地代表拟就提案，于明天大会时交来。"这天的秩序极为良好。

第二天会议，把各方面送来的提案，搜集起来，逐件讨论，由丁仲英老师任主席。这一天，各地的代表都先后登台发表演讲，从前集会还没有话筒（即麦克风），所以代表发言，往往只是前面的人听到，懂不懂还大成问题。这一天，大家讲的话，无非是诉说各地中西医家的情况，讲者谆谆，听者藐藐。有人看这个情形不对，说主张提出一个紧急的办法，要派代表到南京去请愿，看看政府当局究竟采取什么态度。到上午便把这个提议通过了。

第三天的会议，就是讨论代表人数和人选的问题。一谈到人数，麻烦事情就跟着来了。有人提出一个办法：每一省要推出一个代表。那时到会的省份有十三省，应该是十三位代表，这个提案一下子就通过了。陆渊雷振臂而起，要十三省当场选出代表，上台来各作五分钟讲话，他的含意就是要考验代表的人才和能力。这一下子，却暴露出各省选出的代表都是高龄的名医，一登上了台，连口都不会开，这样一来，就把已通过的第一个办法推翻了。

接着又有人主张，不应该以省为单位，要注重人才，而代表的人数须贵精不贵多。大家又一致拥护这个办法，并且当场推选代表。第一个是谢利恒老师，由他做团长；第二个是南京代表隋翰英，由他做南京的领导；第三个是上海药业代表张梅庵；第四个是丁仲英老师，丁老师坚决不就，说："我情愿留守在上海，还有好多事要办，推荐蒋文芳做秘书。"大家也通过了。第五个代表，各方面提出的十几人，大家争执到面红耳赤，没有解决办法，最后由谢利恒老师发言说："这次运动，是陈存仁首先推动起来的，我需要他来做总干事，帮助我们做各种内部工作，有了他，我们的组织就健全了。"谢老师此言一出，会场掌声雷动，于是就把这个难题解决了。当晚在大西洋餐馆举行了一个惜别宴作为饯行，各省代表都勉励我们，只许成功，不能失败。我们被感动得眼泪都流了下来。

山西代表时逸人振臂大呼说："我们这次受到上海医界招待，本身用不到多少钱，我们都应该随愿捐款。不但支持抗争运动，而且我们可借此团结全国，组织'全国医药团体联合会'，从事于种种改进事宜。"此言一出，捐款的人风起云涌，当堂就捐到两万多元。

五人代表 赴宁请愿

五个请愿代表推定后，就在当晚先开了一次小组会议，大家觉得这次请愿，前途未许乐观，因为这一次中央卫生会议，出席的人都是西医。会议开幕时，蒋介石派员出席读一篇训词，希望国府成立之后，改善卫生行政，由全国专家提出建议。那时卫生部部长薛笃弼，所说的大致也是如此。可是汪精卫一派的褚民谊，演词就不同了，他说："中国卫生行政的最大障碍，就是中医中药，要是行政上了轨道，如果不把中医中药取消不能算是革命。日本能够强大，全靠明治维新，明治维新能够面目一新的民间运动，就是废止汉医汉药。所以要由卫生会议负起责任，通过全国专家所拟订的提案，交由政府执行，才能算是完成革命大业。"看来褚民谊在集会时有绝大的领导力，而且这一次会议的主要目的，实际就是要废除中医。

中国人往往有一种积习，认为勾结上一两个要人之后，便气焰大盛，不可一世。如今卫生会议既有一百二十位专家，中间加上了一个"中央委员"褚民谊在内，更是如虎添翼，认为废止中医案一经通过，只要交政府执行，便可以安然达到目的，所以在开会的情绪看来，认为中医废止，已在命运中注定了。万不料这一个提案通过发表之后，引起全国上下的反感，成为全国的一个轩然大波，是他们始料所不及的。

那时上海是一个经济的枢纽，也是舆论中心，当时的新闻界就发觉到外国的大药厂，对这一个运动，显然有经济上的支援，因为中医中药一经废除之后，西药一定会畅销全国，当时谣言满天飞，但具体的事实，笔者恐记忆不准确，未便写出。

隋翰英是南京代表，他建议一定还要邀请两个人来做协助工作，一个是上海的陆仲安，一个是南京的张简斋，那么五位请愿代表到了南京，许多中央委员都会接见，否则就恐怕到处碰壁，一事无成。他这个建议，我们五人都表示赞成，我说："陆仲安住在蒲石路（今长乐路），我去过他家，不如我们现在就到他家中去。"我们说罢就走。陆仲安是北方人，爽直得很，他说："既然你们要我出力，我绝无推辞之理。"于是次日他也跟着我们出发了，只是他不担任任何名义。还有张赞臣、岑志良两人也热心得很，也不居名义而随同出发。

我们出发的那一天，是三月二十一日，搭的是沪宁路早晨九点钟的一班火车。在我们到达北站之时，只见车站上已拥满中医界、中药界以及中医院校的学生、中药店的职工等有一千多人，还有一队三十多人的军乐队，大家挥动着旗帜、标语，欢呼口号，奏着激昂的军乐，我们就在这般热闹的气氛中，登上火车。欢送行列中，大家高举手帕，预祝我们凯旋。

当时有一位老医生蔡济平，率领医药界名流四十多人，排齐了队伍齐集火车站内，作为代表全国各省出席代表恭送我们。我们在上车时，和他们一一握手，这时的气氛，既激动而又热烈，大家高兴得真是热泪盈眶。

在我们代表出发前的几天之中，报纸上天天有我们行动的消息，都刊在显著地位，足见各方面对我们这一个运动的支持，这也是国民政府成立之后第一次受到舆论方面的抨击。

我们出发时，搭的是二等车，车票是四元几角，但是一上车，就有人派给每人一沓报（包括全沪大小各报），收费小洋二角，一杯龙井茶，也收小洋二角，我们就一边饮茶一边看报。

那时我和陆仲安会同隋翰英商讨到了南京之后，首先应向哪一个机关请愿，或者最先要拜访哪几位元老，请他们出来主持公道，我们在车厢中都宽了衣服做准备工作。

正在谈话之间，忽然车厢中出现了一位苏州代表，他说："你们到苏州车站时，可以看到一千多个苏州中医药界人士，都停了业，排了队在车站欢迎你们。"果然不到一小时，车抵苏州，先见一片旗海，接着又听到一阵阵清脆的口号。我们五个代表立刻穿上外衣，步出车厢，见到下车时地上铺着一行金黄色的地毯（按：黄色是中医的标记，表示我们是黄帝内经的后人），我们五人下车，踏在地毡上和群众握手言欢。我们挤在热烈的人群之中，身不由己，被他们包围了不得动弹，他们坚决要留我们在苏州吃了午饭再走。可是这时车站上钟声当当，我们知道火车要开了，急于上车，但是越是想走，他们越是拉住不放。我们处在不能行动时，只好请那位苏州代表，通知车上的陆仲安、张赞臣、岑志良，要他们先到南京，对南京车站上的欢迎群众和新闻记者说明，五位代表被苏州医药界留住了，要改坐夜车在明天早晨才能抵达南京，借以代致歉意。

于是我们五个代表，被簇拥到玄妙观前松鹤楼进午餐，可是松鹤楼容纳不下这么多人，只能在二楼排满八席，大家很高兴地吃了一餐。我初次尝到一味名菜"炒虾脑"，认为比什么都好吃。我偷偷地问侍者，这一桌菜要多少钱，侍者吐一吐舌头说：大约要六七块钱，表示在此地已经贵极了。

吃罢之后，我见到一位医校老同学王慎轩，率领中医学生二百多人，手执旗帜来欢迎我们，同时又有中医三三五五地聚在松鹤楼下，大约也有六七百人，后来由一名纠察员指挥排列成行。等到我们下楼，一阵掌声，大喊口号，在观前街上游行起来，我们五个代表在行列之后坐了包车，随游行队伍行了好多路，到达了留园。

留园本是盛宣怀（杏荪）的产业，那时已公开任人游览（按：现在日本东京著名的"留园"，即盛氏后裔盛毓度所主办，沿用此名）。苏州留园地方大得很，也旧得很，园中有一个戏台，无形中成为苏州人的大会堂，座椅全是朱红色漆的，是清代遗物，既矮且小，好像幼稚园里儿童的椅子一般。

片刻之间，我们宾主已坐满了一堂。苏州医药界领袖首先致辞，接着由谢团长代表致答词，谁料苏州代表们，坚请我们五个代表，每人要作一次演讲。蒋文芳讲得头头是道；张梅庵一出声，声如雷鸣，全场哄然大笑；隋翰英说一口南京话，苏州人都听不懂；我讲的是上海话，和苏州话还接近，我叙述废止中医案的经过，说到了我们只靠全国人民和同业支持，中央卫生会议要是不达目的的话，外国的药商准备着巨额的款项来支持这个提案。这时人人动容，认为前途未可乐观。

本来集会演讲，中医很少参加，经过这次开会，大家增加了许多经验。论讲话的仪态，谢老师最好；引起大家激烈冲动的，以张梅庵为最好。我们演讲完毕之后，苏州

民国时期，苏州虎丘剑池

医家争先恐后地抢着说话，大都是勉励我们争取胜利。

出了留园，见到外边停着五辆开篷的马车，分给我们五个代表，每人坐一辆，并且有五位苏州名医作陪。

从前任何一种民众行动，总有一场大游行。这一次是在下午四五时，他们多方面去通知，所以人数达到一千人之多，一路进行，一路喊口号，直达虎丘山下。记得先过一条小河，才到虎丘剑池前面的千人石，后面就是高耸入云的虎丘塔，我们就在千人石上集议。这块石平坦得很，名虽是千人石，坐上了四五百人已挤得不得了，没有座位的人，只好分别站在剑池四周。

谢老师说："这时我们该轻松一下，不要再大声讲话，把喉咙弄哑了，到了南京不像样的。"大家听从他的话。

谢老师讲话，美髯拂胸、神情飘逸，他本来名震全国，大家一听他讲话，觉得的确是名不虚传。

休息一会儿，南京代表隋翰英宣读向政府呈递的请愿书，他满口"南京"国语，念得很流利，读完了之后，千人石上起了一阵掌声，响声震应山谷。不一会儿，苏州医药界首长又约我们到前面一个寺观中去吃素，一共坐满八桌人。他们做的素菜，别有风味，花式也多得很，其中有素鸡、素鹅、素火腿等，每一碟的形态，和荤菜是一模一样的。老同学王慎轩操着柔和的苏州话说："夜车票已准备好，南京也有电报来催，通知你们沿途不可逗留，因为南京方面已有两千多人在车站等车，不要使大家失望。"我说："好。"接着他又轻轻对我说："你们各位连日辛劳，要不要再到苏州著名的狮子林去玩一下？有烟霞癖的人也可以上那边去香两筒；本来狮子林夜间是不开放的，但是你们是特客，园中少主又是中医，所以可予特别优待，免得你们在车上等候。"我当场向谢老师请示，老师说："现在周围新闻记者很多，我是不吸鸦片的，不要为了这件事情，弄出不好看的新闻来。"不料正在这时，给张梅庵、蒋文芳两人听到，他们二人本是瘾君子，听了这话，比什么还高兴，说："只要少数人前去，是不会弄出事来的。"谢老师对鸦片向来深恶痛疾，但是在这时也未便断然辞却，于是我们一行人就到狮子林去。我约略地看了园内的亭台楼阁，奇峰怪石，这一回倒另有一种收获。我们原来带着向南京各机关的请愿书不过七件，一计算下来，南京的

"部""会"及重要人物，大约有十二处，还缺五份，应该要即时赶写，蒋文芳负责抄两份，要我担任三份。这时我们两人心中很乱，一面急着赶时间，常常有错字。料不到苏州医生之中，有一人自告奋勇出来说"我来抄"，他写的蝇头小楷，笔笔工整，很是好看，大约不过一小时，五份请愿书已经全部抄好。毕竟苏州多文人雅士，令我暗暗佩服。

我在空余的时间，整理抵达南京时要派发的请愿团宣言书和应付新闻记者的访问资料，幸亏沪宁路夜车，离开苏州要在半夜一时半，尚有充分的时间。这时因为谢老师和隋翰英年事较高，已倦极入睡。直到十二时半，才叫醒他们，相率急急忙忙赶到车站，苏州医家想得很周到，预先为我们订了头等卧铺。车到镇江，停了半小时，管车的人不准我们离开座位，也不许下车探望，当时真莫名所以。

车抵南京 声势浩大

三月二十二日，车到南京下关车站，已接近天明。只听见人声鼎沸，有一千多医药界中人等候着欢迎我们，先由乐队奏乐，地上也铺着黄色的呢毡。我们缓步而下，立时响起一阵口号，口号过后，掌声真像雷鸣一般，其中有二三百是药业职工。他们不但和我们热烈握手，还簇拥我们到车站外面的广场上，来一个欢迎会。当时有许多新闻记者，争先访问，我们于是就到广场去。场上早已预备了一个讲台，先由南京医药界致欢迎词，继由我们五人轮流演讲。新闻记者提出的问题，我们也逐一答复，警察在周围维持秩序。

本来我们的秩序极为良好，一切都很顺利的。万不料车站走廊中有五百多个安徽难民，他们因为南京市市长刘纪文拆造中山路，将潜建木屋拆除，其中一部分安徽人，决定在车站上坐索免费车票回家乡。因为这些人拿不到三等免费车票，睡在地上，等了两天两夜，不得要领。这时这批难民看见有新闻记者在场，他们就蜂拥而来冲入我们的队伍，有两人跃登台上，他们很懂得投机，一上台就破口大骂政府取缔中医要不得！说："安徽全省西医仅三五十人，要是没有中医，人民的健康就没有保障。"接着就讲政府不照顾拆屋难民，他们一直讲下去，越讲越激烈，警察就出来干涉，要把讲话的安徽难民拖下台来。谁知这个讲话的难民身强力壮，挥动拳头向四五个警察一阵乱打，弄得秩序大乱。谢老师催促我们赶快离开，免得卷入旋涡。

我们几个代表，虽然离开了会场，但是大群安徽难民占了这个讲台，开会不已。后来又开到大批军警，双方大打出手。我们坐上了南京代表为我们准备好的车辆直驶中正街交通旅馆，陆仲安、张赞臣等早在那边等候。我们漱洗完毕，更换衣衫，就跟了他们二人首先去谒见国府主席。

那时节，国民政府初成立，主席的驻节之所，是一座极大的旧屋，相传为两江总督府，曾国藩、端方都曾在这里办公的。里面大得很,我们先坐在门房中,将请愿书交给侍从官,递呈上去,并且说明我们要谒见主席。那侍从官说:"向例民众要谒见主席,该先期由主管机关约定时间,你们这件事,是属于卫生部的,应由卫生部先约时间。"我们说:"我们就是受了卫生部的压迫,怎样教他们来约期呢?"争执间隋翰英肝火奇旺,咆哮如雷,心头之火都按捺不住(原来隋翰英此时已经潜伏着中风的先兆征象,等到我们请愿的事项完成之后,这位老人家就一病不起,可以说是为中医界争地位而以身相殉的)。

这时有好几位新闻记者正在采访新闻,我被推为发言人,把中医兴废的利弊得失,向新闻记者逐一叙述。我说:"全国中医有八十三万人,药铺约有二十余万家,对全国十分之九以上的人民做着疗病保健的工作,而全国西医不过六千人,多数集中在都市,无数县份和乡村,一个西医都没有,人民一旦有病,唯中医是赖,怎样能废止呢?"

那时国民政府的房屋,又大又旧,都是大格窗框,用纸糊封的,纸都为风雨所碎。陆仲安机警得很,看见隔邻一个签押房中有电话,就走过去打电话,给国民政府秘书吕苾筹,告诉他:"我们来谒见主席当面递呈请愿书,可否代为想想办法?"吕氏说:"我马上出来和你们面谈。"

片刻之间,吕氏从里面走了出来,他说:"今天预定谒见主席的人,已经把时间排定了,你们的事情,及在下关车站安徽难民与军警大冲突的消息,主席已经知道了。他说过一句话:'谁主张要废除中医?'至于你们什么时候可以见到主席，等我安排了日子，于明天或后天中午一时电话通知你们。"我们当时很失望，但是听到这句话，倒把心头的一块大石放了下来，似乎有一种预感，我们是会胜利的。

走出国民政府大门，正在等车，只见街道上报童手执报纸，高呼号外，说是"下关车站闹事"，我们就买了几张看看。原来头条新闻，就是我们中医请愿团抵达南京的消息，说欢迎的人如潮涌，其中混杂了安徽难民在车站广场上开会演讲，并与军警发生冲突，大打出手，警方有三人受伤，难民代表有两人被捕云云。

谢老师说，这张号外，似乎对我们很为不利。我说闹事之后，可能反而明天报纸会大字登载，对我们的请愿一定会格外重视。

分访各方　反应良好

我们坐在马车上，谈论请愿的对象，着重在国民政府五院院长和中央党部，对卫生部暂时决定搁置不理会。先行谒见行政院院长谭延闿。我们还没有开口，谭院长已说："中医决不能废止，我做一天行政院院长，非但不废止，还要加以提倡。"说时他还伸出手腕，要我们团长为他诊脉处方，当时即由谢老师为他诊治。诊毕，谢老师一边唱药味，由我一边执笔缮写，到了次日，各报都把这张方子全文刊登出来。

我们谒见于右任院长，于老说得更轻松，他说："中医该另外设一个机关来管理，要是由西医组织的卫生部来管，就等于由牧师神父来管和尚一样。"他是最赞成中医的。

这两位首长接见我们之后，为时已是下午二时，我们就在夫子庙六朝居随便吃了一些干丝烧饼之类，急急乎又到小石桥街林森（子超）公馆拜会，那时他还没有做主席，但隐隐在政局中是一位主要人物。到了那边，原来是一所很简陋的古老屋子。叩门后，有一个老家人来开门，又有一条很大的狼狗跟出来，我们都有些害怕。陆仲安似乎很熟，用手拍拍狼狗的头，它就非常驯服，带着我们走了进去。林公子超已立在厅中等候，满面春风，和蔼可亲，并且说："欢迎你们来谈谈，我有福建带来的好茶叶，请你们来品尝一下。"我们正在诉述废止中医案的事情，林公说："这件事荒谬得很，都是卫生部几个西医和褚民谊搅出来的，相信全国人民都会反对。国民政府奠都南京之后，第一件引起全国反对的大案件，就是你们这件事情。昨天四川方面有过一个电报到中央，说四川的经济以国药出产为大宗，要是一旦废止中医药的话，就会失去四川民心，现在中央正在拉拢四川归附。所以这个电报，力量大得很，对你们是绝对有利的。"林氏说罢之后，请陆仲安诊脉，因为他是有气喘病的。陆仲安向来是自己用钢笔开药方的，药方写毕，林氏接受了我们的请愿书，闲聊了一小时，大家就握别了。

我们到财政部，没有见到部长，到考试院见到了戴季陶院长，听戴氏说："你们这件事，卫生会议尽管通过，敢说是绝对不会实行的，你们放心好了。不过希望你们在行动方面，不要太过激烈。根据镇江来的消息，你们乘的火车经过镇江，车站欢迎的许多人拥入月台，站长因为人数太多，加以阻止，不料许多人竟然冲倒木栅，一拥而入，踏死一名小孩，路警拘捕了八名镇江医界领袖。"我们听到这种事情，倒认为是一件大新闻，怪不得车抵镇江时，在站上停了好多时，不许我们行出一步。

我们到立法院请愿，院长胡汉民有病，由法制委员会主任委员焦易堂接见。焦公接受了我们的请愿书，他说："这件事，首先要立法院制定法律，三读通过，才能实行，卫生部是不能独断独行的。"后来在谈话中，我们又得到一个消息，国民政府为了要拉拢冯玉祥，特地让出一个卫生部部长的职位给冯玉祥推荐，冯氏就荐了他的心腹薛笃弼来当部长。薛氏本非卫生行政人员，对中西医并无偏袒，不料这次中央卫生会议却闹出了这件案子来。冯玉祥军中的军医，向以中医为主，西医为辅，冯玉祥已有电报打给薛部长，措辞严厉，责备薛氏怎会弄出这件事来，薛部长弄得很为难。我们听到这个消息，心里又定了好多。

那天整个下午到各院各部去递请愿书，只是不到卫生部，我们的意思，就是要给卫生部部长薛笃弼一个"难堪"。

当天傍晚，我们的请愿工作，告一段落。南京医学会在金陵春酒家设宴欢迎我们五个代表，情况热烈，向所未见。席间要我们报告请愿的经过，就由谢团长致辞。他首

民国时期，秦淮河畔

先对大家表示谢意，同时告诉他们：“我们已胜利在握，各位放心，但是在未得到批文之前，最好不要公开宣扬。”说毕，大家报以热烈掌声。

这晚我们第一次遇到南京首席名医张简斋，他瘦弱得很，谈话的声音也极细微。他说：“我早就接到你们的电报，要我做请愿团顾问，可惜我早晨起不来，要到下午二时才能开诊，所以有负大家的好意。但是我知道中央方面竭力支持你们，你们这次的行动，绝对不会失败的。”

这天晚上，金陵春的菜特别丰富，一盆鱼翅大得很，我第一次吃到熊掌，还有许多烤品。据说这席的菜式，是根据清朝的大员端方宴客的菜单，所以这席菜显得既丰富而又珍贵。后来我们打听到这一席菜的代价是四十元，这是我向所未闻的高价筵席。

席终，南京医界领导我们到夫子庙一带游览，秦淮河干涸得很，但是还有画舫和歌女，玄武湖风景最美，令人留恋不止。我们也见识了一下。

卫生部长　折柬相邀

三月二十三日，我们到丁家桥国民党中央党部，那时节正在举行三中全会，军警林立，戒备森严，我们要谒见首长，就由秘书长叶楚伧先生出来接见。叶氏与我们大家都熟稔，他说："关于废止中医一案，是西医在中政会所提出，这是西医们的单相思，执行是要由政府来执行的，绝不会有一个人敢出来主持这件事。"他又谈到我们对中西医问题都无成见，况且政府并没有废止中医的意图，认为北伐底定以后，忽然有一部分西医提出废止中医问题，动摇了民间拥护政府的情绪，引起好多人因此事而反对政府，使政府受到许多打击，认为太不成话了，最高当局曾经当面询问薛笃弼，薛氏也表示他在做卫生部部长任内，决不愿意为西医所利用。

我们回到了交通旅馆，约定吕苾筹在下午一时打电话来，告诉我们主席接见的时间。可是直等到下午三时，还没有消息。忽然间有一个上海籍的人，拿了一张名片来访问谢团长，这人名片上的衔头是卫生部科长，其人姓李，自称是谢老师的老病家。坐定之后他就告诉我们，说：卫生部部长昨天在部内等了你们一天，不见你们到来，极为失望，今天上午开三全大会，各方面对卫生部部长指责很多，薛部长本来对中医向无歧见，希望你们急速到卫生部去呈递请愿书，以便薛部长对此问题有所表示，俾能减低舆论界的压力。谢老师听了这人的话，说我们还要向各方面去请愿，准备最后再到薛部长那边去礼貌一番。此人听了，带着不愉之色而去。

我们到工商部，要求谒见部长，由一位山西籍秘书代见，他也表示中医中药应该极力提倡，这是有关国计民生的。

我认识李石曾，有人认识张静江，于是我们又分别拜谒这两位元老。他们透露出阎锡山已经有电报给三中全会，对中卫会废止中医的提案，表示极端反对。中央大员请薛部长从速把这件违反民意的提案打消，以免引起民间对政府的反感。此外，又透露一个消息，褚民谊已受到好多位中央委员的指责，他默然不再出声。

这天晚上，我们听到各方面来的消息，对我们都很有利，所以大家很高兴。晚间在药业公会的筵席上，透露了我们请愿的经过，因恐中途会横生枝节，所以说得很简单，但大家已经感到满意了。

到了深晚我们回旅馆，原来卫生部的李科长又来了，他手执五张请帖，邀约我们在次夕二十四日下午六时到卫生部一叙。同时他还说了好多话，都是暗示我们先去拜访和递请愿书才合礼貌。我们五人会商之下，认为再不去拜访，似乎不好意思，乃决定次日到卫生部走一次，递呈请愿书。到了卫生部由一位政务处长胡叔威代表接见，说是："薛部长到三中全会开会，不能亲自接见，非常抱歉，请你们原谅。"

中午一时吕苾筹的电话也来了，说定即日下午四时蒋介石召见我们五位代表，时间只有五分钟，而且为了我们晋谒便利起见，到时他开车来接。不久吕苾筹亲自到交通旅馆来，告诉我们说他已预备了两辆大房车，请我们即刻上车。两车缓缓而行，开了好多时间，进入中央军校。里面地方很大，又走了好久，才到达蒋介石官邸，客厅间已坐了几位不知名的人物，他们每个人的谈话，也不过几分钟，最后轮到我们。于是吕苾筹就让我们进去，只见里面陈设简单，摆上了八张沙发椅。蒋介石见了我们，和我们一一握手，说："你们的事，我都知道了，我对中医中药绝对拥护，你们放心好了。"蒋介石口操宁波土音的国语，见到我们都说上海话，他就改用纯粹的宁波话和我们谈话，只说了两句话："我小时候有病都是请中医看的，现在有时也服中国药。"说罢，侍从人员已拿出蒋介石的大氅，我们也只好告辞了。临走时他叮嘱吕苾筹把请愿书的批谕，从速发出，同时吩咐我们："谒见的消息，要等批谕发表之后再透露才对。"

我们应邀出席卫生部之宴，薛部长对我们客气之至，说："今天你们到来，我很高兴，同时还邀了从西北考察归来的哈定博士，来演讲考察经过，希望你们在席上讲话，

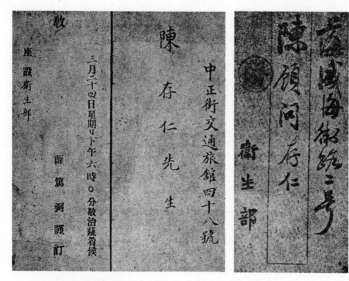

卫生部部长薛笃弼邀宴请柬及聘书

不要过分攻击中卫会。陈代表你年纪最轻，驳复褚民谊的一篇文章，我也读过了，我为了要表示提倡中医中药起见，准备聘请你们之中两位为卫生部顾问，以便本部与中医界多有联络，消除隔阂。"正在谈话时，哈定博士到了，携带着一个手提电影放映机和银幕。卫生部许多司长，都是西医出身，用英语和哈定博士谈话，谁知哈定说得一口中国话。放映电影时，他也用中国国语讲述，影片放映了两小时之久。本来卫生部排定了宴席的座位，用中菜西吃的方式，但是哈定博士很随便，他说："我们不妨一面吃一面看，不要太拘束。"余详本书"谢利恒师情回忆"一篇。

吃罢之后，时间已经不早，薛笃弼极诚恳地对我们逐一寒暄，说："我当一天部长，绝不容许这个提案获得实行。"正在说这话时，哈定博士起身告辞，我们也认为极满意，不必多事费辞，欣然向薛部长称谢而别。

当晚我们就发了一个电报：报告中卫会议案搁置，不再执行。请愿完全胜利，定于翌晨启程返沪，约下午五时抵达北火车站。

那天晚上，又由南京医界领袖在鹿鸣春酒家设宴为我们饯行，我们就把经过的详情报告了一下。

宴会完毕，我们商量要在南京等候批示，因公文旅行需要相当时日，何必浪费时间，于是决定派张赞臣即晚先回上海，托他带口信，说我们明天下午返抵上海，请他先通知各报记者到火车站，以便分发"请愿经过报告书"。这样决定了行踪后，正要想回到旅馆，张简斋亲自来接我们到他家里，说有好消息，同时他的汽车等在门口，我们只好坐着他的汽车都到他家去。

原来这位张先生烟瘾特别大，在南京他抽大烟几乎尽人皆知的，每天要在下午二时才开诊，出诊都在晚上，要到十时后才回家。这时正是他诊务完毕之时，他家住在梅花巷一间旧宅，里面的陈设一点也不讲究。

我们一到他家里，他就带我们进他的吸烟室。他这时已精疲力竭，倒在榻上就抽起大烟来，张梅庵和蒋文芳两人也有同好，所以都先后卧在一旁陪他抽。三筒之后，张简斋才说出这次中卫会取缔中医的议案，薛笃弼要掼纱帽不干了，当局深恐得罪了冯玉祥，不但竭力挽留，而且还下手令说卫生部西医如再干涉中医行动，以后卫生经费，政府完全不负责。因此卫生部次长等噤若寒蝉，不再发言。

张简斋医术很高明，南京政界中人都请他诊病，所以他说这个消息是很可靠的，我们几人暗自庆幸。这样的谈话，谈到深夜二时，谢利恒老师这时已很疲倦，我也主张回去，说这份请愿报告书还没有起草，明天如何交代。张简斋见我们还有事要办，只好着司机把我们送回旅馆，几个人倒在床上就呼呼入睡。

翌日清晨，南京医界中人已得到消息，知道我们这次请愿已胜利完成，并且准备搭早车返沪，所以他们特地来送行，门口有十多辆汽车，排列成行，把我们送到下关车站，为我们买了头等车票，我们就在热闹的气氛中离开了南京。

胜利返沪　摄影留念

在车中，我首先草拟一份"请愿经过报告书"的初稿，蒋文芳为我修改了一下，谢老师审核后认为满意，我就取出一副誊写板和油印机，写好一连印了五十份。张梅庵在旁帮忙，他对调油墨太不内行，因此我和他两人弄得双手都是油墨，脸上都沾上了。文件完成，已到上海北火车站，车站上早有医药界同道七八十位来迎接，新闻记者争先来采访，由我分发油印的报告书，许多老友都对着我大笑失声，原来我满面都是油墨，怪不得他们都笑得合不拢嘴来。

次日各报把我们的新闻大事登载，总算把这次废止中医的提案推翻了。

隔了几天，蒋介石的批谕，才寄到上海，原文是：

径启者奉

　　主席交下来呈为请愿撤销禁锢中国医药之法令摒绝消灭中国医药之策略以维民族而保民生一案奉

　　谕据呈教育部将中医学校改为传习所卫生部将中医院改为医室又禁止中医参用西械西药使中国医药事业无由进展殊违总理保持固有智能发扬光大之遗训应交行政院分饬各部将前项布告与命令撤销并交立法院参考等因除函交外相应录谕函达查照此致

　　全国医药团体总联合会请愿代表

国民政府文官处

中医界中人传阅了这个批谕之后，都认为满意。但是一个坏消息，就是南京代表隋翰英积劳成疾，患了中风症，救治无效，与世长辞。我们几个请愿代表在事后，觉得人事聚散无常，该合摄一影留作纪念，因此我们又聚在南京路王开照相铺，拍了一张照。拍照时大家推谢利恒坐在中间，余人立在后面，谢老师说："不可以，前面一定还要摆一个位子。"因此我就拉蒋文芳坐在前面。第一张照片拍好之后，谢老师又说："对，还要拍一张，因为这次存仁弟，始终参与其事，要存仁也坐在前面拍一张。"

民国十八年（1929）国民政府废止中医案晋京请愿代表团合影

从前的人，对老师恭敬，向来不能师生并坐，当时我期期以为不可，但是大家说："这一次，你确有坐在前面的资格。"再经老师用力一拉，我也就坐了下来，拍了这张历史性的照片。

中医界经过了这一次的大风暴，我们就将在总商会开大会第一天的日期（三月十七日），定为"国医节"，又称"三一七事件"。从此之后，年年三月十七日那一天，全国中医界都举行国医节纪念仪式。

这件事结束之后，薛笃弼果然有两封公函寄到上海，聘请谢老师和我两人为卫生部顾问。

薛氏这一种措置，在政府的方面，将中医归纳于行政系统中，尚属创举。我生平对政治没有兴趣，除了做医生之外，别人约我开药厂，或是其他商业经营，我都无意参与；但是争取中医地位，我一向是抱定勇往直前的精神，对政令的反抗不遗余力。

这一次卫生部既然请我们师生两人当顾问，我提议要订国医条例，使国医有一个法定的地位。恰好那时节中央国医馆成立，副馆长施今墨要订中医的法案，问我有什么意见，我说："国家一定要颁布一项国医条例。"他说："我们已有初稿，你再拟一个草案。"我说："好。"但是我对卫生部的实际职务，是无意参加的，所以后来卫生部附设中医委员会成立，我就谢绝了没有参加。

国医条例的初稿拿到了南京，屡经修改，由中央国医馆馆长焦易堂在立法院提出，因为那时他还兼任最高法院院长，况且他又是法制委员会委员长，所以他提出之后，经过三读就通过了。这时候，西医界倒着急起来，眼看着中医不但不能推翻，反而在国家的法例上有了立足点，因此，由上海西医界推出有力的代表二人，一个是牛惠生，一个是颜福庆。这两人对南京政坛人物熟悉得很，他们除了请愿之外，还谒见当时的行政院长汪精卫。汪氏写了一封信给立法院院长孙科，还是主张要废止中医，因为国医条例中有一项是卫生部要设立一个中医委员会，这是他们最反对的。

这封信，孙科就交给焦易堂看，并且要他带回去加以仔细研究。那几天中，焦氏恰巧来上海，他就把汪的原信给我看，我看了十分着急。因为此事有关中医前途，就在征得焦氏同意后，把它摄了张照片，这封信十足可以说明汪精卫对废止中医这件事是很坚持的。后来终于由政府正式公布了国医条例，卫生部也正式设立了一个中医委员会，这都是后话。（附——汪精卫致孙哲生氏函件云："哲生先生惠鉴：兹有中华医学会代表牛惠生、颜福庆两先生前来访谒，对于所谓国医条例欲陈述意见，弟意此事不但有关国内人民生计，亦有关国际体面，今若授国医以行政权力，恐非中国之福，前在中政会议已再三痛切言之，今此案已送立法院，惟盼吾兄设法补救，是所至祷。兹因牛颜两先生来谒之便，顺贡数言，敬祈察酌，此上，敬请暑安，弟汪兆铭顿首，八、五。"）

现在我回想这一次废止中医案，起初来势汹汹，提案写得斩钉截铁般的决定，料不到全国民众的信赖力强大，掀起了巨大无比的反抗力量来做后盾，我们的胜利就是全靠全民支持得到的，这不但是西医料不到，连我们中医界最初也想不到有这一股巨大的力量潜伏着。

当我们请愿时，汪精卫不在南京，只有褚民谊一个人顶着石臼做戏，所以败下阵来，他自己觉得吃力而不讨好，痛苦万分。

抗战军兴之后，汪精卫组织了伪南京政府。初时我很着急，怕他又要旧事重提，但是汪精卫的伪南京政府，实际上政令不行。而且在他病重时节，也曾延请中医诊视，服中国药。我待本书结束之后，续写《抗战时代生活史》的时候，再写出这一段秘闻。

第六章

药王庙遭遇离奇

民国时期，亚细亚火油公司大楼

我现欲追述前文提到的故都的情况，当时见到市民日常生活，物品美好而价廉，与上海大不相同，每一个人都悠闲轻松而有礼貌，人情味极为浓厚，尤其是交际应酬时的谈吐，另有一种艺术。即以买卖而论，每一句话，总是说到你心头深处。我们江南人听了他们满口谦谦如也的道地京话，真有谏果回甘之感，这种情形，是全国各省所罕见的。

我到北平的目的，是搜购古籍；我的太太则常到大栅栏一带购买皮货和玉器。他们总是恭而敬之地先给你沏上一壶茶，随你挑选货物，他们都和蔼可亲地在旁招待，加以说明。但那时我们的经验不够，所以常常翻了半天，他们取出皮货、玉器多到几十件、上百种，仍然未能决定，但是即使一件不买，他们也不会横加白眼，绝无怨言。临走时，他们的掌柜还要站到店门口抱拳恭送，希望主顾下次再来。

大商家如此，小贩们也是这样。在城内的街头，有一百多种食品小贩，如脆麻花、饽饽、狗不理包子、烤白薯、糖葫芦这类的小贩，交易不过铜元一枚至三四枚，但是他们在做买卖时，无不堆满笑容，令人感到亲切异常。

那时节北方有时还使用铜钱，有些东西只卖三文五文，有些卖七文八文。路人对乞丐的施舍，都给铜钱，他们积到了三文就可以买到一个热腾腾的烤馒头，这类乞丐对人也很有礼貌。

这些小贩，因为当地气候冷，多数随带小型烤炉，出售的东西都是热的。他们一边做买卖，一边把所卖的东西，叫出穿云裂帛之声，四周的人都会围拢来，迅速购买。有时在寒凉的深夜，叫出各式声调，听来真如鹤唳猿鸣一般。

这种廉价食品的小贩，每一种各具风味，逢年逢节还有应时食品上市，足见那时的生活程度低廉非凡，一块钱可以兑到二百个铜元，所以各省的人，一到了故都，都喜欢长住下来。

药王庙中　闯下大祸

我是行医的，不免要到药材铺中看看药物，问问市价。那时节配一剂药，通常药物不过一角半到二角。只有产在四川、贵州、云南的药品比较贵，我虽然没有做成他们的生意，可是掌柜们一样招待得很好。有一家西鹤年堂药店掌柜对我说：此间有座药王庙，里面办理施诊给药，药材由我们药业公会各会员供给，每剂药公议只算铜元八枚。我即问明到药王庙怎样走法，问明了立即赶到那里去参观。

药王庙建自明代，庙门并不大，一走进去，地方很深，里面供奉着神农氏，两旁还有历代名医的塑像。我觉得药王庙一切的陈设，实在不像一座庙宇，可以称为医药界历代名家的人像展览馆。我认为这是在医学史上有崇高价值的,有全部摄影必要。可是那边样样都便宜,就是洋货最贵,尤其是关于摄影方面的器材,贵到离谱。我走到附近一家照相馆,请他们代为摄影,他们说这是要用镁光灯来拍的,所以每幅要两块钱。我听了这个价目,未免觉得太贵了。

回到旅店,恰好有一位在协和医学院当教授的钱廉桢来访,他因协和医院从前有一位陈克恢,以发明麻黄素驰誉世界,他要我也介绍几样有特效的中药。我说:"特效中药很多可以介绍的,我现在先要请你介绍一个会拍照的人给我,明天一早同到药王庙去拍照。"他说有一个友人自己有一架照相机,拍得很好,明天可以陪他来,随便要拍多少幅都可以。

次日一早,钱廉桢就带了一个西装革履的学生来,带齐了摄影器材,浩浩荡荡地进入药王庙,花了半天时间,将所有药王庙中历代名医塑像全部照了相。他们先走,我就在大天井两廊施诊所中,参观他们施诊给药的情况。直到中午还有二三十个病人在候诊,我在旁看得很有趣味,随便在大天井中买些小食准备充饥,再盘桓一个下午。

这时见到许多病人,都要到偏殿去上香磕头,拜罢以后,跟着就抚摸一下设在殿旁的一只铜马。后来才知道,他们认为头部有病要摸马头,腹部有病要摸马腹,背部有病要摸马背,这也是明朝年间留下来的遗物,经过千千万万人抚摸之后,晶莹光亮,比打磨过还要滑润。这虽是迷信之举,但我觉得也很好玩。

全国各地都有药王庙,以北京药王庙历史为最悠久

（按：此庙建于明代，那时节尚未改称北平），各地药王庙供奉的不出三人，一为神农氏，一为孙思邈，一为韦慈藏。北平的药王庙是以供奉神农氏为首的。我好奇心发，因为我知道各地庙宇供奉的佛像背部都有一扇小门，里边藏有心肝脾肺肾五脏。我于是到神农氏背后看看有没有小门，哪知道到后面去一看，背上贴上三层极厚的桑皮纸，表面一层写着"同治五年封"的字样，而且还有很大的一颗钤记。我细细地察看，这种桑皮纸，经过北方的干燥空气和冷风侵蚀，第一层的桑皮纸一角已经翘起，我顺势轻轻地撕开一些，看见里面藏着一部书，但是药王的身后暗得很，看不出是什么书。于是到前面香烛档买了一对蜡烛，点着了火再走到药王身后瞧一下。原来那时已有人暗暗地窥伺着我，认为此人点了蜡烛不敬药王，却偏偏握在手中。但我一些不觉得，继续观察。只见里面的一部书，是清初《天花精言》手抄本。坏就坏在我用手去掀了一掀，万不料此书一见风瞬时灰化，陷下了一个我的手指型。

正在这时旁边有两个人大声叫喊捉拿偷经"者"。起初我不知"者"的用意，后来听到四面八方都叫起偷经"者"，我才明白，"者"就是北方人"贼"字的音。

我想这事也不至于如此严重，最多坦坦白白向两个捉住我手臂的人说明原委，哪知道这两个北方人孔武有力，紧紧地抓住了我，凶神恶煞地对我说："你是偷经贼，不是偷经，你在这儿干什么？"

那两人说的都是北方土话，和正式的京片子不同，我操着上海式的国语和他们谈话，真好像"秀才碰着兵，有理说不清"。这时外边人声鼎沸，有些人摩拳擦掌地想打我，有些人操着土话破口大骂，两个大汉将我从药王木像背后拉出来时，竟然有一个女人对着我唠唠叨叨地说了一大套，最后还对着我的面孔啐了一脸口水。我因为两手被他们抓住，连抹口水的机会都没有。我心里只想见到庙里的主持人，让我平心静气地把情形说个明白。

哪知道有一位值年董事，已经走到我的面前，对我说："现在各地庙宇都有人偷经，原来你也是这个调调儿，今天无论如何要依法重办。"这时我联想起报纸上曾经有过康圣人偷大藏经的记载，我自信一生谨慎，竟然也闹出同样事件。我不敢说出我亲戚的名字，怕被亲朋所笑。我说："我虽然弄坏了你们的一本书，但我能照样买一本来赔偿你们的。"

阶下之囚　身不由己

我说话虽极诚恳，但在群众围拢之下，简直无理可喻。正在最紧张的时候，两个穿灰布制服的守门巡警已经来了，他们对我说："现在你说的话，完全是白费的，有话留到局子里去说吧！"说了之后，他们就将一根很粗的麻绳，把我的右手缚在右面一个巡警的手上，左手也缚在左面一个巡警的手上，这时群众已有三五百人叫叫骂骂，跟着把我押出药王庙门口，在门口石阶上先坐下候车，我心中想，今天我真的成为"阶下囚"了。坐了十几分钟，有一辆马拖的囚车施施然而来，那位值年董事坐在驾车人的旁边，我就被两名巡警拖拖拉拉上了囚车。四围闹声喧天，认为这回真的捉到了偷经贼，幸亏还没有把我五花大绑，否则我就变成江洋大盗了！

一会儿，身不由己地到了警察分局，站在公案桌前，先由那位值年董事报告案情，然后那位巡官就问我姓名、职业、住址。他对我说："这案件情况严重，一定要收押解送总局，转向法院起诉。"于是叫我除去长衫马褂和裤带，又叫我把身边的东西一件件拿出来放在公案上，我只能遵命办理。

我身上没有什么东西，只有一个银包，内藏钞票一百多元，银元四枚，辅币若干，此外就是两张大红卡片，一张是"曹汝霖"的，一张是"萧龙友"的。

料不到这位巡官一看到这两张名片，面色立刻转变，周身官架子完全消失。他问我："曹汝霖你怎样认识的？"我说："他是我的姑丈。"又问："萧龙友你又怎样认识的？"我说："萧先生近日请我吃过饭，并送给我一副对联。我是专程来北平游历的，不过为了好奇心的驱使，用手指掀了一掀药王背后的那本书，并没有取什么东西，所以说我是贼，于法是不合的。"

那位巡官忽然笑容可掬地说："对！对！拿贼要拿赃，没有取赃怎么能说您这样斯文人是贼？"即刻叫我穿回长衫马褂，叫巡警端上一张椅子要我坐，同时倒了一杯茶来，他还道歉地说："他们不会办事，请您原谅。"

正在这个时候，那位药王庙值年董事已打电话给萧龙友，原来萧龙友是那间药王庙的总董，打电话时只见那位董事面孔一阵红一阵白，连说了几声："是！是！是！"那董事挂了电话，就对巡官改用央求的姿态说："这件事，可否由我签保，把案子撤销了事。"

巡官这时对那董事，申斥了几句，并说："这位先生是上海来的正当游客，怎么能如此胡来？"接着又骂了几句"混账，混账"，就把我释放了。临行时，还对我再三抱歉。两个庙门巡警早已不知溜到什么地方去了。出门时那位董事竭力致意说："这件事要请您先生多多包涵，要不然我这个值年董事就干不下去了。"

四大名医　折柬邀宴

我走出警察分局门口，巡警已经替我叫好了一辆洋车。我上车本想直返旅馆，但再一想，应该先把神经松弛一下，于是叫车夫拉到东安市场溜达一会儿。

在车上我想起今天的一幕惊险戏剧，只怪自己太不小心，国语又讲得不好。在北平一般人说的都是京片子，上等人讲的京片子斯文有理，下等人讲的都是土话，既说得快，又粗得很，所以有许多话听也听不清，说更说不上来。其实我们上海人说的国语，可以说是"上海国语"，四川人讲的是"四川国语"，湖北人说的是"湖北国语"，所以统一国语，实际上是"统而不一"的。我又想起我们上海有位黄炎培，他讲的是"浦东国语"，汪精卫演讲时说的是"广东国语"，所以我的上海国语，在这种场合，便有口难言了。

后来又一想，今天要是没有那两个彪形大汉先把我抓住的话，可能还会受到其他的人拳打脚踢，不过坐上了囚车的一幕，总觉得大大的不吉利。

到了东安市场，我先走进一家卖鸡鸭的回教馆。他们的食品，讲究得很，有一种卤制鹅肫，大而且软，味道鲜美，每只价钱要卖到小洋二角。我问何以价格这么贵，他们说："这是用百年老卤汁来做的。"我说："哪里会有百年老卤呢？"那人指着后面的铜锅铜炉说："这个锅，一切食物从生的放入，熟后取出，锅汁是从来不换的，至今算来已有一百年开外了。"我听了只当是齐东野语，但是北方人却最重视这类传说。

我又走到隔壁"小刀王"，买了一把象牙柄的小刀，花了四毛钱。又走到一家酒铺买了一小瓶白干，独自回旅舍痛痛快快地喝到酣然方止。那天内子恰好到她的哥哥家去吃饭，她返回旅馆时，我已昏昏入睡了。

白干酒的性味极强烈，做了一夜乱梦，喜怒哀乐，一应俱全。最坏的是一幕戏，把我当作刁刘氏拥上木马，要我游四门唱小调，我才一惊而醒，大感没趣。

次晨，即叫茶房出去买报纸，不问什么大报小报都要，看看会不会有我的那幕丑剧的新闻。翻了好久，一张报都看不到，最后翻到一份"时事白话报"，竟然把昨天的情况描写得很详细，并且说出："此人虽已具保释放，但是药王庙董事们意见纷纭。"幸亏这段新闻只说出是姓陈，名字完全搞错，总算我的亲戚们都看不出这个闯祸的就是我。

很沉闷地过了两天，忽然见有人送了一张大红请帖来，具名的是萧龙友、孔伯华、汪逢春、施今墨。我看了这请帖就呆了一阵，送来的人是萧龙友家的老管家，他说："这四位爷们是本地著名的四大名医（按：北方四大名医初为萧龙友、孔伯华、杨浩如、汪逢春；杨死后，施今墨继之。萧为四川人。孔伯华开药方喜用石膏一味，号称孔石膏。汪逢春是苏州人），您知道不知道？"我说："知道！我一定准时而到，只是不知道有什么事情。"老管家期期艾艾地说："这是医界中最风光的盛宴，到时还有汽车来接您老人家。"说毕，向我拱手而去。

我就想到，这次宴会，一定与药王庙事件有关，于是又到琉璃厂富晋书社。记得当时富晋书社的招牌，出于张伯英的手笔。我进门就找王掌柜，问他《天花精言》这本书，是乾隆时洛阳袁句著的，他有没有。他说："这本书冷门得很，可是我打电话出去一家一家查问，总能查得到。"于是他一面叫我随便看书，一面叫伙计打电话，果然不久有一家书店把《天花精言》送到，薄薄的一本，是清乾隆三十四年（1769）的刻本，索价大洋十二元，那真是贵得很离谱了。我说："这部书我买下来，另外还要请你找人替我手抄一本。"王掌柜一看这本书说："那容易得很，这部书不过两万字，以每千字四毛计，大概十块钱就够了。"我说："另外要装潢织锦缎的书面和书底，书签也要写得和原本一样。"王掌柜一口答应，准定明天下午五点钟送到。

次日，我在旅馆中换了蓝袍黑褂，预备去赴宴，太太问我："怎么不请我？"我说："北方风气古老，这种场合，女客是没有份的。"

正在谈话时，富晋书社已把正副两本书送到。又有一辆汽车开到门口，走出来的是陆仲安。陆仲安也是北方名医，我在上海南京已见过多次，他见了我就哈哈大笑说："你在药王庙中闹了一个大笑话，经过我解释之后，已然云开月明。我告诉他们你是'三一七运动'反抗政府取缔中医的五位代表之一，现在本市全体中医界都想和你见一见面，所以今天他们折柬相邀，把我请作知客，专程招呼你，也含有为你压惊之意。"于是我们就同车到萧龙友家中，看来那时北平的汽车很少，陆仲安坐的是福特轿车，已算是很豪华的。

到了萧龙老家，见施今墨、孔伯华、汪逢春等都已在座，龙老在东首花厅阶前迎接，厅内已到一百多位北平中医界同道。我一进门口，在陆仲安介绍之下，分别请教尊姓大名。我看他们的年纪，都在五六十岁以上，七八十岁的也有几位，我自己觉得年龄太小，他们对我也有一些奇异的想象，似乎我年纪之轻，是出乎他们意料之外的。

入席时，龙老站起来举了杯说几句话，他说："我是药王庙的总董，希望陈道兄对药王庙的这次误会，不要介意，我现在敬你一杯，祝陈道兄前程无量。"大家鼓掌后，忽然合座寂然无声，都在看我有什么反应。

我从从容容地站立起来，先抱歉没有向各位前辈拜候，接着说："药王庙之事是我不合，一部《天花精言》被我掀了一页，已经损坏，现在我特地照抄一本，奉献药王，希望各位原谅。"说罢，大家鼓掌，我就把这本精装抄本恭恭敬敬地递给龙老。

席中人纷纷向我握手和敬酒，我每桌回敬了一次酒，十二桌酒，我连饮十二杯竹叶青，幸而尚无醉意，大家也高兴得很，纷纷还敬，认为是北方医界一个盛会。

龙老是有阿芙蓉癖的，席半叫我到烟室中去谈谈。这间烟室精雅极了，所陈设的东西，在我看来没有一样不精致。龙老说："再隔几天，是农历十二月初一日，是药王庙冬祭之期，您这本抄本，一定要再封入药王的'封藏'中，到时要举行一个仪式，由我写一张封条，请您为主祭，四大名医陪祭，全体医药界都来参与盛典，您同意吗？"我说："做主祭吗？那捧得我太高了。"他又说："还有两件事，不知道您肯不肯答应。一件事是要备一副三牲，由我购买，但是对大家说是由您出钱的。"我一听这话就明白他的意思，我说："这钱应当由我付。"当即拿出十块钱，他说："猪牛羊三牲不过八块钱。"立时把多余的钱找还给我。

他又说出第二件事："药王庙中除了有薪的四位长驻医生之外，其余是由北方医生义务轮值，您肯不肯也来值班两天，让北方医生看看南方医生处方是怎样的？"我说：

"一定遵命。"

龙老和我倾谈完毕，即返花厅向大家报告，又是一阵掌声，随即对我恭送如仪。

旧地重临　荣辱悬殊

到了十二月初一，是药王庙冬祭的日子。我想到我闯祸的那次是囚车把我从药王庙押走的，心想这一次我再去药王庙，旧地重临，一定要坐一辆北平名人私家车，才够威风。这也有一种近乎迷信的下意识存在，好像不如此不足以雪耻除辱似的。

因此我就向曹润老借了一辆汽车，牌子是雪佛莱，车牌号码是六六，这号码是当地尽人皆知的。车子开到了我住的旅馆，一个司机、两个卫士恭恭敬敬地来向我请安。不久，药王庙中也开了一辆车子来接我，并有两位值年董事专程代表迎迓。我们寒暄之后，各自上车。润老那辆雪佛莱车，左右各有一条很阔的踏脚板，卫士们在车子行走时，一手攀着窗口，两足站在踏脚板上，像老式的军阀一般，十分威武。

两辆车子缓缓而行，到了药王庙门口，药王庙张灯结彩，人头蜂拥，门前立着一位董事，恭恭敬敬地递上名片说："我是当年司理某某某。"我一看原来就是那天捉我上囚车的那人，大家笑而不言，我只是说："劳驾在门口等候，真是不好意思。"我俯首看到石阶，心想前几天是阶下囚，今天却成为座上客。正在这时，忽然有人高举着一张硬纸大红帖子，上边写着"迎宾"两字，把我们一行人迎了进去。

那天庙中香客特别多，都是来酬神还愿的。我们一路走，两旁的人跟着让出走道，只见右面有一个花厅，前面站着萧龙友及其他十多位董事，我一一和他们招呼，然后进入花厅。

龙老年事相当高，他说："我们先举行一个茶宴，然后再祭药王。"我一看里面排着五张方桌，每一桌桌前有红缎绣花的桌围。每一个桌子的正中，放一只太师椅，两旁各放二只太师椅，萧老先生即要推我坐在正中一席首位，我正在推辞，旁边一个"赞礼"的人，高声地唱着："茶宴礼开始，请主人定席！"龙老就在正中一桌，拿了副筷子，双手举起。赞礼员叫着："奉揖，升座！"龙老行礼如仪。又喊一声"就位"，龙老略略作拂拭状，然后请我站在首席座位的后面。一时我不敢坐下，幸亏其他四桌也用这个"就位"的方式，请四位年龄最长的老名医就座。

仪式既毕，然后一同坐下。我的一席有施今墨、陆仲安二位名医等作陪，因为他们是前任总董。执事们献茶既毕，我一看桌子上有十六个高脚碟子，四碟是生果，四碟是蜜饯，四碟是京果，四碟是糕饼，饮茶时大家要举杯相敬，首由龙老开口说："今天天气特别好，本来这个季节，不是打风就是下雨，今天我们都是托您贵人的福。"我回说："今天天气之好，是托你们几位老前辈之福。"大家这般谈吐，就像小说上的"今天天气哈哈哈"。我酌量吃了一些茶点，因为我和陆仲安比较熟，我问他说："入境问俗，今天的执事们和门前的警察，是否要给些赏钱？"他说："不要的！不过在祭礼完毕之后，大家分派三牲酢肉时，你要预备一些献金，这是一种捐款，专门作为施诊之用。"我说："应该，应该。"于是要了一个红封袋，中间放入两张中南银行五十元面额的红色钞票，交给陆仲安，转呈龙老。龙老再三地说："这太多了，这太多了！"接着四个陪祭的、襄祭的也都献金如仪，原来他们历年的规矩，是连献金都分着等级，不过捐款的数目，这次给我提高了许多。

不一会儿，外面钟鼓齐鸣，八音俱奏，有一种筚角声，呜呜地吹出来，声音不大，但在遥远也能听到，这时大家都肃静起来。执事引导众董事先行，两人一行进入药王殿上，四位常董，各人胸前佩着红绸绶带，襟上插了一朵大红花，对我加上一条×字形的红绸绶带，襟上插了一朵金花。董事们步出花厅时，都是"八字形"的步法，我知道这是传统的方式，走时每行一步，两手要轻轻地动一动，于是我也学着他们的走法，慢慢地走进药王殿。两廊的观众人头拥挤，而祭台之下，就排定了膜拜的蒲团，第一行是主祭人的位子，第二行四个蒲团，是襄祭员的位子，由四位前任总理站的，第三行也是四个蒲团，是最高年的老名医的位子，后面有十六个蒲团，就是普通董事的位置。

祭礼开始，赞礼生喊着响亮嗓子循次唱出："主祭员上香。"我就点了三支香，插入香炉，接着又有"献帛""献牲"，由各襄祭一一献奉。我看见猪牛羊三牲摆定之后，前面悬着一条宽大红布，上面写着工楷"弟子陈存仁拜献"七个字，接着赞礼生又唱出：行三跪九叩首礼，"跪！拜、拜、拜、起。跪！拜、拜、拜、起。跪！拜、拜、拜、起。"这是最隆重的仪式，岂知后面四位老人家，蒲团特别大，跪了下去，全身扑在地上，两手直伸向前，尽管我们三跪三起，而他们却完全不动。后来我才知道这叫作"五体投地"的拜神式，也是很恭敬的仪式。

祭典完了之后，一同退入花厅，由执事把三牲一块块斩开，每块斩得很小，跟着报告："主祭人捐献一百大元。"大家掌声如雷，连花厅中都听得到，这时见到许多人已排列成行，纷纷献金取肉。他们中间也有一种迷信的观念，认为吃到药王庙的三牲肉，是能消灾延年的。

我们继续茶宴，大约过了半小时，执事就来报告："这次的献金，为了主祭人出了一百大元，各大药行也纷纷各捐一百大元，现在已收到五千多元。"龙老对我说："这次的成绩，打破了旧例，都是靠您的福。"我也学着京片子说："哪里！哪里！岂敢！岂敢！"

分肉的仪式完毕之后，全场上就排起椅子来，原来还要演酬神戏，戏台前面又排了五个桌子，是预备我们几个参加茶宴的人看戏和吃饭的。

我们依旧逐一坐好之后，戏班里的"执事"向我恭恭敬敬送上一个"点戏折子"，请我点戏。这下子却把我难倒了，因为我对京戏知识浅薄得很，我就问那个戏班子里的执事说："有一出华佗替关公刮骨治病的戏吗？"执事人讷讷其词，作思索状说："噢，噢，噢，这是《水淹七军》中的一段，我们没有，请您换一出吧！"我看了剧目，真是不知从何着手，我就点了《跳加官》，对那人说："别的戏请萧龙老作主吧！"龙老拈髯大笑说："陈道兄，这下子你要大吃其亏了，你点《跳加官》，是要花赏钱的呢！我点一出《龙凤呈祥》。"一会儿闹场锣鼓开始，打了好久，加官出场，大家一见，就高声喝彩，因为这个加官是由这个班子中的主角扮的。跳了一阵，放开手卷，上面有"大家发财"四个字，又跳了一阵，再放下来是"加官晋爵"四个字，都是用金线绣的。第三次放开来是夹着一张红纸，上面有"高中状元"四个字，是用红纸剪字贴成的，而且字的四周还贴上了一片祥云，萧龙老就说："他们见你襟上插了大红花，把你当作状元看待，您可得给赏。"加官跳了好久，见我不动声色，没有把赏金抛上去，大家吱吱地笑着我不懂规矩。一会儿加官下场，戏目开始，各人莫不掩口葫芦，只是对着我笑。

我就问龙老，这个赏钱应该封多少？他说："您就封两元吧。"我说："封四元如何？"他说："不用这么多吧。"正在说得高兴时，由一个乏角儿穿了黑色褶子，戴黑色软罗帽从后台走出，双手奉上"高中状元"的红纸献给我，并且双膝微屈，有些打千请安的意思，接着又善颂善祷指着我插的一朵金花说了一番好话。我实在觉得不好意思，就封了四块钱的赏金，那位检场的在旁边代道了一声谢而去。

这一次酬神戏宴，是参燕席。所谓参燕，是以海参与燕窝为主，先上了四大碟热炒，我吃得很少。龙老说："你该多吃些，等燕窝一上，我们就要告退的。"我说："知道了。"一会儿，燕窝上席，大家敬酒，我也向各席回敬了一下，我就和龙老等一同告退。后来我才知道，一席酒要分成三个阶段，我们吃到燕窝为止是第一个阶段，第二阶段是吃到海参为止，第三阶段就吃到终席为止。

龙老这时精力已经有些不支的样子，他说："我们同到西花厅去消遣一下。"原来那里有四个炕床，上面都放着很精致的鸦片烟盘，有一支烟枪头端，还嵌上翡翠的烟嘴。龙老脱了马褂，与我分左右躺下，还有三张炕床也都有人躺下来抽烟。

龙老要请我先吸一筒，我说："我是外行，敬谢不敏。"他说："那就有偏了！"他吸烟时，我在对面相陪，谈得很是投机。大约等他吸够了，外面的执事进来报告说："诸位老爷有请，封藏'金匮玉函'的典礼要开始了。"我听了有些不明白，金匮是藏诸名山的意义，玉函是道教中封藏玉册的意义，现在不知道又要玩什么花样了。

龙老抽足了鸦片，起身穿上了马褂，领导我们全体循序而出花厅，一路步行，还有吹鼓手在前前后后跟着吹打，一路走到神农大殿。案桌上放着一个玉石的宝匣（按：这种玉石是产在德州，石质精致，还有一些透明的玉色），上面雕刻着"金匮玉函"四字，原来这匣子里就是摆我呈献那部《天花精言》的手抄本。我们大家先行跪拜，又是献香献帛一套仪式。最后由两人端了这玉盒塞进那座神农像背后窟窿中，由萧龙老亲自加封，仪式就此宣告完成。

我当时默不出声随着大众行礼如仪，龙老还说："陈道兄，您再看会儿戏吗？"我连说："不看了，可否我就在此告退？"龙老说："恭敬不如从命。"于是就在他们恭送之下辞出，我坐来的一辆汽车，早已等在门口，于是互相深深躬身作揖而别。

庙中施诊　南风北渐

我坐在车中，和司机闲聊。司机说："今天药王冬祭，全北京所有的中医都休息一天，以示庆祝。今儿您大爷的面子真不小，连我和两个卫士们都沾了您的光，吃了一桌酒席，而且每人还拿到两块钱的赏封。大家还说明天起，您要到那里施诊两天，要不要我们来接您？"我听了这些话，就想起我还没有给他们封包，于是在车回旅店时，就取出三个喜封，每包是二元。这位司机又客气又恭敬坚决不肯受，推来推去，推了好久才受了。我说刚才他们讲了明天由他们派车来接，不用麻烦你们了，他们说："我们还要赶回药王庙去看戏，今儿的戏挺热闹的。"

次日早晨，药王庙中已经开来一辆小汽车，来人说："我们已贴出上海名医施诊的条子，昨天有不少人预先来挂号，已发出一百二十个竹筹，上午是红筹，下午是绿筹，人数这么多，希望您不要见怪。"我就匆匆启程到了那边，见到各医生候诊的人坐满了两廊。我的一张诊桌前面贴的并不是纸条，原来是一面黄色的百足旗，上面写着"恭请上海名医陈存仁先生施诊"字样，里面已经为我安排了纸笔墨砚，还有三个助理，我的北平年轻医生，一个为我呼唤病人循次看诊，两个坐在桌边录方。我的座位上放上一支笔，意思是要我亲笔写方，录方只是想抄录我的脉案和用药是怎样的，并不代我写药方。

第一个病人是患"脚气病"，这种病在北方是常见的。我看桌上放的方笺纸，第一张是红纸的三十二行笺，以后一沓纸都是常用的八行方笺，我一看这个情形，心里已经明白。这是根据旧时的规例，病家拿出的纸要是又大又长，你一定要写满这张纸，不可以后面留空白的。我诊视之后，当然就写了长长大大的一段方论，旁边两个年轻录方的医生运笔虽也不慢，但是看了我的药方，只是点头，连抄都来不及。

到了正午，恰好六十病人全部看完。一位董事要邀我去进午餐，我说："拿绿筹的下午病人，已有十几人等着，不如请你买几个窝窝头给我吃就算了，因为这东西的风味，我们久在南方是吃不到的。"董事拗我不过，只得照我的意思去办。下午另有两个年轻的医生来录方。如是者我看了两天病，临走时，药王庙当值司理恭恭敬敬地对我说："你两天的药方，把南方医生处方的风格都表达了出来，将来我们准备印成一本小册子，这对北方医生有很大的影响。不过我们药王庙施诊的规矩，四位是有月薪的，其余轮流来当值的名医，向来连车马费都不送的。"我说："应该效劳。"他说："您一百二十张药方之中，用紫雪丹有八次之多，用小金丹有五次之多，因此乐家老铺同仁堂的老板听了这个消息大为得意。因为这两种药是同仁堂有名的制剂，所以由他们特备一份礼物，都是同仁堂有名的制剂，送给您作为纪念，希望能带到南方为他们宣扬一下。"我也就称谢而别。

水木清华 垂老北大

我嫌应酬太多，晚上总是自己上菜馆吃饭。那边在逊清时代，毕竟是各省显要巨商汇集之所，所以各省菜式都有，四川菜、安徽菜、湖南菜、广东菜都在上海吃得多了，所以现在专拣冷门的菜吃。北方回教馆子特别多，都是回民开的，其中有几家是西藏的退职官员办的，以牛肉羊酪为主要菜式。蒙古人开的菜馆，都是把全猪全牛全羊烤起来，即时切成一碟一碟，供应主顾，每天规定各烤一只，卖完了也就算了，所以每天轮流等候来吃的人很多。

至于烤鸭子，以"全聚德"最是有名。烤房设在楼下，一间一间地排列着，大约同时可烤十几只鸭子，都是用松枝烤的，实际上并没有炉子的设备。松枝含油脂特多，燃烧之后，火力旺盛，有专人管理着，烤鸭的铁枝转辗反复地烤着，即烤即食，有松子仁的香味。我和太太两人吃一只鸭，总是吃不完，因此常约几位内兄弟来同膳。但是一

民国时期，蒙古风味的菜馆，在加热的铁锅上烤羊肉

只烤鸭子，售价要二元四毫，几味配菜只需几毛钱，所以那时的生活真是好过。

有一位内弟叫作裕延，他对我说："沅哥，你这样吃法极不合算，北方有许多的小吃馆，每一家都有一两种拿手名菜，两个人吃，只要几毛钱就可以吃饱了。"我说："那好极了，可不可以经常陪我们去遍尝美味？"他说："好，不过我在北海医院当庶务主任，每月薪金只有十八元，我只能作陪，请客是请不起的。"我说："非但不要你请，最好你带同太太和孩子一起来，点菜就更容易了。"他又说：

"这种小吃馆，都在偏僻冷巷中，一定要有当地的识途老马来向导。"我说："那就更好了，你可在北海医院中访查一下，哪位识途，就请哪位带领吧！"于是他天天约了同事或是女看护，陪着我俩逐家去吃。有些馆子开在很古老的陋巷中，路上人烟稀少，但一到了那小吃馆中，却挤满了食客，坐的都是板桌凳，有的座位竟是在水缸上铺了一块圆木板，就算是一张桌子了。

我记得有一种芝麻烤饼，既香且酥，实在好吃得很。又有一家专卖一种"方脯"，这是方形像馒头一样的东西，里面什么都没有，只有一包鲜而浓的汤液，这是令我一生难忘的美食。

这样的吃法，不但男女护士们来参加，连几位大夫也跟着一同来吃，大家都吃得很满意，每次结账，每人所费不过二三十枚铜元。就在此机缘中，有一位医生对我说："你要不要参观一次开脑的手术？"我说："好极了。"于是我看到一位关大夫开脑瘤的手术经过。我穿了浅绿色的护士制服，在旁屏息而观，对他们这种手术，我真是钦佩极了。医院中还附设有产科部门，我也穿着男护士的服装，参观过几次手术。这都是约同吃饭，彼此相熟所得来的机会。

那时内兄王明之，担任清华大学工学院院长，我要求去参观一次，他说："现在已放寒假，学生们都星散了，没有什么可看。"我说："清华是中国有名的最高学府，人才辈出，名闻全国，我无论如何要去浏览一次。"他说："也好，寒假中我常去值日，本来有汽车接送，不过公是公，

民国时期，清华大学大礼堂

私是私，我一人坐车到学校中等候，你们要自己雇车前来的。"这位内兄，向来很慈祥而极随便的，但是这几句话就可以表达北平教育界良好的风气，公私分得很清，一些不肯假公济私的。

清华大学是在北平的郊外，汽车不容易雇得到，我们就搭了公共汽车，开了极长的一段路，只收铜元四枚。到了清华大学，大门上写着"清华园"三字，是满人那桐写的。清华园地方广大，从校门到大礼堂，要走十多分钟，大礼堂前面有四根石柱，极为雄伟，不过里面的座位，只能容纳五六百人，比了此间的大会堂，好像还要小一些呢！

每一间课室，都有些欧化，科学馆、图书馆，欧化气息更浓；体育馆规模相当大，设备都是由美国运来的体育器械。园中水木清华，饶有园林之胜。

有一个荷花池，极富有东方景色。走到"工字厅"，男性就要止步，因为这里面是女生的宿舍。我和太太两人，到教务处去访问她大哥，他说："我现在正在阅卷，谈话只限五分钟。沅弟你再多玩几天，因为北平图书馆要举行一个'样子雷工程模型展览会'，这是展出故宫建筑的模型，不过完全是用厚纸彩色绘制的，上面还注明尺寸，附有建筑方法，你不可不看。"我说："好。"说毕，我们就告辞，他依然继续办公。

有一个学生带领我们参观，殷勤得很，临别时说："招待不周，你们还要到什么地方去，我可以再做向导。"我就说："北京大学是五四运动的摇篮，不知道在哪里？"他一些没有难色说："我陪你们搭车去。"因而又坐了好久公共汽车，才到北大校门。

北大的情况，又大又旧，比清华大学差得远了。我只在图书馆内外，看了好久，就缅想这个地方出过不少有名人物，所以在阅书处也坐了一会儿。

我又要求那位学生，带我看一看北大有名的"红楼"，这是北大女学生的宿舍，在报纸杂志以及小说书籍中屡次提到这座有名的女性学府，当代的金闺国士都是在这里产生的。那位学生说："红楼是禁地，男性不能越雷池半步。"于是我们只走到红楼前面望一望，一看之下，真是大失所望。原来是一排古老旧屋，墙头污糟得很，不过在暮色苍茫中，见到窗格栏杆都是红的，其他一无足述。

过了几天，"样子雷工程模型展览会"在国立北平图书馆中开幕了。这座图书馆还是新式钢筋水泥建筑，但是全部是宫殿式，顶上用的是琉璃瓦。

"样子雷"三个字，北方人都知道。这是一位姓雷的古法建筑家，完全采用中国的方法造成明代故宫，到了清代，他的后人世袭其职，整个紫禁城宫殿，全部是他设计建筑的。

从前没有什么建筑图则的，就是由姓雷的画成图样。样子是画在麻质的纸皮上，每一节，每一段，都注有尺码和材料。最有趣的，就是宫殿的地下、在泥土中的基础工程的样子，也成为一个重要部门。我在这个展览会中参观了三个钟头，觉得中国人的科学技术真是伟大极了。

故宫在清代已有三百年，内部虽屡经修葺，但是基础上的建筑一些也没有变动，看来再过几百年，依然如此，这可能性是极大的。

这一次我旅游北方，见到一般人的生活，要比在上海轻松闲散得多，而物价样样都便宜过上海，有时两个人一天的花费，还用不了一块钱。我本来对用钱是很省俭的，只是对于买书却不敢后人，往往一掷百金，全无吝色。

回到上海之后，不久，所有买的旧书都陆续寄到，好多有同好的朋友都来参观，认为便宜。

有一部书，是吕留良（即女侠吕四娘的父亲）手写的医书，题跋琳琅满目，因为后来吕留良被陷入文字狱，这部书没有人敢出版。徐小圃看了，坚决地要我转让给他，说是他有一把吕留良的剑，正可以和这部书配对。他竟然不问我同意与否，就开了五百元的庄票一纸，把书取去。诸如此类，我让出旧书十部左右，就收回了二千多元。我的太太，在瑞蚨祥买到两件玄狐的皮统子，每件代价为八十元，想各做大衣一件，但是因为配不到好的獭绒皮领，搁置了三年还没有去做。后来抛球场大集成皮货号开幕，他们知道我有两件皮统子，也来情商要我转让，他们肯出价每件六百元。因为那时节上好的玄狐缺货，我也就让给了他们。太太又以一百二十元买了一对翡翠的耳环，当时的代价并不贵，但是隔了二三十年，我们到了香港，这对翡翠耳环已贵了一千倍，所以我们以一万二千元脱手，但是至今还是懊悔不置，因为现在的市价已涨到五千倍以上，这是万万料不到的。那一次到北平所花的钱，事实上，还使我赚到不少钱。因此我又想起丁福保先生对我说过："以钱赚钱，要比劳心劳力赚钱容易得多。"

第七章

吴稚晖妙喻性理

民国时期，上海邮政大楼

民国二十年(1931)左右,我识得一位年近花甲的病家。这位太太年事虽高,却斯文大方,可惜形容憔悴,满身是病。有时我也到她家里去出诊,一看她家中陈设的东西和悬挂四壁的书画,才知道她就是小万柳堂主人廉南湖的夫人吴芝瑛女士。吴芝瑛写得一手很秀丽瘦金体的字,画得一手很细致的工笔画。

主妇对我说:"连年颠沛流离,不如意事常八九,所以把整个身体都搅坏了。"我说:"你年事虽高,还能写字作画,体力尚属不差。"她笑而不言。

有一年为她诊病既毕,她说:"住在我楼上有一位老公公,他病得很厉害,我想请你去看一看。"说到这里她慎重地说:"不过这位老公公有一个怪脾气,就是一生一世不请医生,也不肯吃药,所以你只能作为探访,见机行事。"说罢就叫楼下一个伙计阿林,陪我上楼。

原来这幢房子,二楼与三楼之间,有一层很厚的楼板隔绝着,并且用铁链锁着,要先开锁,再推开那块很重的楼板,才能登楼。

吴家老翁 一见如故

我随阿林登了三楼,他回转头又把楼板锁上。见到有两间相连的房间，外面一间只摆着几只东倒西歪的木凳，沿窗放着一张很大的用板做的书桌，上面摆着许多笔墨纸砚，一望而知这间房的主人也是文人。

里面还有一房，陈设更旧更简，一边放着三十多个木箱，一边摆着一个老式白木橱，中间放置一张木板床，床上睡着一位老公公，盖着一条蓝底白花的老布棉被。

阿林一进门冲口而出说："老公公，有个医生来探望你。"老人闭着眼睛不睬不理，继而呢呢喃喃地说："一些小毛病，何必大惊小怪，隔两天就会好的，谁叫你带医生来，医生都是牛头马面，阎罗王的帮凶嘛。"阿林说："这是二楼太太常年看病的医生，他今天只是想认识你老人家，并不是来替你看病的。"他听了这话，就睁开眼睛，瞅了我一眼，突然间一跃而起说："我正寂寞无聊，大家谈谈也无妨。"

这时我仔细一看那位老人家，好像很面熟，再一想就是大名鼎鼎的吴稚晖，因为他的照片常在书报杂志上见到的。

吴稚老一起身，就走到外间书桌前，和我面对而坐，对我凝神而视。隔了好一会儿，才开口对我说："原来你是二楼太太的医生，那太太喜欢吃药。我是一生一世不吃药的，只靠自己身体上大自然的力量来恢复健康，吃多了药或是吃错了药，反而会送命，所以我认为医生都是阎王的帮凶，你见怪不见怪？"我说："老公公的话真是不错，有许多药有副作用，有坏反应，所以不吃药，有时也有好处。"接着他大谈其自身之病，说是他在十二三岁时节，咳嗽吐血，面无人色。无锡的医生都说他是童子痨，寿命不会长，他一气之下，横竖等死，绝不吃药。他每天一清早就爬登惠泉山，是无锡有名的山峰，脱得一丝不挂晒太阳，吸新鲜空气，看天上云聚云散，看日出日落，只吃一些水、一些粥，如是者经过两年，所谓童子痨的毛病也就好了。

我听了他的话就说："肺痨病唯一的疗养方法，就是不忧、不惧。日光、空气和水，是人类养生三宝，所以你的病不吃药也好了。"

说到这里，稚老说："昨天起大泻特泻，现在又有些肚子痛，恕我又要去如厕了。"话未说毕，匆匆跑进茅厕。等他从厕所出来，坐定之时，好像有些喘促的样子，闭上眼睛，力持镇定。我看到这情形，想得出他是已经头昏眩晕，不能支持。等了一会儿之后，他才睁开眼睛说："我尽管泻，绝不吃药的，虽然你是医生，休想劝我吃药！"

我说："你不吃药我也赞成，绝不勉强。但你平时吃不吃水果，像山楂、石榴之类？"他说："只要不是药，我都吃。"我就叫阿林去买山楂炭五钱，石榴皮八钱，即时去买，即时煲饮。他面子上不好意思不接受，勉勉强强地饮了一碗，于是继续谈话一小时。他说："现在肚里咕噜作响，肚痛倒好了。"我告诉他："山楂可以消积，石榴皮止泻第一。"他就笑嘻嘻地说："这东西不妨再吃一次。"我唯唯点头，就向他告辞了。

第二天我又去他家，稚老说："泄泻已经给你搅好了，我给你看看前天的日记，你一定会发笑的。"日记中他写着下列一段话和一首诗：

　　三十六年（1947）九月九日夜半四时许，泻药之性发，急急开灯，披棉袍已来不及，知不能走到茅厕矣。即扯住棉袍角，在床前放手一撒，自然一地腥臭，秽气熏腾，粪花四溅，走到茅厕撒个痛快，洗净臀部，进房收拾，然并未喊老妈子送炉灰一粪箕，并未喊小当差拿巨大拖粪帚做工。只花了面盆一只，刮墨刀两把，揩布一块，五点钟即大功告成，吟诗一首：
　　半个钟头半截腰，居然遮盖绝绝好。
　　不是亲眼看见过，不信有此不得了。
　　无锡常言称老小，人到老来就要小。
　　出屎出尿平常事，还要装出大好老。

　　这时稚老年高，自己承认是由"老"而"小"。那晚他在大泻特泻之后，贾其余勇，自己料理自己，还大发诗兴，诗末附注云："花五盆水，走五趟，花五十分钟。"
　　稚老的日记，是写在一本老式的红格子线装账簿上，厚厚的一本，布面上蜡的。据稚老说，同样的日记簿有几百本，里面写的都是小楷，字写得并不整齐，显然他已写了几十年的日记。我对他说："你这段日记，将来我要来抄的。"他说："可以，只是不能偷看我全部日记。"当时我就略略翻上一翻，只见里面贴了好多报纸剪稿，这些剪报，都是他的作品。所以每一本日记看来是字数极多的。

我对他说："你的日记，比清代李莼客的《越缦堂日记》，还要丰富。"稚老说："自然啰，李莼客怎能和我相比，但是我一无财产，有的只是这些日记和清末民初的各种书籍及我生平的许多照片，装上了三十多个木箱，除此便一身以外无长物了。"

门禁森严 机关重重

廉家女病人为了我方便，每次登楼，不要惊动她开门解开锁链，后来他们叫阿林来说："陈医生以后来访问老公公，让他走后门，如何走法？你详细告诉他。"所以从这时起，我就改走后门了。

这里我要提一提他们居处的神秘情形。

他们居住的洋楼，一排有四幢，每幢是三层楼，在法租界吕班路（今重庆南路）陶尔菲斯路（今南昌路）口，前门是吕班路，门牌是十四、十六、十八、二十号，后门是一条小巷。

廉家的一幢是二十号，楼店面是"寄龄舫裱画店"，二楼是吴家的居停，三楼是吴稚老的居处，二三楼之间的楼梯，有一块厚木板门相隔着，还加上一条粗铁链锁住，原来裱画店中，有两个彪形大汉看守着，是专门保护稚老安全的。

另外有条通路，是在十四号的后门走到三层楼，有一条走廊，要经过十六号、十八号，但是到十八号有一重极厚的木门，要先按电铃，十八号中人，就有人打开木门上的窗洞，同来人讲话，先问："你找何人？"要是说："来找吴稚老。"那人一定回答说："吴稚老到南京去了。"接着就要讲一句隐语："我知道稚老昨天已回来了。"里边的人又会说："稚老生病，不见客。"然后把卡片递上去说："请你递给稚老试试看。"于是他才肯接受名片带到二十号稚老居处，如果稚老说见，这人就会来开门让客人进去；如果说不见，就不得其门而入。这种方式，等于军事区要"对口令"才能进入禁区一样。而且这种暗语对话，随时会变更。据说十八号住的也是护卫人员，我由阿林领过，依照这般方式去了五次之后，后来只要按电铃，里面的人，见到了我，就会开门，要是我带一个人去，就又麻烦了。据说在十八号与二十号之间，还有一重机关，可是我知道关防严密，不敢乱闯。

这种防卫措置，据说是由某方设计，散漫成习的稚老极为反对，可是这时他已是高龄，也只好由人摆布。只是两天三天稚老必定要到街头走走，一走之后，少则三里五里，多则十多里，东到杨树浦，南到城隍庙，西到曹家渡，北到横浜桥，一路走来，健步如飞。原来后面远远地还有两位护卫跟着，这两人虽然身强力壮，腿力却不及八十余岁的稚老。幸亏稚老有一种习惯，喜欢在街头买零食吃，如豆腐花、绿豆汤以及大饼油条之类，边行边吃，最后必定找到一家小茶馆，坐上一两个钟头，护卫人员到这时才能透一口气。

不受俸禄 鬻书自给

吴稚晖一生不做官，在他中年时，担任过爱国女学教员、报馆编辑，向来主张自己赚钱自己用，除了国大代表、监察委员外，凡是属于官阶的俸给，他都不接受。

稚老自奉极俭，平常衣饰，绝不讲究，一套布衫裤，一袭旧长衫，总要穿十年八年。他生平最反对的是坐汽车，向来住的房子，多数是大饼店的楼上，或在平民区中的旧屋。当局配给他高等房屋，他都拒不接受。我去的吕班路那幢楼宇，他说是生平最好的居处，因为他和廉南湖是同乡而兼亲戚，照样月月纳租，因为这不是官家所供给，所以他才肯住下来。但是他家中陈设简陋，四壁萧条，任何人都想不到这是大名鼎鼎吴稚老的居所。

他的日常生活的支出，全靠他自己鬻书的收入，他订定的润例，墨金并不太贵，所以求他写字的人络绎不绝，都由楼下"寄龄舫裱画店"代为收件。他没有工役婢仆，收件时加磨墨费一成，这一成送给阿林。据我的观察，求稚老墨宝的人，平均每天有一百多件，件数如此之多，是任何书家所没有的。

阿林把每天所收到的白纸，一件件照着款式折成暗线，贴上一张黄纸条，写好求字人的上款，下午开始磨墨，整整要磨上几个钟头，清晨就请稚老写字。稚老的脾气很爽快，一早就写字，一件一件把它写成，实足要写上三四个钟头，才把一天之中来件写完。所以他从来没有积件，求字的人今天送纸，次日下午即可取件。倒是楼下的裱画店赶不上他的速度，一副对联至少要裱上一星期，所以裱画店的生活，只能随量接受，或是转辗介绍其他裱画店，而各裱画店也都欢迎吴稚老的迅速交件。

因为普通书画家，接收来纸及款项后，往往交件无期，稚老这样一挥而就按期交件的习惯，在书画家中，不作第二人想，所以他的鬻字生涯越来越好，再加了附庸风雅的人，在抗战胜利之后，家中都希望挂上一副吴稚老的对联。阿林为人俭朴而勤力，他对自己的收入极感满意，一望而知是一个标准的忠仆。

我渐渐成为吴家的常客，我才知道稚老有一个脾气，欢喜高谈阔论，同时也喜欢别人倾听他的讲话。可是门禁森严而访者极少，他觉得非常寂寞，上午以写字作消遣，饭后午睡一小时，醒了之后，特地去找三四个失学的小童，免费为他们授课，并且订出规例，每天由二点钟讲到五点钟。这些小童哪里来的呢？一个是裱画工人的儿子，一个是卖烘山芋的儿子，一个是对面缝裙婆的女儿。他替他们买好了笔墨、书籍，教他们国文、英文、算术、写字四科，据说多的时候，小孩子有七八个人，少的时候，也不会少过三人，以此作为消遣。他说"一个人困守家中，要气闷煞哉"。五时之后，他就眼巴巴地等着朋吴稚晖之楷书"蒋金紫园庙碑"

友来访问他。但是他有一个严格的规定，绝对不肯接见新闻记者，因为新闻记者常常把他的话记错，搅出许多事来。而他的老朋友也不多，年纪相仿的人，都已先后物化，五六十岁的人，往来也少，二三十岁的更不肯去见他。所以我在诊余之后，常时陪他谈谈，他表示极端欢迎，往往六点钟去，要到八点钟才放我走，而且临走还要摆上一个噱头，说还有一件妙事告诉我，因此我常被他拖到九点钟他临睡时，才放我走。

风趣幽默 不同凡响

稚老习惯，晚间的一餐不吃饭，是吃厚厚的粥两碗，这粥是米和红豆、白扁豆煮的。他一面吃粥，一面讲笑，他说，无锡人和常州人，晚上都喜欢脱光衣裤入睡的，他生在无锡与常州之间的雪堰桥，所以他也有这个习惯。但是他的习惯比一般人更进一步，一般人只限夜间，他在暑期中连白天都全身是脱光的，精赤条条地写字读书，最是舒服。

他又说年轻时，就在锡山的山顶，脱光了衣裤晒太阳，后来他到了法国，才知道这正合乎日光浴和天体运动。还有一件事情，就是稚老年轻时向不喜欢坐马桶，他喜欢一清早跑到田野间，去解决大便问题，叫作"屙野屎"。他说，不但自己能在排便时领略大自然间的景色，而且能使土壤肥沃，有益于农稼。

他习惯过平民生活，对衣、食、住、行都不愿装模作样，所以住的地方简陋非常，曾经在广东路的满庭芳的一个贫民窟中住了两个月，每天寄宿费是铜元三枚，同居的都是贩夫走卒，或是搬运工人等。由于这个关系，他体验到很多平民的生活实况，所以后来革命成功，南京市市长刘纪文夫人花了二十五元买了一对丝袜，他就大表反对，由胡汉民在立法院会议席上提出弹劾，因此全国报纸也纷纷刊出这件新闻。

抗战时期，他住在重庆上清寺街，一家小铺子的阁子上，房间中一无布置，只有自己写的一块"斗室"匾额，还作了一篇斗室铭：

> 山不在高，有草即青；水不在洁，有矾即清。斯是斗室，无庸法磬。谈笑或鸿儒，往来无白丁。可以弹对牛之琴，可以背麟须之经。耸臀草际白，粪味夜来腾。电台发"癫团"之叫，茶客摆龙门之阵。西堆交通煤，东倾扫荡盆（东壁扫荡报馆时倾盆水）。国父云："阿斗之一，实中华民国之大国民。"

胜利后，他住在上海吕班路，他的书斋叫作"寄龛"，也有一篇妙文叫作"寄龛序"，原文很风趣，记得有两句话："虽有佳丽，未由缱绻"，意思说进入老年，精力衰退，所以虽有佳丽，也无能为力了。

他最怕参加盛大宴会，要是叫他穿一本正经的长袍大褂，他就觉得周身不自在。因此年年逢到生日，他总是一个人走到素面店吃一碗素面，纪念"母难"。

他八十岁那年，友人打算为他祝寿，出纪念特刊，他连忙致书辞谢说：

> 吾母方孕我，外祖母梦见吾曾祖父告之曰："吾将在阴间买小孩，已定价矣，惟过秤时，卖者曾将秤钩纳入肚脐而秤。"且梦两次，并言两臂已做记号。既而生我，左臂有一红斑如蚕豆大，右臂画一葫芦有

寸半长，外祖母深信不疑，信系吾曾祖母与祖父瞒过了阎王买来者。所以戒勿做生日，一做生日，必有闲神去报告阎王，难免拘回阴间。……外祖母并戒我，切勿驳削肚脐中之尘秽，此乃封住秤钩洞之要物。吾十岁，渐不信神话。夏天洗澡，试将宿秽绿豆大者剔去一半，忽腹痛如绞，连痛三日，涂以脐膏，焚去冥锭多起，嗣后吾虽欲不信，事实不可能，故至今吾脐中有两颗绿豆大的坚黑之宿秽，存于其中，尚属七十年前之宿秽，不敢去动，彼亦坚着如生根者，亦可验也。

稚老这些话，可以说全是滑稽语，不过借以辞寿而已。

他说他爱自然甚于爱生命，可活必当活，不做生日，不做寿庆，落得安闲无事。但如果亲戚故旧到他生日那天，果真送他一些水果或鸡蛋之类，表示祝贺之意，他会毫不客气地骂上一句："什么生日，放屁！"不过，亲戚故旧听惯了先生的"放屁"，也不以为意，就算他已领了情了。

他每天写一段日记，都很滑稽幽默；他生平最喜欢"摆龙门阵"，所谓龙门阵，即坐定在一个地方，和大家闲话家常；他最反对打牌和抽鸦片，在他的日记中有一节说是：

我学不会的事很多，就是现在小孩子都会打的马（麻）将，我竟不曾学得成，因为我未满二十岁，就觉得中国有两件事，将为大患：一是鸦片，壮丁变成了废丁；一是马（麻）将，有用的时间，变了没用。马（麻）

将更毒于鸦片，鸦片是体面人遮遮掩掩，马（麻）将是大家公开打的，上等人以为雅事，又有东西洋人赞赏。就拿赌博的本身来说，番摊、牌九、轮盘，都要叫警察老爷注意，体面人赌了也算不名誉的。唯有马（麻）将，无贵无贱，无南无北，无男无女，无老无少，无富无穷，无中无外，一致的拥护它。我却愤愤不平，以为如此猖獗，我无力打倒它，至少与它不合作。

他的龙门阵，喜欢摆在茶馆中，和一些茶客倾谈，谈到兴高采烈之时，笑到大家捧腹厥倒。

有一次在上海城隍庙"春风得意楼"，和几个本地人谈话，他一些也没有架子，所以人家也不知道他就是吴稚晖。忽然被一个人认出了他，说："你莫非是党国要人吴稚老。"他说："无锡老头子，面孔都是一样的，你不要看错人。"那人便不再问他。

玩世不恭　谈笑风生

他到无锡去，在街上行走，人人认识他是吴稚晖。人家要请他赴宴，是绝对办不到的；要是有人烧上几只家常菜，随随便便地邀他吃饭，他很乐意坐下来，吃罢之后，不说一个谢字，便扬长而去。

无锡锡山和崇安寺等处，到处都有出售"泥人"的店铺，俗称烂泥菩萨。其中最受小孩子欢迎的一个，就是一个手执扇子会摇头的老公公。这个老公公的面相，完全绘出稚老的一副滑稽相，无锡人就叫它为"吴稚老"，销数很大，凡是到无锡去玩的人，都要买一个，有小有大，种类很多。吴稚老每次上无锡去，总要买几个，他自己看了也哈哈大笑。

吴稚老还有一个习惯，欢喜走路，据他自己说，一天能步行三五十里。有一次他从南京出城，走到汤山，再从汤山走到老虎桥那边，探望他的亲家李济琛。他和李济琛相对无言，李写了一张十个字的纸条，叫作"有子万事足，无官一身轻"，稚老看了感喟不已，匆匆而别，又步行回家。不料一出老虎桥不远，受到太阳的酷射，竟晕倒在地上，当地乡人慌慌张张地把他救治。正在这时，丁惟汾坐了汽车经过，看见地上倒的是吴稚老，就很慎重地把他直送中央医院。下午五时入院，医生忙着为他接盐水，灌氧气，一忽儿他醒过来。一看身在医院之中，他就想起了老虎桥晕倒的一幕，但不动声色，等护士们走开，自己把所有盐水针、氧气筒一齐拔掉，坐起身来，乘人不备，溜之大吉，走到一个老朋友家里去睡了一宵。医院中走失了一个党国要人，闹得天翻地覆，到处去找，哪里能找到他的踪迹？到了第二天清早，他回到自己家中照常写字。警探来访，见到稚老，真是啼笑皆非。

稚老对相熟的成年人，常喜欢谈男女间的事，逗人笑乐。我记得有许多老年人，虽然也喜欢谈这些事，但都不肯出之于口。

早年我在姚公鹤师家中，听到孟森（心史）的谈话，一开口往往就谈男女间的事。当时我认为心史先生是一代鸿儒，做着无数考证工作（他考证出董小宛与顺治皇帝并无肌肤之亲，因为那时顺治皇帝仅九岁），这些老人谈话总是以男女问题为主，后来我认识许多老年长寿的人，几乎多数都喜欢说的，但这些事情，不过有些谈得幽默，有些谈得不雅而已。

自从遇见了吴稚老，才知道稚老虽然也欢喜谈这种事，可是他一出口便觉妙趣横生，与众不同。

稚老有一句传诵全国的名言，叫作："□宽债紧"，这句话表面上是说女性与经济的关系，但是这句话到处可以引用得到，在经济学上也可以算是一句名言，在政治学上，在人事间也常常用得着。他有一次，曾谈到过男女房事的日期问题，他就用无锡口吻念出一首俚歌，每句歌词的韵脚，都很调匀，念起来很顺口，歌云：

血气方刚，切忌连连；

二十四五，不宜天天；

三十以上，要像数钱；

四十出头，教堂会面；

五十之后，如进佛殿；

六十在望，像付房钿；

六十以上，好比拜年；

七十左右，解甲归田。

原歌的第一节，说是："血气方刚，切忌连连"，这是告诫年轻人，不可以每天一而再，再而三连续不止，这是对年轻人最明白的警句，很多人到了中年之后，成为早衰情况，都是这个原因。原歌第二节，说是："二十四五，不宜天天"，这两句字面已经很显明，可以不必再加注释。原歌第三节，说是："三十以上，要像数钱"，这数钱两字，是指旧时数点银元、毫子、铜板、铜钱的方式，旧式是五个一数，一五、一十这样的数法，吴氏以此为喻，就是说五日一次。原歌第四节，说是："四十出头，教堂会面"，这是指四十出头的人，该像做礼拜，每七天一次。原歌第五节，说是："五十之后，如进佛殿"，这是说信佛的人，逢初一和月半要进庙堂烧香，指半月一次而已。原歌第六节，说是："六十在望，如付房钿"，这付房钿三字，是如众所周知的每月缴租一次。原歌第七节，说是："六十以上，好比拜年"，拜年仅一年一次而已。原歌第八节，说是："七十左右，解甲归田"，意思说到了这个年纪，可以退休了。这是稚老讲的妙语，尚有许多是不能形诸笔墨的，也只得一概从略了。

讨论篆文　缠缠而已

稚老赖以自给的写字生活，总是写篆文中的小篆。有一次我对他说："篆文写得慢，何不写另外一种体？"他说："什么叫篆，只是缠缠而已，骗骗人的。"我说："篆文是

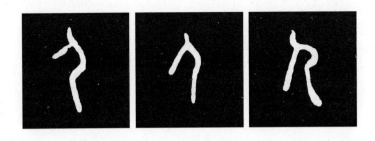

根据小学，每一个字都有考证，稚老不必太谦。"稚老又说：
"篆文都是象形字，有许多关于男女间的字，都含着很有
趣的象形。男是男，女是女，一点，一划，一撇，一捺都
有姿势在内，这为一种'缠缠体'。所谓缠缠两字，是我
们无锡人的口头禅，男缠女，女缠男，东缠西缠，瞎缠念
三千，都有一个缠字。在文言中缠绵缱绻，也是一个缠。"
他接着就写出了三个"人"字，我现在制版如后：

他说三个"人"字，第一个字是象形，立着的一个人；
第二个字，是像工作中的人；第三个字，是象形度着性生
活的人。我仔细一看，为之哈哈大笑。

稚老又说，"女为悦己者容"的"容"字，篆文体我
写给你看。这是一个女性的字眼，先是一点代表一个头，
次是代表肩和拥抱的两只手，中间两点是胸前突出的两个
东西，再下的人是代表两条腿，中央的一个"口"字，是
代表那个东西。说到这个"口"字，不但我笑，连稚老他
自己也笑起来了。

后来他写出许多怪字，都是关于两性间的篆文，问我

原注"龙宛转" 原注"燕同心" 原注"鸳鸯合"

原注"凫飞背" 原注"海鸥翔" 原注"白虎腾"

识不识，我只能摇头回说一个不识。

当时他写的怪字，随写随即撕掉，没有办法保留下来。但是后来我看见一部日本人丹波康赖纂编的《医心方》，这是日本人搜集战国以后汉唐古医书的综合书，内中有一类叫作"房中"，里面真的有一种是专门描写男女姿态的象形字。我为了写这篇文章，特地将这许多字眼，选择六个字附录本文之内。

在写这篇文字时，我请教了"说文学"专家卫聚贤大师。我问他，是不是篆文之中有这种文字？他说："篆文象形居多，在战国时代有许多字，现在早已失传，这种字只是战国时的书法。"我说："对了。"这种字在今日的篆书帖中已见不到，大约碑帖之类都是冠冕堂皇的字。至于民间的俗体，等于华南的乜、有、瞄、唔等字眼，是不见于经传的。

稚老谈笑风生，妙语如珠，虽说是出于天才，但也由于平日修养功深，素抱乐观，认识到心理卫生的真谛。以欢乐畅笑为他的养生之术，他要见到人，一开口就是笑话，特别是在他摆龙门阵时，可以教人连笑二三个钟点。所以后来他活到八十九岁，我深深地相信，与他的诙谐成性是有很大关系的。

他对一切的药物，所有补身剂、强壮剂，从不沾唇，至于生果，拿到就吃，也不像近人要用消毒剂如灰锰氧水洗涤，所以他的长寿完全得益于情绪健康与心理卫生。

修身养性　获致长寿

稚老专讲心理卫生，对生理卫生简直漫不介意，十个手指甲常年藏垢纳污，从不清洁，拿到东西便吃，而且好多东西已贮存多时，他也不理会。他的头发，要两三个月才剪一次，而且绝不进高等清洁的理发铺，常常就在陋巷中理发摊档胡乱剪一通便算了。他身上穿的衣衫，常年只是几套，除了短衫随时洗涤之外，棉袄仅在太阳下晒一晒，连穿十多年是不稀罕的。

曾经有一次他出席言语统一会议，主席王某，在台上对稚老大肆抨击，连骂了半个钟头，最后结论，说："吴稚晖是一个王八蛋。"稚老听了毫无愠色，嘻嘻哈哈地站起来说："王先生今天的话，都是神昏谵语，他该知道我是姓吴，王八蛋应该是姓王的祖宗。"大家一阵哄笑，他对所有的事情，往往以一笑了之。

稚老的人生观，就是"达观"与"乐观"，从来没有忧郁烦恼。他年事虽高，然而自己从来不认老，一天到晚讲笑话，逗人发笑，自己也纵声大笑。他的笑声都从丹田里发出来的，是十足的真笑和畅笑，这对身体大大有益，他的长寿原因完全在此。

卫生家说"每天大笑三次，比吃药还好"，这话讲者自讲，但有些人要笑都笑不出，该笑都笑不来，这是习惯使然，把气氛郁着，一天到晚无病呻吟，忧忧郁郁，怪不得这种人病多而寿短。讲到稚老不要说一日大笑三次，我看来每天一百次都不止。有客人来访，他就乘机娓娓不休地大谈笑话，没有客人来时，他就写日记写论文，写的话和谈的话作风一模一样，叫人看着也好笑，他也认为是得意之笔。

任何大事临到他的头上，他都用谈笑的方式来处理。譬如汪精卫反反复复地闹政治纠纷，他就写了一篇文章说"汪精卫的性格，完全像狐狸精"，这篇文章各报登载出来，传诵全国，汪精卫千言万语的政治论文，就给他这一篇滑稽短文，全都破坏了。

他的起居生活，简单而朴实。吃东西除了水果从不滥吃，而且吃得很少，这对老年人最是有益。我见到无数老人爱吃东西吃之不已，尤其糯米食物，无限制地吃下去，比小孩子不知饥饱还要厉害，这是一般老年人的通病，但稚老却没有这个习惯。

食色性也，关于男女之事，稚老仅是"嘴"上谈兵，据他说："六十后绝不轻举妄动。"有一次李石曾断弦之后，再和一个年轻女子结婚，稚老立刻写信去劝他"老夫少妻，动都动不得"，但李石曾接到他的信时，早已结婚如仪了。

数天后，李石曾来见稚老，稚老开口就笑，笑得李石曾不好意思。那天我也在座，他对稚老附耳轻轻说了几句话，稚老一面点头，一边笑说："既然木已成舟，也不必解说了，可是你要记住，色字是怎样写的，不要常常想引刀成一快，辜负老年头呀。"接着又大笑了一阵，连李石曾也笑了。

稚老对婚姻问题，认为一夫一妻最好。他说："我们这一代人的婚姻，大多数是由父母做主，在幼年就订下的，到了十八九岁就糊里糊涂地结了婚。成婚之后，便走出家庭去闹革命。稍有成就之后，往往对乡间的老婆看不入眼，因而十有其九另找对象。这个情形，从大人物起，到小喽啰止，都是这个方式。那么笑话就来了，好多人的老婆，株守家园，又不允许离婚改嫁，所以好多人的老婆都给父亲接收了，俗语叫作'爬灰'。好像某人某人都是如此。"名字我也记不得了。

他又说："革命的人喜欢嫖妓，宿娼的人多到不胜枚举，那时节下等妓院的妓女，都有梅毒，梅毒的结果，他们都做了水果店老板。"接着又提出某人如此，某人如何，所说的人物都是报纸上时常见到的。

稚老对心理卫生确实有研究，常常说："笑一笑，少一少；恼一恼，老一老。"所以他从不发恼，得享高龄，真是一个心理卫生的实践者。

语言天才　出人意外

我每次和稚老谈话，他讲的是一口无锡土话带一些常州的尾音。我曾经问过他："你在民国元年（1912）提倡统一中国言语，在民国二年（1913）二月担任全国读音统一会主席，而且选定以北京话为国语，注音字母也是你发明的，何以从未听见过你说过一句国语或北京话呢？"他说："中国人的读音，不仅各省不同，连各县也不同，中国人的民族精神，全赖文字统一，要是再把读音统一起来，那么中国人的团结能力还要强大。"所以，他选定北京话为国语，接着就自称他的国语相当好。我听了也不禁哈哈大笑，还流露着怀疑的态度。

稚老鉴貌辨色，知道我对他能说国语表示不信任，所以就对我说："你明天早些来，我准完全用国语和你谈话。"我以为他又是与我开玩笑，必然有一场滑稽的把戏。到了次日下午六时，我准时而去，稚老却换了一套中山装，见了我一开口说的就是爽朗而清脆的国语，讲得非常流利，这是大大出乎我意料的。他接着就用演讲的姿势说："中国一定要语言统一，注音字母是我和黎锦熙等创行的，希望能像英文的'字母'、日本的'片假名'、韩国的'谚语字'，用拼音来统一全国的言语和广泛地推行识字。"他这些话全是用国语说出来的，一些不带无锡土音，我佩服得不得了。接着他又以滑稽的姿态，模仿汪精卫讲的广东国语，张静江讲的湖州国语，学得惟妙惟肖，令我笑得前仆后仰。

他这一天晚上说的全是国语。后来他又说："明天如果你来，可以听听我的英语如何，因为我对英语着实下过些功夫。"次日我本有宴会，特地婉谢而去听稚老说英文。等一见到他，他就满口流利的英语，而且装着绅士的架子用英文说："我今天没有换衣服迎接嘉宾，十分抱歉。"接着他又读了许多莎士比亚的诗句，真叫我五体投地。他说他的英语从前发音不准确，后来认识了康德黎（中山先生在伦敦蒙难时期的老师），由他介绍一位英国教员，专门教他英文的发音。接着又说，他流浪在欧洲时住在法国里昂，办理勤工俭学的工作，所以学法文，法国话也讲得不错。嗣后虽也听他讲过，但苦于听不懂。真是可惜！

一九四九年，他会见我时，心情很是苦闷。他预先捆着一沓旧书，准备送给我，这些书又旧又秽，面上放着他所著作的《上下古今谈》，是民国二年（1913）上海文明书局出版的线装初刊本。他说"这些书送给你作为纪念"，接着又开颜大笑，讲了许多笑话，谈到他入睡我才离去。

过了三天，我又去稚老家，但是门禁全撤，人去楼空，我为之黯然神伤。原来早一天他已搭飞机到了台湾，从此我再也没有见过他，直到他逝世。

我于暇时，常常翻阅他的《上下古今谈》和《宇宙人生观》等书，我觉得他写的文字，生动活泼，看他的书如见其人。我常常想，他真是一个哲学家、文学家、语言家和心理卫生家，这都是值得我佩服的。

第八章

于右任图报知己

民国时期，南京路与浙江路交会处的先施公司

"文官不要钱，武将不要命"，这是国家强盛的先兆，我想到于右任先生，不爱钱不要钱的作风，是我身历其境、亲眼见到的，今缕述拜识的经过。

民国十八年（1929），为了反对汪精卫、褚民谊一派人物拟议废止中医药，全国中医药界在上海开会，推我等五人晋京请愿，到南京遍谒政要。其中我们见到于右任先生呈递请愿书，他亲自款接，对我们中医界的抗争精神极表同情，前文已略有记述，其实他还说："我一生都看中医吃中药，在我们陕西，全省只有一间教会办的西医院，一共只有三个西医生，绝大多数老百姓有病都是靠中医治理的。所以，中医对国人的健康保障有很大的贡献，现在西医褚民谊等当政，想把中医消灭，这等于洋教徒想消灭全国和尚、道士一样，那怎么可以呢？"我们听了非常感动。

这次会见右老，有一种深刻的印象，觉得他充满活力，浩然之气，溢于言表，讲话时声若洪钟，一言一动，沉着而有威力，一望而知是一个公正无私的伟人。

告别时，于右老诚诚恳恳地送到前门，一些也没有架子，我们很感到荣幸。这一回我认识了右老，但是右老对我们五个代表的名字，可能是不会记得的。

贵妇引见 结识髯翁

民国二十二年（1933）春季，我在上海行医。有次金神父路花园坊二十六号沈宅邀我出诊，替一个八岁的小孩看病。来邀我的是一位沈姓中年妇人，丰容盛鬋，光彩耀人，我们在谈话之时，我称她沈太太，她立即更正说："我不是沈太太，以后你叫我为沈小姐好了，那个孩子是姓王的孩子。"

过了十多天，沈小姐带了那个孩子和四色礼物到我诊所来酬谢我，我说："诊费早已收讫，看病是我的责任，这是非分的礼物，我断不敢收的。"沈小姐笑容可掬，口齿伶俐，说得我不能不接受。

沈小姐又说："这个孩子年轻多病，照我们家乡的习俗，应该过继给医生作为义子，才能长命百岁，我以为你最合适。"我期期以为不可，结果她又问我的年纪和生肖，我告诉她我是属猴的，她更开心说是："再好没有了！这个孩子属羊，猴子可以护羊，你就答应我这个要求吧！"我依然未加应允。

我何以不肯答应这件事呢？因为这位阔小姐，身世不明，我不敢贸然接受。因为在那年之前，有一位半绅半商的病家徐亚柏，由看病而成为老友，要和我结为金兰之交。正要定期举行结拜仪式，忽见报载太湖帮匪首领太保阿书被捕，报纸上连篇登载说太保阿书在上海有一位代表，此人就是徐亚柏，而徐亚柏在那时节也逃之夭夭。所以我和病家的往还，力持谨慎。

是年十月，一天晚上八点钟，我正在家中宴客，沈小姐翩然而来，艳惊四座。我太太也出而招待，沈小姐告诉我说，有一个紧要的病人，要我即刻出诊。我说："晚上不出诊，何况嘉宾满座，怎能离开？"她不慌不忙地向四座说了几句抱歉的话，自作主张拉着我就走，我好像觉得她有一种不可言状的力量，令我和我的太太及满座宾客，都奈何她不得。

我跟着她又到金神父路花园坊，直达她的闺房，进入二楼，看看床上的病人，恰巧已睡着了，她要我略为等一下。我乘机环顾四周，看她房里的陈设，正合"绣房"二字。全部家具，都是阴木嵌上红木做成的，一桌一椅都配上绣花的套子，墙上挂着一幅顾绣的孔雀开屏图，绣工精细，墙角边还挂上很小的镜框，里面配上林森主席亲笔写的"南无阿弥陀佛"六个字，下面供着一个翠玉雕刻的观音大士。又有一个极精致的琴桌，上面陈设着一棵很大的珊瑚，看来是名贵的东西，而那座珊瑚的姿态之美，更为我向所未见。我心里正在纳罕，想不出她究竟是何方神圣，又不称太太，她的身世真是难以测知。不过家中的一切陈设，绝非普通人家。

我再从花格中探望内室，见到床上睡着一个人，沈小姐很安详地坐在旁边，等待睡者醒来。我再一看这个花格是紫檀木的雕刻品，中间镶着一幅透明的绣画，绣的是两只极美丽的猫，色彩调和，奕奕如生，在猫的旁边，绣着两双鞋子，一双是男人鞋子，一双是女人鞋子，我就想到这幅绣画的构图，仿佛是脱胎于仇十洲的一幅名画。因为色彩好，绣工好，看上去比仇氏的手笔更为生动。

我从绣画中透视到那位沈小姐的绣榻，长度不过五尺半，而床上睡的人，又壮又长，两只脚另外搁在一张春凳上，估计睡的那人大约有六尺长。我想何以一位纤纤弱质的小姐床上，会睡着这样一个巨人，我就觉得有点诧异。

再看那睡者伸出的双足，并未穿袜子，足趾比寻常人的足趾有些异样。一般人总是大趾最高，渐成斜形，而小趾一定很小，唯有这位睡在床上的人，大趾并不高，几乎和其他四趾平齐。这种足趾，只有常穿芒鞋的和尚，或者常着草鞋的农人，才有这般形态。我就想到太虚法师和我说过，佛足都是五趾相齐的，所谓圆颅方趾，因此，我想到这位睡在床上的人，绝非常人。

正在出神推想，这时睡者已醒，且有微咳。沈小姐轻轻地把我引进内室，我一看那人，起初觉得似曾相识，略一思索，恍然认出这人就是于右任老先生。

沈小姐即刻向右老介绍说："这位是陈医生，春间某人的毛病，就是陈医生看好的。"于右老接着就问："是中医，还是西医？"沈小姐回答说："是中医。"右老点头说："对，我的病非看中医不可。"一面说一面就伸出手来让我诊脉。

我诊脉之后，觉得他的热度极高，病态属于"湿温伤寒"的一型。我告诉右老说："这个症候，我怀疑是某一种病，要想验一验血，可以更准确地把握病情。"右老接着说：

"你是不是疑心我生了伤寒症？"我唯唯点头，他说："你的诊断是对的，因为前三天在南京中央医院，他们替我验过血，说我的白血球比数不对，是伤寒症的开始。我一听到伤寒两字，就想到这种病非中医看不可，所以不顾一切，私自由南京坐火车到上海，情愿睡在沈七妹家里，请中医来诊治。"接着补充一句话，说"七妹是我师沈淇泉太史公的女公子"。

他说完这些话，我再详细追问病历，所说都相吻合，他就对沈小姐说："这位陈医生，很有道理。"我在处方之后，就离开沈小姐的香闺，回家，家中早已席终人散了。

次晨六时，电话铃声大响，接听之下，原来是沈小姐的电话，她说："昨晚右老上半夜睡得不好，还有些呓语，下半夜睡得很熟，现在刚醒，量热度退了一度多，能请你上午来出诊吗？"我接着就说："这个病宜在上午服药，那么下午热度不会高扬，我立刻就来。"沈小姐说："好极，好极。"片刻之间，又见到了右老。

我诊察他的病情，果然觉得是轻松了好多，如是者连续诊治，才把热度退清。每天都是早晚去两次，他的病势也就一天一天地平静下来，直到十五天之后，才病退身安。右老病愈之年五十五岁，是民国二十二年（1933）十一月间的事情。

煮茶论字　博古证今

于右老病愈之后，对我的印象很好。一天早晨我去探望他，他在书房中等我，他说："今天大概可以不吃药了吧。"我说："药是不要吃了，该用一些西洋参、金石斛之类的营养品煮水代茶。"

于右老喜欢亲自操作，自己煮茶。我们一面饮茶，一面倾谈，他问我的学历，我一一相告，他就在书桌上拿出一张我写的药方来说："你的字写得不差，证明你智慧有余。"他说罢这句话后，并不再说下去，我接着说："我自己知道功力不足。"他笑着说："对了对了。"他就问我临的是什么碑帖，我说："真是浅薄得很，初时临张猛龙碑，因为不适于日常应用，后来就专习赵孟𫖯帖，所以只能说是粗知写字，谈不上什么功力。"

我再告诉他，学校中练习书法的时间太少了，后来为了抱定宗旨以行医为业，便于处方起见，就改习赵字。在学医时代，随从名师六七人，一味研究方药，所以习字的时间也得不到了。他说："这也是事实，不过将来你要寻消遣的话，写字是最快乐的事。"

我观察于右老写字时的神态，全神贯注，不论写的是大件还是小件，总是笔飞墨舞，一气呵成。写罢了一件，又和我谈话，我问他："在民国二十年（1931）以前见到右老写的字，都有魏碑的气息，而兼有颜字柳字的风韵，我最是钦佩。我买过中正书局出版的珂罗版印的《于右任墨宝》，内容有吴昌硕墓志、宋教仁墓志及诗、联等，这种书体，应该称什么？"他说："这叫作真书，我写得并不好，民国二十年后，我就改写行书。"我心里正在暗暗地想，行书远不及他所谓"真书"的大气磅礴，但是尚未出口，不料于右老又说："我恨不得把以前写的东西，都收回来重写，而且还要变一个体，改写草书，那么写出来活泼飘逸，更能传神了。"他又说："还有一个计划，中国字笔画太多，浪费时间，正想创立一种标准草书，现在正在研究和创造之中，首先根据怀素的字来变体。"

讲到这里，他忽然想起一件事，他说："啊！啊！这一回我的病，幸亏你为我治愈，我非常感激。但是我生平没有钱，年轻时以教书为生，现在仅拿公务员的薪水，所有办公费、机密费一概不受，所得薪水，只够很清苦的家用。到东到西，袋里从不带钱，身上只有一个'褡裢袋'，别人是放银子的，我的褡裢袋只放两颗图章，参加任何文酒之会，或者有人馈赠文物，我别无长物为报，只好当场挥毫盖上两个印就算了。这一次你为我诊视了很久，我预备写一本怀素体的千字文答谢你。"我毫不谦逊地表示接受。我说："右老是国家之宝，你能送我一本千字文，是一种殊荣，比送诊费贵重得多。"他听了就仰天大笑，极为得意。我看他笑容和美髯的飘拂，真像一幅"高士隐逸图"。

他说，写字是他终身的嗜好，只有在民国四年（1915）经济情况最困难时，订过一张鬻字的润例，但当时来求书的人很少。第一个月朋友捧场卖了三十多件，第二个月卖

于右任行草：写字为最快乐的事

了三五件，第三个月只卖了一件，第四个月起干脆把润格取消了，有人欢喜他的字，即索即写，绝不受人一文钱。所以要想求他墨宝的人，首先要找到他的踪迹，见到他正在写字时，只要展开白纸，他就一挥而就，十年如一日，分文不取的。他每天写字的时间，都在清晨，大概写一小时至三小时。

但是写件太多，搁置起来，那么交件就遥遥无期了，因为积件实在太多，无法清理。他有两个帮手，别人催件得太急时，就由助手代笔，粗看起来是大致相仿，但是于右老的字，识者都能辨出的。

于右老对代笔的事，也有一个严厉的规定，就是不许受人一个钱。求书的人，大都知道这种习惯，最多带一些土产送给他，他见到这种东西也笑而不谢。他有一种最喜欢的东西，就是要索书的人带一罐墨汁，但这种墨汁，规定要用人工磨成的，要是市上出售的墨汁，他一看就知道，绝不接纳。

上海富商周湘云逝世之后，他的家人要求他写一个墓志铭，花的时间很多，后来送他一笔墨金，他坚决不受。事后改送一副文房四宝，砚台是很大的一个端州砚，墨是古墨，笔是精制的狼毫，纸是两匹乾隆纸，他见了爱不释手，笑而受之。

有无数人要问右老要一张相片，但是从前的照片价值不菲，相识的人有一个办法，就是在南京向一家照相馆先买一张右老的相片，请他题上下款。来者无论是什么人，他都很乐意写的，因此也有人送礼，就送他右老自己的照片一百张或是两百张，唯有这种礼物，因为他用途浩繁，所以他还肯收受。

他对钱财从不关心，有人送钱，反而引起他生气。有次右老曾经问起我：“上海有一个小儿科徐小圃你认识否？”我说：“很熟，很熟，他是江湾名医徐薪圃的儿子，在上海很红。”他就告诉我说：“徐小圃是我唯一通财之友，我打从民国十年（1921）起，经济上有何困难，只要写一张便条，二十三十、五十一百，总归是拿了就走，这是有一个渊源的。有一年我到陕西去，为人家写了一个墓志铭，人家送我一个手卷，是文天祥的亲笔‘慈幼堂’三字，原是文氏送给一个儿科医生的匾额，裱成一个长卷，元明清有名文人题跋有数十位之多。当时我糊里糊涂地受了下来，带到上海之后，打开一看，觉得还是转送给老友儿科医生徐小圃的好。徐小圃自己也写得一手好字，收藏古今文物很多，他见了这幅字卷喜出望外，要送一千两银子作为代价，我坚决不受，徐小圃无可奈何，所以我后来有什么需要，他总是一口应允的。"

我观察于右老的神情，知道他的耿直脾气，一生不爱钱，不贪财，穿的是老布袍子，脚上穿一双老布鞋，连袜都是土制的，富有浩然正气的君子之风。

右老病愈后，有一天晚上，他对我说："今晚有要事上南京，晚车的车票已经送到，你要不要同去一游？"我婉言却之。后来才知时局不靖，十二月二十日，发生"闽变"。

感恩图报 深入花丛

民国二十四年（1935）四月，右老五十七岁。我有许多朋友托我求右老的墨宝有七八件之多，我都无法交卷。我有一位朋友钱化佛，他也是右老的老友，我就托他，如果右老到上海，赶快通知我。一天下午五时，我诊务已毕，他忽然打一个电话来找我，说是："于右老已经到了，今天要到城隍庙去小游，希望即来。"我搁了电话，就叫司机备车，赶到花园坊沈宅，钱化佛已等候了好久。

见面的时节，右老高兴得了不得，他说："今天我要

于右任（中）、陈存仁（右）、钱化佛（左）在上海邑庙合影

去访旧，先到城隍庙，你如有闲可以同去。"我说："今晚我们可以共尽一夕之欢。"他说："好。"转瞬间已到了城隍庙。一进庙门，于右老就吃酒酿圆子，接着又到一个小铺子吃面筋、百页，又到一摊档上买了好多梨膏糖，他说他是多年老主顾，兴致极高，还要到一家点心铺吃南翔馒头。他的食量惊人，而且吃的时候真如风卷残云一般。钱化佛向我做一个暗示，表示不要再叫东西，我已经会意，这样的吃法是会吃坏的。我就对右老说："今天之会，真是难得，我希望能合摄一张照片，以留纪念。"右老点头称善，于是我们三人就请二吾轩照相馆拍了一张照。接着我们又到里园游览有名的大假山，右老说："这个花园是当年上海第一次革命的会议之所。"接着我们就在这里盘桓了好久，我与钱化佛两人商量，晚上应该请他设法写些

字，正在研究哪一家菜馆最相宜。突然间右老说："时间已不早，你们快点送我到新北门万溢昌旱烟店，我要找一个老朋友。"我们没有办法，只好按址送他。原来新北门近新开河一带有十多家旱烟铺，都是他的陕西同乡开的，店铺虽说卖旱烟，其时已经卖各种香烟，生意做得很大，是陕西富商聚集之所。我们到了那里，时间已七时许，铺子早已收工，他要找的人一个也找不到。

于右老颓然若失，我就提议说，我们不如上"梁园"去吃河南菜。于右老凝神思索不出一言，钱化佛便问："右老心里想什么？我们一定会设法替你办到。"右老说："民国初年我在上海办报，敌人贿通了租界当局捉拿革命分子，我是他们的目标，曾经一度躲在一个妓女的家中。这个妓女叫作荷花，当时我只交给她十二元房饭钱，说明只住半个月，之后一住五个月，一直都没有再付一个钱。那个妓女爽直非常，供应不废，从不追索。我留在那边看书写字，一些也不表露身份。适因有人常在对门凭窗窥看，我怕有杀身之祸，半夜间一走了之。房饭钱积欠了五个月有余，现在想来韩信受漂母一饭之恩尚且图报，我白吃白住一百多天，总想设法去报答她一下，所以要找万溢昌老板弄一些钱带我去找寻这位妓女，现在这位老板找不到，我觉得失望极了。"

钱化佛听了他那一番话就说："上海的妓院，都集中在四马路群玉坊一带，我们不如就到群玉坊去访问。"于右老说："不对的，我身无分文，又找不到万溢昌老板，万一找到荷花，我也无法酬报。"钱化佛说："不要紧的，需要钱时，存仁弟自有办法。"右老以为不可，钱化佛说："我经常有任何困难，都把存仁当作活动银箱。"于右老说："你这句话倒很新鲜，向来只有两脚书橱，没有听见过活动银箱，现在我们姑且到群玉坊去走一走，先找到了人再说。"于是三人直趋群玉坊。

我在车中默想，事隔二十余年，人事全非，那个荷花，恐怕早已变成老太婆了。钱化佛的想法，无非书生之见，况且我对群玉坊中人并不熟悉，乱闯一阵，不会有什么结果，但是既已登程，也免不了要去走一遭。

到了群玉坊的附近四周，见百多家妓院的门灯，哪里有荷花字样？我忽然想到我有一个病家是妓女惜春，不如到她那里去坐一下，向她打听较有把握。右老也认为对的。于是三人就走到惜春那边。

惜春老六一见到我就说："陈医生，是什么风吹来的？"再一看后面跟着两位老伯伯，她已经觉得"不是生意经"。一面说，一面叫我们坐下，茶烟款接，还另外端出一个果盘，把我们当作"打茶围"客人相待。我想妓院的行规很多，不知道如何应付，我就问惜春："近来朱斗文先生是否常到群玉坊？"惜春含笑说："群玉坊的整个房地产都是他的，所以他是我们的业主，也是我们众姐妹的老主顾，现在只要到弄堂口去看他的汽车，就找得到他的行踪。"接着我就写一张请客条子，她说："只要朱大少在附近，十分钟之内他就会来的。"我说："也好。"

果然不到十分钟，这位众家的朱大少来了，我就轻轻地为右老介绍，朱斗文谦逊得不得了，连忙说："久仰，久仰，得识于公三生有幸，今天就由我请客。"接着就对惜春说："换一个大房间，客人就是我们四人，菜要特别好。"惜春心想朱大少这般殷勤，其中一定有贵客。

朱斗文想得很周到，他介绍时，指着右老说是"任老爷"，指着钱化佛说是"金老爷"，以免张扬开来，不大好听。一时全院上下都忙了起来，惜春轻轻地问我，要叫哪一家的菜，我就指定梁园，只要几道拿手菜就可以了。

这时朱斗文对于右老谈起，两三年前他招待过一次沈淇泉太史，又有一次招待过叶柏皋太史，右老说："这两位都是我的老师。"接着于右老就问朱斗文，有没有一个老妓女叫作荷花的。朱斗文想了好久想不出来，说："要是一定要找的话，妓院中有一个老资格的人，叫作珍珠花，只要问她一声，什么人都找得到。"等到入席之时，珍珠花应召而来，朱斗文就问她，在二十多年前，有没有一位小姐叫荷花的。珍珠花立刻回说："没有这人。"后来她同惜春两人窃窃私语了好久，才来答复说："这个荷花找是可以找得到的，不过要明天才有回音，请三位老爷明天再来。"

第二晚我们再去，朱斗文到得最早，并且带了全副笔墨纸砚，还有一瓶磨成的墨汁，安放在桌子上，自己躺在榻上抽烟。右老一见到这套精致的文房四宝，豪兴大发，说："那就对了，我本来要想写些东西送给朱先生。"说罢，提起笔来就写了一副对联，写好之后，就从褡裢袋中掏出一个图章，盖上了印。接着于老就说："从前苏曼殊在上海时，在妓院中遇到一个诗妓，唱和甚多；还有李叔同，遇到一个诗妓叫李苹香，有好多名作传下来，现在还有没有这般风雅的妓女？"朱斗文回答说："现在的妓院江河日下，妓女的品流远不如上一代，已找不到这一流诗妓了。"右老为之黯然。

于右老一面写字，一面念着他自己的几首近作，意兴更浓，把剩下的宣纸，不停地写下去。又为惜春写了一副嵌字联，下款题的是"骚心"二字，作为纪念。

惜春拿到这副对联后，不久就去后面小房间给一个客人看，那客人就是袁寒云的门生俞大少。他一看到这一副对联，就告诉惜春：这位老先生来头很大，就是当今监察院院长，等于清朝的巡按大人。惜春吓呆了，回来对我说："你何不早说？我们险险乎得罪了他老人家。"

惜春于是招待格外殷勤，端出四色水果，一盘是花旗橘子，一盘是暹罗文旦，一盘是玫瑰葡萄，一盘是龙华水蜜桃，色泽鲜明，芳香扑鼻。当时花旗橘子在上海是极少见的，我和朱斗文都觉得情形有些不对，一定是这副对联暴露了于右老的身份，我拉着惜春就问："这副对联你是否给人看过？"她说："就是俞大少看过。"我就对她说："你不要再给别人看，于老爷来此是找旧人报恩，消息传出去，人家会误会的。"接着我又问："俞大少是不是俞逸芬？"她说："对的，他就在后房。"

俞逸芬我是相熟的，写得一手好字，人称娼门才子。我就拉着钱化佛到后房去，果然看见俞逸芬，我就切切实实地要他守秘密。因为逸芬是当时上海最流行的《晶报》记者，专写娼门消息，他当时答应绝对守秘，不过他说："这的确是好材料，事过之后我还是要写的。"化佛与我也奈何他不得。

这天晚上，于右老又吃到梁园的鱼翅、烤鸭和瓦块鱼，捻髯大乐，特别是他们陕西的蜜汁金枣，大有家乡风味，他说："少时做牧羊儿的时候就喜欢吃这种枣子。"接着他就问惜春："荷花有没有消息呀？"惜春说："明天可以答复你老人家了。"我和钱化佛已经明白他们有故意拖延之意。

第三天不得不再陪右老去走一次，哪里知道这天出版的《晶报》，俞逸芬已把消息刊出，说是"于右老花丛访恩人"，并且把右老写赠惜春那副对联也铸版登了出来。当时的《晶报》销数很大。右老闻之，起初颇觉不悦，后来一想，确来访旧，亦不介意，而且说："这消息传开来，也许更容易找到荷花的下落。"

这一晚右老写字更多，群玉坊中人纷纷来求字，右老来者不拒，逐一问明名字，每人送一副嵌字联。正在大家高兴的时节，沈七妹翩然而至，打扮得珠光宝气，雍容华贵，一进门首先见到钱化佛，就轻轻地对他说："想不到你会带于右老到这种地方来。"大家知道她的来意，恐怕会闹出事来，钱化佛不出一声，只是指着我说："一切你可以问存仁弟。"我便把前后经过告诉她，沈七小姐展颜微笑。

这时右老正在写字，见了沈七小姐，也搁笔问："你怎么会来的？"沈七小姐很轻松地回答说："我来助助你们兴的，我在八岁时已经跟父亲到北方窑子里玩，所以今天我来并不出奇，而且等一下，我还要写条子叫堂差呢！"

我观察沈小姐的风度，颇有红楼梦中王熙凤那般爽脆，而又兼有秦可卿的那般温柔，这晚明明来意不善，但却面无愠色，令到一屋子的人都佩服她的度量。

我与化佛两人，偷偷地走到后房去找俞逸芬，责问他何以食言把消息漏出去。逸芬说："我是《晶报》记者，有闻必录，本想过几天才发表，但是因为缺少好题材，所以也就顾不了许多，相信于右老也是记者出身，绝不会见怪我的。"我们两人此时已无话可说，不料逸芬又讲出一篇道理来，他说："长三堂子妓女的芳名，向来不用花字，用到花字的必然是幺二堂子的妓女，如兰花、荷花、菊花等，所以于右老要找寻的荷花一定也是幺二堂子中的。现在惜春老六贪你们生意，所以一天天地拖着，绝不会有结果的。"我们听了他这一番话，觉得颇合情理。待到席终人散，我们陪着右老和沈七小姐回家，在车中，钱化佛就把俞逸芬的话转告右老，右老就说："明天起再也不去了。"

这段事情，我原本可以不写的，不过后来几年，许多报纸都登出了于右老赠予妓女的嵌字联。读者以为右老经常出入花丛，所以我把这段旧事写述出来，表明于右老的进入妓院，是为了要找寻一个曾经庇护他的妇人。因为这妇人是妓院中人，而他在妓院中并不像一般人抽烟打牌，纵情声色；只是一味地当众挥毫，对求字的人来者不拒，这就是娼门中发现于右老手写嵌字联的经过。

书生本色 一介不取

抗战八年，我与右老联络中断。接近胜利时，我和上海医界若干爱好书画文墨的友好，组织一个文酒会，名称叫作"经社"，取其经常集会之意，定每月一日举行。大家把一个月中所搜集到的医史文物携带到会，以供玩赏。参加经社的人，有秦伯未、程门雪、章次公、盛心如、徐小圃、叶熙春、方慎盦等。不久抗战胜利，气象一新，一次集会，徐小圃到会展出"铁券"八件，最古的一件是汉高祖颁赠功臣的，功臣受到这个铁券，是永远在"不杀之列"。"铁券"上面刻有姓名官职，有一件是唐代皇帝颁赠给一个御医的。他带了这八件珍贵文物来参加，我们眼界为之一开。我就提起从前于右老送给他那件文天祥长卷，是否可以在下次集会时带来给大家欣赏一下，徐小圃皱着眉说："我的老宅在虹口北四川路附近武昌路，在抗战时期被日本人占去了，现在胜利来临，这所旧宅，又被军人所接收，坚持不肯发还，我正为了此事头痛非常，因为讲定下个月份要我筹出金条三十条作为酬劳，才可以发还，这三百两黄金筹集不易，我只是一个小儿科医生，生意虽好，要我出三百两黄金来赎取这屋，我是极不愿意的。"我说："于右老和你极有交情，而且他是监察院院长，何不请他出来说句公道话。"他说："我早已向行政院、监察院以及敌产管理处交涉至再，因为事关军队霸占，三令五申都说应该发还，但是没有金条总是不得要领。"我说："等下次于右老来上海，我陪你同去，看他怎样讲法？"

隔了三个月，于右老果然到了上海，住在毕勋路（今汾阳路）监察使署，我就同徐小圃去拜访他。右老正在进午膳，吃的是很简单的两菜一汤，徐小圃就把武昌路老宅被占的事面告右老，右老说这件事早已命令发还，何以至今尚未办妥。徐氏便告诉他，霸占的人，赖着不肯走，勒索三十条金条才肯迁出。右老听见这话，怒火中烧，说："明早八点钟你到我这里来，我陪你向最高当局去申诉。"徐说："好，我决定明天上午停诊，专门来办这件事。"

次晨，徐小圃单独去见右老，右老拉了他就到贾尔业爱路（今东平路）见到某公，某公大为震怒，立刻下了手谕，限定霸占的军人两天内迁出。这一次的申诉，效力极速，当天晚上那班军人全数退出，而且还有人很客气地打电话请徐小圃来接收。当晚徐氏约了我同去武昌路，徐小圃一进门，别的都不看，只到后边去看那幅作为裱画用的木板是否存在。一看之下，原来这块裱画板已全部拆坏。小圃顿足长叹，愤慨不已。

我看那块裱画板的位置，长有四丈，高达八尺。他说这幅裱画板，原是特别定制用来裱三四丈的长卷的，是用大块阴木花了很大的工夫制成的，当时著名的裱画家刘定之裱长卷也常向他借用。因为这幅裱画板是用阴木制成的

（阴木俗称"阴沉木"，逢湿不涨，逢燥不裂，厚的做寿板，价值极高，薄的做家具以及裱画板，来源少，得来不易），所以这幅板不仅上海没有，在江浙两省也找不到。

徐小圃收回了武昌路的老宅之后，曾经招待"经社"同人在宅内聚餐，又展出了许多书画和医药文物。我轻轻地问小圃："右老方面是否曾经送过礼？"小圃说："不能的！不能的！于右老绝对不受一个钱，尤其是托他办了事之后，任何东西送不得，一送之后会火冒八丈高，从此永远绝交。他真正做到了不受钱、不要钱的地步。而且他除了喜欢珍藏几份碑帖拓本之外，家中一无长物。从前他送我一件文天祥的长卷，也是别人送给他的，当时说明，以后有什么贫困的陕西老乡、革命同志以及落魄的文人，经济上有困难时，凭他的便条，要我加以援助；他又有一幅马，送给南京的富翁蒋驴子，凡是有什么人流落南京，他便写便条要蒋驴子救济他们，他对经济的调度就是如此而已。"

又过了两个月，我碰到徐小圃，问他是否向于右老道谢过，他说："亲自登门道谢，右老明明在里面，他拒而不见，我只好留下一张请柬。不料，他当天就打了一电话来，说不必多此一举。"

这一件事情，是我所身与其事的，其他类似这种乐于助人而不望报的事，我知道得很多，因为事属间接听来，恕不多述。总之，于右老公正廉明，经办任何事情，是一个钱都不要的。

一支笔杆　竞选失败

民国三十七年（1948），我当选国民大会全国中医师代表。晋京之前，曾经由朱经农等宴请上海代表一百多人，席间征询大家的意见，副总统应该选什么人？当时由程沧波等七人先后起立发表意见，都主张选于右老为副总统，因为右老对上海历史深，他办过《民呼》《民吁》《民权》《民主》等报纸，而且还主办过复旦、上海等大学，对教育有贡献，本人又生活淡泊，公正廉明，当选副座，最为适合。我心中也决定投他一票。

到了南京，传闻某公不愿担任总统，党内以于右任为目标，党外以胡适之为目标，但是选举的事情，变化万千，谁也抓不到主意，结果只有听凭大家"自由竞选"。

我一到南京，首先就去拜谒右老。于右任的住所，简陋之极，但是每小时总有一二百人来拜访。于右老屋内，摆着一张写字的桌子，来访问的人，可能的话，就以一幅屏条相送，另外有一张长桌，放着他签名的照片两千张，每张签有各代表的名字，分省、分市、分县，以及分别职业地排列着，由代表们自己拣取。我看他这一种措置，就悟到右老只凭一支笔杆和声望来作为竞选的力量。而最受代表们感动的，就是他家中的陈设，简陋得比普通百姓都不如。我和右老见面，不过相互点头招呼而已。

但是其他竞选副座的人，手法就完全不同。李宗仁对各代表各供给一辆汽车，有司机早晚服务，而且还包上几个大旅舍，只要是代表身份，不问识与不识，都可以住进去，每天午餐晚餐，席设各大酒楼，旨酒佳肴免费供应。孙科、程潜也是天天摆酒请客，各代表每天收到各式各样的请帖，多到不计其数。

只有于右老凭一支笔、一张纸来选举，形势当然大大的不利。到将近开始投票时，于右老也有一张请柬发给各代表，他出席演讲说："我家中没有一个钱，所以没有办法和各位欢叙一次，今天的东道，实际是老友冯自由等二十位筹集，我只是借酒敬客而已。"

等到投票开始，采取淘汰制度。第一天投票，于右老仅得四百九十三票，即被淘汰，我和各代表为之吁嘘不置。

选举告终，我和若干代表，其中有今在香港的奚玉书、金振玉伉俪等，特地到于右老住所，想去抚慰他一番。这时门前冷落，屋内只坐着冯自由一人，为他整理笔墨，见我们，他说："右老身无分文，只凭人格声望和笔墨来竞选，这怎会获得成功呢？这一次右老的竞选失败，完全是我辈老友昧于世情所造成的。"

又据冯自由说："在竞选之初，右老曾经到中山陵国父墓前去默祷过，他立誓：他如当选副总统的话，一定要对国家有所建树。今天他落选后，又到中山陵去默祷了。"

到了次日，是第二度副总统选举，于右老准时出席，风度飘逸。全场起立鼓掌达十分钟之久，这是对他落选后的风度，表示异常钦佩。足见于右老涵养功深，得失不介于心，其能获致长寿是意料中的。

意志坚强 克服痕痒

这一次国大的开会，为期长到一个月左右。有一天陕西籍国大代表焦易堂先生（原任最高法院院长，后任中央国医馆馆长）同我谈话，他说："右老这一次的竞选，他的失败是意料中事，因为纸弹无论如何是敌不过银弹。我和右老是陕西同乡，从小相识，我深知他为人常年囊无分文，除了本职之外，一切钱都不拿，他也不曾想到竞选是要用钱的。这几天右老颇为空闲，我们不如去请他吃一顿饭，以代慰藉。"

我们两人就去拜访右老，说明了来意，右老说："好极了，我们就去吃一顿饭吧。"于是同车到城外马祥兴菜馆，右老亲自点了四个菜：凤尾虾、西施舌、咸水鸭、鸡血汤，每人二两白干酒，大家边吃边饮，绝口不谈竞选的事。

右老这晚兴致极高，他说："本来为了皮肤病不饮酒，今天要破例一醉。"接着就谈他自己的疾病，他说："历年以来不常生病，心头有抑郁时，就作几首诗，或者填几首词，或作运气的功夫，朗诵诗词，借此发泄，往往能把好多情感上的冲动都消化了。"我说："这是养生的最佳办法，也是心理卫生。"他听到心理卫生四字，高兴得不得了，他说："这名词我还是第一次听到，可是我实行这种卫生方法已经有几十年了，你是做医生的，大可以把它发扬一下，是有益于大众的。"

接着他说："何以我平日不敢饮酒，因为全身一种皮肤病，痒起来十分难受。"他就撩起裤子来，给我看他腿上的皮肤病，我看过了之后就说："这是一种最顽固的蛇皮癣，皮肤起斜形方格，实在是一种顽固性的皮肤病。"他说："对的，痒的时候，痒到坐也不是，立也不是，睡也不是，几十年来用遍中西药物，没有一样是有效的。在最难受时，我就运用心理卫生方法，运用一个忍字，忍无可忍还要忍。抱定了这个宗旨，也就一忍痒全消。所以我觉得意志坚强，痕痒也能消除。"我说："右老你的办法很对，因为痒是由于神经敏感而来，能强制神经激刺，痕痒也就停止了。"同时我还说："世界上有许多疾病，本来是医药所不能完全治愈，类如这种皮肤病，也是无药可治的一种。"

右老说："你的意见很对。有几种外国药水，用来洗浴，有时能有些少功效，哪知第二天就脱了无数皮肤，而第二次发作痒得更加可怕。所以我也放弃了治疗的意念，只有提高自己的正气，来克服皮肤受到的邪气。"

接着我们又谈了些笑话。我说这种干癣，民间有一种传说，患者是龙化身的，所以叫作龙皮癣，从前康熙皇帝也有过这种病患，但是我遍查古籍，考证不到这种传说，只有曾国藩也生过这种癣，在他的日记中有很多的记载。右老听了做会心的微笑，我也会意到他的笑是很有意义的。我和焦易堂也心领神会不再说下去。（按：曾国藩日记：辛酉六月，"癣痒异常，手不停爬，左腿已爬搔糜烂，皮热作疼。夜用水晶界尺熨贴，取其寒而润也。"壬戌正月，

"日来癣痒异常，遍身若有芒刺者然，数夜不能成寐，本日尤不耐烦。"）

这一晚的小叙，料不到竟是我见于右老的最后一面。

噩耗传来　右老仙逝

一九四九年，时局急转直下，于右老迁居台湾，我移港开业，从此再无见到于右老的机会，只在报纸上见到他的消息，说他身体很健，有时从照片上看到他还是精神奕奕。

一九六四年九月，右老八十六岁，因拔牙引起高烧，旋入昏迷状态，延至十一月十日在荣民医院逝世。我从报上见到了这消息，心里很是难过，觉得一位正直无私的长者老成凋谢，不胜哀悼。

接着一连几天各报不断登载右老治丧的消息，其中有一篇记载，说是右老身后，家无长物，只有三五套布袍布衣，布鞋布袜，不过在银行中还有一只保险箱。治丧委员会推定了代表陪同他的家属去打开，箱中空空洞洞，一无财物，只有一本碑帖和一纸遗嘱而已。

第九章

丁福保指导购地

民国时期，中国通商银行，中国人自己创办的第一家商业银行

上海银元兑换的市价，后来已超过一百八十枚铜元（俗称一千八百文）。那时节又发行两种辅币，称作大洋，是十进制的，形式上看来是银角子，实际上银质较少而镍质较多，铜元也改为十进制的分币，不是纯铜制的，使用方便。

丁翁教导　初次置业

我外游回来的第二天，拿了一些红枣和天津大白菜去送给丁福保老先生。丁翁是吃长素的，见了这两样东西，欢喜得很。他说："自从你离开了我两个多月，我还在编纂《古钱大辞典》，有许多关于编排的问题，缺少了一个人商量，真好像缺少了一只手。你现在的经济情况虽然很宽裕，每月仍希望来七八次，谈谈就走。我支给你的月薪八元，请你不要嫌少，还是要接受的。"我说："你老人家指点了我不少生财之道，这个月薪就可以免了吧！"他说："不对，你不收这八块钱，就看不起我。"我说："你老人家既然这样说，那么我只有照常受薪，仍和以前一样办事。"他听了这话，很是高兴。

丁翁又说："我早年也到过北平，所费不过六十元，包括购到不少古钱，现在价值高涨，所值至少超过四百元。所以你这次收购书籍，也是一个很好的计划。"接着他又轻轻地问我："到底你现在手头有多少现金？我想对你还有些贡献。"我盘算了一会儿，方才坦白说出："银行中的存款接近万元。"他说："好极了，我认为银行储蓄虽是安全，但是只计利息仍不上算，我为你着想，不如买一块地皮，地皮涨起来，比什么都快。明天起每天早晨，我陪你到英大马路浙江路转角'一乐天'茶楼，那边有不少俗称'地鳖虫'的人，即买卖地皮的掮客。我们坐在那里，有许多人认识我，就会来兜售地产的。"我听了甚表赞同，认为这种场合也应该去见识见识。

于是由次日起，每天一早就到"一乐天"会面。那时节每一壶茶是铜元八枚，茶叶很不错。我们一面谈谈《古钱大辞典》的编印计划，一面就有不少地产掮客上来兜搭，有时还拿出几张小白纸，叫作"白单纸"，上面写明地皮几亩几分，坐落何处，开价几何。丁翁总是看上一回，摇摇头说："这些白单不合心意，如果还有好的，尽管拿来。"如是者看了一个月的"白单纸"，才看中一张，丁翁说："这张白单不妨谈谈。"

原来这张"白单"的地产坐落静安寺路愚园路（今常德路）西段，占地共有三亩七分，索价六千元，单上只写几图，几保，几甲，而没有马路名称的。那个掮客说："明天早上去看看如何？"丁翁说："好。"于是次晨我们一行三人坐了一辆出差汽车，直驶那里，车资是一元二角。

到了那边，见到愚园路面建筑得很好，但是两旁房屋不多，其余都是耕地，上面还种着菜，那掮客就指明了"四止"（即该地的东西南北四个界限），丁翁就问，这块地皮，有没有"道契"？那掮客说："这是乡下人的田产，没有道契的。"丁翁就说："我们不妨约个日子和业主当面谈谈价钱。"

到时，那掮客偕同业主到曹家渡一家小茶馆见面，业主共有四兄弟，一起到齐，同时还来了一个保长，谈话时乱七八糟，好久才谈定了价格为五千二百元。丁翁说："我们照规矩办，先付定洋二百元，需由保长签收。"业主四兄弟同意了。谈完之后，他们拿出十几张"田单"，这种田单，是极厚的桑皮纸写的，尺寸有三尺高，一尺半阔。上面是一张"让予契"，既无官厅的钤记，又没有地皮的图形，只是写着"东至……南至……西至……北至……"，让予契上面，画着一条小河，两旁再画着几株树，下面签着让予人的姓名，受让人是四兄弟已故父亲名字。就在姓名下画一个押，因为乡下人多数不识字，只会划一个"十"字。

我认为这种东西，既非官厅文书，看来一无价值，对买进的人也毫无保障。丁翁只问历年的税单全不全，那位保长说："全的。"丁翁就叫我把定洋付讫，由保长签收。收条是木版印的，上面有保长的钤记，这样就算初步成交了。

当时茶资照例应由我付，而且还买了十几块"定胜糕"，分送给业主四兄弟，作为祝贺交易成功。业主和保长走了之后，我就和丁翁说："这样的让予契，作伪极为容易，假使买定之后，日后会不会发生纠葛？"丁翁说："本来纠葛一定是很多的，但是有保长签字，是靠得住的。我还要为你到会丈局去查一查，查清了之后，由会丈局来打四个木桩，确定了'四止'，初步问题就解决了。要是这块地有道契的话，加一倍钱都买不到。"我就问："什么叫作道契？"他说："上海的地皮，除了县城中的地皮有官厅地契之外，城外的都是'田'，只有买卖'让予契'就算契约。信用的保障是靠当地的保长，这是世袭的半官方人员，只要有十几年的地税单，就算靠得住。但是一部分乡下人坏得很，往往串通了保长，重做一张买卖契，又说是税单遗失，保长明知都是假的，由他向官厅再领一份地税单，本领大的可以一而再地补几份十几年的地税单，因此纠葛就来了。自从有了租界之后，外国人对地税单，认为靠不住，一定要有中国官厅的证明文件，证明书由'上海道台衙门'发出，所以名为'道契'。但是从前政局不安，上海道台也常常更换，所以一切地产买卖，除了道契之外，还要由外国律师证明，那么这块地皮就确实有了保障。这些手续别人不懂，我全懂，你这件事由我一手包办好了。"我就深深地向他道谢。

接着就到会丈局去调查这块地皮四止的地图，会丈局中人对丁翁很是恭敬。经过三天，会同了几个人到那块地皮的四止钉了四根木桩，于是再作申请道契的手续。那时，上海道已经取消了，只有上海的道台衙门还设在大东门巡道街，里面有一个华洋交涉使的办公室，公文由上海的县知事盖过印，再由静安寺路成都口华洋交涉署发出。手续快得很，不出一个月，并没有花费额外费用，所谓"道契"就做好了。于是由保长约定到英租界穆安素大律师公馆签字。

那四个兄弟，到穆安素写字楼来签约的时候，随带子侄十多人，个个赤脚，挑了几个旧衣服担子，挤满了整个会客室，我看了觉得很不雅观。在签约时，那四个兄弟表示庄票支票不收，一定要收现银，因为他们只相信银元，其他都不接受。所以付款时，便向福康钱庄商量把现款送到律师楼来。因为我和福康相当熟，他们也同意，由几个老司务推了一辆老虎车把银元送来。

穆安素对这种情况见得多了，待到收清了银元再签字。四个兄弟慢条斯理地分配好，交给等在会客室中的一群子侄。他们拿到了就放在旧衣服担子里，银元放在担子底下，上面盖着旧衣服作为遮盖，这些子侄高高兴兴挑了担子扬长而去，足见他们对银元的重视，庄票支票都有所不及。

道契手续办妥之后，我和丁翁说："这块地皮，将来建筑费用浩大，我哪有资格造房子自住。"丁翁说："买地皮是作为置业，不一定要动工兴建房屋，搁置几年再讲，必然会涨价的。"

我初次拥有一些产业，欣欣自得。有时到沪西出诊，常到那块地皮上去徘徊一下，心里觉得有无限的快乐，也曾陪着母亲去盘桓些时，她老人家心里也感到有说不出的愉快。一次，我的嗣父由安徽盱眙关归来，我又陪他去巡视一下，老人家很相信风水，他看了这块地皮，赞不绝口说："这块地皮正在青龙头上，尤其是旁边有条小河，源远流长，大吉大利。我真佩服丁老先生眼光好，你要知道朋友及师长，是每一个人无穷的财富，你应该好好地报答他。但是你还年轻，断断不可以张扬开来，要记得小舟不可以重载，张大了篷遇到狂风，就会抵挡不住的。"因为那时节上海绑票风气极盛，所以他老人家这几句话，真是金石良言，我买了地皮之后，矢口不提。

嗣父又对我说："我在盱眙关当会办，月薪三百元，整理税收，所获比前任加多六七倍，财政部部长下令嘉奖之外，还要升我做安徽蚌埠税局监督，看来月薪会提高到六百元。我想想我家破产之后，认为前途茫茫，料不到子侄们受了十多年的艰苦，个个都很争气。现在你的堂兄七哥哥（名陈洪，号叔耘），在财政部红极一时，新近被委任为航空奖券发行处处长，这是暂时职务，不久会升为简任职，前途未可限量。还有伯陶侄现任沪宁、沪杭两路总工程师。我现在想想，幸亏那时绸缎铺关了门，否则你们这班弟兄不会自己奋斗，最多是做一个绸缎店老板而已！"我听了他老人家的话，也感喟不已。

我的嗣父说罢了这些话，他想要在附近找一家面店或小茶馆，和当地父老们谈谈，也许能得到一些资料；可是那时的愚园路，除了若干花园住宅和别墅之外，田地很多，荒凉得很，不但面店找不到，连小茶馆也找不到一间。等了好久，有一个卖馄饨的担子走近来，我们就在馄饨担旁各吃一碗馄饨，交易不过十个铜元。卖馄饨的老头儿是法华镇口音（即愚园路以西，大西路 [今延安西路] 中段，法华镇土生的人），嗣父很客气地和他交谈，因为彼此都上了年纪，谈得很投机。谈到那块地皮，那老头儿说："现在这块地皮已经卖掉了，原主是四兄弟，向来在此耕种，一年收成有限，现因地皮涨价，他们便卖给夷场上的一个客户。成交之后，他们在法华镇各买了一所住屋，而且合开了一个粮食铺。这四兄弟为人规矩得很，得到了这样的结果，也是他祖上积德。"

左边青龙 右面白虎

接着他忽然讲出，这块地皮上的一条小河，河东是一块吉地，河西是一块凶地。从前传说河西地上几个坟墓曾有僵尸出现，幸亏那位新买主，买的是河东的一块，这是站在青龙头，将来是大吉大利的；要是买了河西的一块白虎地，那么风水就大不相同了。

嗣父很欢喜看有关风水（堪舆）的书，听了他的话，就走到那条小河边上，踏勘好久。嗣父说："就现状来说，还看不出什么区别，你有暇最好约丁老先生再来看一下。"

不久，我就恳请丁翁再到那里去看一看，丁翁说："不必去，我早已知道，你这块地，方方整整，好得很，河那边的一块就差得远了。"

隔了三年，愚园路地价飞涨，有一位颜料商谢筱初（按：即后来当选上海二小姐的谢家骅之父），调查到这块地皮的业主是我，就派人来和我商量说："这块地皮的价，目前值二万二千元，谢先生肯出二万六千元向你购买，不知道你肯不肯让给他？"我当时心中就动摇起来，我说："让我考虑考虑，再给你答复。"我和丁翁商量，他说："从短线来看，实在可以卖出，但是从长线来看，愚园路的地价还会再上涨的。"不料谢筱初一连三次邀宴，大有非买不可之势，末一次我说错一句话，说："如果你添到三万元，我就卖给你。"谢筱初毫不考虑，立刻和我握手说："拉拉手，一言为定。"而且当时就取了一张三千元面额的庄票作为定银。几天之后，又到穆安素大律师处办了手续。丁翁说："照短线而论，你做得很对，卖掉也就算了，以后的涨跌，你从此不要放在心上。"

事隔多年，地价果然涨得很快，某年涨到十万，后来更是涨得惊人。但是我服膺丁翁之教，讲求心理卫生，置若罔闻。

不过有一件事情，令我百思而不得其解，认为巧合得出奇。就是河西的那块地皮，由国民政府初期的交通部部长王伯群买下了，送给他的新夫人保志宁女士。保志宁原是大夏大学的"校花"，当时王伯群是大夏校长，师生结合，传为一时新闻。该地由王建造住宅，造得美轮美奂，不料邹韬奋办的《生活周刊》大肆攻击，还把这座住宅的照片也刊载出来，并质问王伯群何来如许建筑费。国民政府为此下令彻查，王伯群因此撤职，从此在官场中一蹶不振，不久也就死了。保志宁认为这座住宅不吉利，出租于人。后来汪伪政权登场，很早就接收了这座住宅，他们许多重要会议都在这座住宅中举行，这些都是后话了。

以钱赚钱　何其易也

愚园路这块地，脱手之后，我轻轻松松地赚到了两万多块钱，因此我益发相信丁翁所说"以钱赚钱"的话，确有至理。一天，我怀着一张一千元面额的支票去见丁翁，准备送给他作为酬谢。相见之后，我言语之中先透露了一些意思，不料丁翁已经知道我的来意，他说："你是我多年的帮手，每月拿我八元月薪，工作很好，我也希望你能多赚些钱，假使你今天是预备来酬谢我的话，那么你就错了。"我被他一语道破，不敢再提酬谢的话。

生财之道　预定方针

我说："我在你老人家这里服务，学到了不少人生经验和理财之道，衷心非常感激。能不能拣出一个日子，我准备一桌酒，正式拜你为师。"丁翁展颜大笑说："你本来是我的伙计，但是我对你没有宾主之分，已经可以说介乎师友之间。我向来不收学生，所以希望你打消这个念头，将来还要和你出一本书，我们两个人名字并列在一起，我准备着着实实地捧你一下。"我连忙说："你老人家太看得起我了。"说罢，他又大笑一阵，显得很高兴的样子。接着他又说："从前我指点你'理财'，现在我要进一步和你研究生财之道了，等你有空，再到我这里来谈谈。"

一天，我特地去拜访丁翁，他见到我就大谈生财之道。他说："你的《康健报》办得很不错，我现在还要教导你一个生财之道。凡是策划一件事情，先要像看病一样，看清了病情之后，需要订下一个治疗的方案，有些只是短期内可以痊愈，有些不是一时可以获愈的，就要逐步地预定治疗方针。初步该怎样？有了进步又该怎样？最后应该怎样？办事也是如此，先要有一个方案，准备的情况要有百分之二百的程度，预备这件事情随时发生变化。要是能够有对折收获，就是百分之一百的成功；要是只得三折的成就，也还有六十分的希望；如果你方案定得好，可能达到一百二十分的成绩，那就更好了。这是一切生财之道的基本方略。"我说："领教，领教！这是书本上看不到读不到的处世箴言。"

丁翁接着又说："我现在要考考你。我先出一个题目，现在我的《古钱大辞典》，有人看了这一部书，一切古钱，依着笔画，就像查字典一般查出来，因此玩古钱的人，渐渐地多起来。但出版之后，销数不广，毕竟这是一种专门性的书，买的人不会多的。这部书从搜集、编辑开始，直到印刷完成发行之后，收回来的本钱，还需要一个很长的时间。只是有许多人拿了古钱要我鉴别，也有人向我买古钱，也有人拿了古钱来卖给我，倒令我赚了不少钱。我发觉这是一种生财之道，你可不可以为我想出一个全盘计划？我只是看到这些冷僻的古钱，有光明的前途。要怎么样来处理这件事情？把这件小事发挥成为一件大事，请你回去替我想想，像开药方的办法，一张张地开出来，给我看看。"

我说："好的，让我动动脑筋看，看我有没有办法。"几天之后，适逢星期日，我先打电话问他："今天有没有事？"他说："好的，我们两人一同到康脑脱路（今康定路）徐园去饮茶谈谈。"我便准时而去，就把全盘计划告诉了他，他听了之后，操着一口无锡话说："究竟倷年纪轻，思想周到。这个方案，好极了，我准定照你的方法去做。我从前教你理财之道，我现在觉得你不但是一个书生，也很有生财之道呢！"

我说："这件事首先第一步：要大规模有计划地去做，由我出面，请你陪我到五马路（今广东路）古玩市场巡视一下。你只算是介绍人，从旁论价，我要把整个市场的古钱币，全部买下来。"丁翁说："妙极了！"

从前古玩铺门前，必然有一个专卖古钱的摊子。（按：现在香港摩啰街亦有，但规模太小，不能相比。）因为对古钱不重视之故，一般人对古钱也不认识朝代，因此，很少人光顾，那时价钱很便宜，唐、宋、元、明、清的古钱混在一起，到处可见。到了古玩市场之后，丁翁对这些人都相熟，他说："这位年轻朋友，要大量地收购古钱，无非白相性质，价钱要用特别计算方法。"古玩铺老板笑逐颜开说："买卖古钱是小生意，你说怎么办呢？"我说："我是不认识古钱的，我现在不论名目，不论真假，要全部买下来。"老板说："也好，现在铜价每斤是五角二分，你要这样的买法，就照铜价加一倍。"我说："好。"于是把那铺子的古钱全数买下。

古玩市场的摊档共有几十家，别家听到这个消息，大家都来拉生意。于是逐一摊档都全数买下来，而且真的假的布泉、刀泉、圆泉、无孔泉，只要是又古又绿的都买下来，一共买到几十斤，全部送到我的诊所。丁翁展颜大笑，认为这样做法很好。

第二步：这一项消息传开来，古玩铺继续不断地收古钱，天天有电话打来，连到城隍庙后花园四美轩的古玩茶会中人、北京路的铜锡铺、满庭坊的旧货店，都把古旧烂钱送来，由我再转手送到丁翁家中。因为丁翁名气大，若是不采用这个方式，成交就难了！

第三步：丁翁亲自鉴别，竟有真的唐、宋、元、明、清各朝代的铜钱隐藏在内，当然唐宋元的不多，明代已不稀奇，清代有十三朝，从顺治到光绪，可以分清朝代、分门别类地排起来。他一边整理，一边还有古钱陆续送到。其中有一个枪头，又烂又绿，并不是古钱，也混在烂铜堆中，丁翁鉴定之下，认为一定是古代的战争武器。正想查书考证，有一位金石鉴赏家宣古愚，一见这个枪头，便对丁翁说："你不必查书了，我愿出五十块银元，请你让给我。"丁福保一想，说："我买这一大批古钱，所费也有限，你要，就成交吧。不过我想知道这是什么东西？"宣古愚说："这是战国时代的矛头，也是稀见之物。"

第四步：用同样方法，托朋友在北平、西安、云南、四川等处，搜集古钱，论斤论担地收买。这一个步骤，时间费得虽多，而收获很大。有许多古钱一部分朝代年号遍查不得，原来这些古钱，是日本、高丽、安南、暹罗等国流传到中国的，所以在中国书的记载上查不到这些年代。丁翁喜出望外，于是分类排比，每套装成二十四个锦盒，定名为"泉品宝鉴"。

用这个"鉴"字，几经推敲，因为大部分是真正的古钱，小部分是复制品、摹制品，另外有一本详细的说明书，真的标明是真的，复制品是按照古籍复制的，商代、秦代、汉代到唐代，全是照书摹制，说明是仿古的示范之作，所以用这个"鉴"字。从前翻砂，极为简便，先将做出来的新钱，烹煮三度，用酸醋浸三天，埋在地下三尺泥土中，还要加适度的硫黄、硝酸、硫酸、盐酸，经过适当时间，铜质被其腐蚀，就会呈现出古色古香苍翠斑斓的模样。（按：后来隔了三十年，某地有人举行过一次历代钱币展览会，丁翁复制和摹制的古钱，占了大部分，但是真的假的，早已没有人能鉴别得出了。）

古钱的滥觞，始于周代，盛于秦汉，直到清代，都有各式各样的铜钱，至民国肇始，才停止铸造。周代有"六泉"，是六种不同形式的铜钱，又有"十布"，这是十种"布钱"，布钱分方足、圆足、尖足三种。

战国时代，各国都有铸品，而今竟有人全部不缺地保藏着拓本，可惜古时印刷不便，拓本流传很少。这也是"金

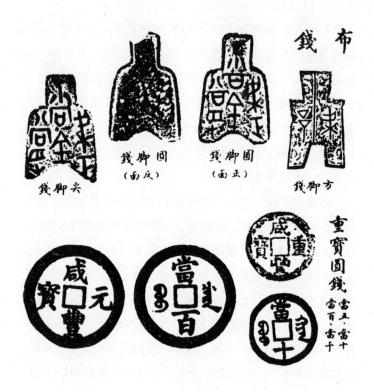

布錢

錢脚尖

錢脚圓
(面反)

錢脚圓
(面正)

錢脚方

重寶圓錢
當五、當十
當百、當千

石学"的一门。这里面包括历代食货史、历代文字变迁史、历代地域变迁史，以及各代皇朝兴衰吏，比起玩旧邮票，另有一种趣味。

到了秦始皇时代，才有圆形的铜钱，称为"圆钱"，有些有孔，有些没有孔。最初铸造，以铜质重一钱为一枚，所以"古钱"两字的"钱"字，就是由此而定。但是秦朝款式多得很，有些重半两，有些重三两，有些重五两，还有些重一两十二铢等。

"布泉"，最初是用以调换布的，等于近代所谓的"布票"，因为布钱价值高，一个布钱往往可以换十多个圆钱。到了三国时代，铸造大钱，有些当十，有些当百，有些当千，有些当万，实际已经成为银元的雏形了。

六朝时代，有四十四种铜钱，名目乱得很。由唐朝开始，官家订立规例，一代铸一款式，由"开元通宝"起，到"顺天通宝"，有十二种款式。五代时期，又乱得很，有铜钱四十二种。到了宋朝，因为时局混乱，著录的铜钱共有一百零四种。元代也有四十二种。明朝只有二十二种款式。到清代还有二十一种款式。这些数字，已经与朝代的数字不同，因为其中包括太平天国时期也铸造了好多种。

第五步：丁翁问我怎样处置？怎样脱手？我说："要考证各朝古钱，查出凡是我们所没有的，都要翻铸范本。为了避免做假古董的嫌疑，在说明书中说明这是示范性质的复制品，是同样有考据价值的。"

汇集古钱 分别朝代

本来历朝的古钱，全由官家依照"法制"制造，所以名为"制钱"。民间应用不敷，地方当局也可呈准仿制，都是翻砂复制，所以名为"砂壳子"。清代初期的钱币是很厚的，自从太平天国之后，军需浩繁，铜钱的分量又薄又轻，俗称鸡眼钱、脚皮钱。所以每一朝代的钱币，也有各种各式不同的形态，其中又有所谓"压胜钱""支钱""马

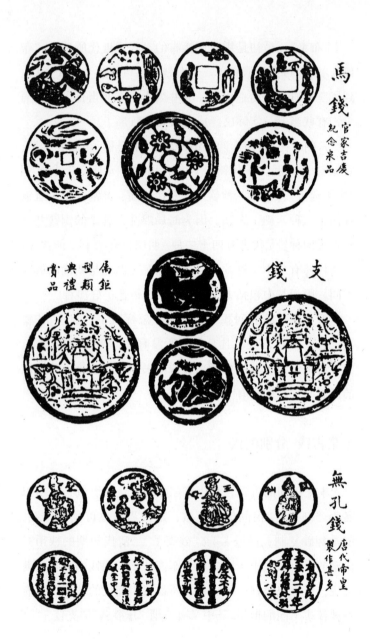

馬錢 官家吉慶紀念泉品

錢支 屬鉅型類典禮賞品

無孔錢 唐代帝皇製作甚多

284

钱"，这是一种皇帝或者王朝的纪念币，本来是作为赏赐用的，后来也广泛流行民间，不过价值很高。

由此看来，古钱之学，比之搜集邮票还要复杂。待到真钱排列完毕，整然成序，复制品造成功，分门别类，真是洋洋大观。于是将古钱用红色丝线钉在紫红丝绒布底版上，其中有几枚是真金的"金钱"，金光灿烂，教人看了古色盎然，而且在每一个金钱下面，均有丁氏撰述的简单说明，极具考证价值。

紫红丝绒的底版，共有二十四大张，于是再用紫檀木制成锦盒，盒面镂刻"泉品宝鉴"四字，用石绿逐字填色。这样一来，不但外形古雅，而且也烘托出内容的高贵和历史考证价值。

全部工作完成之后，丁翁欢悦不已，说是："我本有这个意图，而且蓄心已久，苦于没有具体的办法。如今你想出的办法，还在我意想之上，真是毕生快事！"

第六步：开始推销工作。先将十二套泉品宝鉴送到五马路古玩市场去上市，标明价格是每套银元二百四十元，只有三天，就销售一空，获利之厚，出乎意外。此后每隔两月又取出十套八套，声明这些成套古钱，供应是有限度的，过了限度，千金难买，因此购者争先恐后，价值也逐渐提高。

第七步：再向外国博物馆去推销。从前外国究竟有多少博物馆？向无调查。丁翁虽是早期日本留学生，但也不清楚日本有多少博物馆。我就建议丁翁，向各国领事馆赠送《古钱大辞典》一部，并发出一份公函，请他们调查自己国内有多少博物馆，声明每一博物馆送《古钱大辞典》一部，这样一来，就获得了世界各国博物馆的地址。记得其中以日本博物馆数字最多，英国次之。那时全世界博物馆已有四五百家，于是第二度再各送《古钱大辞典》一部，并附"泉品宝鉴"图样一份，每份价格提高到四百银元。这一下子，就把泉品宝鉴遍销到全世界。这"泉品宝鉴"究竟销去多少？我不便细问，不过我知道，丁翁在虹桥路（今淮阴路）买进的一块地，就是卖古钱的收获，后来建了一座规模极大的虹桥疗养院。

这次全部计划是我出的主意，泉品的鉴别和摹铸全是丁翁自己做的。他认为我对生财之道已获得了门径，并屡次在他的儿子丁惠康前提到我足以传他的衣钵，这是丁惠康亲口和我说的。

丁翁事后问我："应该怎样酬谢你？"我说："你教了我生财之道和理财之方，我已一生受用不尽，哪敢领酬！"他封了一包红封袋，我坚决不受。后来，他除了送我一套"泉品宝鉴"之外，以后每年农历新年，我去拜年，他总是用红纸包好银元若干枚，作为我的利市，最多一次给我二百大洋，要我捧了回去。我因为取"利市"的好兆，也欢欢喜喜地接受。大约受了数年之后，我才坚辞而罢。

虹桥疗养院落成的一年，丁翁未忘当年的诺言，要我作一部《实用医学》。书成之后，他亲自为我增订，由他办的"上海医学书局"出版，书面上印出"丁福保 陈存仁编纂"，两人名字是并列的。这是他存心奖掖我，要是论

丁福保、陈存仁合编
《实用医学》封面

年龄与资望，我是望尘莫及的。

康熙通宝 已成稀见

1949 年春，我离开上海到香港，到丁翁那里去辞行。那时丁翁依然精神健旺，面色红润，美髯飘飘。我向他说明决意离开上海，到香港去谋生。他老人家深深地叹了一口气说："照你的智慧和能力，到处都有饭吃，可惜我老了，不中用了，否则我一定要和你一同去。"言下似有无限惆怅！接着就走进内室，捧出两套"泉品宝鉴"

丁翁送给作者的"康熙通宝"

送给我，说："这是你花了很多心血完成的，现在余剩两套，我就送给你作为彼此之间永久纪念。"我说："你的盛情很可感，但是这两套东西重达一百多磅，飞机只限带四十四磅，现在飞机乘客非常之多，超额行李概不接受，所以这两套东西只能心领了。"丁翁怅然不发一言，又从袋中摸出两个铜钱，一个是乾隆通宝，一个是康熙通宝，这两个铜钱，既厚且重，而且他自己曾经把它厚厚地镀上一层金，放在手中摩挲为乐。他说："这两个钱，虽没有多大价值，不过因为是我日常玩弄之物，送给你，日后你可以睹物思人，留作纪念。"我说："那好极了。"就拜受而别。（按：50年代，有人回上海，我还托人带一些小礼物送给他。那时他的精神还是很好，而且说他还在研究养生之道，一定要活到一百岁，才算尽其天年。可是从这次以后，就听不到他的消息了。）

外国得之　视同拱璧

我在香港开业之后，1967年，有一位法国针灸家泰马史嘉来港访问我，问起我中国人除了针灸之外，还有一种刮痧方法，究竟是怎么一回事。我说刮痧是中国古老的"理学疗法"，刮痧功能，推动血液循环，引起郁血性的抗病作用，可以祛除病毒，退发热，开胸膈。说时我就拿出丁翁给我的古钱，告诉他旧时民间是用这种古钱蘸一些油来刮磨肌肤，现在铜钱已很罕见，多数改用瓷质汤匙或光滑的辅币，效果也不相上下的。

泰马史嘉经过我说明之后，把这个金色灿烂的古钱把玩不已，问我："这一个古钱是什么年代制造的？"我指着这个康熙钱说："这一个是清代康熙年间即1662年到1722年间铸造的。"外国人对于两三百年前的东西，都认为是有价值的古玩，坚持要我让给他，我因为这是丁翁给我的纪念品，表示不能转让。不料泰马史嘉夫妇俩苦苦地要求，并且拿出一本旅行支票说："你要多少代价？就给你多少。"我说："这不是价值的问题。"正在僵持之间，一位通译员说："陈先生！他们夫妇俩既然这般央求你，你就让给他们一个吧，要是你不肯接受银钱，他们有一具徕卡照相机，款式极新，香港还没有见过，你不妨和他交换？"通译员就同泰马史嘉用法语谈话，他们夫妇二人当场在皮筐中取出一具徕卡相机送给我。我一想当时徕卡的代价，值港币一千几百元，似乎不好意思收受。正在推让

法国针灸理疗杂志封面

之间，泰马史嘉夫妇已经把那个古钱放入袋中，这宗交易就算成功了，这样的交易我想想实在好笑。不料就在同一天，另外一个乾隆钱却遍寻无着丢失了！

泰马史嘉是一位医学家，回国之后，便写了一篇关于中国刮痧疗法的论文，并且把这个古钱同时刊出，他也寄了一份给我。至今我逢到怀念丁翁时，便把这幅图翻出来追思一下。当年朝朝聚首，现在却要觅幅照片！

一九五一年，我到英国大不列颠博物馆去参观，果然还见有一套"泉品宝鉴"保存着，我深深感到莫大的欢愉。

第十章

李时珍墓前萋萋

民国时期，上海电力公司的杨树浦发电厂

钞票流行之后，银元渐渐衰落。自从政府发行十进制的辅币以后，买邮票、车票，以及公用事业的付账，确乎十分方便，可是市民都感觉到由小洋变为大洋，生活程度不免高涨，俱有惶惶不安之象。

米价只涨了一些，小市民们已感到威胁。我的门诊诊金依然收一元和小洋二角，出诊收六元和小洋四角，市上辅币多数仍以小洋计算。这时我的诊务已入正轨，每天总有三四十号门诊，三四家出诊，在当时我的生活，除了付房租要付银元之外，日常开支用一些小洋的银角子，已经足够使用而有余了。

我唯一的娱乐，是公余后看一场电影，至今数十年，依然如此。我的太太在婚后，初时因为拿到了旧制中学毕业文凭，吵着一定要出去做事，也曾在一间小学校中教了两个月的书，月薪三十元，放学归来，改卷子极为辛苦。我说："你不要去教书了，只要在家中处理家务，研究烹饪，每天烧些可口的菜肴就好了。"

坐拥书城 其乐无穷

我有一笔最大的支出，就是买书。布置了一间宽大的藏书室，叶恭绰为我的书斋写了一个匾额是"书城"二字。

我每天有闲时，坐在书室中翻阅各种书籍，觉得其乐无穷。

我受到丁福保老先生的影响，研究日本的"片假名"。（按：片假名即日本的拼音字母。）从前的日本文，每一句汉字占得很多，所以只要懂得拼音和造句文法，看日本书就比较容易了。

日本汉医书籍很多，因此我常到北四川路"内山书店"去买日本的汉医书，主人内山完造是一个中国通，不但能说一口很纯正的中国国语，还能说很流利的上海话。内山书店并不大，三面都是高大整齐的书橱，中间放着一个紫陶灰炉，炉旁边有四张小藤椅，专供顾客阅书品茗。这里有一位常客，就是鲁迅，他的名字和内山书店是经常联在一起的。

内山书店的书，偏重于新书，内山和我说："你要搜集汉方医书的话，最好亲自到日本去，东京神田区有书铺三五百家，所有的汉方医书，都可以买得到。"

那时日本是金本位，中国是银本位，其时银贵金贱，虽然有大批学生都到日本去留学，但是旅客去日本的还不多。我打听到日本去要多少费用，因那时尚无空运，只有乘坐日清公司管辖下的轮船前往。日清公司买办是名画家王一亭，我去请教他老人家，他说："船上有一买办间，你可以不必买票，就睡在那间常常空着的买办房里，到达日本之后，只要给茶房两块钱小账就够了。"我听了很高兴，准备去一次。但是我的太太认为去日本花费很大，而且言语不通，到了那边又没有熟朋友招呼，再说做医生的常常出门，会影响到业务，不如过几年再去，于是日本之行就作罢了。

游莫干山 小有收获

我在上海开业几年后，病家日增。有一天某富绅请我出诊，他是久病之人，他说："今年夏天气闷得很，我想到莫干山去养病，你能不能跟我一起去？为期大约一个月，你的业务损失全部由我负责。"

我心想，暑期正是医生的旺季，怎么可以贸然离开？迟疑好久，答不出话，他说："现在正是富商巨贾以及政坛名流到莫干山避暑的时期，你去的话，除了为我诊病之外，还可以介绍这些人给你相识，要是他们有病的话，也都会找你去看。"我说："莫干山没有药材铺，我要准备一些药材，才能诊病处方。"他说："那便当得很，你要多少就带多少。"我回到家里一想，成药带一百多种，饮片要应付暑期和调理的病症，也要用到二百多种。于是我特制了四只大木箱，木箱一开，两边都是格子，每一个格放一味药，但是仍然容纳不了，因此另外又备了几个药草的包裹，以备添用。这四只木箱里的抽屉格子，是特地到虹口一家日本木器店定制的。

一切准备完毕之后，某富绅和我就订期启程。从前到莫干山，要先到杭州，先坐船后坐汽车，再上莫干山。

先期打一个电报给莫干山铁路饭店经理，要订十个房间，经理还没有回电，我们一行车辆已抵达莫干山庾村，坐着"竹兜"登山，一路上竹响泉吟，好景目不暇给。铁路饭店经理周君看见大队人马已到，一时手足无措，对来客说：“我们只收到订房间的电报。但是我们的回电只答应四间，两间有套房，两间双人房，因为军政当局正在这里开会，实在没有空房间。”随从中有人暴跳如雷，某公神色自若地说：“有四间已算好了，不可和别人争论。”那位经理说：“这里附近范师长有一个别墅空着，我想你们可以去住，饮食由我们这里供应，不过床榻被褥只能请各位将就一些。”某公说：“好极，好极。”接着他就对我说：“你同我都住铁路饭店，不但有照应，而且两间都是套房，一定有许多朋友请你看病，也很像样。”我就接受了他的好意。

我在会客室中，安排下一个诊桌，又将木箱打开，立刻成为四具药橱，分开来能成八行，仿佛一间小型的药材铺。

莫干山从前是西人避暑的区域，景色优美。尤其是傍晚日落时分，起初见到远山的边缘，沉下像半轮大的太阳，颜色鲜红，金光四射，周围陪衬着绚丽的彩云，真是美丽极了。区内马路、水电，以及邮电设备，向由西人指挥管理。民国成立之后，收回主权，设莫干山管理处，置处长一人，警察二十名，这些警察只管住客上山下山的出入口，管制得相当好，所以区内的治安非常宁静。

山上有一条大街，两旁都是私人别墅。时在盛暑，莫干山的气候一如秋令，大家觉得舒服得很。

第二天一早，我走出旅店，在屋后环眺，遍山云海，遮盖了一切，只隐约地看到一些亭台楼阁的影子，还有奇形怪状的云块，在空气中推动着，置身此地，如登仙境，一洗尘俗。我自己暗自庆幸，昨天看到日落，今晨又见到云海，难怪达官贵人一时云集，个个都轻装便服地散步街头，可以说省长军长满街，都是携着手杖陪了夫人在山上安步当车地散步。路上只有几间小商店，生意好得很，出售的东西，除了杭州的土产之外，都是英美两国来的罐头食品，还兼售中西家庭常用的药物，价钱都比上海贵一倍，正式中西药铺，一间也没有。

山上的马路清洁异常，有几个扫街的人，一天要扫几次，所以路上不但没有垃圾，连废纸也没有一张。

当地还有几间很大的茶馆和菜馆，座上客都是一些军政首长，与当地民众共叙一堂，不论识与不识，见到就含笑点头。菜馆中常备的菜，以时蔬为主，任何客人只有什么便吃什么，好在都是新鲜的，吃起来也颇可口。菜的售价很便宜，每款不过三毫五毫，晚间常有人请客，也以四盆四碗一汤为限。假使要吃丰富像样的筵席，那是无法承办的。

来访问某富绅的人很多，而且知道他还邀请了一位上海医生同来，兼备药物，可以配方。莫干山地方毕竟不大，消息传得很快，不上两天，就有许多人来找我看病，看了病送我五块钱，这个数目在当时看来已是很大了。有些当地人来看，送一元、两元的也有，我对这些病人只问姓氏，从不问名字，其中可能有不少大人物在内。

在短短的一个期间，若干种药材，已不够应用，铁路饭店的周经理很热心，他说："你要什么药材，今天开出来，明天就可以托人从山下带上来，是很方便的。"

因此，我从这时起，规定上午看病，下午游山，莫干山养病的人很多，所以每天上午诊务很忙。

铁路饭店有一个大客厅，每逢星期一大清早，就有三百多人来这里做纪念周，除了主席台有一个小方桌之外，大家都站着讲话和听讲，我看不到有什么警卫人员，旅馆中的旅客去参加的话，也不拒绝。我想铁路饭店的客厅，看来是莫干山最大的，每次有什么重要会议，也都是在这个厅中开会。

我在莫干山，看早晚不同的景色，认为那边的三个庙很是美丽，而且可以去烧香品茗。又有一个尼姑庵，门虽设而常关，游客也可以叩门而入，我也进去过一次。

我在莫干山住了一个半月，我的日用开支很少，而且还收到诊金和药费两千多元。离开莫干山返上海的时候，某绅还要送我一笔钱，我坚持不受，但是旅馆的账数目甚大，他早已付清了。

药学辞典 好梦成空

我的《康健报》出版到第三年，已然小有积蓄。有一天，谢利恒老师约我到他家一谈，见到谢老师面目浮肿，腿部也肿得厉害。坐定之后，他深深地叹了一口气说："这次有病，恐怕不久于人世了。我多年以来，花了许多心血和金钱，搜集医书近一千种，这些医书，我想完全转让给你，随便你给我多少钱。因为爱书的人未必有钱，有钱的人未必爱这种书，只有你才有用处。"我说："这是无价之宝，我极愿意拜领，但是代价若干，我实在不敢讲，请老师吩咐吧。"谢老师说："我只想得到两千元，于愿已足。"我说："那似乎少一点，我愿意奉呈老师两千五百元。"谢老师面上露出笑容说："那就好极了。"

不久，谢老师的病霍然而愈，我约他到功德林吃素斋。谢老师说："你买了我的医书之后，我胸境大开，对疾病的消除大有帮助，否则，我为了这些书，愁都愁死了！现在有一件事，本来我在商务印书馆编了一部《中国医学大辞典》，销路很好，如今商务印书馆又要我再编一部《中国药学大辞典》，我想来想去，精力不够，我愿意推荐你去接任这项工作。"我说："我年纪太轻，恐怕商务印书馆不会接受的。"他说："我的话，商务方面绝对信任，只要你在馆外着手工作，相信一定会得到成功的。"我说："那是求之不得的机会，我很愿意去试试。"于是我就先拟了编著大纲和内容的一部分，即如"人参"一条，字数达二万余字。

这些稿件配上了彩色图片，送交商务印书馆编译所所长张元济（菊生）审查。初时好像石沉大海，杳无音讯，过了三个月时间后，突然张菊生来了一封信，约我去签合同。那天是谢利恒老师陪我去的，张菊生见到我的年纪轻到出乎他想象之外，面上露出诧异的神情，就问我的学历。我不慌不忙地一一作答，并且说："我是章太炎、谢利恒、丁甘仁、丁仲英、姚公鹤的门生。"他听了很高兴。接着我拿出一套五彩药物标本图，画得张张十分神似，他一再翻阅，问我："这些图片是哪里来的？"我说："这些图片是照着原株新鲜的药用植物来写生的。"他看了之后，就说："你这部书编成之后，比你老师那一部医学大辞典还要实用。"他又问我："这部书全书一共有多少字？"我说："谢老师的医学大辞典是三百二十万字，我决定也是这个字数。"张菊生说："这种专门图书，稿费规定每千字是三元，全书应该是九千六百元，图片稿费不计，你以为如何？"我说："好的。"接着就签了字，合约上写明预付全部稿费一成，为九百六十元。

张菊生详详细细地和我讨论编纂大纲，他贡献了好些意见，而且留我和谢利恒老师在他们餐厅中吃了一餐饭。这个餐厅并不大，只能容六桌人，菜肴很简单，和编辑部同人吃的一样。其中有四桌人，是编译所的高级职员，都是全国著名的学者，如编辑《辞源》的陆尔奎、方正、庄俞、孟心史，教育家郭秉文、胡君复等。距离张菊生最近的一桌，有两人是专为商务印书馆写字的郑孝胥、黄葆戊（别署青山农）。大家微微点头，进餐时，寂静无声。

和我们同桌坐的是蒋维乔、杜亚泉、王西神，虽在一桌共餐，大家都谨守着"食不言"的古训，很迅速地吃罢了饭，起身就走。

临行时，张菊生很高兴地送我们到二楼楼梯口，恰好该馆交际科科员（外号交际博士）的黄警顽上来，菊老就说："警顽，你代我送送。"警顽本是我的老友，他问我："你今天怎样坐到菊老的桌上吃饭，有什么大事情商量？"我说："有一部中医书稿要卖给你们。"警顽说："那你真是运气好，每逢星期三馆外的特约编辑，如西医余云岫、程翰章要是也在座的话，你的事就多少要受到阻碍了。"

出门后，谢利恒老师约我当晚到马上侯酒店饮酒。晚上见面，他开口第一句话说："稿费每千字三元，是商务印书馆对学术著作的规定数目，这是没有商量的（按：当时普通书店或报馆稿费每千字约一元），但是你这部书中的彩色图画，花了不少钱画成的，怎么你就答应他不计稿费，这是你让步得太快，吃亏大了。"我说："这部书只求其能出版，已属生平大幸，何况是由全国最大的商务印书馆出版，即使吃亏些，也无所谓。这件事要不是老师帮忙，我是不得其门而入，所以我要提出五百元来孝敬老师。"谢老师一边呷酒，一边摇头说："你这部稿子照我推想，至少要请八个人帮助你工作，图画和摄影部分又要花许多财力人力，要是能在五年内完成的话，那么你所收的九千六百元，不但毫无进益，还怕有亏本之虞。"说毕，他连饮了两杯酒，叹了一口气说："从前我编《中国医学大辞典》，因为那时我是馆中的编辑，只受月薪，不受稿费，助编的有十二人，历时九年之久，而且有两个得力的同事助编，为此辛劳过度，都在半途期间死亡。照商务方面的成本而论，你的稿费实在太便宜了，所以你送给我的酬报，我是不能收受的。"

我听了他的话，一则以喜，一则以惧，喜的是签约成功，惧的是不能如期交稿。我们师生两人酒醉饭饱之后，就到大世界诗谜摊去打诗谜，结果赢了几包香烟，方才分手回家。

隔了半年之后，商务印书馆五千工人大罢工，而且一罢再罢，罢到张菊生一无办法，总经理也辞去了，由原任东方图书馆馆长王云五来继任总经理，提倡科学管理方法。不料工人的气焰更胜从前，又因为闸北一场战火，把商务印书馆的工厂都烧了，王云五立刻采用快刀斩乱麻的方法，把五千工人全部解散，同时把营业部编辑部对外一切合约，宣布无效，已付的定洋不再追回。我收到通知信之后，再一查合同，果然其中有一条，订明在天灾人祸无法抗拒时，合同可以随时取消。于是我的医药巨著一场好梦全部成空了。

挫折横生 工作不辍

我订成合同要开始这件工作之时，曾去拜访丁福保先生，要他提供一些意见。他说："这是你终身的一件大事，时间不妨暂定为十年，稿件看来要随着你编辑过程一改再改，可能要易稿四五次也说不定。"于是他就把如何编纂的意见，很详细地提出，他说："你先把稿样做好，我帮你一次次地修改。"我就照他的办法去做，随时地去请教他。同时我告诉他，我和商务印书馆签订合同的经过，他拍案长叹，连说："大错！特错！你这一回要受到合同的束缚了，即使你花了十年工夫完成全书，恐怕还有束诸高阁永不出版之虞。"

我为之愕然，问他："何以说这句话？"丁翁说："商务印书馆每出一部书，要经过编辑委员几次审查，各委员都要加评语，只要有二三人指出里面稍有瑕疵，那么已购之稿，即不会出版。商务印书馆为了要到各省推销教科书不受阻力起见，凡是有人做好了书，无法进入商务的门路，都托各省教育厅厅长，或是教育部部长，甚至政界要人写信介绍，商务印书馆就不论书的内容好歹，一律照收，付款如仪，但是这些书稿，十部之中，难得有一部出版。"

丁翁又说："商务印书馆编辑委员会的审查老爷，权力之大无与伦比，要是多数没有意见，只要有一个人提出些少问题，如涉及政治上的问题，以及在传统上的见解，凡是能引起读者争执的话，就搁置起来了。当时胡适之著成了一部《中国哲学史》上册，原稿是由蔡元培交给张菊生的，审查委员审查了六个月，有三个委员批了'存疑'两字，意思是说里面的问题太大了，一个委员批了'似曾相识'，意思指他这书与日本书颇有雷同之处。陆尔奎批了一句'无下册例不刊行'，就因为这些阻碍，胡适之的这部书稿，搁置多年并未出版。但是为了蔡元培的面子，稿费早已付清。胡适之知道了原稿被搁置，由梁启超出面向商务印书馆交涉，编辑部还是不买账。后来胡适之大红特红之时，张菊生会同董事高梦旦，不顾编辑部的反对，径自出版。因为只有董事才具有这般超越一切的权力,《中国哲学史》上册才能面世。"

他续说:"你的《中国药学大辞典》,虽说是馆方请你编纂的,但将来稿件交出之后,编辑部委员中只要有一个人批上两个字或一句话,你这本书也永不能出版了,何况高梦旦自鸣是个新派人物,他最反对中医。高梦旦是郑振铎的岳父,他认为恽铁樵编的《小说月报》太旧了,批了一张条子试用郑振铎为《小说月报》主编,恽铁樵多年的心血即废于一旦。所以,即使过了编辑委员会一关,恐怕高梦旦一关,也不容易过去。再说吧,商务印书馆的股东夏氏(夏粹芳、夏筱芳父子)、鲍氏(鲍咸昌、鲍咸亨兄弟)、高氏(高凤池、高梦旦等),这三大家族是商务的大股东,张菊生不过是客卿地位,所以你这张合同脆弱得很,将来稿费九千六百元,可能会全数付给你,正式出版的希望是很渺茫的。"

我听到这里,手脚都发冷起来。不料,丁翁又问我:"当时张菊生问你的学历时,你有没有说出姚公鹤是你的国文老师?"我说:"说过。"他听了又拍了几下桌子,连说:"完了!完了!这件事永不翻身了。"

我就问:"何以提到姚公鹤事情如此严重?"他说:"《辞源》编辑成功,全书已经排好付印了。印出样张,将'一'字项下的字汇全部刊在样张之内,分甲、乙、丙、丁、戊五种版本,郑郑重重地发出预约广告,当时全国学术界欢欣接受,纷纷预约。哪知道姚公鹤的长兄姚尔泰,穷数月之力，将'一'字项下的字汇，指出了许多错误，说这不是辞源，距源甚远。他另外编辑了几万字，抄成一本精致的样本，由姚公鹤送到商务印书馆。这件事令商务方面，大大地紧张起来，总编辑陆尔奎认为面目无光。后来幸亏商务的编辑都是常州人，由庄俞出面同姚公鹤商谈，延请姚尔泰为馆外编辑员，只支薪水，不用到馆办公，而且第一次还另送笔金四千元，才把这件公案了结，所以陆尔奎对姚公鹤也没有好感。如此推想，你的书总是凶多吉少。"我们两人商议之下，将来稿件交出时，唯有多留一个副本，预备他们搁置不出版时，再作易稿重编的准备。

本来我写稿，写好了一定先请人抄得整整齐齐，再行修改，向例如此，所以，雇了一个抄写员专做这项工作。这回全书要三百二十万字，原定易稿二三次，自己的抄写员应付不了这项繁重的工作。我知道满庭坊有一个地方，是专写石印书的，里面人才济济，抄得最工整，每千字计费大洋三角，次等的为二角，再次等的为一角。我因为不需要印石印，说明只要一千字抄费一角钱的。接洽妥当之后，几个人开始为我抄写，那么易稿也不成问题，录副本也不成问题了。

现在想来，文人真是很辛苦，写石印的人，都是些老先生，进过学，或者考过小考，所以都写得一手工整的小楷，成千成万字是一个模样的，可怜他们最高的抄工每千字只收三角钱，"百无一用是书生"，不胜慨叹之至！

我想到"辞源"两个字，是郑孝胥写的，笔力雄浑，气势磅礴，因此我想我的《中国药学大辞典》，也应该请他题签。我到商务印书馆去访问了三次，他都不在，原来他每星期三不过到馆二三小时，看看书，写写字就走了。

一天，给我撞到了他，我就请他题字。他知道我的辞典已经签约，操着福建音的国语说："你这部书，还要几年后才出版，现在写书签似乎太早了。"我听了这话，觉得话中另有别因，就去问黄警顽，黄警顽告诉我："郑孝胥经常闹穷，以写字为生，你不如到他家里去，照他的润格，送他一些钱，那就可以办到了。"

郑孝胥住在南洋路（今南阳路）一间住宅中，我去访时，他自己开门，一见是我，他就说是不是要他写字。我说："是的。"到他的书房，只见桌面玻璃底下压着八个字："亲友求书，概照润例。"于是按着润例，题书签是一元，我就拿出一块钱来。郑氏微有不愠之色，并说："你不如多写一些，我今天可以当场交卷。"我说："很好。"看他的润例：立轴二尺是五元，五尺中堂是十二元，我全数照付，请他写一幅单款中堂，一幅立轴，一条书签，共计大洋十八元。墨是老早磨好的。片刻之间，他操着狼毫笔，全部写好。后来郑氏到伪满洲国当总理，还和末代帝王宣统结了一门姻亲。等到我这本《中国药学大辞典》正式出版之时，郑氏题的书签碍于形势，迫得放弃，后来改请吴稚晖老先生题签。

郑孝胥写的一件中堂，在敌伪时期有人求我出让，我爱他的字，但不爱他的为人，结果以黄金一条（即十两）脱手，只有一幅立轴带到香港，因为有他所写"存仁大兄"

郑孝胥为作者书轴

的上款，不妨留作纪念。

　　我为了拍摄药物标本，特地与林雪怀合开了一家雪怀照相馆，为了彩色图画，特地请了四个会写生的人，经年累月地工作。帮我编辑的人，请了尤学周、吴善庆等四位同学，我自己每天规定写两千字，修改的时间花得更多。我还有四个学生，为我到十六铺药行街去借用药物来写生，至于整株药物的标本，我另外委托产地的同学代我搜集。一位四川同学替我搜得最多，可是中原几省的产品搜集最困难，因为我慎慎重重地写信委托同学们，而他们都借故推诿，一无成就。为了此事，我后来还特地到蕲州去过，因为那个地方是七省贩运药材的中心，要采整株标本，非走一次不可。

正在忙着工作之时，商务印书馆来了一纸文书，说是一切合作完全作废。初时我待了两三天，后来和丁福保先生商量，他说："塞翁失马，安知非福。商务不出版，尚有中华书局、世界书局等大机构，再不行的话，我用医学书局的名义，为你出版。"于是我就不研究将来的出路问题，继续做我的工作。那时我年纪还轻，有时一晚只睡五小时，次日还是照常看病。

远游蕲春　访李氏墓

我为了编纂《中国药学大辞典》，知道全国药材的转运中心是在汉口，汉口的药材行都大得很，但是药材的汇集和贩卖，自古以来是靠着长江的蕲州，民国之后，改称蕲春县，距离汉口相当近。

在汉口，我有一个中医学校的同班同学杨先橘（树千），他是大藏书家杨守敬的儿子。杨守敬到过日本，著有《日本访书记》一书，文名甚著，后来他在上海鬻书度日，境况相当好。他长子杨树千师事丁甘仁老师，曾和我同居一室，相处甚得。毕业后他在汉口行医，成为汉口一位名医。

我写信去告诉他，我要到蕲春县去观察南北药材交流情况，并凭吊李时珍的坟墓、故居和访问他的后人。树千兄复了一封信，表示欢迎，只是要我携带的箱子衣服越旧越好。我一看这信，就看出或许那边治安不靖，所以我特地做一套粗布的棉袍棉袄，欣然就道。到了汉口之后，树千兄招待之至，不过他说："你的发型是东洋头（即中间开界，头发分两边梳的），令人一望而知不脱洋气，这是你旅途中的一大阻碍。棉袍棉袄新得不得了，人家见了你，显然是一个有钱的人。这种乡下古老的地方，治安不靖，你还是打消了这个念头吧。"我说："我既然乘长江轮到汉口来，已不容易，到了这里，非到目的地不可。"他在无法劝阻之下，就叫一个老家人陪我前去，叮嘱我一路上少开口为妙。于是我和那个老家人，往故衣铺买了一套旧棉袍。头上戴了一顶旧毡帽，脚上穿上了古老的布鞋，并且把头发完全剃掉，变成一个平顶头。在中午时和那老家人一同进入一家很大的菜馆，内部顾客虽多，但陈设古旧，板桌板凳，桌上放着一个筷筒，此外一无陈设，菜的名目一共只有六七种，如牛肉、烧肉之类，这个情况比现在武侠影片中所描写的还要差一些。我点了四个菜，土酒一瓶，老人家认为太过花费，吃不完是罪过的。付账时拿出一块钱来，老人家说："你的银元千万不可露眼，此地只是使用铜元，连银角子都很少使用的。"足见银元时代，还是限于都市之间，乡下人的生活艰苦，亦可想而知。

　　到了晚间，树千兄在家里请我吃饭，约了当地几位名医作陪，吃的是四炒四荤一汤。在将近散席时，忽然上了四只大盆，一盆是一条大鱼，一盆是红烧猪蹄，一盆是全鸡，还有一盆是全鸭，大家说："吃不下了，吃不下了。"我也停箸称谢。我看了这四只大盆，色泽有些不对。我正想动筷来看一下，旁边有一位医友轻轻地拉了我一下，并对我说："这四样东西都是用木制的，上面浇了一些液汁，照规矩客人到此时是不动筷的。"我一时好奇，乘着别人不留意时，仍然把靠近我的一条鱼翻了一个身，一看果然全是木制的，而且后面还写着"老大房公用"五个字，我见了简直失笑出声。原来从前人请客都很俭朴，为了虚张声势，不得不用木制的鸡鸭鱼肉来充场面，特别是那只鸡，雕得既粗又劣，死板板的，一望而知是木头制的。这时我就想起成语所谓"呆若木鸡"，可能是由此而起。

树千兄对我不远千里而来，要往访问蕲州先贤李濒湖（时珍）的墓，表示钦佩，他说："上海人从来没有到过这个地方，所以我给你一个药箱，倘有人问你来此何事，你可答以铃医卖药便是。"因为那时节，只有拿着铃串走江湖的医生才会走到那里去，如此说法，可以避免许多麻烦。同时他替我包好了两包铜元，每包是一百枚，另外还为我预备了一大盒大英牌香烟（按：每一大盒，内有五十小包），必要时可作送人之用，代我雇了一辆木质的独轮车，两边都可以坐人，由一相熟的车夫推我们去，并备雨具及干粮两包。他说："四乡的风气，抢劫是没有的，不过外省人去，很容易遭到求赈或是借钱的麻烦。这两包铜元，你们二人是断断用不完的，如遭到困难的话，这个车夫可以为你们解决一切的。"

我刚要启程，他忽然看见我手中拿了一个照相机，急着说："这东西你千万带不得，因为当地乡下人从来没有看见过，乡下人会成群结队来围观，一定要弄出麻烦来。"我说："我此行目的，就想拍几张相片，所以非带不可。而且这个照相机，是柯达式的儿童机，不值钱的。"树千兄说："不行，不行，你一定要用一块旧花蓝布包住，不到摄影的时候，千万不要拿出来。"于是我和老家人在次日清晨六时许，一同登上了独轮车，各坐一边，由车夫咿咿呀呀地推行着，出汉口，接着到蕲州东门外，约二十里，到了竹林湖畔，去找李时珍墓。沿路荒凉得很，大约每行五里路光景，才有一爿小茶馆，车夫要歇脚抽烟饮茶，我们两人也乘机吃一些东西。这种小茶馆，见到我们三人，招呼得很周到，先端出一盆清水供我们洗面，但是没有毛巾，因为毛巾是洋货，他们是不备的。洗脸的布，是一块花蓝布，不很干净。车夫拿起一个竹筒，抽了几筒旱烟，我就拿出大英牌来敬了一支给车夫，车夫大为高兴。歇了一阵，我们又上车赶路，茶馆饮茶只付四个铜元。伙计看见我抽的是大英牌香烟，两眼望着我，我就把剩余的半包送了给他。我们上车之后，车夫就对我说："你下次给人家香烟，每人只可以一支为限，多给了便被人看出你不是本地人。"我说："知道了，等回去之时，我除了照付车钱之外，还要送给你十包烟，作为额外酬劳。"车夫高兴得很，一路唱着歌，表示很得意的样子。

　　途中我见到一件怪事，路上不但有许多小孩子完全赤身露体一丝不挂，若干农夫也都不穿裤子，只在胯间缚上一块蓝布就够了。车夫告诉我，乡下人家是很少有像样的裤子的，逢到喜庆大事，一条裤子大家借来借去穿着，是不稀奇的。

到了中午时间，已经到达"李时珍祠"。这祠看来已经年久失修，我就想到李氏是生于明朝正德十三年（1518），卒于万历二十一年（1593），这个祠堂是否建于明代，也难以确定。

这祠堂已经改为一间私塾，里面有学童二三十人，一位老师，看来有六十多岁，我就向他请教尊姓大名，原来他也姓李，并且说出他是李时珍的后裔，我就恭恭敬敬地和他谈话。他说："李氏后人现在多数在汉口经商，做医生的不多，做药材生意的有几十人。"我表示是做铃医的，想瞻仰一下李公濒湖的坟墓。他立即停止授课，陪了我走上半里路，才到墓地。我取出香烟一包送他表示敬意，那位老先生再三称谢。这时我的火柴已经用光，一时无法点燃，那位李老先生说："这里不称火柴，叫作'洋火'，因为价钱贵，是不采用的。"说时他从怀中拿出两块火石和一根纸卷，打了几十下才有几粒火星点着纸卷，两人才抽起烟来。我问他："你们晚上用的是什么灯？"他说："当然是油灯，所谓油灯，是在油盏中放了几支通草，晚上取光，赖此而已。"我心里想到我们在上海用电灯，真是福气。

李老先生忽然指着一间大屋子说："这间大屋，就是我们祖先著书之处。"我们就一同进入观看一下，里面书架书桌都没有了，只堆了无数农具。我看了一番，思古之念油然而生。接着我就看到了李氏之墓，当场拍了几张照片。

这位李老先生，坚决要留我们吃饭，我说："我们都备有糕饼干粮，不敢打扰。"李老先生听见我们带有干粮，格外高兴，一定要留我们吃饭。不一会儿，两盆蔬菜，几碗饭已端了出来，我也把干粮拿出来放在桌上。老先生看见了糕饼，起劲得很，他只吃糕饼，不再吃饭，他说："这种糕饼，只有汉口大地方才有，我已多时没有吃到了。"我和老家人只顾吃饭，蔬菜虽然煮得不好，却新鲜得很，因为是刚从田里拔出来的。

大家吃饭之后，李老先生拿出一部家谱，是手抄本，我立即把它节抄下来。家谱上看到李时珍有四个儿子：长子建中，当过云南永昌府通判；次子建元，是黄州府儒学生；三子建方，是太医院医士；四子建木，是蕲州儒学生。还有孙三人，名树宗、树声、树勋。至于以下的后代子孙，我抄之不尽，也只能不抄了。

李氏墓碑 摄得一景

我根据墓碑上字样，问："李时珍究竟几时做过官？何以碑上写着文林郎。"李老先生说："时珍公自己没有做过官，因为长子做文林郎，所以死后他也加封为文林郎。"接着我就问蕲州药物生产和市场情况，他摇头说："这些情况，我一些也不知道。"我听后大失所望，不过我能拍到这几张照片，总算不虚此行。

明代药物学家李时珍墓碑

　　我在墓地四周徘徊了多时之后，远远望到一个亭子，我问这亭子是什么所在。他说："那边有一个很小的土地庙，不知在清代哪一个年份，有人在里面供奉了李公时珍的塑像，因此常有人来求签取方，香火鼎盛，后来就改为药王庙，以供奉李公为主。"我坚持要去看一看，看到李时珍的塑像，塑的是道教的服饰，因为庙里光线黯淡，拍照绝无可能。还有旁边小室中挂了几张李时珍著书图和诊病图等，我匆忙地照图描绘出一些大意，车夫催着快些动身，否则，便来不及回到镇上。（按：这几幅图，我回到上海之后，就请人重行描绘，比较清楚，除了一幅墓碑图之外，后来许多书籍都有转载，流传甚广。）我和李老先生分别的时候，我送他十包香烟，李老先生竟然打躬作揖，笑得眼泪都流出来了。

　　回到蕲州县城，天色已经很黑，但是城中并无万家灯火之象，树千兄在家等候已久，备了两个家常菜，请我们吃饭。我问车夫该给多少钱，他说："你数四十个铜元给我已够。"计算这一天的费用，一百个铜元都没有用完。

次日，树千兄为我约好了几个药材商人，搜集到整株药物标本，另外有药材很多，盘桓了两天，我觉这次收获很大。

在汉口，本来我要溯江而上，到四川、重庆去的，但是从前的长江轮小得很，最难过的是长江三峡，形势隘险。宽阔的长江，船要在两个山峡峭壁之间穿过，水源汇聚，波澜大得很，晕浪是小事，有许多船客连船都被冲激而牺牲。尤其是长江的水平面，上游高而下游低，逆流而上则千难万难，顺风而下则惊险万状。树千兄劝我不必冒这个险，我觉得到了重庆市，在药材市场上也是采不到原株标本的，所以我的四川之行作罢。

临别时我送给杨树千一套文房四宝，送给他的太太四瓶雪花膏，就乘长江船回到上海。到了上海，第一件事就是冲晒相片，深恐技术不精，拍得不好。幸亏冲晒之后，张张都好，留下不少有关李时珍的参考资料。

广州之行，也没有成功，因为那边没有熟人，收集药物标本，一定会遭遇困难，所以川广之行，想俟之异日，一拖延就把机会失掉了。不过，我觉得《本草纲目》上所有图画，虽然是木刻印得不好，但是前人的成就和苦心，还是值得钦佩的。

第十一章

编药典百折不挠

民国时期，上海圣三一大教堂

我在蕲州，除了凭吊李时珍的坟墓之外，又搜集了不少新鲜原株药材标本，同时还知道了许多种药材在市场上的别名，这是本草书上所没有的。此外再拿到许多药材的价目单，其时当归的价格，每斤只卖银元二元四角，防党参每斤不过银元一元二角，而至现在握管时，每斤当归已卖到港币一百十二元，每斤潞党参已涨到港币一百十二元，每斤防党参已涨到港币八十元，比之其时的售价，真有天渊之别。要是那时的药物价目单我还保存着的话，互相比较一下，真是叫人难以置信。

埋头苦干 传票飞来

我从蕲州归来后，诊务之暇，都在写述医药文稿和编著《中国药学大辞典》。这一段时期，真可以说是闭门谢客，埋头苦干，外间什么事都不加闻问，仿佛与世隔绝一般。

忽然有一天，上海第一特区地方法院送来一张传票，我一看之下，原来是一位同道陆渊雷控诉我诽谤罪，要我赔偿名誉损失二万四千元。我对着这张传票呆了半天，心想法院中大小刑事案件，总不过二三千元，已是少见的大案件；即使遭遇到一件轰动社会的大刑事案，也不会超过四五千元，怎么我会犯上这般滔天大祸，真使我好似堕入五里雾中，百思而不得其解。

我和渊雷，向来无冤无仇，有时相见，无非寒暄客套，从来不曾有过言语上的冲突。这次接到传票之后，我想了又想，足足想了一晚，找不出原因，不如直接到他的诊所，当面问他一个究竟。

渊雷那时的诊所，设在白克路（今凤阳路）一条陋巷之中，找了好久才找到。他租的是一个亭子间，不过十尺乘十二尺的地方，里面除了一张破旧的写字台之外，地上都堆满了书，旁边有一只卧榻，此外还有些锅炉杂物，原来他是居于斯食于斯的一个"孤家寡人"。

渊雷见我突然莅止，觉得很诧异，讷讷然不知如何应付。我就开口请问他："我几时曾经诽谤过你，何以要控诉我赔偿二万四千元？况且你我同为医界中人，有什么事可以当面商量，何必要惊动法院告我一状呢？"

渊雷听了我的话，呆了好久，才说："你在你的《康健报》上刊过一段医界短讯，说我要同我的医校女学生沈本琰结婚，而且加上些师生恋爱字样。要知道我是靠教书过活的，经你这样渲染，描写得我人格扫地，由下学期起，我已被学校解雇，所以我要你赔偿我二万四千元损失。因为你业务很好，听说从书局方面收到稿费近万元，还购屋买地，着实多了些钱，所以告你一状，要你花一些钱，也不过是九牛一毛而已。老实说，我一贫如洗，这个亭子间，已欠了九个月租金，天天被房东要赶走，现在我已看定了牯岭路（今黄河路）人安里一间新屋，只好要老兄破钞了。假使你不肯的话，上了堂你也是必输无疑的，不如大家谈谈，数目是可以商量的。"

我听了他的话，也记不起《康健报》上登的短讯究竟是怎样写法。因为那时风气很古老，师生相恋在那时算是惊世骇俗的。我知道陆渊雷向来是川沙的一个小学教员，国学根底好得很，后来他又参加恽铁樵的中医函授学校，毕业之后，就在函授学校中负责改课卷，不久就转辗受国医学院聘请，担任该校教务主任。但是他书呆子气息很重，想出来的念头，都是书生之见。他以为这条短讯，可以入我于罪，要多少钱就可以得到多少钱了。当时的法院控票，只要由一位律师买一张法定的"状纸"，这种状纸每份连印花税在内收工本费大洋三元，而索偿的数目，成千成万可以任意填写，不像现在香港，小钱债案要缴多少讼费，大钱债案要缴多少讼费，所以那时兴讼是比较轻易的事。

我听渊雷的话之后，只觉他的书生之见太重，求财之欲太高。本来读书人轻易不肯言钱，但是他却痴心妄想得厉害，因此思想便钻进了牛角尖中，以为一纸入公门，就可以手到钱来。

我见到他起居上这般窘迫，深知他穷是实在的。我凝神想了半天说："大家打开天窗说亮话，你既然为了想搬家，牯岭路房屋的租值每月不过一百多元，先付三个月租金也不过四百元，再加上一些搬迁费，大概六百元就能如愿了，何必狮子大开口呢？要知道一个人赚钱，一千元与两千元就有很大的距离，何况上万的数目更是谈不到。我希望你

經籍者詩書畫文酒之
諸皆醫界知名之士于
不能詩不能畫又學士佛不
飲酒食肉名聲不如集
中諸公遠甚真集外人
也勉應
存仁道兄囊題
淵雷

陆渊雷后来参加经集聚餐会，为作者题字，笔下仍多牢骚

想得明白些，最好撤回状纸，我送你六百元，作为了结罢！"

渊雷一听我的话，认为六百元已经垂手可得，反而坚决不肯让步，他说："我请了一位律师汪孟萧，讲明树上开花（按：所谓树上开花，即请律师时不花钱，要等案子结束之后，所得的赔偿费三七分账）。汪孟萧曾经表示过，他至少拿二千元，又要送法官一千元，所以即使我肯撤回传票，汪律师也是不肯罢休的。"他说到这里，我再三地和他讲情，他简直不让我插口说一句话，我也只好懊丧而返。

当晚我查出了《康健报》短讯的原文，并没有多大的侮辱，只是当时的风气不同而已。于是拜访姚公鹤老师，他是法权讲习所所长，在司法界门生极多。我把这件事前前后后的经过，告诉姚老师，姚老师听了我的话，极为生气，

他说："你初入社会就一帆风顺，引起同道的嫉妒是必然的，但是你对人的态度，不能一味谦和，以懦弱示人；你一懦弱，反而促使别人来欺凌你，孔子说的中庸之道在此时此地是行不通的。要知道中庸即是无用，这场官司要是你软化的话，此后接踵而来不可理喻的事还会多，所以这场官司你只能赢，不能输。你怎能亲自去向原告讲情呢？一着错就会着着错，我要教你做人之道：无事不生事，有事不怕事。你不侵犯人是对的，但是人家侵犯到你头上，你一定要有办法去应付，那么以后的事，就会消弭于无形了。"

他又说："我看这件案子，师生恋爱不过是习俗上的观念问题，在法律上并无立足点，如果这个短讯消息完全没有根据，诽谤罪可以成立，也可以不成立。要是真的成立的话，按照六法全书的条文罚款大约是十元以上二十元以下。至于名誉损失是抽象空洞的，赔款不过一元而已，你绝不要怕他。至于当面向他讲情，暗地里答应送他六百块钱，这不但是做了瘟生，而且以后你就难以做人了。我的主张，你尽管和他打官司，还要想办法留心各种关节，使这案子不成立，给这种想钱想昏了的书呆子一个教训。"

他又说："汪孟萧律师是浦东人，他是兼当教员的，穷极无聊，他起诉时就要求赔偿损失二万四千元，明明是要借法院和法官的力量来榨取钱财。法官见到这种状子，知道是敲竹杠，反而会帮被告，不帮原告。至于说法官要拿一千元的说法，更是信口胡言，荒谬绝伦。你上堂时不妨把陆渊雷的话和盘托出，中其要害，那他这场官司就输定了。"

我听了姚公鹤老师的话，心里虽然安定得多，但是其时我正在展开《中国药学大辞典》的编纂工作，哪里有闲工夫和人家作讼事的周旋，因此心上总不免牵挂着这件事情。

当时上海中医界有三个聚餐会，叫作杏林社、春在社和医林社，我都参加的。杏林社有三桌人，春在社不过二桌人，医林社则有八桌人，每月聚餐一次，餐费皆为一元二角，这并没有什么派别，完全是年龄关系，年老的多数参加杏林社、春在社，年轻的多数参加医林社。陆渊雷控告我的消息，在中医界传得很快，认为是件麻烦的纠纷。有些人认为渊雷是必胜的，我多少会破点钞。观察其中人士又分成三种看法：一种认为陈某人初出茅庐，蹿红太快，该要受些打击，这种看法的人，是抱着隔岸观火的姿态，不论谁胜谁败，都有好戏可看；一种人熟悉渊雷方面的消息，认为沟通了法官，准备对陈某人咬上一口，这种人是倾向于渊雷的一派；还有一些人，对我向有好感，认为年轻人蹿红起来是不容易的，渊雷半途杀出，要陈某人倾家荡产，实非事理之平，因此对我极为爱护，希望我争取胜利。

我到医林社聚餐的一天，迟到了半小时，大家正在议论纷纷，见到了我，突然寂然无声，一个个望着我，认为我是问题中的人物。有些人上来安慰我，有些人向我献计，更有些人向我打气，要我振作精神打胜陆某。我在大家鼓励之下，心里觉得很高兴。只是有一点，座中的人，不约而同认为那一位法官，确是汪孟萧的同乡同学，所以我取胜的机会少，而失败的机会多。大家为我担心，我也忧虑起来。

其中有三位，一位是章次公，一位是刘泗桥，还有一位是余鸿孙，特别对我提出，如果有机会用得到他们之时，都愿意出来助我一臂之力。我说："感谢之至。"

席终人散时，余鸿孙轻轻地对我说："陆渊雷对沈本琰谈论婚嫁，是百分之百的事实，你和沈本琰是见过一面的，不知你还想得起吗？"我说："我往来的人多，实在想不起。"余鸿孙说："沈本琰是我太太的小同学，她最初入上海女子中医专门学校的时节，因为缺少一个保证人，曾经由我太太陪同到你处去，要求你签名担保。"我说："这件事我早已忘记了，对沈本琰一些也没有印象。"余鸿孙接着说："沈本琰是一个极和善极纯良的女子，而且吃素念佛，什么事都不愿和人争论，她每天下午六时必定在玉佛寺念经，你不妨去看她一次。"我说："好极了，最好请你太太陪我一起去，好像无意间碰到一样，彼此轻轻松松地谈几句话，或许能谈出一些眉目来。"余鸿孙说："好的，一准明天就去。"

重要文件 意外得来

次日下午六时，我和余鸿孙太太到玉佛寺去，好像进香一般。果然见到沈本琰手持佛珠，口中喃喃不已在念经，看她的面相，的确和善得很。见了我，她也认识，微微点头，但是好像女孩般微露含羞模样，这是旧时善良女性的本色，也不说什么话。

我在佛堂里静坐好久，余太太也念着佛经。念了不久，佛堂里的人渐渐散去，余太太拖着沈本琰谈话，余太太说："听说你不久就要结婚了。"沈本琰当堂两颊飞红，羞不可抑，连头都不敢抬，旋转了头很殷勤地倒了一杯茶给我。我从旁看她的神情，她对陆渊雷提起诉讼的事，似乎一点也不知道，她只说希望我常常到佛堂里来参禅礼佛。余太太一味要问她婚期，她不承认也不否认，总是含羞不语。

余太太爽朗得很，说："婚嫁是人生大事，你应该告诉我，让我到时来吃一杯喜酒。"沈本琰又是相对无言，不过在眉角之间微微露出了一些喜气洋洋的神情。余太太说："近来陆先生是否天天有信给你？"沈本琰听了，又像点头又不像点头，余太太说："陆先生的信写得情意缠绵，从前你都给我看过，和我有商有量，最近何以再也没有信给我看？"正在谈话之间，余太太突然拿起了沈本琰的皮包，打开来一看，里面有三封信，都是陆渊雷写的情书，沈本琰也不加阻止，任由余太太一封封地看，每一封信都写得很长，无非是讨论婚嫁之事。

我见了这个行径，很轻松地对沈本琰说："现在陆先生对外否认和你有婚嫁之约，可不可以给一封信由我保存着，免得他将来赖掉这件事情。"沈本琰仍然作着无可无不可的神情，就由我取了一封最长的信，纳入袋中，沈本琰真的不加阻止。余太太见我已然得到一封信,微露笑容。我说:"时间不早了,大家也该肚子饿了,一同到附近一家素菜馆去进餐吧!"沈本琰坚决不肯去,于是只得彼此告别。后来才知道沈本琰确乎不知陆渊雷和我发生了讼事纠葛。

我得到了陆渊雷的一封情书,就想到这是日后讼案胜利的关键,也即姚公鹤老师所说的讼案中的关节。当晚我就打电话告诉给章次公知道,约他即刻出来一叙。次公说:"今天我家小菜很好,我不愿出来。"我说:"南京路新开了一家新雅酒楼,据说菜相当出色,你何不出来一试?"次公说:"也好,马上就来。"我也立刻到新雅去。

从前上海的菜馆,无论本地菜馆、川菜馆、徽馆,茶都是免费供应的,只有粤菜馆,每人要收茶资大洋五分或一角,大家就认为奢侈。次公一到就说:"一样吃饭,何必到这种豪华的地方来。"我说:"既来之则安之。"我就先点了三碟菜,一碟蚝油牛肉,代价二角半;一碟古老肉,代价三角;一碟咖喱鸡,代价四角。次公高兴得很,他一定还要尝试一下广东的青梅酒,代价是大洋三角。

次公一杯在手,便问我:"渊雷和你的事,你到底做何打算?现在等着看好戏的人很多,我也很关心。"我于是就掏出渊雷给沈本琰的情书给他看,他一面看一面笑,看完拍案叫绝地说:"你怎样会得到这封信?如此看来,你的官司是赢定了。"大家酒醉饭饱后,我就说:"讼则终凶,不如请你老兄做鲁仲连,到陆渊雷家去,告诉他说我已经取到他亲手写的情书，我可以抄一份副本给你带去，要他把讼案撤销也就算了。"

次公原是渊雷的同事，又是吞云吐雾的同道，请他出面和解本来最是合适的。谁知道隔了两天，次公去见渊雷，渊雷开口就说："样样事情可谈，唯有我与陈某人的事，你不要插嘴。这件事情法官方面讲定一千元，律师虽然讲定树上开花，至少也要二千，我要搬家和结婚，非两千元不可，何况陈存仁今已当面答应过付六百元的，所以如果要来讲情的话，叫他照付可也，此外，无话可说。"

次公正要想将情书副本取出给他看，渊雷就拦住说："什么东西我都不想看。"竟然岸然不顾一切说："好了，我要出去了。"说着就拉上了门拂袖而去。

一堂了案 化险为夷

陆渊雷临走时，匆促拉门，把章次公逐出门外，分别时不出一声，次公心里大不高兴，认为彼此都是读书人，又是同道，对钱财不能看得这般重，即是真穷，也不应该一心一意地想钱，这种行为简直庸俗极了！

次公一路走一路想，渊雷这种行为太卑鄙了，愤愤然地想要给渊雷一个教训，所以他匆匆忙忙又赶到我的诊所来。其时我正出诊，他见不到我感到很失望，一个人呆坐在我诊所内的挂号桌子上。他觉得有一股气好像透不出，便在他出诊的皮包中抽出他自己的方笺来，写了一张便条留给我，便条上写着："顷晤渊雷，彼态度强硬，拒人于千里之外，不容我置喙，且谓此事律师费二千元，法官又要一千，再加上吾兄曾经面许付给之费，还须增加三倍余等语。弟意渊雷已财迷心窍，无理可喻，吾兄大可放胆与之周旋，法官要钱的话弟愿上堂作证，如此吾兄人证、物证齐全，必可胜诉也。"次公留下了这条子便走。

我回到诊所见到这张条子，几经考虑，认为沈本琰的信和次公的便条确是物证，如果他还愿上堂做证，这是人证。当晚我拿了这两件物证去拜访姚公鹤老师，姚老师说："你这两件东西，是讼案取胜的关键。因为法官要钱的话，多数是原告人放的空气，或是律师虚构之言，你有了这种证据，法官看了必然大怒，即使要钱也不敢拿的。你尽管到堂，连辩护律师都不需要请的。"他又问我："你上堂，有没有胆子清清楚楚地一本直说？"我说："老师放心，我做得到的。"

开庭之日，传票上规定我下午一时到庭，我准时而至，渊雷坐在我身旁，他还作得意的微笑，好像稳操胜券的模样。一会儿宣布开庭。法官就座，大家起立，气氛很庄严。先审一件莽汉打劫的刑事案子，劫的钱财不过四元，因为莽汉把原告人刺伤了，事情就比较严重，审了一个多钟点，还没有结果。第二件审的是欺诈取财的案子，案情很复杂，法官有些疲劳的神情。第三件是一个妇人控诉丈夫，索取赡养费五百元，那妇人说的话，都是无理取闹，噜噜苏苏讲个不停，法官面有愠色，已听得不耐烦了。第四件才轮到我们的案子，渊雷先申述案情，法官只问一句话："原告教书，每月有多少收入？"渊雷期期艾艾地说："每月薪金四十元。"法官就问："你何以要被告赔偿二万四千元？"问到我的时节，我就很轻松地讲出："这段消息完全是事实。"这时把渊雷给沈本琰的信呈堂，法官看上一眼说："这种事情，你们是同道，应该自己和解也就算了。"我说："我本来想更正了事，但是原告执意要钱，要钱的数目又大得不合理。"接着我又把章次公的一纸便条呈上去，法官看了，看得他面青青的不发一言，等了一会儿，法官就宣布："陈存仁无罪，堂费由原告负担。"陆渊雷的律师还想申辩，法官已经宣告退庭。

那时站在我后面有一个庭丁，本来亦步亦趋地看住我，到了这个时候，反而轻轻地向我道贺，好像要向我索取喜封的样子，我立刻掏出两块钱给他，他高兴得很，并说："原告这笔堂费，倒也要花不少钱。"我就问："这场官司的堂费要多少钱？"他说："至少要二十四元。"当时陪我去的十几位同道，簇拥着我离开了公堂，好像夺得锦标凯旋的模样。

当时陆渊雷背后的一个庭丁，跟着他去缴堂费，这一着是他事前所料不到的。后来才知道他身边只有四块钱，他要求律师为他暂垫，原来律师也没有带多少钱，两人拼拼凑凑只有十块钱，幸亏和他们同去的一位朋友当了一件皮袍子，才了结这笔堂费。对此件案子，我思前想后，觉得渊雷提起诉讼的行为，根本不曾让沈本琰知道这个消息，

陆渊雷为作者所编《伤寒手册》作序

我掌握到了这一个漏洞，便成为制胜的"关节"，姚老师的话是一些不错的。

陆渊雷学问很好，后来还曾来我家参加医界同人的"经社"聚餐会。我编《伤寒手册》，他为我作序，备极推崇，正是不打不相识。我也遵奉谢利恒老师的教导，"冤家宜解不宜结"，和渊雷成为很好的朋友。

帮助同道 取回执照

这件案子终了之后，许多人以为我深通法律。医界中人逢到有些法律问题，都来和我商量。当时有一位外科名医顾筱岩，为了替一个生背痈的病家施手术，刺了一刀，病家流血不止，晕倒在诊所中，长时间不省人事。病人的家属，立刻到街上召了一个警察来，那警察也不知所措，打电话给卫生局，卫生局派来一个人，不问情由，把顾筱岩的中医执照取去。跟着那个病人醒来，口口声声叫家人向法院提控诉。

这件事情闹了很久，其实病家并未到法院控诉，只是顾筱岩的行医执照被吊销了，三番四次地向卫生局申请发还，卫生局均置之不理。

后来这件事，顾筱岩请国医公会出面交涉，但是卫生局仍然置若罔闻，顾筱岩弄到走投无路。一天，他突然到我诊所来，和我商量这件事。我细细地研究事实经过，我说："我来替你拟一张很短的呈文，因为卫生局派来的人已经弄僵了，这都是中下级的人互相维护，恐怕连局长都还没有知道哩。"

于是我就代国医公会起草了一张呈文，呈给市长吴铁城，大致说"卫生局有发给医生执照之权，但是根据执照条例第十四条条文中，查不到卫生局可以吊销执照的条文，那么即使医生有错误，亦属于业务上的无意过失，在法院未定罪前，卫生局实无权过问，所以要呈请市长饬令卫生局局长发还执照，否则即属违法行为"等语。

这个呈文由国医公会递了上去之后，隔了两个星期，卫生局当即传令顾筱岩去领回执照。这件事轰动医界，大家知道是我拟的呈文，误会我是一个对法学很有研究的人。

编修药典　名流序跋

其实我在这个时期，为了编纂《中国药学大辞典》，

吴稚晖先生为《中国药学大辞典》题签

丁福保先生为《中国药学大辞典》题字

郑孝胥为《中国药学大辞典》题署，后来因为他做伪满洲国总理，所以题署废弃不用

蔡元培先生题"中国药物标本图影"

章太炎先生为《中国药学大辞典》作序

忙得不可开交，专心一意做着这件工作。请了吴稚晖先生为我题签，章太炎老师、焦易堂先生作序；远在北平的"四大名医"之一萧龙友先生是我那次北上相稔的，也作了序文；更难得的是蔡元培先生见了《中国药学大辞典》的五彩药物图画，赞不绝口，也题了"中国药物标本图影"八个字。其余中西名医纷纷投赠，光是这些序文题字，就占了不少篇幅。

我在编纂《中国药学大辞典》时，请了四个助编人员、四个抄写员、两个绘图员、两个摄影员、四个学生，除了学生之外，每个人都要付给相当数目的薪金，薪金最高的不超过四十元，但是月底发薪金时，已觉得是一笔很大的负担，再加上两间楼房的租金，以及午晚两餐的供应，所费已很浩大，所以最初的预算是完全不对的。如是者，工作了足足四个年头，越到接近完成阶段，支出更大，这都没有列入预算之内。

因为工作人员的薪金、抄写费、伙食费等支出浩大，预计将来要是以九千六百元卖掉的话，损失奇重，但是我想到这一部书，是我一生的重大计划，一切盈亏，在所不计。

不料还有许多特别的支出，如一位画家叫作江清的，撞车身亡，我贴补了好多钱。抄写员都是老年的，先后又死了两个人，我也照样地为他们料理后事。

有一天，画家孙雪泥来看我，见到绘图员画成的药物标本图，认为画得很工整神似，他说："将来制版之时，除了从前的商务印书馆之外，恐怕没有一家能印得好。"（按：当时只有石印的三色版，印出来都像月份牌一样。）我想到图画付印的问题，该要先考虑一下，否则印得不好，这番工夫就白费了。

我本来这样想，商务印书馆既已取消合约，第二个目标就是中华书局。因为中华书局的编辑部某君，他连年多病，常来就诊，我就把"中国药学大辞典"的稿本给他看，他看了图画部分，只是摇头说："图画虽好，可是中华书局的机器，正忙着印教科书和印钞票，这部书的出路着实要考虑。"不过他透露出一个印刷方面的消息，说是："上海有一家书局，新辟一个雕刻彩色版的部门，是由日本人主持的。"但是什么人家有这个设备，他却推说不清楚。

原来上海的书业界中有一个怪杰，叫作沈知方，最初是商务印书馆的教科书推销部主任，为人八面玲珑，手面阔绰，为商务赚了不少钱，后来因为待遇方面不满意，和商务当局冲突，遂告分手。中华书局得到了这个消息，重金聘请了他，而且签了一个合同，言明每年年底如果做到一百万元生意以上，就送他额外酬金。沈知方喜欢豪赌，一天，向会计处支了二千元，到三马路斯美轩去推牌九，哪知道一场豪赌，输了二万四千元之巨，当时他就签了几张欠单。他自己想想这一下子中华书局的经理当不成了，于是立刻就登报脱离中华书局，以游历为名，到外埠去避债。

沈知方在外埠游了两年，带了一千数百元回到上海后，开设了一间世界书局，门面只有一开间，把上上下下都漆了红色，名为"红屋"，先出一种杂志名为《红杂志》，编辑是赵苕狂。这本杂志的内容全是小说，其中最受到读者欢迎的是"平江不肖生"的武侠长篇小说《江湖奇侠传》，销数一下子就达到二万份。出了不久之后，明星影片公司又把这篇小说改拍成《火烧红莲寺》。文明戏剧院也排了一出戏叫作《恶钱》，也是取材于此。足见这本杂志的受人欢迎了。

沈知方接着又出了《武侠世界》等定期刊物，其实他的雄心并不在这些杂志。实际上，他又遍请教育界第一流名家，组织了一个规模宏大的教科书编译组，花了几年工夫，把所有小学教科书、中学教科书、英文教科书全部编排完成。他就过去商务、中华推销教科书的路线，和历年推销证明文件向一个大财团接洽经济上的合作（财团的出面人是李石曾），纠集到了一笔庞大资本，就在四马路上造起一座宏伟高大的新屋，就此搬迁了进去，一时声势浩大，连得商务、中华都要对它刮目相看。

世界书局自己有一个印刷所，设在大连湾路（今大连路），占地数十亩，内中有一个部门，就是日本人主持彩色雕刻铜版的部门，全部设备都是最新的。

我打听到了雕刻铜版的所在，就拿了几十张图画，到世界书局印刷部去询问。主任叫作樊剑刚，见到我的图画，就问我是在什么书上用的，我就把《中国药学大辞典》的计划，无意之间透露了出来。樊君说："你隔三天再来和我接洽。"原来他把我的一小部分图画原稿拿去给沈知方看，沈知方一看之下，认为满意，面授他一个计划，说是："各式图画要用不同的方法来制版，最好能把所有已经画好的原稿全部送来，才能决定是否能够制版。"隔了三天，我得到这个回音，心想辛辛苦苦画成了一百二十张图画，要是不能制版，岂非全功尽弃。因此我不加考虑，便把已经画好的一百二十张彩色图画都送了去，打了一个回单为凭，以为接洽之后，随时可以去拿回来的。

不料中华书局陆费伯鸿忽然派了一个人来和我商量，说是："我们新买了几架钞票机、彩印机，什么都可以印，你既有一部药学大辞典，附有全部彩色图画，我们愿意出版，请你直接和陆费先生接洽。"我和陆费先生，有一时期常在杏花楼见面，经人介绍之后，成为点头之交。

那位来接洽的人，说完之后，取出陆费先生一张请柬，约我在杏花楼一叙。我接到这张请柬，高兴得很，认为商务既不能出版，而在中华书局出版，那是再好也没有了。

于是我带了几张彩色标本图画和一个纸盒，纸盒里面就是已经编成的稿件，是"第五划"的原稿，准时到杏花楼。

在座的人除了陆费先生之外，还有一人，大约是编辑部的要员。略经寒暄，他就把我带去的稿件和图画仔细地翻阅了约半小时，他说："你这部辞典编得相当好，准定由我们中华书局来出版。"我说："再好也没有。"说罢进餐，双方都很高兴。

原来，商务、中华、世界三家书局内部的高级职员，多数是常州和绍兴人，他们彼此之间，不但消息很灵通，而且业务上互相探听对方的秘密。关于我的消息，一下子已经传到了沈知方那里去了。

我隔了几天，再到世界书局去探询五彩图谱是否能制版，不料樊剑刚推三阻四地没有答复，总不肯把图画还给我，如是者竟拖了一月之久。一天，樊剑刚来陪我去见沈知方，说是有要事面商，我不得不跟他走一走。

这时期世界书局新厂落成，里面规模大得很，一间经理室更是布置得富丽堂皇。沈知方见了我含笑相迎，见到我年纪很轻，大大地夸奖我一番，接着就说："你这部药学大辞典和商务订约，我早就知道，当时张菊生和你谈定稿费九千六百元，我认为你是吃亏的。现在我见了你的彩色图画之后，足见你用尽心计，现在不如由我们世界书局来出版。"我当场就谢过他的好意，心想世界书局究竟是后起之秀，远比不上中华书局根深蒂固，我说："现在距离编辑完成还很久，不如慢慢再谈吧。"沈知方说："你一定花了不少钱，我愿意立刻和你订约，稿酬方面，提高到一万二千元。"我还是说："容我考虑考虑，希望你能把画稿还给我，让我可以继续整理和修改。"沈知方堆着满面笑容，坚决地说："这件事谈不好，画稿不会还给你。"我一听这话，知道这事已经弄僵，回去便和丁老商量，丁翁说："这件事棋差一着，画稿在他手里，便是他凶了，不如提高一些稿费，卖给他就算了。"于是我再去拜访沈知方，沈知方态度又软又硬，只说："书业界中，稿费向有定例，我已经提高了，不能再高。"商谈了一小时之久，沈知方依然坚持原议，再也没有商量的余地。就在这时，经理室走出了一个秘书模样的人，取出一张卡片给我，原来他就是文化界中很有名的陆霞公。沈知方对他说："你住在四马路，与陈先生的诊所很近，这件事就由你全权办理吧。"

后来陆霞公天天约我到三马路一些菜馆去商谈。我还是想提高一些稿费，不料陆霞公说："你的稿费一万二千元已成定局，而且只付现洋一万元，一千元规定你照预约价买书，还有一千元要送给我。"我听了他的话几乎要笑出来。经过这番谈话之后，我请了一位老友胡雄飞再和他们谈判，陆霞公态度硬得很，说："这部书的画稿在我手里，重心已被我们抓住，他再也无话可说了。"胡雄飞向我说："你这件事大错铸成，也只能将错就错，卖给他们就算了。"这天我气恼得很，恰巧测字先生小糊涂家中小孩子出麻疹请我出诊，我在电话中答复他："心境不佳，你请别人看吧。"小糊涂说："你有什么事我替你解决，病是一定要请你看的。"这天胡雄飞也来了，我们同到小糊涂家中。诊病处方之后，我也不说什么，小糊涂说："我来替你测个字。"我于是口占一个"世"字，小糊涂说："你有一件事，已经定局了，一定在三十一号那天签字，不过中间半个字似甘非甘，就缺一个心。这件事看来，你是不甘心的。"说到这里，我和胡雄飞面面相觑，不作一声。归家之后，两人商量，都认为陆霞公是有名的刀笔先生，还是不惹事为宜，因此决定卖给他，并约定在三十一号签字。我本想透露一些陆霞公从中抽佣的消息，不料沈知方已打好两张支票，一张一万元面额的给我，一张一千元的给陆霞公。签约之后，沈知方也约我到"新雅"吃饭，他说："我们世界书局的财团，现在决定要办一个世界银行，同时我们要出版十部巨著，你老兄的药学大辞典，名列第一，你可不可以提早交稿，我们准备在银行开幕的时节出版，大登广告，广事推销。"我说："这恐怕办不到。"沈知方再三再四地要求，我只能勉强答应下来。

从此我就日夜不停地赶写赶编，幸而资料齐全，卒能提前交稿。可是交稿之后，我病倒了，每天总有一些热度，横退竖退都退不清。我知道这是极度虚弱的现象，诊务延请丁济民兄代理，我移居无锡，住在荣家别墅，着意调理，经过三个月之后才恢复健康。恰巧那时节中国旅行社开幕，举办华南旅行团，我就参加了这个团体，所以我很早就到过香港。那时我住在皇后酒店，地方小、声音吵，不过地临海旁，可以看到海景。后来一九四八年再来香港，已找不到这个地方，据说就是现在爱丁堡大厦的前身，那时前面是傍海的。

出版前后 枝节横生

从前有一部分本草书，讲不出药物主治作用时，就用五运六气来解释。我对这点认为不合科学，所以全书三百二十万字，五运六气是矢口不提的，这是一种革新的精神，也算对中国医药书籍掀起了一种革命。

世界书局印的《中国药学大辞典》，是二十五开大本，最后校阅时，我觉得自己身体已极疲惫，聘请同学尤学周君代劳。他天天到大连湾路世界书局编译所去工作，他们排得很快，校对往往赶不及，不久尤君也得到一个头昏病。

待到书籍印好之后，我最不满意的，是图画部分与辞典分为两部，而且整本是二十五开，而图画是十六开，加上一个书名，叫作《中国药物标本图影》，把蔡元培先生的题词移用作为封面，这究竟是什么理由，我都想不通。

我和沈知方交涉，他说："辞典是要常常查的，所以用二十五开;图画是供参考的，所以用十六开。"还有一点，

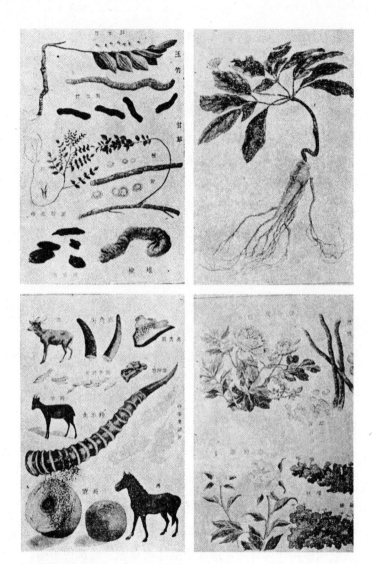

《中国药学大辞典》中的彩色标本图

我的全部五彩图画是八百幅，而印出来的图画只占到一部分，我不免又兴师问罪。沈知方深深向我道歉说："因为五彩雕刻铜版制作时间来不及，为了要配合世界银行开幕时间，不得不将一部分图画删除了。"我就表示不满说："这是我心血所寄，怎能随便删除。"沈知方再三道歉，说是："再版时再行补充。"初版五千部，定价每部十四元，预约是七折。不料到世界银行开幕那天，已经将预约书全部售光，后来买书的，只拿到一张再版的预约券。

初版取书的人，络绎不绝，大堂之中堆满了我的书，不久就再版，五彩图书的增订也谈不到了。据说前前后后一共再版了二十七次。

在第三次再版时，世界书局举行了一次庆功宴，推我坐在首席。因为彩色图画没有全部印出，不免心中不悦，但是在席间不便讲得太露骨，只对沈知方说："要是你能把彩色图画全部印出，销路一定还要大。"沈知方也唯唯称是。但是他并没有确定地说出增订的日期。

席散之后，沈知方叫司机送我和陆霞公，司机名叫四宝，即是后来敌伪时期，红极一时的七十六号首脑杀人王吴四宝。

在车中陆霞公和我说："现在世界书局教科书销路猛进，你的一部书销路也不少，赚了好多钱，你大可以发出一封律师信，要他们把全部图画印出，否则就要他们赔偿损失。我在世界书局中充任要职，可以暗中帮你一些忙。"

我说："这个办法，与合约有抵触，因为合约里面订明书局有删改之权，如果我发律师信给他们，反而不合法的。"陆霞公说："法律是一件事，只要放出这个声气，世界书局为了业务的声誉，马上会来和你谈判，至少会给你一笔钱，作为补偿你的损失。"我当时就婉言加以拒绝。

不料，陆霞公后来向沈知方说出："陈某人对于你没有将彩色图画全部印出，将提出诉讼，虽然他没有获胜的把握，但是书局方面的名誉会受到很大的影响。"沈知方听了当堂拿出一千元，交陆霞公转给我，希望这件事不要闹出来。

隔了几天，陆霞公送来一张世界书局请我当常年医药顾问的聘书，还附了一张一千元的收条，他说："我最近经济情况不好，凭我三寸不烂之舌，向沈知方拿到一千块钱，但是我用途很大，已经把这一千元化为乌有。你可不可以帮我一个忙，签了这张收条。"事已至此，我也只好做一个顺水人情了。

这件事，后来被樊剑刚知道了，极不服气，把经过情形，告诉沈知方，沈知方对陆霞公也怕得很，便说："算了，算了，陈医生的辞典为我们赚了不少钱，希望他再编一部书，我愿意重价购买，过去的事，不提为妙。"

我后来就再编了一部《皇汉医学丛书》，沈知方实践前言，以六千元买下来。

《中国药学大辞典》的图谱，虽然没有全部发表，但是已属稀见。据说：巴黎举行印刷展览会，世界书局将这部《中国药物标本图影》送去参展，还得了奖。

《中国药学大辞典》再版到二十七版，五千部新书刚刚装订完成，恰巧中日战事发生，国军打到汇山码头，世界书局印刷厂被国军据为堡垒，可惜只经过一个短暂时期就撤退了，日军便浩浩荡荡地开进去，据为己有，并且把《新申报》的编辑部也搬了进去。

日军每到一处，总要掳掠许多武器和文物，运返国内作为战利品。他们见了五千部《中国药学大辞典》，便加盖了一个很大的红色"战利品"图章，运返日本。他们为了鼓励全国民气起见，在各市各县都举行战利品展览会，我的书也到处展出，因此，我这部书在日本到处都有。

"八一三"战事之后，《中国药学大辞典》的纸型仍在，但是五彩雕版已散失了。世界书局仍然再版出书，售价一路涨上去，有一个很长的时期每部卖到银元五十元。待到抗战胜利之后，还曾被人抢购，书值更难计算了。

近年依然把这部书翻印，有东北版、上海版二种，销数更大，不过把我原著作人的姓名取消了，而且连我的那篇自序以及章炳麟（太炎）、焦易堂、萧龙友的序文都删掉了，还有四篇跋文是谢利恒、恽铁樵、夏应堂、王仲奇四位写的，也删掉了。最令人可惜的是章太炎师为我写的一篇附录"古今权量衡考"，他考定汉朝的二两，等于民国时代使用的槽秤二钱。这是一篇考证历代重量的变迁史，也一并删除，真是可惜。

在战争之前，好多医生觉得这部书价钱太贵，世界书局便把这部书的内容，删去五分之三，印成《中国药学大辞典》缩本，销数更大，几乎各省各县的中医生，都有这部书。

现在香港也有两种翻印本，一种是上海印书馆出版的，仍然保留我的名字，还有一种是没有作者名字的，而且把书名也改了一个字。好在我志在宣扬中医中药，有名无名，概不计较。到了现在，原装的大型本，已经稀见，在旧书铺一度曾有出售，售价已高达港洋八百元之巨，有人闻讯去买，且被捷足先得了！

第十二章　城隍会别具深意

民国时期，上海龙华寺

我从小到大没有生过病，自从编纂辞典之后，白天常觉疲劳过度，遇到有些写作上的困难问题，夜间不能成眠，有时睡到半夜入梦之时，拟好了一段文稿，或是想出了一个字，忽然清醒坐了起来，急急开了灯动笔记下。最初记好之后，也就入睡了。后来记了之后，觉得提起了虚火，自己都按捺不下，就继续做上两三小时工作。从前年轻，少睡两三个钟头无所谓，但是积了半年时间，究竟人不是铁打的，就病起来了。

最初我不过常常觉得头晕无力，接着就变成思想纷乱，明明一个字写得对的，偏会认为不对，横看竖看，非经考证，或是问过二三个人，否则不敢决定。因此又想到自己的健康问题，疑神疑鬼，好像各种疾病都追随而来。这时我觉得自己患上了心神不宁之症，新名词就是"神经衰弱"。

我参加中国旅行社办的华南旅行团，游览广州、石岐（中山市）、澳门、香港等地，归来之后，赵君豪主编的《旅行杂志》要我写一篇《华南旅行记》，都勉强完成。其时只感觉到自己脑力异常衰退，许多见闻的事情都想不起来，仅记得在广州六榕寺吃到的一席素斋，花了银元六枚，那时六榕寺是开放的，里面还有苏东坡手写的石碑；在石岐吃鸽子，每只的代价是双毫二枚，好吃得很；在香港记得的士一上车就是二毫，之后每跳一跳表是一毫子，这时因为香港汽油便宜，是上海所不及的。此外，好多事印象模糊，自己觉得记忆力大大地衰退，原来在这个时候，我已病得很深了。

疲劳过度　养病南市

神经衰弱虽不是一个重大疾病，但事实上，比真正的病还要复杂和痛苦。我深知这种情况，只要多休息就会好转，所以我决定连诊务都摆脱了，请一位老友来代诊。

不料，世界书局收到了我的《中国药学大辞典》全部稿件之后，在校对时，发生了许多问题。最普通的就是中国药材的名称，从前的人都喜欢写简笔字，譬如"牛膝"两字，简笔写成"牛七"，"田漆"写成"田七"，"蒺藜"两字写成"夕利"。诸如此类的问题，等到排好之后，就发觉到文字前后不能统一。沈知方就来了一个电话，要我亲自去做全篇统一修正。

我接了电话说："我为了这部辞典已患上了失眠症，整天没有心绪，连诊务都请人代理，我实在精力不济，可否暂时让我休息一些时日再讲。"沈知方说："不行，不行，这部书，不但是老兄声名所寄，我们世界书局也认为是一部巨著，一定要赶着在新厦落成之前出版。你既然现在已暂停诊务，那是再好也没有了，请你每天抽出半天时间，到我们编译所来修正一下，也可以把这个问题解决。"我答说："这万万不能，你们的编译所在虹口大连湾路，来来往往要一个小时以上，我如果照你的意思工作下去，身体完全要拆坏了。"沈知方说："不要紧，不要紧，用我的自备汽车叫司机四宝天天接送你。不需你自己动笔，坐在局里只要你开开口就是了。"我迫于无奈，终于还是答应了他。谁知道这一下子，我真的病倒了，每天下午二三点钟时有三分热度，人也日益消瘦。在这样的情况之下，我就拉了一位老友尤学周，代替我到世界书局去工作。

所谓三分热度，是从前的说法，事实上就是摄氏三十七度三，我觉得这种定时而至的热度，不是感冒或湿温，定然是一种虚热，自己拟方服药，但热度毫无退却的迹象。想想倒有些像肺痨病开始的潮热，这样一想，神经格外衰弱，失眠更甚。

那时上海私人医生是没有 X 光照射的，只有海格路（今华山路）红十字会医院有一架。我和该院的院长颜福庆相识，通过一次电话，他就约了一个日期，叫我去照一照，说是虽有 X 光设备，但是照的人很少，因为灯胆和菲林都由外国运来，价格昂贵，所以规定每星期三照一次。要是想照的话，要付代价十五块钱。我一听这个价钱，当然认为很贵，但是决定依期而往，去照射一下。（按：从前物价虽然便宜，但是洋货较贵，现在照一次也不过港币十五元，足见现在便宜得多。）

X 光照射的结果，肺部无恙，这在我心理上就安乐得多。可是自己用药剂调治，全无效力，我知道这完全是虚热，一定要着意进补，而且白天还要加多睡眠时间，否则，这个热度是不会退的。

本来我喜欢看书的，随时随地手不释卷。有时大便，无书可看，拿一本历本看看，也觉得有所寄托。但到了这个时候，见了书本就觉得讨厌；但在家中到处都是书，连床头都有书，所以一睁眼就觉得厌恶异常。

在我疗养期间，真想离开家中，找一个幽静的旅店住一个时期，来改换一下自己的环境。我的母亲天天探望我，见到我这个情景，她心中极为焦急，问我："旅馆每天要多少房租？"我说："大东、东亚这两间旅馆每天房租要三元二角，沧州饭店每天要四元。"她说："这样昂贵的房租，住下去开支不得了，而且这种旅馆也不见得安静，不适宜于养病，不如你住到南市老家来。把住旅馆的钱省掉，吃得好一些，那么即使长期休养，也用不了多少钱。"我一想，这也是一个办法，因为这次休养，至少要几个月，的确可以省下好多钱的。

我移居到了南市，老家中房间极多，而书却一本都没有，这对我说来，倒可以改变我的生活习惯。

每天进服药物，都由我自己处方，但是三分热度，退到了两分就不动了。我想想这是大虚之象，一定要进服人参，增加一分体力，才能退除一分热度。当时上海的参茸行都在南市里咸瓜街，人参的价值，是每两银元八枚，好多年来既没有涨价，也没有跌过。我就到参茸行去买了一两人参，煎汤进服，不过五天工夫，竟退了一分热度。于是再到里咸瓜街，正要进入葆大参行，里面走出一个关东大汉，是关外的人参客人，似曾相识。他见到了我，就叫我一声："陈大夫，两三年不见，你怎么瘦成这样？"我说："是呀！所以要来买些人参。"他低声说："那好极了，你不必问他们去买贵货，我可以照批发价格卖些给你，要便宜得多。"于是两人就到小东门一间点心店，叫了两客汤包，只售铜元数枚，各式有鱼有肉的汤面，也都用铜元计值。幸亏我肠胃无病，胃口还好，大家吃得很高兴。吃罢之后，那位人参客人，就打开一个蓝布包，里面有两铁盒人参，都是真正的吉林参。我问价钱，他说："芦头好，芦身粗壮，参须飘然的，每两批价是六元四角，但是有一种较为便宜的，只是参须折断，或是参段生得不好看，大参行不肯接受，我可以便宜些卖给你。"

我说："人参的真假，我是很懂得的。移山参一煎就发胖，参皮立刻散开来，头煎的参汤，已经很淡，二煎就变成无数飞花，浑浊不清。所以如果不是原枝完整的人参，人家不相信是真货。你能不能送到我家里，经过我煎煮之后，如果是真的，我就买下来。"那人参客人说："好！你不妨拿一包去试试。"

从前的生意人极讲信用，口头说妥了之后，就把人参称了一下，包了给我，只问我住在何处，并说："我过几天到你府上去收钱。"

我回到家里，就把这种参段煎煮，一煮之下，发觉的确是真正的老山吉林人参。等五天之后，那位人参客人来了，问我；"参质如何？"我说："路道的确是真的，但是这种碎段残枝，价钱如何算法？"他豪爽得很，说："我从关外带来的人参，有三十斤之多，坏就坏在这些零碎参段，没有人要，天天住在客栈里，东奔西跑，很难成交。我急于要还乡，你既是识货的，我一块儿卖给你，价钱特别便宜，每两只收你三元，这和我的来价差不多。"我说："好的。"于是我就全部买了下来，计重一斤有余，只花了五十多块钱。

我天天呷参汤，再进服药物，大约两个月之后，才把虚热退清，但是人却依然瘦得不像样子，一时还不能恢复原状。

游览沪滨　遍访胜迹

那时节，我的同学医友秦伯未也住在南市侯家浜，到我家来访，相见之下，他说："你这样瘦法，接近落形了，还是要休息，不如再进服二剂膏滋药。"我说："也好。"

接着我就说："疗养期间有一桩苦事，就是寂寞得很，现在下午多睡，热度已退，可是上午这段时间，怎样排遣呢？"伯未说："你有小汽车，不妨开了车子，我和你遍访南市各处古迹。"恰好伯未下午是在嵩山路应诊，上午则在家写写字，刻刻印，绘绘画，相当悠闲，所以他很高兴地陪我同游。

伯未有考古癖好，他说："我们第一天就去踏访赵松雪（赵孟頫）故居。"我说："赵松雪是元代人，怎样还找得到他的故居呢？"他说：《上海县志》上说他的故居是在石皮弄长生庵后面。"我说："那么我们即刻就去。"

其实，我们对石皮弄熟得很，那地方既小且狭，汽车是开不进去的，我们只好安步当车地走进去，一边走一边寻，居然找到一条松雪街，两个人开心得很。可惜多数房屋，都是后来翻造的小宅子，古老的旧屋有四间，是否就是赵松雪故居也无从证实，只得望屋兴叹！但是旧屋之中有一个尼姑佛堂，闭上了门，屋子既旧且破，我们敲门而入，两个尼姑看见我们奇怪得很，因为这间佛堂很少人去烧香礼佛。于是她就问我们："来做什么？"我们说来烧一炷香，饮一杯茶，老尼合掌说："好，好。"料不到这个小地方，四壁挂着许多名家书画，如明代的董其昌、方淑仪，清代的何绍基、赵之谦、陆润庠等；至于近代的人则有任伯年、李梅庵、吴昌硕，书画和对联，挂得琳琅满目，可惜见不到赵松雪的墨宝。

那位老尼也风雅得很，她说："你们要找赵松雪的遗墨，我知道在沪西鹤沙镇有一个庙叫永宁寺，里面有赵孟頫手写赤壁赋的石刻。"第二天我们就到沪西大场去找鹤沙镇，但是找了半天，连"鹤沙镇"三字，乡下人都不知道，我们只得废然而返。

那天我们就在大场镇上一家小饭店进餐，那家餐馆所吃到的鱼虾都很新鲜，因为是当地的水产，所以价格相当便宜。我们一餐有酒有菜，只花小洋四角。我和伯未谈起：赵孟頫是以画马出名的，别署松雪道人，我们既然找到了这条松雪街，他的后人即使还居住在上海，至少也是他的十几代了。在我们上海，五代居住在一个旧宅是常有的，要是十多代子孙还居住在旧宅，那就不可能了。所以我们进餐以后，就把找寻赵松雪遗碑的事放弃了。

第二天早晨八点钟，伯未拿了一本上海县志到我家来，出示县志说："书上分明载出赵孟頫是湖州人，居住沪上鹤沙镇，凡寺院钟铭皆有其真迹。如此看来，松雪街上那个尼姑庵中的老尼姑，必定有来历，我们今天再去访问她，问一个水落石出。"我也高兴得很，洗了面就和他出门。但是大家还空着肚子，于是我们找一个馆子去进早餐，见到福佑路旧校场一个羊肉面店，那是很有名的。

从前上海出售羊肉的面店、摊档，以及肩挑专卖生熟羊肉的小贩多得很。羊的肥肉叫"腰胡"，瘦的叫"环掌"，羊的腿叫"圆筒"，吃客可以随拣随切，每碟不过铜元三五枚。汤是羊肉汤，面是手切面，一碗面叫作"一挑"，光面不过铜元二三枚而已。

我们吃罢羊肉面之后，觉得浑身暖暖的，很是舒服，就急急地赶到尼姑庵。那老尼姑见到我们又来，而且伯未手上还拿了一本县志，不由得另眼相看，泡了一壶茶，便和我们长谈起来。

她说："赵松雪的旧宅，真是在这条松雪街上，原宅很大，一百多年前，他的后人出售给了耶稣教会，即现在的那间圣公会教堂，所以一无遗迹可寻。"我们觉得她的话，绝非虚构，而且她一定还知道得很详细。因此我们再追问她的身世，她只是笑而不言，只说她也能画几笔画，她的丈夫是清代的名画家，所以知道一些关于赵松雪的故事。她又说："赵松雪有一部诗集，诗集的跋文中说出赵松雪葬在鹤沙镇，究竟这个镇在何处？已无从查考。（按：据老友胡憨珠君言，赵松雪葬在闵行镇北紫藤花棚桥畔。）赵松雪的书画，流散各方，不过在上海书坊铺中，有一种松雪小楷却很流行。"

伯未说："上海人对保存古迹，根本没有人着意打理，我们唯有到各寺去踏访。"于是我们每天都到各寺院去观察。

上海最古老的一个寺院是"静安寺"，是三国时代赤乌年间与龙华寺、龙华塔一同兴建的。我们先到静安寺，这个寺地方虽大，但是主要的大雄宝殿却小到极，此外都简陋非常，想来历史太久，屡经焚毁，已是面目全非。只见寺院前的一口"涌泉井"，因为后来改建马路，切断水源，所以井水浑浊不清。依照《上海县志》上所说：本来吴淞江有多条支流叫作涌泉浜，在静安寺前，恰巧是几条支流汇集之所，名为海眼，这个井就是海眼所在，泉水昼夜不断飞腾，所以清澈见底。井栏上面还有皇帝御书，题了"天下第六泉"的评语。这几个字，后来清代末叶由名书家胡公寿重行书写刻在石上，刻得很深，游客都能一目了然。

我们在静安寺中盘桓了好久，只发现有一块"陈熙赤乌碑"，碑文很长，我还记得其中的两句："穹碑巍立纪孙吴，为访遗迹吊赤乌。"文中的年月已模糊得看不清楚。伯未对诗词很有研究，他说皮日休、陆龟蒙都有夜宿静安寺的诗，足见静安寺的历史是很悠久的。

接着我们就到龙华，远远望到那座有名的"龙华塔"，相距不远就是"龙华寺"，寺门口横额写着"敕赐大兴国慈华禅寺"几个字。这个寺院，院基也很大，但是看来经过几个朝代，或遭兵燹，或遭回禄，想来一再改建，已非旧时面目。

龙华寺只有在春季桃花盛开之际，游客络绎不绝。我们去的时节正在深秋，寺内显得很冷落，我们就在方丈室小坐。一个招待我们的知客僧，倒了茶后再也不来理睬我们。只见方丈殷勤地侍奉一个文人模样的香客，桌上铺着纸墨笔砚，求他写字。那客人拿起笔来就写了一首《龙华浮图》诗，署名"张继"，我们两人才知道原来这位香客就是党国要人。张继和我们不相识，不足为怪，而龙华寺方丈对我们也不加招呼，伯未大不高兴。见到那张写字的桌子很长，而且还有剩余白纸，于是他也提起笔来，就写上一首唐代皮日休的《龙华夜泊》诗：

> 今寺犹存古刹名，草桥霜滑有人行。
> 尚嫌残月清光少，不见波心塔影横。

伯未写得一手魏碑字体，笔醴墨饱，片刻而就。张继就说："江南毕竟多文士，这位先生的字写得真是不错。"于是方丈就一变本来的态度，含笑招呼，并且邀我们和张继互相通名，同进素斋。饭后，就陪同我们遍游全寺。内中建筑最好的一座楼宇，叫作"藏经楼"。本来藏有著名的朱迹大藏经，张继要求登楼一看，方丈面有难色，但又不得不开锁让我们入内。但是走进里面一看，所谓藏经，只是一些最普通的版本，也只有《华严经》《楞严经》等，连《大藏经》都没有，方丈颇有愧色，大家怅然而别。

我们和张继离开龙华寺，张继还想走一程，他遥指远处一个大操场，说："那边地方平坦，我们不妨去走走。"走到那里，张继似乎有些凄凄切切的神情，他说："这个地方，过去枪杀过好多革命同志！"所以他神情有些黯然。

伯未说："你知道吗？这个地方还枪毙过一个阎瑞生。在枪毙的那天，由四郊和租界上赶来看的，至少有五千人，其中一部分是娼门女子来看热闹的。因为阎瑞生在北新泾麦田中谋杀一个妓女王莲英，所得不过是一个钻戒，后来逃到佘山教堂，教士拒不收容，因此在徐州车站被捕，从前杀人偿命，所以他就在这里枪毙的。"

我说："枪毙阎瑞生的戏剧连演了几年，戏中演出阎瑞生，是在西炮台枪毙。"伯未说："这是不对的，枪毙那天我还到这里来看的。"

张继接着便问了我俩的籍贯，我略为介绍了自己，说是："我是真正的上海县人，至于伯未，是上海县城隍老爷秦裕伯后人，所以他名叫秦伯未。"张继笑着说："城隍庙我虽然去过，明天我们再去玩玩，好不好？"我们表示赞成，约定了第二天早晨见面的地方。

游城隍庙 查城隍史

次晨八时，我们到了城隍庙前门口，张继已等在那里。伯未的书生习气很重，又带来一本"县志"和"沪邑城隍神颂"。大家先在庙门口徘徊了一阵，见到庙门口上面有"保障海隅"四个大字匾额，是明代上海县冯彬所题。两边虽然有好多玩具摊、洋金饰摊，因为时尚早，摊贩们尚未摆摊营业。我们在墙上还看得见有一块石碑，上面刻着明永乐年间知县张守约所建，屡经火灾，已翻造修葺了好几次。

从前的人迷信得很，他们有一种观念，认为阳间的事由县知事管辖，阴间的事由城隍老爷去管理。城隍的资格，是选择当地有德政的人，死后经地方人士奏请皇帝追封的。秦裕伯在明代以前，曾任元代官员，领导民众抵御倭寇有功。及朱洪武崛起民间，驱走元顺帝拥有天下，屡次征辟秦裕伯复出，秦坚不应命，朱洪武敕封他为上海城隍兼赐护海公衔。从"护海"两字看来，当时倭寇曾经侵犯过上海，所以庙门口也写着"保障海隅"的字样。张继就问伯未："你的祖先，在上海还有什么历史古迹可寻？"伯未说："秦裕伯公晚年住在浦东洋泾，那边还有一座裕伯公题字的小桥，桥边有一个秦裕伯庙，祖坟也在那边附近。"

城隍庙门前及庙内前后广场的各种小贩摊档不计其数，游客不无拥挤之苦，却具左右顾盼之乐。整座庙宇虽建造得雕梁画栋，金碧辉煌，终因香火太盛，全被熏黑如墨染尘封。大殿前有白色砑石平台一方，两旁各有一个石狮子，雕刻甚精，想是出于名匠之手。庙门筑成左右中三门，唯中门上有两个门神，高达丈余，庙门外面即为照墙，墙下两侧建有两个吹鼓亭。但是城隍庙的庙祝，为了增加收入，连此种余地斗室，也已租给人家改作商店与摊基，庙门内有一间专卖酒酿圆子的铺子，甚为著名。

二山门的门楼即演酬神戏的戏台，游人出入都要经过台下。

戏台前面，有一个大广场，中间列有一个巨大铁香炉与一座亭形的燎炉，专供善男信女烧香焚箔之用。四周都是小吃摊，如桂花糖粥摊、油炸鱿鱼摊、糟田螺摊、鸡鸭血汤摊，不下三五十家，摊贩最老的一家为朱义品斋的百草梨膏糖，吃客丛集。

我们走到西廊，见到一排都是图章铺、刻字摊、书画铺、裱画店等，张继大感兴趣，买了些笔墨之类。有一方田黄旧章，光泽灿烂，索价银元八枚，张继竟然不还价就买了下来。我们不懂得田黄的价值，正在奇怪，后来才知道这块田黄石章，是一位著名藏家的旧物，旧籍中说田黄与黄金同价，但是只有此说，而事实上是有价无市的。（按：后来上海地产大王程霖生，喜欢收集石涛画和田黄图章，因此田黄图章的身价，果然与黄金相等。）

我们走完了西廊，就到了城隍的大殿，只见无数人都在膜拜求签。我们仔细地看看四面的楹联石碑，于二门上眼见到顶上挂着一个大算盘，旁边刻着："人有千算，天只一算。"八个大字之外，另一面在大殿外的屋梁上挂着两只木做的大船，帆桨俱备，这是象征秦裕伯公用此船出海与倭寇作战。据说这两只船的底部，常极湿润，有水滴下，说是秦裕伯公夜间常驾船出海巡查。其实因为此船终日受人间香火和潮气熏蒸所致，种种传说，不外是神话而已。

庙大殿后的西侧有一个寝宫，俗呼"内苑"，是秦裕伯公夫人的居室，平日是不开放的。伯未和庙祝很熟，一经请求，庙祝就说："你是城隍老爷的子孙，当然可以。"当即开门让我们进去参观，里面床帐被褥齐备，特别是许多衣冠，都是明代的款式，而且里面还有城隍神夫妇俩的塑像，令人肃然起敬。

大殿之外的西边，有一个星宿殿，殿内三面陈列有金漆塑像六十尊，高仅五尺，膜拜的人非常之多，每一个塑像的前面，供有朱漆金字神主牌位，牌位上雕刻着甲子、乙丑等字样，凡是符合这个千支年份的人，都要去进香礼拜。张继也找了符合自己年龄的金像，竟然也上了三炷香，并且口中喃喃有词，不知道他祈祷些什么。

我们再走出来，朝北通路踱去，那里就是文昌阁，里面供奉着梓童帝君，俗称他为文昌帝君。小孩子在入学启蒙之前，父母必然带他们去进香叩头，希望小孩子入学之后，能多得一些智慧。但此间翻建楼屋后，巧不过的由钱业公会所主办的一所小学校就在文昌阁的楼上，令人有文风郁郁之感。

文昌阁外面，有不少毗连着的屏联笺扇店，出售许多近人的书画扇面，最多的画是任伯年、吴昌硕、倪墨畊和王一亭，售价都很便宜。张继买了一幅任伯年的百子图，代价为银元十枚，他高兴得很。任伯年是吴昌硕的老师，后来他的画艺名声很大，尤其是他画的"岁朝清供图"，当年上海城内大户人家，几乎大半都有悬挂的。

再走过几步，就到了清芬堂，堂额是曾农髯题的。这堂俗称"桂花厅"，原是一个很大的茶馆，有很多人每天按时按刻到那边饮茶。茶馆的前面有一个广场，全是卜巫星相者、江湖卖解者，以及玩魔术者的集中地，也是小孩子最喜欢的地方。

张继对星相好像很有研究，特地找到一个星相家名叫曹铁口，他就走进去，请他相了一阵，还拆了一个字，大概说得很准，张继赞不绝口，连说："灵得很！灵得很！"

张继忽然想起一个地方叫作"大假山"，他说这里面有一个厅，是二次革命党人与沪绅聚议之所，我倒想去看看，伯未说这就是"豫园"中所称的萃秀堂，平时是不开放的，但是他可以带我去。一会儿进入该园门，见到了一座假山，据说堆假山的人是明代上海著名叠山家张南阳。张南阳最善用"见石不露土"的手法，堆出的假山千变万化，而结构谨严，画意盎然，豫园的假山，就是他用大量黄石叠成的。厅中挂着许多名人书画，我们只注意一幅董其昌的字。张继安安定定地坐在一个桌子旁，好像正在回想过去许多事情一般，凝神沉思。

上海小吃 别具风味

坐了片刻，我们再去走北端"九曲桥"和"湖心亭"，这也是邑庙的名胜之一，桥上游人很多，熙攘往来，摩肩接踵。走过九曲桥南端的桥头，那里即为桂花厅门前广场，厅的西边地方，只有许多卖鸟的铺子。张继也不暇逐一细看，只问我们"四美轩"在哪里，我们就带他去。他说从前此地也是茶居，陈其美、于右任、钮惕生、沈缦云、李平书等，常常相约在这里倾谈，现在的四美轩除了茶座以外，还设有许多摊档式古董铺，楼上已然变为书场，是评弹家献艺之所。

走出四美轩，又向西边走去，见到一家卖南翔馒头的铺子，我们想请他去吃点心，张继说："今天玩的时间相当多了，下次再叨扰吧！"这时已近中午，就由伯未陪送他到法租界，我就在这里吃了一碗"小肉面"，只花了铜元八枚。吃罢了，我依旧回到旧宅作午睡，继续过我的疗养生活。

我在家休养，虽很悠闲，却很无聊，上午总要出去走走，最喜欢去的地方，就是我的出生地小南门薛家浜旧居，抚今追昔，觉得很有趣味。

来来往往，有时搭车，有时步行，往往想找寻幼年时吃过的铺子，虽然事隔久远，但大多数店铺依然存在。

在小南门外，王一亭的"梓园"后面也是河浜，有一个地方叫作"乔家栅"，是家以出售"擂沙圆"出名的铺子，门前没有什么招牌，就叫它为"乔家栅圆子店"。（按：后来我友王汝嘉在法租界也开了一家乔家栅，现在香港九龙也有一家乔家栅，都是沿用其名。）

乔家栅虽说卖的是"擂沙圆"，实际上以卖汤团为主。创设的人本是一位老妪，她擅长做汤团，皮薄且糯，肉精而卤多。每天她做四百个为限，卖完了就不再做。后来门庭如市，客人吵着要吃，于是她不得不出动了三个媳妇、四个女儿帮着赶做，才能应付过去，但是铺子里的桌椅设备极为陈旧。后来她想出一个办法来，就是把煮熟的汤团，捞出来滚上几层红豆沙，就称为"擂沙圆"，很多客人在吃罢汤团之后，还买些擂沙圆带回去。

我找到了那间铺子，见到椅桌依旧，老妪已经身故，主持业务的是她的几个女儿，都已有了丈夫，因此连老妪的大孙儿也在帮忙，门前有无数小贩在等着批购擂沙圆，据说一天可以卖出很多。那天我吃一碗汤团，觉得滋味如旧，只花了铜元四枚。

带钩桥（俗称打狗桥），有一家唐正和面店，早晨供应汤包，这种汤包，皮薄液多，人口时一包鲜汤，每客也只铜元六枚。过了早晨，就改供应面食，有鱼面、肉面两种，但是名目繁多，客人要在叫面时预先说明："拣瘦"，即要瘦肉；"拣肥"，就是要肥肉；"去皮"，就是要除去一层肉皮；还有"轻面重浇"，或是"重面轻浇"，就是要多面或是多浇；还有一种叫作"减底"，也就是浇头多些，面尽少无妨。

还有一种叫作"阳春"，即阳春白雪的阳春，来代表

民国时期，上海三角地市场

"光面"。光面只售铜元三枚，若要面多些，可以加一，即铜元四枚。也有许多名目，不要葱蒜，名为"免青"。要汤多的叫作"宽汤"，要吃不太软的面叫作"硬面"。有些客人叫一碗面，要鱼肉兼有，名为"红两鲜"。客人吩咐定当之后，跑堂就大声叫喊起来，有时一碗面要连续叫出六七个名堂，如"大肉面一碗来哉、要轻面重浇、去皮拣瘦、宽汤、软面、免青"等，一连串名堂叫起来很是动听，而所费不过铜元十二枚而已。这类面店，在南市城厢内外，何止二三十家之多。

大型的糖果店全城不过四五家，以大东门汤懋昌为最大，出售的糖果，最普通的是"粽子糖"（按：糖是三角，形如粽子）、乌龟糖（按：形如龟背，即苏曼殊日记中屡次提到的摩尔登糖）、牛皮糖、芝麻糖、米花糖等。还有一种寸金糖，长约一寸，它的命名是从"一寸光阴一寸金"的格言而来的，糖内是糖酥，外有芝麻，吃起来既甜且香，每包铜元二枚，有十多条；咖啡糖只有外国货，在城厢之内是买不到的。

南市的人俭朴得很，奢侈高贵的食品不多，只有一家张祥丰蜜饯糖果栈，开在荷花池后。这家糖果栈规模很大，专门出售蜜饯凉果，如蜜枣、糖金柑、糖橘饼、糖佛手等。他们最出名的一种食品是花生糖，单是这种糖，每天要售出几百斤。上海人互相送礼或是旅行出外，多数会买张祥丰的花生糖馈赠亲友或自奉。

水果铺，在南市很少，多数是摊档，出售的水果，虽然随时令更换，但花式是不多的，以龙华水蜜桃、老虎黄西瓜最有名，其余都是由江浙各省运来的，如崇明芦栗、天台蜜橘、洞庭山枇杷。福建的橘子（俗名福橘）、广东的橄榄，只有新年前后作为贺年用的。生梨和荸荠，买的时候你如果当场吃，摊贩立刻几下子就替你去了皮，光滑晶莹。只有在小东门外十六铺，才有正式的水果批发店，全上海的水果都是由这个地区批发出去的。

那时上海的居民，都喜欢吃家常菜，很少上馆子，所以在南市菜馆是不多的，甚至连喜庆和寿辰，也是在家中大厅间排席宴客。酒席多数是四盆六碗一汤，菜肴不外乎"扣三丝""走油蹄子""炒时件""全家福"等，较大规模的宴客，多数是假座城内"也是园""群学会"等大厅举行。

南市最大的菜馆，是开在西门口的"丹凤楼"和城隍庙前面的"鸿运楼"，这是地道的徽菜馆，以炒鳝糊著称。其他菜馆虽有十多家，规模都不大。

南市的几条大街，有许多卖牛肉包的铺子，比较平民化，小洋二角可以买到一碗洋葱牛肉丝。此外，到处都有素菜馆，专卖素什锦，小洋一角半可以炒满满的一大碗。普通人家，如果临时有客来，要添菜的话，都是刻板地在就近这类铺子买一碟炒牛肉丝，或是素什锦。

酒店，南市很多，是专门供应热酒为主，门前都摆满了作为下酒的小菜，不外乎发芽豆（俗称独脚蟹）、咸水毛豆、盐紧豆、豆腐干、拌海蜇、拌乌笋等，随客取用，每碟不过铜元二三枚。在这类酒店中，约三五知己小饮，要是由一个人会钞的话，也不会超过大洋一元。如此看来，在那时住上海南市的人，生活是很简单而舒适的。

南市也和租界上一样，每天自朝到晚，不断有叫卖各种小吃的小贩，按时按刻地随街叫卖，如大饼、油条、脆麻花、绞力棒、白糖粥、臭豆腐干、火腿粽子、五香茶叶蛋等，几乎都有规定的时间到来。就因为这些小贩会定时到来，所以一般市民听到他们的叫卖声，就会知道现在已是几点钟。

还有些小贩，是随着时令更换出卖应时小吃的，如"檀香橄榄"，一到冬令将近过年的时期，每夜出现在街头。卖的人，多数是苏州人，由于他们那种嗲声嗲气的语调，

民国时期，上海街头小贩

喝唱起市声的歌调来，清脆好听。还有卖"烫手热白果"等，都有大段唱词。

最有趣的，是下午卖梨膏糖的小贩，一男一女，一个拉着手风琴，一个引吭高歌，每到一处，就会有无数小孩子被他们的歌声吸引，唱一曲，就有很多孩子买他们的糖，生意也很好。

有一种铺子，叫作"老虎灶"，横街小巷到处都有。这是一种专卖滚水的铺子，家家户户都备有一种"铜吊"，要热水（按：上海俗称泡水）就上这种店里去购买。热水的价格，以勺量论值，十勺为铜元一枚。他们还出售一种"水筹"，每一个铜元，可以买十根筹。如果你以铜元一枚去买两勺水，那么他们就找还你八根水筹。

这种老虎灶，外面还放着一两张桌子卖茶；炉灶的后面，还有一两个木制浴盆，专供一些无家室单身汉洗澡之用，每次入浴，不过收铜元三枚而已。

城隍出巡 会景盛大

上海南市有一种风气，每年都要出三次"城隍会"。第一次在清明，第二次在七月半，第三次在十月朝。这种城隍出巡，会景节目很多，路径很长，每次出会，不但南市的人万人空巷，甚至英法租界的人，也要拖男带女地赶来看会。

我在南市养病期间，身体渐渐转好。适逢十月朝的盛会，我先约定了城隍老爷的后代秦伯未，我对他说："我小的时候，看过一次会，这次我要看个畅快，请你陪我去看。"他说："会景如何组织？如不加以解说，你是不会懂的。"我说："好！一切听你。"

这种出会的风气，历史已久，旧时称为"赛神"，陆放翁诗："到家更约西邻女，明日湖桥看赛神。"所谓赛神，就是指出会而言。

上海南市的城隍会，一般善男信女，早期皆有组织。出会前两天晚上，每晚他们都聚集在庙中吃"会酒"。伯未就带我去从吃会酒开始，会酒都由各人自己出钱，每餐一元，菜肴由玉清宫道士代办，所以聚餐也就在玉清宫中，吃的都是大鱼大肉。

会酒的座位，无形之中有一个规定，邑庙管理董事会的人排在中央，以邑绅姚子让坐首席，旁为银钱业公会，由秦润卿坐首席；豆米业公会由顾馨一坐首席。我和伯未坐在边席，其余都是办事人员的座位，满满地坐了八席。

此外，参加出会的人物，以及任职的重要人员，分别排在大厅的两庑。坐席时，有一个面有麻皮的人，走来走去，非常忙碌。此人于出会时，却是负责排道子事宜的总指挥，我问伯未："这个麻皮是谁？"他说："此人重要得很，名夏秋堂（即城厢名医夏应堂之弟，在东木桥狮子弄口开设老虎灶）。"另外还有一个麻皮，在出会时骑"顶马的"，这个人原来就是黄金荣，他那时已在法租界总巡捕房中任高级职位。他童年时，是邑庙后花园粹华堂裱画店的学徒出身，成年后，他每次都参加出会的行列的。所谓"顶马"，是会景行列的开道者，所以每次出会，骑顶马的人，都要经过筹备的人商议决定。

第二天我们又去参加吃会酒，吃的时候匆忙得很，伯未说："今晚是出会的前夕，传说有五位神道从各处而来，一位是由高昌庙迎来的高昌司，一位是由穿心街延真观迎来的春申侯，一位是财神，还有两位名字记不起了。"我们吃罢了之后，只听得一片大锣大鼓声，诸神坐轿而来，预先供奉在城隍大殿上，举行了一次大会师式的"排衙"景象。殿中香烟缭绕，铁索银铛，铿锵有声，做着审理案件的样子，殿上一片阴森严肃的气氛，令人不寒而栗。我与伯未略为参观一下，就离开了，据说这是阴审的仪式，一直要审到半夜三更才告停止。

　　到了第三天，是出会的"正日"。城隍的坐驾轿，是一顶金碧辉煌的绿呢大轿，由八个人抬这顶轿。轿中坐着的并不是大殿上的城隍像，因为这座神像是用就地生长的一株古老银杏木雕刻飞金的巨像，无法搬动的，所以就由内宫中请出一尊较小呼为"行宫"的城隍像来代表，形式是相仿的。城隍大轿请起时，钟鼓号角齐鸣，鞭炮之声，不绝于耳，四围善男信女都跪在地上叩送。那时庙门外面，已经有仪仗排列着恭候，挨次做缓缓进行。最初是有四只顶马，跟着的是一块路由牌，接着就是以两人抬的两面大锣。这两面锣还是明代的遗物，声响极大，随后就是清道旗，肃静回避的虎头牌，朱漆金字的官衔牌，上面写着敕封显佑伯、护海公、护国公等名堂，后面接着是高昌司、财帛司、春申侯等衔牌，此后便是许多皂隶，青袍赤带，有的红冠，有的黑冠（俗称红黑帽），各人手执水火棍，以及各式刑具和铁链，一路口中呼喊着"虎威"两字，缓步前进，其中还有全副执事，都手执朱漆红棍的兵器，如斧、钺、刀、枪等，这就是城隍的仪仗队。中间还有几对号角，吹的时候，其声呜呜然，声音使听者惊心动魄。仪仗队后面跟随着很多穿黄色衣服的会众，人数每次都有一百多人。这些人俗称"黄衣会首"，多数是工人；有些人自以为罪孽太重，则穿一种蓝色短衣随队游行，认为是可以赎罪的。接着无数女人，都身穿着红绸衣裤，腰系白绉裙子，都扮成女囚犯的状态，皆是许愿参加，希望赎罪的。后面叫作旗

民国时期，城隍出巡

牌队，着武士装骑在马上，人人手执五色丝绣的大旗，每
到一个地广人多的地方，便纵缰疾驰，借此耀武扬威，叫
作"出辔头"。马队过后，又是穿玄衣紫带的皂隶数十对，
手握铁链和手铐，铁链又粗又重，一路走一路在地上拖，
锒铛之声不绝。接着就有许多袒身露腹的大胖子，手执朴
刀，作刽子手状。这几个人，都是从屠夫行业中挑选出来的，
这种人腹大如鼓，胸前长着无数茸毛，脐部贴了一张膏药，
蹒跚而行，既威且武，这是最使大家瞩目的。后面跟着来
的，百戏杂陈，有些是踏高跷，有些是抬阁，有些是荡湖船，
大都是饰演"武松打虎""八仙过海"等民间故事。还有
蚌壳精，是一个年轻貌美的女孩子扮演的，身穿肉色紧身

衣，绣花红肚兜，两面蚌壳，一张一翕，很是动人。其中还有一个瘟官，抹上白鼻的丑脸，歪戴乌纱帽，拖着小胡子，右手执着白纸扇，左手拿着一个"便壶"，坐在轿子里做饮酒状，这是讽刺糊涂瘟官的一幕，几乎是每次出会必有的一个会景节目。瘟官之后，跟着的就是"抬阁"。

所谓"抬阁"，是一个方形的台，上面立着一个小孩子，两手托着两三个男女，看来好像力大无比，其实里面是有一个铁架支持着的。这些男女扮演唐僧取经、水漫金山等民间故事。这种抬阁是会景中的主要节目，还有几个小童扮成武松样子，矗立在大人的肩上而行，也是很受人欢迎的。

此外，是"腰锣""万民伞""对马""清音"（俗称小堂名），又有一班班的"清客串"。所谓"清客串"，即笛箫笙管的音乐合奏，声调悠扬，非常动听。

会景之中，最教人看来有惨不忍睹之感的就是"托香炉"，是用银钩一排，刺进臂部的皮肉内，下垂铜链，拖着一只十多斤重的锡香炉。这种人的臂部皮肉，几乎生了结蒂组织，所以从来没有血液外流。一般看会景的人，都认为是获得城隍的保佑，所以不会流血的。

还有许多黑衣紫带的阴皂隶，耳边插上一张黄纸，手执卷牒或刑具，仿佛捏着传票与刑具要捉人的模样。阴皂隶每两人一排，眼睛相向直视，眼珠一动不动（俗称斗鸡眼）。扮这种皂隶的也是熟手的人充当，否则一路上不霎眼，是办不到的。虽然扮阴皂隶的定眼不霎，直视以行，但还有侍候左右的照料人，频呼"上下高低"之声做指示。

最后是城隍的神轿，由八个人抬着，另有许多皂隶和武士护驾，呼喝之声，震天动地。看会的人也觉得城隍神的威灵显赫，两旁寂静无声，迷信的男女跪地膜拜。富有之家，都在自己门口设香案迎神。先于城隍之前的是高昌司、春申侯、财帛司等五座神轿，此后又有许多穿红衣白裤的男女犯人，手上锁铐，颈项套枷，有些背上还插着"斩条"，斩条上写着罪状，有若干妇女因为身患重病时所许永远出会扮犯人之愿的，特地乘坐了小轿（这种小轿是没有顶的）参加行列，借此赎罪还愿。有些是由租界上来的妓女，也穿上女装囚衣，戴上了银制手铐和银链，打扮得花枝招展，她们是借此来出风头的。

城隍出巡，先期向神求签占卜。有时从东辕门出发，朝东而行；有时由西辕门出发，朝西而行，总之一定要绕行城厢一周而抵达南郊义冢。义冢是无主孤魂的葬身之地，名为"万人冢"（俗称化人摊），在这个地方也有一些老百姓跪在那里，焚香膜拜，等候神驾到来，一边跪求超脱，一边号泣追思，一时哭声遍野，只此情况，已极凄切动人。

神座在南郊义冢前排齐之后，小休片刻，再起驾回辕。其他高昌司、财帛司等也各自摆驾回衙，一场盛会也就此宣告结束了。

这种出会仪式，迷信的观念浓厚之极，但是能对一部分不法分子，掀起心理上的镇压作用，其效果或能补法律所不及。

从前上海连租界在内，盗劫案件甚少，一年之中不过几宗；至于杀人案，好像几十年来不过三五件，最著名的就是阎瑞生谋杀案、张欣生逆伦案、詹周氏杀夫案等。一件案事发生出来，全市的人都惊为大事，于是新闻连刊不已，舞台上编成戏剧演出，比之香港，差以千里。现在香港劫杀案年年升级，一九七〇年被杀者七十多人，一九七一年竟达到九十八人。我执笔时，正有一个出身于小康之家的十五岁学生，在铜锣湾恩平道因抢劫一只手表，挥刀杀死了一位股票商人。我深深地感到，这种男童根本上没有人生道德的修养和家庭教育的熏陶，当然对神道设教更没有一些儿影踪，所以他们胡作非为，全无顾忌。我认为迷信观念必须打破，但是因果律是很科学的，种什么因结什么果，为了抢一个表而杀人，终于被捕，从此一生前程完全毁灭，又何苦来呢？所以我认为因果律是永远存在的。负责家庭教育的父母们，和担任学校教育的教师们，对因果律似乎也可以提倡一下。

第十三章

游日本风俗怪异

民国时期，上海闸北区的日式餐厅

我追想这一次的患病经过，最大的原因，是由于编书失眠而起，但是有一个近因，却是为了人家借了我的钱，屡催不还而大生气恼。病患之后，又要开始医务工作，金钱上和精神上受到了很多的烦扰。

从前的人，大家都有一种观念，朋友有通财之义，彼此遇到逆境时，应当互相接济，所谓"掉头寸"是极通行的事。

至于亲戚之间，又有所谓"通家之好"，"通家"两字，不限于互相往来，也包含着在必要时大家借来借去。要是有钱的一方面，不肯把钱借给对方，人家就会振振有词地指责你为"不通人情"，或是"不够朋友"。

借钱哲学 随机应变

在我开业的初期，因为诊所的大门是天天开着的，什么人都可以进来，因此我的门上，每天都有识与不识，或是似曾相识的人，坐下来先寒暄一番，结果无非是借钱。但是数目少得很，借小洋二角也有的，借小洋四角的最多，除非真正的困难，才借两块钱，那时两块钱的用处很大，借十块钱的人极少。

自从我出门归来之后，情况就不同了。开口的人少则五十元，多的竟要借到一百、二百元，有的写张借据，有的开出一张远期支票。这样借出去的钱，当然是很少有人归还的，但是纠葛多多，口舌频频，就有不胜其烦之感。再加上那时我身体健康不曾恢复，商借的时候，弄得我肝火奇旺，借出之后，又使我懊丧非凡。要是到期想向人讨还的话，那真是所谓"跪地讨债"，自讨没趣了。

记得有一次，我去拜访李平书先生，他是上海革命的老前辈，也是上海著名的老乡绅，与我家世代相交。往访时座中正有一位长者向李翁借钱，李翁向来有儒者风度，谈话时客气得很，这天竟坚决地对那位同乡说："你虽然是要为子完婚，但是婚嫁之事，可丰可俭，你既然没有钱，就应该样样事情节省些。你要问我借五百元，我是不能答应的，但是彼此世代深交，我不能不有所表示。平常我送人喜庆的不过二元、四元，今天我送你四十元。"那位长者竟然泪盈于眶，说是："我借不到这个数目，没有面目回到家乡，说不定只好一死以了之。"李翁听了这话，认为是恫吓，他毫不动容地说："我一生一世，从不借钱给人家，所以你的想法完全是错误的。"说罢就拂袖送客。那长者在迫不得已的情况之下，就说："那么我就接受你的厚礼吧！"说罢称谢而去。

李翁对我说："这种同乡多得很，他回乡为子完婚，实际上也用不了多少钱。"我见了这情况，也对李翁："我也常时遇到这种困扰，最大的问题就是亲戚朋友认为我这部《中国药学大辞典》卖了一万多块钱，所以成为日常的纠葛之源。"

李翁就说："借钱的事，是不能开端的，而且自己应该订出一个规矩，否则，耗损金钱事小，精神上的损失事大。有好多人，还会弄出气来，令到自己病倒。要是将来你真的有钱时，更要提防被人家牵累到你。"我听了他的这番话，觉得又是一个理财的教训，我就问他："应该怎样对付，才算是得体？"他说：

一、绝对不要贪利息：任何一个相熟的人，向你出重利，求你抵押、加浮利、换支票，以及一切供会、合伙等，不管利息多厚，都应该婉言谢绝，因为利息越大，受损失的机会越多。如果真正值得帮忙的亲友，花了钱，就要下定决心，不希望他归还；把到期不还当作是意中事，如果到期来还，反而要视为意外。

二、如何去应付人情：有许多亲戚，或是尊长、师友，本来有恩于我，或是真正的有为人士，要是缺乏学费，或缺乏经营资本，应该爽爽快快予以援手。但是这种钱拿出去时，该要说明这不是借贷，而是赠予；换句话说，不希望来还，要是抱定施恩不望报，那么心中最是安乐，而永无烦恼。

三、若干人不可开端：对于若干青年人，如果有时来向你开口借钱，你应该直接爽快，严词拒绝。借一分钱给他，就是害他一分，养成他借钱的习惯，断送他一生。所以借给他就等于害了他，这是千万做不得的。至于有嗜好的人，更是借不得，即使伤及感情，也无所谓。因为这种人，一借之后，会得再借三借，缠绕不休，总要弄到大伤感情而后已。那么不如抱定宗旨，决不能开端，要他死了这条心。虽说，在这人第一次开口借钱时，就要伤感情，多气恼，三次五次之后还是要闹翻的，事实上，只要本人无愧于心，借钱的人，可能口出恶言，你以静制动，可以付之一笑就没有事了。

这些方法是我一位老朋友教我的，其中以"借钱给人，就是害人"这句话，最有卓见，因为若干人从此失去了自尊心，专以借钱为业，甚至一世以借钱为生。这是人生的哲学，吾人对此，假使能随机应变，是很有意义的。

我听了李翁的一番大道理，恍然大悟，觉得他对理财之道，真有一套。

我在南市老宅中养病的那一段时间，初时精神憔悴不堪，体重减轻到九十六磅，后来经过三个月的疗养，体重渐渐增加到一百二十磅，同时面色也转好。我就觉得这一次的病，一则是疲劳过度，一则是情绪不宁所致。那时还没有"心理卫生"之说，我只体会到一个人日常精神修养的重要。如果患上了病，要是心理照常紧张的话，养病是养不好的。

康复之后 谣言平息

本来我对于医务，每天总是准时而到，准时而退，从来不会迟到或早退，或偷懒的。这次我在病中，替代我诊务的人是丁仲英老师的长子济华师兄，那时他自己还没有开业，为我代诊，兴趣极浓，诊务还有七成人数。一进入了冬季，诊务大打折扣，他觉得不好意思，赶到南市来看我，见我精神奕奕，似乎已经复原，他说："你可以恢复诊务了。"我说："不，我还想休养一个时期，要体重达到一百三十磅时，诊务好歹，在所不计。"济华说："也好。"

我向来不会打牌，但是有一种叫作"挖花牌"，只靠运气，像开奖一般计数，我倒很有兴趣，济华是老搭子，因此我和他，另找两个朋友，常常拉开桌子，就打"挖花牌"了。打时照着挖花的习惯，边打边唱，唱的词句，是可以自己杜撰的，我唱你和，你唱我和，相当有趣。

一天，在玩牌中，济华告诉我："医界中人对你有好感的当然不少，但是也有三五个人对你妒忌得很。自从你休息了三个月之后，谣言四起，说你患的是不治之症，所以你应该拣一天到租界去露一露面，那么谣言就可以平息了。"我听了他的话，觉得很有道理，于是我就选定在中医界的杏林社大聚餐的那天，翩然入座，谈笑如常，好多同业都来向我敬酒，说："哗！你比从前更壮健了。"

这次赴宴之后，在心理上大为安慰，从此每隔两三天，便去访问几位老前辈，或是约几个朋友打挖花牌，当然一切谣言也就消失了。

书业奇迹 一折八扣

有一天，我到世界书局门市部去买书，在医书部门闲聊，见到我的《中国药学大辞典》，买的人很多，自己心里暗自欢喜。顺道我还听到买书人对这部书的批评，这好像自己的儿女，别人赞好，心中最是高兴。记得从前国产电影的老前辈郑正秋，他因为有嗜好，轻易不与外界接触，唯有他的新片上映时，一定站在大堂间等候散场时，偷听观众对他的批评，他说："这情况最是有意思。"我那天也有同样的感觉。

柜面上的伙计本来不认识我的，忽然间老友樊剑刚走过来，同我握手说："听说你生了一场大病，沈知方觉得很是抱歉，认为是他累了你，但是你的书极为畅销，希望你快快恢复健康，再为他编几部书，今天我要请你到蜀腴川菜馆吃一顿饭，我有话和你谈。"我就应允了他。

两人一路步行，应该是朝西走的，他却要我朝东，走到四马路中和里"太古渝"栈房。这是一间旧式的大屋，向来是租给外埠来的商人作为客庄办货之用，论月租赁，每月房租只收十八九元，里面共有房间几十间。本来这个地方我也常去的，那天只见到太古渝的招牌已经除下，大门也已关闭，要拍门而入，我对樊剑刚说："你来这里做什么？"他说："你进去看看再讲。"我心中很觉奇怪。

进门一看，原来所有客房已完全拆掉，里面有白报纸数万令（一令即此间所谓一抬，每抬计纸五百张），堆积如山，高不可攀，另外还有一包包的书籍，全是《三国演义》《水浒传》《红楼梦》《七侠五义》等。我就问樊剑刚，这样大规模的堆栈，堆了这么多的书，不知道何年何月才可以卖得完。

他说："这是一门新的生意。本来一部《红楼梦》要卖到两三块钱，现在大量付印，用一折八扣的口号来推销，就是一块钱的书，一折八扣之后，只卖八分钱。所以现在销路大而且速，本埠实销很多，外销数量更是庞大。这里堆着的白报纸和印好的书，大约三个月就会销得一干二净，利润虽薄，但是赚钱却快，只是资本很大，常觉周转不灵，老兄能否投资五千元？"

我听了他的话，心中为之一动。可是经过考虑之后，立刻想到李平书翁的话，认为这些书籍销到某一个程度，销数一呆，就会一蹶不振，所以我就很婉转地拒绝了他的要求。

看过了"太古渝"的情况之后，我们就同到"蜀腴"吃饭，点了回锅肉、干炒牛肉丝、干烧鲫鱼，一个通锅汤，我们稍微饮了一些酒，结账时竟然要三块一角半，我就觉得这时物价又已高涨了许多。

我不参加一折八扣书籍的组织，料不到后来，业务果然日益发达，出的书都是翻印旧小说，如《镜花缘》《安邦定国志》《东周列国志》等七八十种，成为出版界一大奇迹。

本来一切书籍，都照定价出售，只在减价的时节，才有九折，预约书才有七折至八折，这几乎是多年的旧例。有时商店因为营业不景，准备歇业，举行大减价，也不过是"七折八折"，有些所谓"三钿不作两钿卖"，这都是廉价抛售货物的口号。所以"一折八扣"四个字，实在具有很大的诱惑力。

隔了几年之后，樊剑刚逝世，由他的哥哥主持，后来"八一三"事变，外销中断，最初大受打击，却料不到本来每令定价二元四角的白报纸，竟然涨到几百倍。这时银元绝迹，币制混乱，所以有这么大的变动，因此他们又大大地发了一笔财。他们的股东会已经改组，变动很大，个个都被称为书业中的"纸老虎"。

我在疗养期间，连报纸都不看，到了这时才开始看报。那时上海的大报，以《申报》的报纸为最老，《新闻报》次之，《时报》《时事新报》趣味最丰富，报纸的售价是每份铜元一枚。小型报多数是三日刊，以《晶报》看的人最多，《金钢钻报》次之，售价也要铜元一枚。我留意报纸的广告，见到一折八扣书竟然在报上也大登广告，宣传的词句很动人。

忽获巨款　拟游日本

我和樊剑刚分手之后，隔了三天，他忽然坐了一辆新的皮儿卡房车，当时是上海最华丽的汽车，到我南市家中来。车子抵达门口，他一跃而下。我家门口有一家专做红木家具的工场，里面的小伙计，看见了这辆又新又大的汽车，车上下来的人向他探听我住在哪里，那小伙计起劲得很，就把他领了进来。

这时我正在打挖花牌，见到樊剑刚来，心中一怔，想无非是又要来劝我入股。其实我养病以来，剩余的现款已不多，只得寒暄了几句，樊剑刚说："我们的老板沈知方，自从《中国药学大辞典》销路好，尝到了甜头，他口口声声说打铁趁热，要请你再编一套《皇汉医学丛书》，所以要我坐了他的新汽车来和你商量。"我就说："为了《中国药学大辞典》，我不但入不敷出，还弄出一场大病，现在虽已康复，你想想看，我要损失多少？"樊剑刚见我断然相拒，一味拍我母亲的马屁说："伯母，我今天坐了老板的新汽车来，你老人家要不要坐这辆车子去兜兜风？"我母亲笑逐颜开对我说："阿沅，听说梅兰芳已到上海，将演《天女散花》，连昆山的姨姨、苏州的三阿姨都专程赶到上海，住在惠中饭店，预备看他登台，我倒也想去开开眼界。既然樊先生有新汽车开来，不妨就坐他这辆车子去看一次。"樊剑刚听了，觉得有隙可乘，说："不但看戏，我还要请老太太和你到'一枝香'去吃西菜。"他这样一来，我以高堂之命，无法婉拒，只能就坐了他的车子到租界去消磨了一个晚上。樊剑刚一共花了二三十元之多。

在"一枝香"进餐时，我抢着付账，樊剑刚坚决不肯，我说："请客是一件事，编书是另一件事，非等两三年，我是无法再编的。"樊剑刚听了我这话，只是笑而不言。

次日下午，樊剑刚又来了，他说："书局老板都是蜡烛，不点不亮，好多穷读书人把稿子卖给他，总是横求竖求不肯接受，现在他倒过来向你横求竖求，并且授意我，你有什么条件，尽管提出，他一定全部接受。"

我说："《皇汉医学丛书》，是要把日本人研究汉医的书籍，有系统地分类编译。我虽已有数十种日本汉医名著，但是尚嫌资料不够，等我身体好些，还要到日本去走一次，一俟资料搜集齐全，再行着手。"樊剑刚说："那再好没有了，算起来到日本去一次，旅游之费，至多不过二百元，买书之费也不会超过二百元，除了原来送你的六千元之外，另外叫他再加送你一千元，我看也差不多了，就请你答应他的要求吧！"这时我心中已有些动摇，也很想趁这个机会到日本去玩一次，对身心不为无益，我就说："有机会不妨谈谈。"

谁知道樊剑刚立刻掏出一份用华文打字机打好的合同，其中只有稿费项下，还空白着未填数字，他说："你填上七千元吧，保证老板不会有异议。"我见事情已到这个地步，无法食言，因此，就在两份合同上签了名。樊剑刚觉得不辱使命，开心得很。到第三天一早，他就把旅费一千元及预付稿费二千元，分四张庄票，一共五张，一齐送来。我母亲见到这个情形就说："你不可以要钱不要命，难道你又想赶出一场病来吗？"

我说："这回我有了经验，会轻轻松松地来处理这件工作，何况合同上没有限期，我是不会赶出病来的。"我母亲仍然期期以为不可。我当即把五百元的一张庄票送给母亲，她不肯接受，并且还要我退还给樊先生，推三推四，总算母亲才接受了去。

晚间，嗣父叫我去吃他自己做的"八宝鸭"和"糟钵头"，我准时而去。在路上我又想到送了母亲五百元，对嗣父一无表示，有些不安，因此我决定也送五百元给嗣父。

从前的一千元，是一笔巨款。养大一个女儿称作千金，有千元身价的人，就可以算是小康之家，他们的子弟就叫作"千金之子"。但是想到突然把五百元送给嗣父，他老人家可能感到突兀，不会接受。虽然我自小由他抚养长大，教育成人，可是我该怎样措辞，倒很费踌躇。

嗣父住在水神阁旁，距离我王信义浜老宅，不过二十多间门面。他老人家精通文墨，人生经验丰富，只是有一种习性，就是私底下迷信得很，从早到晚，每一句话，每一件事，都要取一个吉利。我走到他居处，嗣父见了我就说："你的面色已好得多，只是今早我起身时，见窗外有四只乌鸦，叫声凄切，几乎叫了半个小时，我真不知道主何吉凶？而且昨夜还做了一个梦，梦到一位老友送给我一个玉盘，又不知道是凶还是吉？"当时他老人家就取出一本《解梦蠡言》翻阅了好久，他说："找不到类似赠玉盘的解释，是凶是吉？真叫我心中很不舒服。"

迷信观念，中外都有，不过旧时更甚，我听了嗣父的话，并未插嘴。进午餐时，嗣父留我同饮竹叶青酒，我见他有说有笑，才表明我的来意，一则是说明我想到日本旅行和买书，一则是说明要送他五百元缘由。嗣父听了我的话，立刻放下杯子，停止饮酒，横卧在烟铺上，抽了一筒鸦片烟，叹了一口气说："你送母亲五百元，是报娘恩，这是你的孝心，颇堪嘉许。你送我五百元，我也很欢喜，但是今天因为早晨乌鸦叫过，你送我这五百块钱，总觉得有些不对。"

我一听到这句话，意会到老人家认为出国有风险，临行赠金，似乎有永别之兆，这一来，我倒有些进退维谷。

他老人家果然说："坐船遇到风浪，危险得很，我劝你不如放弃这个企图，否则我是不接受的。"因此，大家好久默不作声，草草地吃完午餐。

餐后，嗣父本来有午睡的习惯，他说："今午我不睡了，不如同到海神庙去求一个签，以定行止。"我觉得老人家既有此意，不可违拗，只好跟了他到青龙桥海神庙一行。

本来我对这种迷信的事是深恶痛疾的，不过在老人家面前，也只好唯命是从。我们上香点烛之后，各人叩了三个头，嗣父就抓起签筒，摇了好久，跌出一根六十四签"上上签"来，签上说："此日逢君赋远游，涛声帆影豁吟眸，挹衣拾屐蓬山上，清福尘间第一流。"嗣父看了，高兴得很，我更高兴，乘机就把五百元庄票塞入他的口袋里，他说："这笔钱留待你回来之后再送给我，我一定接受。"

我们走出大殿，外边广场上有一个老人家，赤了膊，在练拳举重，一个仙人担有二三百斤重，他似乎毫不费力轻轻松松地举了起来，我看得发呆。那位老人身材瘦得很，两目炯炯有光,对我嗣父含笑点头,嗣父命我叫他一声"石老伯",并告诉我说:"这是一位伤科医生,名石孝山,他的父亲叫石敬山。他有两个儿子,一个叫石筱山,一个叫石幼山,从前你小时常常脱骱,都是我领你去请这位老人家同你驳好的。"

石老先生听了我嗣父的话,笑了起来指着我说:"这是老话了,那时他只有五六岁,现在大概也在赚钱了吧!"嗣父说:"现在他也在当中医,名字叫作陈存仁。"石老先生顿时向我拉手说:"你出道不久,已经小有名气,真是人才。"说着一定要拉我们到他的医馆中去饮茶。那时医馆中已挤满了人,都由他的两个儿子筱山、幼山在处料理一切。经过介绍之后,石筱山对我的印象极好,坚持要同我结为异姓兄弟,所以我后来和石筱山彼此换了一个兰帖,之后大家就称兄道弟。

我和嗣父在回家途中,心中忽然想出一句妙语,就对嗣父说:"你昨晚的一个梦,竟然应了这次我出国的吉兆。因为你的名字上下是子安,梦中见到的是一个玉盘。现在又见到一位老人家是姓石的,那么合并起来,岂不是出国之行'安如磐石'吗?"此语一出,嗣父莞尔微笑说:"那么你就到日本去走一次,以了心愿吧!"

初次出国 一路顺风

从前上海,要是有人离开本土而出国去的话,是一件了不起的大事，因为上海人有句俗语，说是"在家千日好，出门一日难"。又说"出门一里，不如屋里"，所谓"屋里"，即指家里而言。认为离乡别井，毕竟没有在家里来得舒服。

尤其是上海城里的人，更是保守，要是不为生活所驱使，很多人一年之内，连租界都很少去。这种自满苟安的习气，比起沿海一带，如浙江定海、广东四邑和福建福州等地的人自小就有向外发展的愿望，上海人是远远比不上的。

我上次远游广州、香港，一般亲友已经认为我有勇气，竟作千里迢迢的远游。这次我要去日本，亲友们竟人人感到骇然，老年人且认为我家有老母，怎能出门，所谓"父母在不远游"，是指我不应该这样的。

那时节，一小部分人到美国去，叫作"镀金"，到日本去叫作"镀银"。虽然我到日本不是读书，但是能够到日本走一次，在一般人看来，也有一些镀银的光辉，羡慕得很。因此消息传出之后，亲友们纷纷设宴饯行。有几位城内的老乡绅，还特地封了红封袋，里面放入二块钱，外面写着"程仪"两字送给我。其实那时我办理出国手续还茫无头绪，因为那时要领到一张护照，是一件极困难的事情，没有人事，没有"路道"，是拿不到的。

幸亏我有一位叔岳父王尔陶，他是留学生的老前辈，我去请教他，他说："凡在民国六年（1917）之前，世界各国来来往往都不用护照的，你要到哪里就到哪里。只有少数外交官员，需要驻在国的保护，才有一张一尺见方的护照纸，平民反而是用不到的。民国六年之后，情形就转变了，任何一个国家，凡是入境的人都需要一张'派司'，所谓'派司'，即指护照而言。上海人要领这种派司，就要到南京外交部去申请领取。你既非商人，又非学生，等一年半载是意料中事！"因为那时还没有旅游的名目，无缘无故到外国去游玩，不但中国没有，连日本也是稀见的。所谓旅游事业，在那时听都没有听过。

我一听到要向南京外交部去领护照，头都痛起来。在没有办法之中，就去请教姚公鹤老师，姚老师说："我家有一位常来吃烟小叙的朋友，姓焦名易堂，他是国民政府的立法委员（按：焦易堂后来做到最高法院院长，兼任中央国医馆馆长），不如请他写一封八行书，介绍你到南京外交部去走一次，要便利得多。焦氏每周末一定到上海来一次，来则必然会到我家来。"于是我就很耐心地等着。

果然，几天之后，在姚老师家中给我碰到了焦易堂先生。经姚师介绍后，焦氏马上掏出三张卡片来，各写上几句话，并且说外交部在上海有一个驻沪办事处，他有几个陕西同乡在里面当秘书，这件事是没有问题的，不过公文的传递，恐怕时间很久。

我拿到焦氏的三张卡片，先到外交部驻沪办事处去见一位秘书。他见到焦易堂的名片，就取出三份表格叫我填写。表格中有一项是去日本的原因，我迟疑很久，秘书便对我说："你想快，不妨写'留学'两字。"我就依了他的话，将表格填就，并且附照片六张，付工本费银元四块。

意料不到，七天之后，已有通知书来了。我很高兴地带了两瓶白兰地酒，预备送给那位秘书，作为谢仪。护照拿到了手，我开心得很，正想把洋酒双手奉上，不料那位秘书，未脱书生本色，对我的礼物坚拒不受，出乎我意料。

我领到了护照，就到虹口内山书店，访问那位名满上海的日本人内山完造。谈了好久，他说："你去日本，一定要坐日清公司的'上海丸'，而且要买二等票。"我说："王一亭先生在船上有一间买办房，可以让给我住。"内山说："这断断使不得，因为海关查关很精明，凭一张二等票占很多便宜，没有船票是会把你当作偷渡的。"内山很热忱，他替我排定了一个旅程，先到长崎，即转神户，再到名古屋、东京及横滨四个地方，而且还写了五张卡片给我说："你人地生疏，遇到必要时，可以找这几个人，他们都是书商，对你会照顾的。"

接着我就到日清公司去买票，双程来回票的叫作"卜夫可"，二等价格是大洋六十二元，我只买了一张票，因这次去日本，内子并未同行。头等票多数是官员坐的，三等单程叫作"卡萨卡脱"，每票二十四元，双程票是四十元。（按：中国银元，等于日币一元六角。）船公司中日本人倒客气得很，反而同胞的从业员对中国旅客十分歧视，我真不懂为什么中国人对自己人有这种不礼貌的态度呢？在轮到我买二等票时，中国籍职员眼珠转一转，态度稍稍和婉一些，我就觉得这些人奴性很深，积习难改。

上船之日，亲友们纷纷要来送行。实际上，我知道他们是想乘机拖了大男小女来看看向所未见的"火轮船"。

所谓"火轮船"，是那时上海人对外洋轮的统称，我见一家家都要求来送行，恐怕到时人数太多会闹出笑话来，所以我一再辞谢，他们都说："这是我们的盛意，即使我们不上船，也尽了我们的情谊。"

那时节，日清公司的"上海丸"，船小得很，只有四千吨重，是停泊在东熙华德路（今长治路）"汇山码头"。上船时，我的母亲、嗣父与我的太太，同乘汽车到了那边，码头上已有亲友大大小小四十余人。他们见到我到码头，高兴得很，不由分说，浩浩荡荡地跟着我一齐上船。幸亏从前外洋船对送船的人数没有限制，不像现在是要凭送行券才可登轮。

我也不知道"上海丸"的吨位多少，但是一登船上，觉得地方很宽大，有一个大客厅，里面铺上了青呢地毡，我就把亲友们安排在这个客厅中，自己去找舱位。原来二等舱是二人一间的，当时中国人坐二等舱的比较少，他们特地拣了一个中国人来与我同室。他是一个山东籍的府绸商人，我略略招呼一下，即想回到客厅。忽然有一个身穿船主服装的人，走进舱房来深深地向我们二人鞠了一个躬，并且操着纯粹的中国话，问我们："好吗？"跟着有一个中国侍者拿了两盒"寿司"来，这是一种日本点心，船主说："今天你们有没有人送船，有的话，我准备每人送一盒。"我答说："有是有的，只是人数太多，不好意思。"他说："没有关系。"说着就走。

等我到客厅一看，自己觉得真难为情。亲友们大大小小一共有四十多人，而且小孩子初次脚踏青呢地毡，开心得了不得，有些翻跟斗，有些躺在地下，有些互相追逐，闹得不成样子。我正和几个老人家话别，见到母亲又笑又流泪，我说："出门要图吉利，千万不可流泪，何况这种船是很稳妥的。"正谈话时，那船主模样的人带了一个侍者，手捧寿司，每人分派一盒，而且说："欢迎你们都到日本去玩一下，我们有中国侍者招待。"他见到我的亲友那么多，非但不讨厌，还很欢喜，要我和亲友与他一同拍了一张相片，这也许是他们招徕生意的手法吧！

这样经过大约两小时有多，汽笛大鸣，并且通知乘客着送船的人立刻下船，于是我的亲友也鱼贯而下，大家站在码头上，挥手送别。

我在船上，周围去走了一次，见到有一间小商店，好多乘客都在买一样东西，名为"御守"，日本人的读音叫作"欧麻毛利"，是一种木片制成的护身符。据说带了这个符，在船上就一路顺风，不会遇到劫难。我有搜集纪念品的癖好，也随俗买了一个挂在身上。

三等舱陈设旧得很，有许多日本男女，都是席地坐卧，中间不过隔着一道道木格板，在我们中国人看来，男女杂处，很不雅观。下边又有一个大统舱，连木格子窗都没有，男女混杂，更为紊乱，其中有几位中国劳工，竟然在一张矮桌上打起麻将来，日本人也懂得玩，因此有六七桌麻将劈劈啪啪地打得很热闹。

头等舱分洋式、和式两种，洋式的有床，和式的全是"榻榻米"。进餐时，大家都进餐厅，一律吃日本菜，彼此席地而坐，桌子上有一块木牌，上面写着"某某某样"，看来很有些像神主牌位一般，十分异样。

二等客进餐，都是一套朱红色的漆盒，全是中菜，一汤一菜，一个点心。三等客吃一种"便当"，这是木片饭盒，除了白饭之外，只有一条干鱼和几片黄色萝卜，汤是"味噌"冲的，是一种很普通的酱油汤，气息很特别。

我在二等餐厅中，也进食过日本餐，是一碟生鱼片，一碟炸虾（叫作天妇罗），一碗白饭，一碟寿司，只此而已。我见了这两样菜，简直不想进食，胡乱地吃了一些炸虾和白饭，就算了事。

但是日本人，个个吃得津津有味，多数还要饮一樽酒，叫作菊正宗（托可里），吃罢之后，高声击掌歌唱，醉得横七竖八。

船开出吴淞口，进入海洋，风浪就渐渐大起来，整艘船颠簸不停。我觉得有些受不了，想呕呕不出，头晕胸闷，难过之极，幸亏吃得不多，总算忍住没有呕吐。别的客人都走到甲板上吹海风，呕吐狼藉，甲板被弄得污糟不堪。从前的船只吨位不大，是经不起风浪的。

那位与我同室的山东商人，却安卧如常，他对我说："坐这种船，千万不可吃得太多，也不能吃得太少，否则同样会晕浪的。"

次日早晨，到餐厅去进早餐，吃的是"玉子"，即鸡蛋，另外还有一个饭团和一杯清茶。这一顿，我倒吃得很舒服。

但是餐厅中冷落得很，大多数乘客仍在晕浪情况中，所以都不进餐厅吃早餐。

这样经过了十六小时，才抵达日本长崎，先要留船二三小时，才到神户。验关时，头、二等客先上岸，看一看护照，连行李都不查。三等客没有那么通融，而统舱中几个劳工模样的中国人，却受到诸多留难。先看眼睛，如有沙眼，就要他们聚在一处，等候详细检验；面黄肌瘦的还要集中在一起，等待检查大便，据说拘留在那些地方两三天是不足为奇的。因此我心中深深地感谢内山完造要我坐二等舱的建议。（按：从前出入是没有检疫 [针纸] 的，因为那时防疫针还没有发明。）

初试风吕 难以为情

在船上，我先把带去的银元和中国纸币，兑换日币。那时节一个银元可换日币一元六角。中国纸币种类繁多，他们只接受中国银行和中国通商银行所出的两种钞票。在船上那位山东商人指导我要多兑一些辅币，所以我也模仿日本人的方式，手里抓了一个盛辅币的布袋，随身只有一个衣包。在船上已有人照料行李。上码头之后，见到几十辆人力车（按：上海人称人力车为东洋车，因为当时这些车子是来自日本的），车夫个个身强力壮，头上都扎了白布，身前背后，都有一个名字，如中川、木下、井上等字样，看上去真好像强盗模样。他们看见我穿了长袍马褂，争相接我的衣包。坐上了一辆人力车，我给他看一张纸条，上面写有"松下御屋"几个字，就是我准备进住的旅店名字，其实这间旅店距离码头极近，一坐上车顷刻就到。我给他一些辅币，车夫含笑鞠躬，接二连三地说了几声"阿里阿笃"。

我在那边纵目四望，见到遍地皆是一层高的木屋，店铺都小得很，唯有松下御屋是用红砖砌成的，两层高的砖屋，在那边已不多见了。房价是"一宿二餐"，每天收费日币二元。

踏进松下御屋，即有主人出迎，再三再四地鞠躬，领我到一间有榻榻米的房间。那时没有电铃，主人击掌两下，就有一个很年轻的下女，来为我收拾东西。

这种房间虽很清洁，但是没有床，墙上挂着二三轴书画，只有一个梳妆台模样的茶几。那下女在屋角里取出一条很厚的被子，被子是五尺正方的形式。我在想这种被褥盖起来，连脚都遮不住，怎样能保暖呢？后来才悟会到日本人身材皆短小，所以被褥也不长的。（按：那时节日本人的身材矮小的很多，不比现在身材这么高大的。）

被褥摊好之后，就燃一个圆形的炭炉，是青紫色的窑器，很是古雅。在炭炉上边有一个铁架挂着一煲水，饮茶吸烟都取给于是。茶是不要钱的，牛奶六分，咖啡二角，水果三角，而且是招待外国人的价目。

室内最难看的是一只大木桶，下女取到很多热水，倒满一桶，原来这就是浴桶，那时普通租房是没有浴室的。下女倒好了水，室内已温暖得很，忽然间她自己脱了和服，

日本风吕屋

只剩一条底裤。要我脱衣就浴，准备为我擦背。因为言语不通，我只是摇头，那下女也不明白我的意思，以为我不要这个私家的浴桶，即时取出几条木筹，上面有"风吕"两字，指着我要到另外一个公共浴室去，这种浴室就名为"风吕"。她就重新穿上衣服，倒了杯茶，鞠躬而退。我看看这个房间，缺少厕所设备，于是我巡视各处，才见到一个公共厕所，小便是一个大桶，大便都拉在一个地坑中，臭气熏天，可见得那时日本旅馆的设备，还很简陋。

正在游目四顾，见到有一间"风吕"，这是一个很大的公共浴室，是男女同浴的，中间只隔着一重板，而板砌得很狭，上下两边，大家都看得到，男女浴客赤身裸体，一目了然。浴水热得很，热气弥漫全室，但是浴室的门是打开的，外面凛凛的寒风，不断向里面吹来。我见到这种情况，很是奇怪。（按：现在日本洋式大旅馆，每房都有厕所、浴室，但仍有一个共同入浴的风吕。）

过了一晚，次日我就到老街旧书铺去搜购有关汉医的书籍。这条街上书铺很多，但都是一些小铺子。内山完造介绍我的一家，书籍比较多，而规模亦较大，虽苦言语不通，我对他们都用中文笔谈，居然也很顺利。

从前没有什么游览名胜的旅游车，所以我也无法参观神户各地的名胜，决定买一天书，明天再到名古屋去。晚上那位下女又来招呼我，可是她并不再倒水在木桶中，所以我不得不到风吕去洗澡，真是有些难为情！

既然已经进了浴室，也只好入境随俗，胡乱地洗了一通，面红红地走出浴室。许多老年妇人，见到我这种畏畏缩缩的神情，笑声四起。

游历胜迹　遍购医书

我经书铺主人的指导，乘搭铁道车离开神户，转移到名古屋。有一家其中堂书铺，过去我常年向他们邮购书的，所以主人见到我，欢迎得很，在那里我买到大批汉医书籍。主人名木下其中，对我很热忱，问我要不要去见一见汉医名家汤本求真，我说那真是求之不得的事，他就摒弃了店务陪我同去。

我早就知道汤本求真是日本复兴汉医界的祭酒，彼时

中华书局 1951 年出版的汤本求真译著
《皇汉医学》第二卷书影

他年事已高，但依然很有礼貌地接待我，谈吐也很谦虚。他问了我许多问题，我一一对答，而且由他的夫人跪着煮茶，他们称为"茶道"，这是招待来宾最有礼貌的表现。临别的时候，他送了我两部绝版的汉医书，而且约定以后相互通讯。（按：通讯不过两三年，汤本氏就逝世了，我第三次到日本时，曾经到他的墓前去凭吊。）

我在日本最感到痛苦的，就是吃不惯他们的东西，最受拘束，而菜肴又简劣。每晚旅客的聚餐，第一次还有趣味，第二次就再也无意参加了。所以常常到街上去找寻中国菜馆，那时正宗中国菜馆一家都没有，但是挂着"中华料理"招牌的铺子，却是多得很，所供应的东西，都是以叉烧面为主。所谓叉烧，实是一条白肉，涂上一些红色的颜料，切成薄片，就算是叉烧了。还有一种叫作"五目面",是五色杂陈的面点,包括一片肉、一片鱼、一片笋、一只虾、一些菜,花色虽美,但是一点也没有味道;只有一种炒面,是加酱油炒的光面,虽非美味,尚能入口,所以我天天就吃这种炒面。有若干挂着"西洋料理"招牌的菜馆,规模都小得很,做的菜全不像样,吃了一次再也不想去了。

离开名古屋,就到东京,那边我有好多朋友,几天之中玩遍了各处,而且也吃到了较为高等的中国菜。在新宿遇到老友徐卓呆,卓呆是一位日本通,又是戏剧家兼滑稽小说作家,他对我说:"日本的中国菜都不像样,你要不要上我家中尝试一下我做的苏州菜,我最拿手的是干贝炒肉丝,是人人赞美的。"我说:"好。"他表示很高兴,同时一连眨了几眨眼(按:卓呆一向有眨眼的习惯,越是高兴越眨得多),笑着说:"不过,我住的地方很简陋,而且在日本用的都是平底铁锅,只有我从国内带来一只老式的中国铁锅,是我习惯用的,所以炒出来的菜,味特别好。"接着他又笑说:"与我同住的郁达夫等,晚间常将此锅抹干净,作为洗脚之用,所以更有异味。"我听了这话,明知他是滑稽家言,并不置信。我在他的指导下,到帝国剧场去看了一场戏,觉得场面宏大。本来这家剧场的戏票,已订到六个月之后,但只要你拿出护照给售票人一看,他就会给你一张留给外国人看戏的座券,因此我坐到一个比较好的位子。

关于购书,在东京有一个神田区,都是一层高的平房,书坊铺一共有五六百家，有些专卖法律书，有些专卖小说书，其中有三四十家是专卖汉方医书，这回我欣喜若狂，买了大批的汉医书。他们的书是不二价的，不像上海有码洋与折扣之分。我选定了书籍，要他们全数用邮寄，打包寄回上海。为了怕遗失，叫他们挂号寄出，但他们对挂号两字，弄不清楚，后来托卓呆传译，他说这叫作"书留"，于是就完成了我的搜购书籍的工作。

其实东京还有许多汉医可以拜访，可是我事前没有和他们通过信，不能贸然造访，不像现在我有很多日本医友，每月都有人来香港访问。

离开东京，就到横滨。横滨书铺不多，但是有一条中国街，街内商店林立，全是华侨开设的，其中也有五六家很大的菜馆，做的菜比较好得多，而且那里还有关帝庙、观音庙和一所中华学校，异邦相见，对此似乎更有亲切感。我同一个宁波籍的伙计谈得很投机，他说："等我收工之后，带你去看几间大的寺院。"那一天玩得很高兴，我觉得日本人的居室都小得很，唯有庙宇却大得异乎寻常。

赴日一行，所费连船费不过二百元左右，买书（的钱）却大大地超出了预算，又花了好多时间。购书既毕，已近船期，于是就赶着返回上海。因为从前日本并无观光事业，也没有导游机构，所以我有好多地方未去过。幸亏后来在香港，连续去了五次之多，因此日本一切的名胜古迹，总算玩遍了。

归来一年 完成丛书

我从日本回来之后，亲友们又纷纷设宴为我洗尘。我的同学虞舜臣说："中医界同人出国，老哥为第一人，归来神采焕然，脸上好像飞了金一样，所以我们都要设宴敬你一杯酒。"我也只得含笑接受。

热闹了一阵之后，我就开始为编书而工作。自己规定每天早晨工作一小时，晚间绝不再做，而且抱定不紧张、不马虎的态度，这一回练出一种不动情绪的功夫，所得到的工作效能反而好。

我首先整理自己旧藏的日本汉医书籍，再加上随身带回以及陆续寄来的汉医书籍，共计四百多种。先做删芜存菁的审阅工作，选定种类，分内科、妇科、儿科、外科、药物、方剂等项目，再加上了近代日本名医的新著作，成为完完整整的一部丛书。

其中大部分汉医书，全部是中国字，文句通顺得很，因为他们都是依着汉唐二代的笔调来写作的，所以只要加上标点就可以了。

小部分汉医书，是间夹有日本字母的，我请了一位在同文书院执教的老先生，为我翻译。倒是许多近代医论，译起来比较困难，但我也请到自然科学研究所的野村上昭先生负责这件事。他翻译好了之后，我略加润饰，工作也很顺利。

从前能译日文的人多得很，而且能将中文译得好的人

民国二十一年（1932），中央
国医馆给作者的委任状

也不少，这种翻译稿费是每千字二元五角，在当时代价已算很高。

世界书局方面，也一再派樊剑刚来催，我陆续交稿，他们就一边排版，一边送来给我校正，所以全部丛书，经过一年，就编校完成，开始付印。

将要出版时，我又在姚公鹤老师那边碰到焦易堂先生，他知道我从日本归来，编成这部丛书。他说："现在行政院通过张之江当中央国术馆馆长，我当中央国医馆馆长，我就要给你一个名义，是考察日本汉方医学的专员，不久我会送给你委任状。"这都是后话了。

年晚习俗 仪式繁多

　　我的日本之行，启程是在十一月中，归来已近腊鼓频催之时，母亲说："你现在精神大好，不妨过了年再恢复诊务。我正忙着过冬至，这回我想请一些亲友来吃饭，所谓冬至大似年，体体面面地吃一次。"当时上海人的习俗，认为冬至是一件大事情，无论贫富人家，都要丰丰富富地吃一顿。不过，相传的风气，冬至之夜只限于自己家人团聚，是不请外人来参加的，要是在冬至前一夜举行，那就可邀请亲友来吃一餐了。我就想到许多亲友和医界同学，在我游日和返国时，都有过为我饯行或洗尘设宴，正可以借此机会酬谢他们一下。可是住在南市的人有一种风气，喜庆宴客都在南市，这次我便挑在租界上有名的"一品香"大礼堂宴客。这个大礼堂可以排二三十桌酒，富丽堂皇得很。于是南市的老亲友，都穿了新衣衫来参加。这一次宴会热闹得很，我的嗣父认为是太张扬，母亲则认为是很风光。记得这一次的筵席是有排翅的，每席的代价是十四元，菜肴很丰盛，一共吃了十六桌。

　　过了几天，就是十二月初八，上海人称作"腊八节"，照传统的习惯是要吃"腊八粥"的。所谓腊八粥，是用栗子、枣子、黄豆、白果、莲子、芡实、青菜、白米同煮成的。煮好之后，互相分送，虽然原料大致相同，但是上口之后，一家有一家的风味。其实一锅腊八粥的代价，不过一元左右而已。

到了十二月二十四日，是上海人送灶神的日子，本来家家户户的灶间，都供有一个"灶君老爷"神像，到了那天就要准备许多供品。供品之中，最重要的一种，就是"糖元宝"，是用饴糖来做的，据老人家说："这种糖元宝，黏性很重，是让灶君老爷吃了之后，饴糖黏实了嘴巴，上天之后可以不说坏话。"送灶之时，有一顶纸轿，上面有一副对联写着："上天奏好事，下界保平安。"意思说："上天只能说好话，不可说坏话。"这真是滑稽极了。

送灶完毕，就要打扫整间屋子了，俗语叫作扫"沿尘"，是除旧更新之意。随着一边办年货，一边要筹备"谢年"了，这是农历年尾最隆重的仪式。

我母亲说："年年谢年，我们都草草了事，今年我想好好地做一次。况且在你生病期间，我到水仙宫去许了愿，请天老爷保佑你。如今你已康复，来一个隆重的'谢年'，也是应该的。"我说："我不懂这一套，你要怎样做就怎样做，我是不反对的。"

我母亲提起从前分家的时候，嗣父一个现钱都不要，只分到了一副锡的"事件"，和一套宝石的"戏文"。所谓"事件"就是锡制的一只香炉，一对蜡烛台，还有两只供筒，是插一对孔雀毛的掌扇，名为"五事件"。所谓戏文，是八盆之内放着玉石制的象征性的八出戏剧，如一盆是一支拂尘，一顶女道士冠，代表的戏是《孽海记》的《思凡》；一盆是一把扫帚，一封书信，代表的戏是《琵琶记》的《扫松》；一盆是一根划楫，一顶方巾，代表的戏是《渔家乐》

的《藏舟》;一盆是一枝柳条,一根鞭子,代表的戏是《西楼记》的《折柳》等,诸如此类,共有八盆。这八出戏文,是苏州制的"小摆设",用彩色玉石雕刻而成,看上去像珊瑚玛瑙珍珠翡翠一样,名贵得很,当时嗣父说:"好的,你们要这般郑重的谢年,就可以用我这些东西,但是一定要同时举行一次大规模的'吃年夜饭'。这种大场面,我家已经好久没有了,借此机会与亲友欢叙一下,也是好的。"

商议既定,就在嗣父家中举行,因为他家中有一个比较像样的大客堂,可以摆八桌酒,他说:"要留出一桌,邀请几位上海有名的乡绅,他们都很会饮酒,有了他们就热闹得多。"

我嗣父预先向纸作店购买了一种"祃张"。所谓祃张,是一种木板黑色印的"神祇"红纸张,是谢年仪式中供奉的神像。(按:这种祃张,全国各地精粗区别极大,而且式样各有不同。记得香港大会堂曾经举行过一个展览会,从门神到谢年的神祇,应有尽有,极为可观。)

嗣父先在客堂中挂上了一幅"天官赐福图",是任伯年绘的。两边配上一副吴昌硕写的"红地洒金"的对联,又在两壁挂了十六条曾熙写的他六十岁那年上海乡绅们合送的寿屏,朱红绫边泥金地,煞是好看,所有座椅茶几都罩上了红绫绣花的椅披、桌围,真是一片"满堂红"。

在"天官赐福图"下是谢年神祇,供在中央。前面直排着两张八仙桌,桌上铺了红布,桌前张着红缎金花的桌围,桌间前摆了五事件。后面第一行是供着四盆堆到二尺高的水果，每盆都用紫铜丝网罩着；第二行是八盆戏文小摆设；第三行是八盆蜜饯凉果；第四行是一只"玉如意"，两旁一对"元宝鱼"，所谓元宝鱼即鲤鱼，祭神用的必须是活生生的，寓有"鲤鱼跳龙门"之意；第五行是八盆干果；第六行是一大盆"三牲"，所谓三牲，一是洗得干干净净的一个猪头，中间是一头去了毛的光鸡，旁边是一条活的青鱼，这条鱼有七八斤重，两颗眼珠上各贴了一张红纸；第七行是十副杯筷，表示请的是"十方神祇"，旁边一对酒壶，也是用锡制成的。

这般的陈设，由我母亲和几位福寿双全的老太太，一边摆设，一边口中念念有词地对每一样东西都有一种好口彩。譬如摆生果时，称苹果为"平平安安"，称甘蔗为"节节高，年年高"，称福橘为"鸿福齐天"这样地念。我在旁边听了很是好笑，很多小孩子也听得喜气洋洋。

到了下午六时，嗣父焚香点烛，由他老人家第一个上香叩头。叩头之先，先除下眼镜，再拍下身上的灰尘，然后下跪，连叩了三个头；接着就依照辈分，男的先叩头，然后轮到女的叩头，大家都虔诚得很。

正在这时，亲友们也已先先后后地到来。我们预先叫了"茶担"。所谓茶担，是由贳器店承办的，他们一共来了三个伙计，带了茶炉和有盖的茶杯，负责煮茶敬茶，在坐席时，负责烫酒倒酒。（按：从前宴客都用黄酒，必须烫热了饮。一副茶担，三个工人，例费二元四角，临走再给六角钱小账，已经称谢不绝，此等古风，今后见不到了。）

到了七时，亲友们差不多已到齐，小孩子十居其四，乡绅们最早到的是姚子让，他是有名的酒仙，不醉无归，所以人们称他为"姚天亮"。姚氏坐定就对我嗣父说："你今天谢年，只请一桌酒友，那是不够热闹的，我已经代你多约了两桌了，等一下都会来，想来你一定欢迎的。"嗣父听了他的话，临时多了两桌，脸上露出啼笑皆非之状，但是口中还是不断说："欢迎！欢迎！"

嗣父一想，这两桌人一来，至少要多吃四坛黄酒，急忙叫贳器店的伙计，先多排两张八仙桌，又关照厨师要多添两桌菜，同时再叫了六坛状元红黄酒，每坛是五十斤。那时的家常筵席，每桌是十元，而一坛酒倒要十七元几角，未免有些肉痛。

安排既定，大批酒仙已经纷纷光临，都是驰誉南市的士绅，他们唯一的嗜好就是饮酒。彼此寒暄几句，姚子让已经嚷着叫茶担烫酒，同时还指挥厨师先上几只送酒的冷盆。霎时之间，三桌人已经开始你一杯我一杯地饮起来了。三杯落肚之后，猜拳之声四起，用饭碗代替酒杯，一饭碗刚好是十杯，由十个人坐庄，先各饮一饭碗，这是坐庄的规矩，先要"存酒"一百杯，然后开始向各桌挑战。从这时起，一片"五经魁，六顺风，全家福"之声，响震屋瓦。他们对菜倒很随便，倒是黄酒要一大碗一大碗地呷。

谢年和吃年夜饭的时候，大家开口闭口都要讲吉利话，讲错了要受罚的。有一人大醉，像喷花筒般呕吐起来，大家笑说："放花筒哉！大吉大利。"旁边一人说："死快哉！

饮一斤老酒已经受不住了！"此人提到了一个死字，大家都怔起来，认为出言不吉。姚子让像家长执法一般，在口袋中取出两张草纸（即厕纸），说这一句话大不吉利，一定要揩屁股；即时三四人围着那说错话的人，用厕纸在他的口唇旁作拭抹状，大家又是哄堂大笑。（按：旧时厕纸，都是黄色用稻柴做成的方形纸张，每一刀约五十张，计铜元二枚。）此一风俗，我在幼时亦经过，大年三十晚上，我母亲拉我们兄弟进厕所，用草纸代我们抹嘴，口中说："小狗放屁，百无禁忌。"

这般的闹到深夜十一时，送神仪式开始，爆竹和高升齐放，爆竹之声越响，他们的拳声就越高。可是大家都已饮到东倒西歪、七颠八倒。小孩子们吵着要回家，我母亲预先准备许多红封包，叫作"压岁钱"，点清了孩子的数目，交给他们的母亲，要放在他们枕头底下，作为压岁。（按：谢年之后，长辈都要给小辈压岁钱，有时年底没有见面，到新年见面，称为拜年钿。）这一回，我母亲派给每一个小孩一包糖，一个银元作为压岁钱，亲友们都认为很阔气，母亲也展颜大悦。这是上一个时代的风气，酬神之类的事，迹近迷信，但也是旧时生活上的情趣，我也乐意地依着长辈们的摆布，全无反应。

第十四章

接财神空有所期

新年旧规　兜喜神方

爆竹声中　满口好话

爱俪园中　新年景象

新正开诊　气象一新

阅人既多　深信因果

发财奖券　全是骗局

币制多变　银元不变

民国时期，上海跑马场

新年旧规 兜喜神方

谢年完毕之后，我就要为明年开诊的事拟定计划。从前初一到初四，各行各业都休假，我也不能免俗，准备跟着在初五（俗称财神日）开诊，但是我想到因为停诊的日子太久，重新开诊，业务可能今非昔比，所以心中不免好像压着一块石头，有些惴惴不安。

从前的人，对于大除夕和新正，别有一番热闹情况。我鼓起兴致，在除夕之前买了全副锣鼓，这是当时上海人家的习俗，要希望来年发达，一定要在大除夕晚上，全家人打"年锣鼓"。一副锣鼓好得很，有大锣、闹钹、小锣、堂鼓等，代价不过十元。到了大除夕晚上，吃过"团年饭"之后，全家便各执一样乐器打起来了，打的调子简单得很，大家一学就会，但是欢乐的气氛，却增加了许多。

打年锣鼓的调子，无非是"咚咚，齐齐，齐齐，旺，旺，旺，齐东旺，齐东旺"。家家户户一边这样打，一边放爆竹、高升、花筒，砰砰硼硼，洋洋盈耳。

年晚最重要的事，就是祭祖。客堂中预先悬挂起三代祖宗的"传真"画像，这种画像是手绘的，俗称"真"，祭祖时名为"拜真"，这是传统的祭典，届时一家老少，都换上新衣，循次叩头跪拜。我因为"出嗣"给四伯父，名为"兼祧子"（俗称两房合一子），所以在自己家中祭过祖之后，还要到嗣父家中叩头。

那时节是我自己开着一辆奥博尔小汽车，许多孩子们不问情由挤上了我的车，口口声声说要我带他们"兜喜神方"。所谓"喜神方"，意思就是要兜着去迎接喜神，这也是上海人在除夕夜的一个大节目，你兜，我也兜，多数是安步当车的。所以在南市坐着汽车兜风是很少见的。

我到了嗣父家中，祭祖的"真桌"已经安排好。我穿了皮袍子和马褂，向真桌的祖先叩了三个头。嗣父说："阿沅！你的一件皮毛，是长毛的狐嵌，价值很贵，要一百多块钱，穿了这种袍子开汽车，未免太可惜，你要时时留神，不要把袍子轧住。"我说："不会的。"车上的小孩子已经闹得乱哄哄，嗣父说："你快去吧，今年的喜神方在西南方，你照我的话去兜，最好早些回家。"

我就开着车子，带一车小孩子出了老西门。这时已是深夜十二时，我为了使孩子们高兴一些，先到法租界大世界游戏场，再到英租界大马路保安司徒庙（俗称虹庙）。但是未到庙门，路上已经挤到水泄不通，庙门口挤着无数莺莺燕燕，都是娼门女子，因为她们的风气，一定要在大除夕未天亮之前，抢着烧头香的。我只得泊好车，拖带着一群孩子，在对面"吴鉴光命相馆"门口遥望。那时我还见到上海无人不知无人不晓的瞎子算命先生吴瞎子，他戴上一副黑眼镜，在课桌前念念有词地为人起课算命，里面等着的人挤得很。那时算一个命，要银元一块两角。他只

《点石斋画报》上的保安司徒庙

是屈着指头，不断地念着"子丑寅卯"，忽然若有所得，
三言两语地就算好了。他的后面有四个道士，叮叮当当百
音交奏，做着"功课"。孩子们对这种事情，看了全无兴趣，
吵着要叫我带他们到"新世界"去，但是其时马路上人如
潮涌，泊车不易，我一路小心翼翼，怕弄出事来，就把孩
子们带回南市。这时孩子们在车中，都已沉沉欲睡了。

　　母亲在岁晚午夜，有一个习惯叫作"守岁"，在这夜
是不睡觉的，家中焚着一斤檀香，时值二元，算是极贵的。
我们到达家中，红烛高烧，她老人家还在叩头礼拜，名为
"烧天香"，我的太太在做馄饨，名为"发财馄饨"。油炸
的是金元宝，汤煮的是银元宝，房中也点着芸香炉和守岁

招财进宝（上）、子孙万代（下）

烛，门窗上贴着我母亲亲手剪的红纸，剪出"招财进宝""子孙万代"等许多花式。这时已接近天亮，我倦得很，向母亲辞了岁，入房便睡。

爆竹声中　满口好话

旧时江南文人，在元旦的清晨，桌上安排好文房四宝，洗漱之后，换上新衣，走进书房，用云石砚，手执白芨一枚，调水磨着朱砂开笔，在笺纸上写"元旦试笔，万事亨通"八个字，贴在书桌之前，这是新年动笔的规例。

这时仆人端上一碗"元宝茶"。所谓元宝茶，就是在盖碗茶上面，放着两颗橄榄，口中还要说："少爷，望侬今年多赚点元宝。"接着又端出四盘点心，一盘茶叶蛋，称作"元宝满盘"；一盘是馄饨，称之为"银元宝"；一盘是春卷，叫作"黄金万两"；还有一盘是年糕，叫作"步步高升"。总之，在新年中，老老少少，一言一动，都要讨一个好口彩。

吃罢了早点，首先向母亲拜年，是要叩头的，口中还要说："祝母亲身体健康，万事如意。"母亲也要说一连串吉利话，如"财源广进""生意兴隆"等，接着我就赶到嗣父那边去拜年，嗣父见了我，又说了一套好口彩。临走时他轻轻地对我说："我初三就要动身到蚌埠，就任蚌埠税关督办，因为那边地方很苦，我去年再三考虑去与不去，现在我才决定去。一则为了每月可以拿二百四十元官俸；二则那边地方虽苦，可是日常花不掉钱，并且可以借此把鸦片烟戒掉。你如到时有空，不妨到南火车站来送我。"我连声说好，并对嗣父说："我觉得为了二百四十元薪给，千里迢迢到蚌埠，似乎不值得。"嗣父说："二百余元是一个大数目，老年人失去这个机会，再也找不到更好的事了。"他又接着说："你做医生算得一帆风顺，名利双收，最好要坚守你的本行，不要兼做其他事业，因为身体也要顾到的。"我唯唯称是。

我辞别了嗣父，再到其他各处去，手上拿了一张红纸，写明叔伯辈几人，姨丈几人，岳家几人，老亲戚几家，师友们几家，安排好路线，循次登门拜年。在四天之内，走遍各处，最大的一笔支出，就是佣仆和小孩子们的红包。

那时，每一个小孩的红包，不论远亲近戚，一律给小洋四角，佣仆给小洋二角。几天总结，倒也花了不少。

在几天拜年的过程中，还有一笔支出，就是沿路的乞丐，都要给铜元一枚，如果不给，怕他们口出恶言，认为是不吉利的。

我有一个感觉，开口都要带着吉利的字句，事事小心，步步留神，这虽近乎迷信，倒也含有一种人生哲学，教自己做事要小心谨慎，出言要博得人家的欢心，在一年开始就要修养这种功夫。所以在新年中即使小孩子不慎打碎了一个茶杯或碟子，都要面无愠色，口中还要说"长命百岁"或"岁岁平安"。所谓"岁"，与"碎"同音，口彩还是很好听的，这与古人玉杯坠地，面不改容，同样是一种心理修养。

爱俪园中　新年景象

到各处去拜年，是新年中一件最辛苦的事。通常一个中年人，亲友多的话，要从年初一拜到正月半，我为了初五要开诊，所以不得不在四天之中，拜遍所有亲友。初四我预定要到租界上去拜年，拜的都是几位老师，所以还要预备许多礼物。我的岳父说："你初四到租界去拜年，可不可以带阿洪到哈同花园（又名爱俪园，是上海最大的私家花园）去，阿洪是我们的近亲，他年纪小，独自到夷场上去，我不放心。"我说："这倒很好，我也可以顺便到哈同花园里去看看。"

哈同花园大得很，面临静安寺路，左面是哈同路（今铜仁路），后面是福煦路（今延安中路），右接沧州饭店和许多铺面。这个花园平时不开放，只有一次水灾赈济会，一连开放了几天，上海有许多平素不得其门而入的人，都争先恐后地买了票进去一看。这个花园，十足是故都颐和园雏形的园林景色。

哈同花园主人哈同夫妇，斥资办了男女两间学校，男校称作"仓圣明智大学"，女校称作"仓圣明智女校"，两间学校的校舍都很大，男校有一千多学生，女校有五六百人，这些学生的学费以及膳宿，都是免费供应的。（按：那时节一般小学是四年制，学费每学期为二元至六元。中学没有初中高中之分，也是四年制，学费是每学期十六元至三十六元。大学年数不定，学费最低是四十元，最高的是圣约翰大学，学费高达一百五十元。）阿洪就在这间仓圣明智大学的小学校里读书，照例新年是要去向哈同夫妇拜年的。这个时节，园门大开，不但学生可以进去，陪同学生去的家长，也可以随同入园。

我把阿洪带到哈同花园，车子停在门口，抬头见有"爱俪园"三字，进门入口，通过门房便进入园中。正中是花园的通道，由通道而深入，左面是哈同自己的住处和广仓学会，普通人是不准入内的，右边首先见到的是"海棠厅"，是爱俪园账房所在地，再深入里面就是仓圣明智大学，校门口有一座桥，过桥经长廊才能进入校中。这间学校名虽是大学，但包括小学中学在一起。

哈同夫妇办这两间学校，着实花了不少钱。两间学校的教师，师资都很高，教中文的有探花榜眼，如喻长霖、郑沅等，其他有国画教师缪谷瑛等，洋画教师有徐悲鸿（仅一个短时期，后来便去了法国），英文教师是一位印度学者。我走进这间学校一看，地方大得很，除了课室、宿舍、运动场之外，还有一个大讲堂。这一天，所有学生都穿了新衣，聚集在讲堂中，等候给院长哈同、院长夫人罗迦陵、校长姬觉弥拜年。一声招呼，大家排队直趋"戬寿堂"。这个堂很大，布置得像个宫殿模样。一到那边，只见哈同夫人穿了高贵的西服，坐在正中一张红木雕龙披有兽皮的椅子上，两旁一面是哈同，一面是姬觉弥，下面排了许多蒲团，学生分批对着他们三人作三跪九叩首礼。

我看了这项仪式，就想到哈同夫人竟然模仿西太后，过一下文武百官"早朝礼"的瘾，大有关起门来做皇帝的意图。（按：五年之后，哈同夫人的大儿子罗友兰，患了伤寒症，他的夫人是鲍咸亨的女儿，请我到园里去诊视，终获痊愈。后来我就担任了他家的常年医生，月薪是二百元。从此他们一家人，有了病请中医时都由我诊视。哈同夫人是浦东人，一向崇尚中医中药，临终之前我还替她诊视，她的病因，不过是吃了四个青泥团子，绝无致命之理，但是有大部分人早就闹着分家争产，替她另外请了一个奥籍的西医，打了一针，就与世长辞了。）

在阿洪拜过年之后，他就带领我游览全园。我见到最秀丽的一景，也是全园的精华，叫作"大好河山"。在河中可以驾轻舟周游全河，有许多布置，如石船，完全模仿颐和园的石舫，后面还有"迦陵精舍"，里面有佛堂，养着一批尼姑。还有两处，是接收了北京清宫遗留下来的一批太监和僧侣。

这个花园，实在太大了，一时也无法走遍。我约略估计，花园的大小，比香港的跑马场还要大一倍。

新正开诊　气象一新

到了年初五，我就到诊所照常应诊。虽然我旷弃诊务已达半年以上，可是这天开诊，就看了四十多号，这是因为好多人是预先约好的。

初五的晚间，在诊所中要行一次接财神的仪式。我母亲下午从南市赶来，为我准备祭品和香烛等。到了晚间，预先约了好多亲友，假座诊所附近南京路新雅粤菜馆请了四桌酒，叫作"财神酒"。吃罢之后，大家到我诊所来拜财神。这种仪式，说来很是有趣，到时要开着大门，等候财神驾到。事实上是否有财神光降，也只是自己骗骗自己而已。

倒是有许多乞丐，异想天开，成群结队披了破旧的红衫，装着财神模样，看见人家开了门接财神，他们就高声疾呼"财神到了"，跟着还唱一段"莲花落"。所谓莲花落，是乞丐唱的歌词，词句由乞丐随意编造，你多给他一些钱，就唱一段吉利的歌词；你少给他一些钱，他就唱出不好听而含有詈骂意义的歌词。所以家家户户见到这种乞丐上门都给一些钱，但是他们一批去了，一批又来，也不胜其烦。我对这般乞丐，每来一批，都给铜元二十枚，人数实在多的给小洋四角，他们唱完了便都呼啸而去。

从前习惯上在每年年初五，我必然要到叉袋角朱斗文家去拜年。到了晚上九时，他的账房先生捧出五百块银洋来，开始玩牌九，由朱斗文做庄。这个庄是很奇特的，他只赔不吃，赢的人照例取钱，输的人是不吃掉的，只是每次下注限定小洋四角。所以参加玩牌九的人，没有一个不赢，却没有一个人输钱，这叫作"散福"，意思说"财神日"该散些福给大家。

这样的赌法，大约经过一小时，朱斗文的五百块钱，全部散尽，大家高兴不已。我向来不赌，只有每年到了他家，情不可却，玩上几次，会赢几块钱。到了十点钟，朱斗文又到后宅去"散福"。后宅是一个花园，有一行连接着八个宅子，是由他的八位姨太太居住的，到了时间，八位姨太太都聚集在厅中，等候朱斗文到来"散福"。十一点之后，他又到平素熟悉的妓院中去"散福"，这是常年老例。

这一年我不到朱斗文家去，我约齐了那天四桌客人，说："今天我也要散福。"于是我拿五十块钱来玩骰子，玩的方式是"掷状元红"。这种玩法是很经玩的，因而直玩到午夜，大家才纷纷告别，而我的五十块钱也就散尽了。

在未开诊之前，我心中有些踌躇，因为我知道从前大庆里余伯陶医生，诊务一向相当好，忽然心血来潮，到浙江青田县去当了五个月县长，过了一下做官的瘾，博得一个虚衔，归来之后重操旧业，诊务就此一蹶不振。我这次休息了半年以上，会不会重蹈余伯陶的覆辙？但是做到正月底，计算一下，诊务还不输于往昔，我深自庆幸，我母亲说："你在财神日散福散掉五十块钱，太阔绰了，何不做些善事？"我说："也好。"就决定拨出二百元来捐入四个善团，一个是龙华孤儿院，一个是仁济育婴堂，一个是普善山庄，还有一个是广益善堂。

阅人既多　深信因果

到了阳历五月，诊务不但恢复原状，而且因为伤寒流行，我的诊务特别好。这种病，劳动阶层的病人都就诊于张聋聋。他是向不出诊的，上门看病则由他的子侄辈襄诊，每天总有三四百号。中上阶层的病者，无非求治于四个有名的内科中医，我是忝居其一。

这种伤寒病，轻的门诊都不相宜，重的因为病势凶恶，一日数变，都要出诊。那时节老辈医家都有嗜好，只有我最年轻，起身得早，早晨六时至九时就赶着出诊，汽车往返，一个清早能看八家出诊，九时回来再看门诊，看到下午四时，又要应邀去出诊。一天之中，真是忙得连吃饭都没有一定的时间。

伤寒症都是由于饮食不慎传染而成，资产阶级当然少些，最多数的患者是贫苦人家和警务人员以及高等"白相人"，所谓白相人，今称黑社会人物。看这种人的病，看得好固然可以声名大振，但是看得不好，也常会惹出事来。幸亏我对这种病的治疗，尚有把握，所以从来没有引起什么事端。

这种黑社会人物现在都已成过去，但是有不少人物，如今还值得一提。这种人是社会上的害群之马，他们在上海畸形地存在着，并公开活动。他们在法租界有法租界的背景，在英租界有英租界的背景，靠着些背景的势力胡作非为，强盗、骗子、包打听以至探长，朋比为奸，无恶不作。他们广收徒弟，爪牙遍地，潜势力大得很，这不像香港黑社会的人是不露面的。

在我开业之后的一个时代，这种出名的白相人，屈指计之，至少有四十个人，我由诊病而认识的列举如后：

陆某某，湖州人，他是英租界巡捕房小巡捕出身，做到探长，是白相人中披有老虎皮的人，他经常患偏头痛。常在下午六时之后，邀约我到五马路中央饭店为他诊病。中央饭店名为旅店，事实上有几层楼全是烟窟，一天到晚总有成千个瘾君子出入其间，因为是他的物业，所以警务当局视若无睹。中央饭店楼下大厅是"中央舞厅"，出入的舞客，都是他的徒子徒孙，无非是借舞厅讲斤头，如果讲斤头能使他们满意，任何刑事案子，可以黑的变成白的，不然的话，白的也会变成黑的，因此有好多冤狱都是由他一手造成。他的一个大老婆，住在锡金公所对面，也常常请我去看病，她对我说："陆家里作的孽，真像海一般深，所以我要诵经礼佛，求菩萨宽恕他。"他的小老婆叫作阿巧，住在七浦路，此婆骄横得很，可以说是陆某某的帮凶，患有严重的胃病，常痛到死去活来。有一天，也该是陆氏恶贯满盈，刚走出中央饭店时，在门口就遭到狙击，被人用盒子炮打死。

唐阿裕，他是漆匠出身，以做清和坊赌台老板起家。他收了许多门徒，其中有一部分是以打劫为生的，有几个职业杀手也拜在他门下，只要有人肯花钱，他们就会打死人。唐家住在吕宋路（今连云路）五福里一号，某年他生黄疸病（即流行性肝炎），我为他看好了之后，他一定要和我做朋友，我却避而远之，不敢和他接近。他横行不法了一个长时期，后来江北大亨顾竹轩指使他的徒弟王兴高把他打死，次日报纸上登出他的尸体照片，两眼凸出，可怕得很。他有一个小老婆，后来穷困到成为乞丐模样。一次她来求我免费替她看一次病，我见了她，已不认识她就是当年丰容盛鬓的人物了。

芮某，绰号"火老鸦阿荣"，本来是一家"大有兴"香烛店的小老板，交友不慎，专与匪徒为伍，抢劫烟土，号称新八股党之一，而且成为富翁。后来移居吕班路"三德坊"，那时已经有了一个小老婆，叫作阿娘，接着又威迫一个乐姓补习女教师做他第二个小老婆，后来经人介绍女伶华慧麟做他的寄女，不久也变为他的小老婆。他为要力捧华慧麟，特地租下宁波路（今淮海路）新光电影院改演京剧，一面请了马连良、叶盛兰、马富禄等到上海来与华慧麟配合演出，声势极盛。某年卓别林到上海，也到新光戏院后台去拜访他们。那时我的诊所在新光戏院对面慈安里，常有电话来招我到戏院经理室去看病。阿荣外形看来一些没有病，事实上他却患有严重的神经衰弱症。有人告诉我：此人碰不得，你要少同他来往为妙，因为此人生性暴躁，喜怒无常，说翻脸就翻脸。其时他虽是戏院老板，暗地里仍然做着职业杀手，随时会把人杀死的。他手下有许多徒弟，成群结队，无恶不作。后来他逃到外埠，疯疯癫癫变为痴人而死。

许某，是六马路（今北海路）锦春茶馆的老板，后来也做了赌台老板。这种赌台，小也赌大也赌，真是害人不浅。他有一种本领，就是很会理财，把多余的钱放高利贷，上海人称作"印子钿"。如果有人借钱不还，被他打断脚骨是常事。他好色成性，寻花问柳，对女人方面用钱爽得很，绰号叫作"钞票老头子"。他的横行时期不长，没有多少年就死于喉癌症。

尤阿根，名气很大，但是他的真名，很少人知道。他是拉塌车出身。先做小巡捕，后来变为便衣侦探，因识得坏人多，所以破案率很高，递升为老闸捕房探长，很多探员都是他的徒弟。他有时来看病，一出手就给诊金十元，我说："我的诊金只收一元二角，用不着这样多。"他说："你收下好了，我尤阿根是不在乎的。"我一听到他的名字，就骇怕起来，他后来成为我的老病家。人家告诉我，这人对刑事案颇有办法，上下其手，不分青红皂白，只要有钱，可以颠倒是非。有些人本来无罪，他为了销案，无端端把一个好人落案，作的孽也数不清了。他向来出入坐汽车，但是从捕房出来，表示廉洁起见，总是坐一辆包车，有一天就在包车上被人用驳壳枪打死。

张法尧，他父亲是法租界著名的三大亨之一张啸林，他的家人常由我诊病。张啸林脾气坏得很，动辄骂人打人，我到他家里竭力避免与他接触。但是我和张法尧很熟，他的夫人很斯文，有病总邀我去诊视。张法尧自己毕业于八仙桥中法学校，成绩平常得很，张啸林觉得有子留学是很光荣的，所以把他送到法国去，他到法国去混了几年，用掉了三十多万元。那时节的三十万，要等于近时的一千万，这样的挥霍，哪里会认真读书？就在法国一家野鸡大学买了一张文凭回来，后来与余祥琴合伙在我诊所隔邻威海卫路（今威海路）三十号挂起律师牌子来，同时也吸上了鸦片烟，身体弄到坏透了。等到张啸林被他自己的保镖所杀，张法尧也就一贫如洗，死在徐家汇木屋区中。

黄某，是一个生意白相人。年幼时，游手好闲，专事殴斗。他的哥哥是日新池浴室的账房，他粗知文墨，也做过短时期新闻记者，因此认识好多人。后来他拜在蔡和尚门下，于是就正式成为一个白相人，与大汉奸常玉清为伍。他工于心计，极善理财。蔡和尚给他一笔钱，专门放高利贷，他就在慈安里挂了一个汇中银号的招牌，自任总经理。他一家大小有病，总是邀我去看，但从不付一文钱。他的意思是如我有事，他可以帮我的忙，他家人有病，我应该免费替他诊病。实际上我为他服务了十多年，却从来没有托他做过一件事。后来他的汇中银号变成汇中银行，果然做得像模像样，最得意的时期，确乎有几个钱，但是后来他因案被捕，押解到他的原籍绍兴，枪毙了。

我向不迷信，但是我先后看了这般人的病，不但和病人很熟，连他们的家人子女都相稔识，不过，我认为报应之说，迹近迷信，"因果律"三字，是科学的循环率。因此抱定一个宗旨，我和他们之间，保持相当距离，而且中间隔着一重壁垒，私人方面不相往来，他们有什么宴会我从不参加。这种人做生日做弥月，帖子是不断送来的，我总是"礼到人不到"，所以不会发生什么纠葛。上海白相人，对像我这种人，叫作"空子"。所谓空子，是认我为圈子外的人物。

发财奖券　全是骗局

上海一向有一种赌博叫作"花会"，即香港的"字花"。主持这种赌博的人，都是一些黑社会人物，在四十多年前是绰号"歪鼻头茂堂"的，他有一个儿子叫作"阿塌"，倒是日晖港南洋中学毕业的，人极斯文有礼。有一年，阿塌生了喉痧症（近称猩红热），我为他治疗痊愈，他衷心感激，一再要求我和他结为金兰之交。我对这种人的家庭背景，向来抱定敬而远之的态度，所以对他的要求没有接受。

一天，他又来我诊所，等到我诊务完毕，邀我吃饭，我说："有话尽管说，何必吃饭。"他说："你知道吗？上海新兴一种发财票，最初是借赈济长江水灾为名，后来就一期一期地办下去，成为一种定期性的彩票，头奖的奖金为二千元，买的人非常之多，这种彩票只限于南市购买，出售的彩票店也都设在南市。"

我说："我到过新北门老北门看过，有许许多多彩票店，都卖这种彩票。"他说："我也有一道路可以发行一种新彩票，要你参加合作，因为我对彩票设计和文字上的宣传要借重你。"我告诉他："我对赌博性的玩意，向无兴趣，要我合作，更无胆量。"于是阿塌废然而返。

几个月之后，阿塌和金廷荪合办"五福奖券"，一期一期地开下去，有好几期的头奖，都用作弊方式开在自己的腰包里，着实赚了不少钱。阿塌每次都送我几十张奖券，还是希望我另起炉灶，另办一种奖券，但是我始终不为所动。

阿塌年纪很轻，竟然发达了，时常出入妓院。他的父亲茂堂认他是跨灶之子，正在得意的时候，阿塌向租界当局领到一张自卫手枪的执照，他对这支枪爱不释手，一天到晚抓在手上抚摩玩弄。不料一次因夫妇相骂，他的手枪走火，竟然死于自己的枪下。我就想到因果循环，一个人种什么因，收什么果！要是他不做奖券的话，没有钱就不会买枪，也不会出入妓院引起夫妻相争，更不至于死于非命。

那时节英租界也有发财票，叫作"香槟票"，是跑马

民国时上海的彩票，俗称"发财票"

总会专利的一种马票，一年只开两次，每次发行十万张，每张十元，分十条，每条一元。购买的人，十分踊跃，连南京、杭州、青岛、汉口都有人代理，搜刮的钱着实惊人。

法租界另有一个法国人叫作"盘登"，他妙想天开地创办了一个"万国储蓄会"。盘登本来是一个法国无赖，会讲中国话，也会吃鸦片烟，与法租界当局勾结得很密切，因此他组织一个银会式而有奖券性的万国储蓄会，活动一下之后，旋即批准宣告成立。

这个组织，骗人真是骗得大了。他是采取零存方法的储蓄制度，每月每会储十二元，以十五年为期，到期可以收回储蓄金两千元，不到一年是不退钱的，满了一年可以七折八扣做抵押。本来这样硬性规定，利息如此微细，应该是没有人参加的，但是因为月月开奖一次的关系，况且头奖有两千元，特奖有五万元，还有二等奖、三等奖，以及许多末尾奖（按：末尾奖即末尾一字和头奖末一字相同），因此吸引力很大。但是从前要人每月存款十二元，也不是一件容易的事，所以凡是存十二元的名为全会，再一分为四，每人储三元的名为分会。他着重广告政策，月月开奖，每次开奖结果都在报上大登广告。大家以为比买发财票好，到期尚可还本，这一下子，就轰动了全上海的人，连沪宁、沪杭两路的人，都纷纷争着入会。

万国储蓄会雇用了不少推销员，分别鼓其如簧之舌，劝各人的亲友加入储存，我查出：

一九二一年入会的有二万二千四百二十四会。
一九三四年入会的有十三万一千八百会。

大家想一想，每会每月是十二元，这么多会员，他每月要收多少？那时上海一共只有几十家银行，储蓄存款总额不过三亿元，一个万国储蓄会，简直要抵十几家银行了。

我初时也想去参加认一个全会，后来和丁福保老先生商量，他说："这真是一个大骗局，你千万不可上当。你只要想一想，银行利息大约七年加一倍，钱庄的储蓄大约六年加一倍，存在大商店的银折是五年加一倍，名叫'对合子'。万国储蓄会以每月五万元开奖的框子，令到入会的人算不出利率来，实际上入会的人是吃亏得了不得的。"因此我入会的意念也作罢了。

但是在这十多万个客户中，每年每组至少有十二个人得到头奖两千元，这是最侥幸的人物。我为李丽华一家人诊病十余年，一天，李丽华的母亲对我说："小咪的命运真好，我家从前住在霞飞路宝康里时代，家境并不好，但是小咪落地的一天，她的爸爸一看报纸，竟然看到自己中了万国储蓄会的头奖，立刻拿到奖金两千元。"诸如此类的情形，足见万国储蓄会吸引客户，的确是有一套的。

万国储蓄会成立之后，并有几年时光，发起人盘登，已成为一个大富翁，他把所有的存款，投资于上海的地产，组织华洋地产公司、均益地产公司，把爱多亚路外滩许多地产都买了下来，此外，还在霞飞路、徐家汇一带买下不少地产，其财富之巨，真是富可敌国。

不料，一九三五年因为做美国股票的空头，一下子亏折极大，正在这个时候，上海有二十二个团体联名通电拆穿万国储蓄会的利率不合理，完全是一个大骗局，要求政府取缔。这时候法租界的势力，已经受到中国政府的压力，盘登见势不妙，自动宣告结束。其实这时候币制对物价已经差得很远，他把地产变卖，换了许多外汇，逃离上海到瑞士去做富翁了。

币制多变　银元不变

我在南市的老家是租赁的，住了很久，觉得租界宜于行业，而南市却宜于住家，所以心心念念想在南市买一间小型楼房，作为自己的产业。但是南市楼房的买进卖出少得很，要放出声气等候机会。

有一天，我的堂兄幼青，走来告诉我他的岳丈庞竹卿的情况。庞是上海的有名人物，物业多得很，又喜欢珍藏古玩，与当时的收藏家庞莱臣声誉不分上下。但是庞那时已经外强中干，虚有其表，连他在租界上的住宅也已经押掉了很久（庞竹卿的住宅在威海卫路同孚路口，在这个住宅的四面，一面是颜料巨商邱渭卿的私邸，一边是女诗人吕碧城的公馆，一边是曾任驻日大使章宗祥的寓所，连庞家四家，都已家道中落），利息一路滚上去，这个屋子看来是无力赎回了。我诧异地问道："庞竹卿人称庞百万，何以一下子会弄成这个地步？"幼青兄说："唉！庞家一向做府绸生意，现在外国出口数量大跌，苦守了七八年，经济上就周转不灵。加上他的儿子狂嫖滥赌，娶了一个电影明星韩云珍做小老婆。韩云珍是有名的'骚在骨子里'的风骚女子，两人都吃上了鸦片，容颜憔悴，无复人形。加上韩云珍的妹妹也给他搭上了，后来韩云珍的母亲也迁居庞家，四个人吸鸦片，还要阔天阔地地滥用，所以庞家境况就一落千丈。现在连南市淘沙场老宅也要出售了，我就住在他的这个老宅中，看来不久就要搬出。搬出的事小，倒是我合不得轻易搬开这座房子，因为这座房屋出过三个富翁。第一个是庞竹卿，第二个发迹的住客是吴蕴初（按：即天厨味精厂的老板），他是住在这个屋子里面研究味精成功的，第三个住客是方液仙（按：即中国化学工业社的老板），他的三星牙膏，也是在这所屋子里发明的。我现在正在这屋子里办一个华商元下公司，发行牛肉汁，也小有成就，所以我只怕他把这屋子出售，那就可能影响到我的发展。"接着他就问我："沅弟，你有钱的话，我劝你把它买下来，因为这个屋子，真可以算是吉屋。"

我听了他的话心也动起来，便说："这个屋子地处冲要，可能价值很大，怕我买不起。"幼青说："我来同岳丈讲，价钱可能便宜一点。"

三天之后，幼青又来了，他说："这个屋子，占地约一亩，事实估价要二万五千元，他早前想把这屋子送给我们夫妇二人的，现在因为等钱用，就作价二万元，一万元仍旧送给我们夫妇俩的，另一万元要收现款，你要买是极划算的。"我说："二万元实在是一笔大数目，我一时也凑不出，可不可以我和你两人合资购买这间屋子，你赠予的一万元作为股本，我的一万现款也是股份。但是我现款还是不足此数，手头只有五千元。还有五千元能不能分五个月拔清？"幼青把我这话传给他的岳丈听，庞竹卿很慈祥而又很想得周到地说："现在我家朝不保夕，而我的寿命恐怕等不到五个月，为了避免你们卷入争产纠葛起见，不如立刻做手续，先行过户，将这个道契归钱庄保管，你们向钱庄付清了钱，再取回道契就可以了。"他这样一说，就在两天之内，办理过户手续。

从前房屋买卖，没有分期付款制度，这件事近似分期付款。钱庄起初不肯做，后来经过友情商量，才肯接受，但是利息要收到一分二厘，我也勉强地答应了。

果然不到两个月，庞竹卿竟然溘然长逝。他在租界上的产业，拍卖的拍卖，被钱庄没收的没收，而我和幼青买下的屋子，却毫无纠葛，而他的那个宝贝儿子虽然反对，却也一无办法。

这件事情，事后我告诉丁福保老先生，他说："以后要买房子，一定要清清楚楚，一手交钱，一手收屋，不能有一些纠纷掺入其间。这件事幸亏庞竹老道德好，想得周到，否则你就会卷入是非圈中，三年五年的缠不清了。俗语说'与人不睦，劝人造屋'，还有一句话可以说'与人不睦，劝人买屋'，是一样的。"我现在想到从前上海要造一幢房屋或者买一座楼，没有经验的话，真是自寻麻烦。

后来，"八一三"事变爆发，南市大火，连烧了三天，我想这座房子，也会烧光了。幼青兄天天到二十四层楼国际饭店顶上，用望远镜瞭望，只见家中的一个烟囱还存在着，大家差堪自慰。

战事停了之后二年，南市复兴很快，幼青移居租界，他的元下牛肉汁、鸡汁也让给别人去做了。我一向住在租界上，我母亲又不喜欢那座屋子，始终没有搬进去住，于是我们商议之下就把这屋子出卖了。那时币制已有变动，但是我们坚持要收银元，折合起来售得一万二千元。亏本是亏本了，但是银元的价值，依然没有多大变动。

这是因为南市经过一场战争，市面萧条，而钞票不值钱已渐开端倪，老百姓们都觉得置业可以保持币值；但还要看这个地段好不好，所以这所偏在南市区的房屋只求有人买，也只得亏本脱手了。

第十五章

谢利恒师情回忆

民国时期，外滩上的建筑博览会，从左到右分别是原德国总会大楼、正金银行大楼、扬子大楼、怡和洋行大楼

我从医的业师，除了医学院一班老师之外，业师一共三位，其中最早受教的，就是中医专门学校校长谢利恒老师，他曾教导我温病课程和其他医学理论。毕业之后，我仍然追随不合，在我的情感上，谢老师是难以忘怀的。

我在医学院毕业的那年，随从校主丁甘仁公写药方，可惜期间实在太短了，丁公就因病谢世，因此转到丁仲英老师门下。我在仲英老师家中，从游二年有半，在这时期中，师情更难忘怀，又确实得到丰富的临床经验。我的医药上的进步，仲师是出过不少力的。

仲师比我年长二十年，在我执笔写这篇文稿时，仲师已八十六岁高龄。但是由于他修养得好，深得心理卫生之道，现今仍在美国行医。我在一九七一年八月间特地到美国去探望他，只见他老人家精神旺盛，有如六十许人，还能打"大力功"的拳术，打拳时，拳风飕飕有声，平时出人，都是安步当车，一些也看不出老态。

谢利恒老师对我，以子弟看待。他平日接触的人很少，有什么难以解决的事，总是教我去办理，他对我也帮了不少忙，我那部《中国药学大辞典》编纂成功，也是由他推荐而成就的，经过已如前述。

一九四九年，我到香港，临别前我还到谢师那边去辞行。谢老师见到我要离开上海，当时他神情沮丧，虽然谈话不多，但印象难忘。

一九五〇年十月，我得到一个噩耗，谢师已经去世，因此郁郁不乐好几天。我思前想后，总是在想我们师生的情谊，结果我花了三天工夫，写了一篇谢利恒先生传记。

这篇传记，是用文言文写的，但是我的文言文，力求浅显，不尚雕琢，所以至今看来，还觉得有亲切之感。

那时节，香港和上海书信来往还很方便，我把这篇文字寄到国内给几位老同学传观，并且要他们加以指正。

同门之中，秦伯未、张赞臣、盛心如等，见了我这篇文章，认为我写得不错，伯未兄还为我填了一首蝶恋花词，作为我这篇传记的引子。张赞臣、盛心如两人又各为我写了跋，前尘影事，跃然纸上。

有许多事情，如卫生部招待哈定博士所讲的话，为我前文所不详，所以特地把这篇传记转录如后，这是我一生难忘的一件事，原文如下：

谢师传记

蝶恋花
秦伯未

满院杏花谁作主？恼煞东风，依旧红如许！心事白头无可语，兀教俯仰伤今古。　散尽当年诸伴侣，贳酒评茶，没个闲情绪。回首清游江上路，春波千叠斜阳暮。

过澄斋，悼谢利恒先生，兼怀同门诸子。

上海商务印书馆刊行《辞源》及《中国医学大辞典》，近世人士无不庋藏，备作检考之用。良以内容丰富，在群籍中自有其巍峨不灭之地位，璀璨长曜之光辉。编著此书者署名谢观，即吾侪武进谢利恒先生也。不幸近在上海派克路（今黄河路）梅福里寓邸，悒焉殂化，享寿七十一岁。呜呼痛哉！噩耗传至，悼心失图，木坏山颓，羹墙安仰？导师云亡，悼思何已！

地理世家　澄衷校长

谢师讳观，字利恒，籍隶江苏武进，其故居在县北之罗墅湾。谢氏为此间大族，晚年自号"澄斋老人"，意者所以寄乡思也欤？伯祖讳兰生，名医而兼通儒，有关于医学之著述甚富。大父讳葆初，为当时医药界名宿。父讳钟英，为研究地理学大家，收藏全国各省舆地图册甚富。谢师幼承家学，性又颖悟，年十二，毕五经四子书。对于古今山川形势，郡邑沿革，已了如指掌。又熟诵内难经、伤寒杂病论、本草经方。年十五，出就外傅，益肆力于史学舆地，精研秦汉诸子。时值甲午战后，海内争言维新，邑中旧有龙城书院，课应举之文，至是，改为致用精舍，师入学每试辄冠其曹。旋以地理之学，教授于广州中学、两广优级师范、陆军中学、陆军小学。一时广州地理教席，非师不能压众望。清才硕学，年少翩翩，洵杰出之材也。凡三载，辞归，就商务印书馆编辑职务。坐拥书城，风旋笔端。初时编纂地理书籍，先后成图书三十余种。继编著医学方面用书，时同任编务者，中医有同乡恽铁樵先生，尚未以医鸣。西医则为余云岫氏。旋该馆有《辞源》之辑，谢师负责医学及地理部门。故《辞源》末页，载列编纂人姓名中有谢观者，即谢师是也。谢氏身与其役。噫！亦伟已。

谢师名重士林，乃为上海澄衷中学聘任校长。时有学生三千，占地三十亩，为营造富商叶澄衷氏斥资所创。经费充裕，为海上私校冠。而办理未善，风潮迭起，师至，严管理，勤教课。对于国文课本之改纂编著，痛下工夫。融化新说，实事求是，胥应世用。后来中国有教科书，即以澄衷"启蒙读本"为蓝图。故当民国初元，最驰誉于教育界者，厥为谢师主持之澄衷中学也。当年造成不少有名人物：学术界中著名之胡适之博士，中学时代亦尝在麦伦书院及澄衷中学就读。是谢师之门墙桃李，不特医务人才遍天下，即以澄衷中学而出于谢师熏陶作育者，其数盖亦更仆难数矣。

编纂医典　名震全国

谢师蓄意编纂《中国医学大辞典》时，尝言最初之骨干，乃其祖氏所著之《医药条辨》一书。再以历代学说，制为条释。详考名物，条分缕析，务取翔实。证以新说，决其

谢利恒先生编著之《中国医学大辞典》初版
两厚册，后改为四册

取合。同时辅助工作者，得十二人。焚膏继晷，日夜辛勤。
屡删屡增，数易其稿。历时九载，书乃告成。当全书付印
之时，不意辅助工作人员十人之中，积劳而殁者二人，撄
病而治愈者四人，足见此书之成就不易也。

《中国医学大辞典》凡三百二十万言，国医应用之典
实，罔不罗载。考讹纠谬，详予博究。而编辑之法，纯得
科学条理。千帙盈缩，简约易览。是以医药同人，金视为
枕中之秘。出版迄今，凡三十二版。行销册数，约数十万
部。唯此类学术书籍，今日以为是者，他日视之，已觉其
非。有时新刊医药杂志指出谬误，在所不免。故谢师欲年
年修编，以符学术之进步。第全书排刊工程浩大，书商无
法修正，师常引为憾事！曩者，友人杨彦和君屡次意欲续
修，顾亦久久未成。近时吾道继起乏人。谢师遗著，仍是
不朽之作，殆可断言也。

师纂医学辞典成，乃辞商务书馆职。以其技救人疾苦，凡同道中有一可取者，辄乐与周旋，罔论儒医世医，即草泽铃医。亦殷勤询访讨论，不肯放弃也。以故学日富，名日著，国内赀书与师相讨论者，月有数起。

存仁从谢师学医，乃在就读于上海中医专门学校时，校主丁公甘仁，校长即为谢师。丁公为沪上名医，校务由谢师主持之。谢师以校长而亲任教授，第一学期授余修身课（近名为公民），故得耳提面命，亲受训诲。第二学期起，所讲为温病。其讲辞于课本之外，旁征曲引，往往数千言不绝。洋洋洒洒，如长川之奔流，如大江之横波，无不详为指点。其语调具层次而有弹性，娓娓道出，听者动容。迩时诸教师中尚有曹师颖甫（著有《伤寒发微》），其所怀学问，与谢师为一时瑜亮。惜不善谈吐，讷讷不能出口，故吾人对谢师之印象较深。是时谢师年四十许，已美髯飘拂胸次。风度冲淡文雅，霭然可观。求之同道，无可与匹。而一经接触，即觉如坐春风，使人温馨而感甜美。存仁将毕业时，即从丁师仲英为业师，从游临诊，丁师亦奖掖倍至。余与谢师，依然接触频繁。余又自感国学尚乏根底，曾从章太炎师，又从姚公鹤师读古文。于是丁师为临诊之师，章师姚师为文学之师，谢师为医学之师。姚谢两师且为昔年间科举时代之同年，故情好弥笃。每夕，辄赴姚宅叙首，姚师有烟霞之好，非至深宵不睡。谢师无所嗜，而谈兴甚豪。一榻盘桓，竟忘夜央。余周旋其间，虽渴睡难持，仍静聆两师谈话。所谈皆医学文学及中外古今人物，以至朝野掌故，滔滔汩汩，不知东方之既白。

晋京请愿 居功最伟

民国十八年（1929），国民政府定鼎南京，各部院纷纷成立。其时举行中央卫生会议，忽有限制中医生存在之议案，已经通过。盖是时西医界欲借国民党势力，以促成中医之废止。原案办法，表面尚属堂皇，究其内容，限制严厉而苛刻。能使数千年中国固有之医术，在三十年间趋于消灭。其办法有三：（一）中医一次登记，以后不再登记；（二）取缔中医学校之设立；（三）取缔中医书报之出版。其时中医界散居全国，初无缜密组织，懵懵然也。吾乃与同学张君赞臣集议，张君为谢师入室弟子，鉴于国医国药将受政令之限制，将来必有消灭之虞，为学术计，为民生计，为民族健康计，为自身及同业计，实难缄默，认为非掀起大规模之抗争运动难望抵御。乃与张君首先发难，以医界春秋社名义通电全国，向全国医界呼吁，一面发电向中央卫生部力争，自是全国中医界知暴风雨之来袭。余等又联络沪地中医药团体同人，意欲召集全国中医代表大会，并发动民间舆论以抗争之。张君电文既发，报章披露，全国各地中医公团见之，大为震惊！迩时上海中医界公团，仅有中医协会，为上海三个中医团体所合办，故以该会名义作为与政府抗争之上海中心组织（此会至三一七抗争胜利后，改称国医公会，至对日抗战胜利后，改称中医师公会）。当时协会中最初之秘书主任，由余滥竽充数；会务主持者即丁师仲英、谢师利恒，又得蒋文芳君、蔡济平君、薛文元君、陆仲安君、郭柏良君、秦伯未君、张赞臣君、黄宝忠君、程迪仁君、盛心如君、张汝伟君等近百人之策动，决即召集全国中医界代表大会。吾与赞臣兄皆少年，奔走其间，担任诸务，夜间撰文作稿，分送各报刊载。余又与褚民谊大开笔战，并为吾国医界作申诉。大小报章，日日竞刊。久而报界分成两派：一为保存国医派，一为取缔国医派。两派报章，哓哓争辩。而最后有力之舆论，来自民间。一致结论，认为国医不可废弃。全国商界联合会通电反对废止中医，声势为之大盛。其时余在福州路丁师诊所一小室中，每夕工作，深宵不辍。后得上海药业同人张梅庵君、岑志良君加入，生力军蒋文芳君亦至，于是声势更壮。先在仁济堂召开全沪中医代表会议，到者拥挤满堂。余当时发行《康健报》，即以医报公会代表之资格作活动。抗争运动，日见热烈。遂于是年三月十七日（即后来成为国医节之纪念日），假座上海总商会大礼堂，开全国中医代表大会。到苏、皖、浙、赣、鄂、鲁、豫、粤、桂、川（等）十五省及两个特别市团体，二百四十三单位，正式代表人数二百八十一人，随从人员尚不计在内。香港方面，未有代表出席。开会结果，推出请愿代表五人，赴京请愿。五人者，为谢师利恒、张君梅庵、蒋君文芳、隋君翰英暨存仁是也。谢师年高德劭，无形中成为首席代表。蒋君文笔锐健，远胜于吾，常司文墨，兼持筹划。余则追随奔走，无役不预。

赴京请愿时，曾访行政院长谭延闿氏，谭氏态度极恳切，表示政府决不违背民众之需要，中卫会议决案，断无实行可能。谭院长时适政躬违和，商请谢师诊脉拟方。又访林森、于右任、戴季陶诸公，彼等对于中医素有信仰，愿极力援助，且认为中医确有保存提倡之必要。后向卫生部请愿，薛笃弼部长亦表示接纳来意，并谓中卫会之议案，并不执行，该案极为不妥，如出版自由，何能取缔？薛氏深知中医之限制，决非政治势力所能收效者。

更有一事，必须记出者：当五代表请愿于卫生部时，初由部属接见，继由薛笃弼氏亲见。与诸代表会面时，察其微露忸怩内怍之状。盖全国卫生会议通过废止中医一案，自报章披露后，彼因此而大受各方责难，闻阎锡山、冯玉祥均有电报指责。但其时卫生部下属职员，多为留学国外之医务人员，此辈挟有潜势力。薛部长既不能得罪所属，亦不得不对中医请愿代表表示亲善。薛部长左右为难，不自然之态度乃隐约流露。待谢师发言后，薛亟曰："卫生部决无废止中医之动机，虽有卫生会议之提案，有待于部务会议之决定，故请诸位放心，并请转告全国中医，幸勿误会！"云云。

演讲地理 哈定拜服

此日，薛部长来柬，谓备菲酌候赏光，余等乃赴宴。席为中式菜蔬，杯盘则用西式。时有一外宾，为世界著名之地理学家哈定博士，盖薛部长同时招待此外宾也。部长惴惴暗示代表，谓席上弗因中医废止案而作责难之辞，恐遭外人之笑。吾人亦知宴席礼仪，进食之际，应对得体，宾主尽欢。席未半，哈定博士起立演说，宣布彼赴西藏以及西康一带，进行考察地理结果，并放映各地地形风物影片。谓彼系发现江川水源来自西藏之第一人，指出旧道，起于某地，经流某所，汇注何所。哈定博士操华语纯熟，对于吾国边际绝域，山川形势，河道源流，能历历而道。满座食客，固多留学国外之博士，然皆不识本国史地，于是听哈定演辞，啧啧称奇。是时谢师忽继起作辞，阐明哈定所言未尽详处，发源经流，历代有变，并引入明清两代之珍贵地图以佐证。师之言也，如数家珍，如了指掌，并谓哈定之说早已载于清代某籍，言已落座。哈定博士大为惊奇，郑重致辞。自谓周游贵国，所遇贵国上下人士，具有本国地理知识者，本极稀少，而能详述古今山川源流桑田变易，数年来仅今日遇谢老先生一人而已。此一席赞美语，得之于外人口中，殊属不易。薛部长至是亦面露喜色。盖薛部长于谢师起立之初，认为老年中医，必属顽固之流，所作演辞，肤浅鄙俗，难邀外宾闻赏。不意谢师固长于演说天才，语调抑扬，层次井然，地理学识，充塞胸次。一经演说，使听者如啖谏果，使哈定为之心服，更使薛部长转惶惑而为欣悦矣。此皆谢师自束发受书，过目不忘，数十年治学功夫超人一等。谢师于地理学如此，于医学亦如是也。

请愿团归来后，未几，接国府文官处对于请愿团批示一纸,乃"撤销一切禁锢中医法令"之批示也。一场风波,于是消灭,乃定三一七为国医节以为纪念。事隔多年,今丁师仲英精神充沛,犹是当年,而谢师竟归道山。然领导抗争之功绩,则彪炳昭然,不可泯也。

在上海时,上海中医界历次大会,每推谢师为主席,或任医团监察主席。中央国医馆成立时,被推为常务理事。上海市国医分馆成立,又任常务董事。上海中医之登记,皆由上海市卫生局举办考试,合格者始发执照。每次考试,谢师被聘为考试委员。先后举行考试十一次,谢师参与五次。末两次考试,余亦被聘为考试委员,一切制度,皆有成例,乃无隙越。故推究近代中医掌故,自民国七年(1918)以来,谢师于国医公务,可谓无役不与者。

及门诸子 驰誉各地

谢师长中医专门学校多年,唯校中任教职者,间有癖好,陈旧迂腐,指挥不能如意。其后谢师辞去校长职,由神州医药总会聘任,创立上海中医大学于闸北,同学张赞臣兄及叶伯良兄等,随谢师助其组织。余未追随左右,而心实向往之。顾谢师对中医专门学校之学生,始终爱惜,出其门下者,类多驰誉各地,能诗能文能画者程门雪君、秦伯未君、严苍山君、盛心如君皆是。

谢师主办之中医大学创立未数年,适当江浙交恶,引起战争,校址近火线,乃宣告解体。医校停办后,各方之

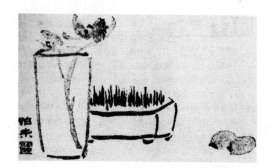

程门雪之文与字

秦伯未的画

严苍山所作"鱼虾图"

作者撰、谢利恒先生手书真迹"医家座右铭"

研究医学者，莫不私淑景从，每年有百数十人，执弟子礼，谢师乃为之列班讲学。每逢学期届满，合摄一影，以留纪念。影之大小阔狭，皆为一律，吾曾见此项留影，悬挂墙间，有十六帧之多。桃李济济，芬郁众多，学成而去，各省俱有，远及菲律宾、加拿大等处。

民国二十二年（1933）间，存仁编纂《中国药学大辞典》一书，其间得谢师之指助者实多。全书字数，计三百二十万言。中有五彩图与摄影图，共一千余幅。出版之前，谢师时加嘉勉，特作跋语以宠之。盖因见书端有章太炎先生与焦易堂先生两序文，谢师为谦让起见，舍序文而撰跋文。至今展读谢师亲笔文稿，感喟万端、目对遗墨，时念师恩。犹有难忘者，吾于着手编纂《中国药学大辞典》时，谢师让赠私藏医药书籍千余种，其中颇多各省人士所贻之绝版书，如今视之，珍如拱璧矣。

民国三十四年（1945）间，存仁忽发异想，撰医家座右铭，文仿朱子家训。袖示秦伯未先生，极为赞许。一时医界同志，并欲嘱余书写。顾余不能作恭楷，于是乃代谢师订书件润例：凡求一帧，收润资若干元。润格刊登上海《中医药月刊》后，在三个月中，上海及各地同人闻风来求者，共有六百七十件，足见谢师声誉之盛，乃有此奇迹。其时余为谢师惶急，以为决难届时交件，故先时请秦伯未先生及张赞臣兄分其劳，讵料求秦张两君书法者，亦各达数百件。而谢师随书随寄，由合侄志超司信柬付邮之事，四五月后，此项文字债，已为之悉数清偿矣。

专心黄老　参究内功

谢师晚年童颜鹤发，更见健康。据谢师自言，专心于黄老之学，晚年拜一道家为师，参究内功，冀跻寿域。曾引吾及赞臣兄，晋见其人，侍者相告曰："此仙人也。"某次仙人在一道院演讲长寿法，谢师以电话召我及赞臣兄，两人偕往谛听。词极玄妙，懵焉罔觉，意者余犹道心未悟欤？而谢师聆之，津津有味，盖已探得秘奥，故耄年硕躯，鹤步潇洒，神采奕奕，此因得益于修心学道处，不无有关乎？存仁受谢师之医学上训诲固多，而受卫生养性之示范亦不少，计从游二十余年间，未尝一日见愠怒之色。丁师仲英，亦善养浩然之气。得失不介于心，喜怒不形于色。存仁随侍两师，心领神会，步趋既久，于不自觉中，亦日趋和易矣。

谢利恒先生在演讲后与及门弟子合影

　　民国三十六年（1947）中医师学术研究会成立，曾于上海八仙桥青年会举行第一次演讲大会。由余讲"伤寒症"，凡二小时。谢师致开幕词，秦伯未先生致介绍词，张赞臣兄致闭幕词。是日听众莅止者近千人，谢师逸兴遄飞，叹为中医界之盛会。复次，该会与国医研究所举办伤寒讲座，亦由余担任主讲，需连续作有系统之演讲二星期，座设八仙桥青年会雪赓堂，学员二百余人，旁听者常有数百人。当由丁师仲英致开会词，张赞臣兄主持一切，又得龚一飞君襄助。余每日讲二小时，另请陆渊雷君、章次公君、西医杨玉阶博士，每周佐讲一小时，历时十六日，听讲者愈聚愈多。谢师见之，掀髯而笑，认为国医界空前盛事。最后时期，谢师自告奋勇，演讲一次。为吾所讲之讲题作一总结，讲述亦历时两小时，声容并茂，毫无倦色。以七十高龄，而有此矍铄精神，见者莫不称人瑞也。散会之时，其间有若干为国医硕彦，主张与谢师共留一影作纪念，摄影时吾坐于谢师之右，左则同学张赞臣兄是也。

谢师一生克己俭约，喜对酌而不多饮，好吸烟而不时吸。存仁知师所喜，时往芹献，师见酒烟，固大喜悦。然谦逊之态，绝不似师生相对，谦谦其德，谢师有焉。某次谈及，谓平生未尝观电影，吾乃伴之赴大光明电影院观有声电影，是日所映为《泰山历险记》。师观之大为高兴，谓已读过胡宪生译《野人记》小说，谓某幕之后应为某幕，结果固无错误，对片中所映狮象虎豹猩猴各类动物，叹为观止。时余又为越剧名伶袁雪芬等诊病，每月必有座券送来，乃时邀谢师往观，亦称赏不已。有时好作郊外游，余乃约姚若琴君及赞臣兄等驾车同往，若龙华、漕河泾等上海市郊各地，常作半日游。每往觅饮孤村，聚餐陇头，高谈纵笑，顾而乐之。某次时方盛夏，天热且闷，谢师电话示吾，谓心烦极矣，如何解之？吾即于是晚约秦伯未先生及赞臣兄，提美酒时肴，至黄浦江头，雇乘汽艇，溯浦江而上，挹江上之清风，观云间之明月，胸头为之大畅，师尝譬之为赤壁夜游云。

谢师在酒后，兴致豪发，等于青年，门人辈无不以老人之乐为乐。经社文酒之会，犹以为会期太久，乃常赴市楼买醉，谢师必欣然参加。某次有红袖侑觞，众令坐于老人之傍，以引其乐。红颜白发，妙趣横生，谢师未以为忤，且饮兴因而更豪。又有一次，当筵酒酣，谢师讲《红楼梦》一小时余。书中人物，熟极如流，头头是道，娓娓不倦，盖亦至情中人也。

谢师酒后喜娓娓长谈，但最厌交际，友朋邀宴，每托辞不去。但寂寞无聊时，辄召余及赞臣兄谈话或小饮。乃由伯未先生及余发起成立"经社"，共作茗酒谈笑之会。一月一度，名为经社。经者常也，期有恒也。但相约不谈正经乏味事。全体会友，皆属谢师之弟子行，而在医界亦为极负盛名者，如严苍山、程门雪、章次公、虞舜臣、余鸿孙、张赞臣诸君。又有盛心如、丁济华、丁济民、钱今阳君，亦属世交后辈。谢师居于师长地位，极少师长威仪，每次入座，辄讲笑话。某次盛赞经社命名之妙，谓每次会期，在规定之日举行者，则曰经期正也。提早数日而举行者，则曰超前。延后数日而举行者，则曰落后。耳热酒酣，妙趣环生。每当筵残茗香，继以诗画。与会诸友，即席挥毫。时未一载，积成书画册页三本。每次又邀医林名流吴子深、徐小圃、方慎盦诸先生与会，书画更多佳构。谢师留墨绝少，字体厚朴而端庄，腴润而脱俗，适如其人焉。

抑郁难舒　未登上寿

上海战争将起，余之病家皆赴港，余亦来港。濒行之前，特趋师辞别。谢师骤闻吾将远行，默然久之，嘿尔无言，眉宇间有抑郁不欢之色。余进以慰语，旋曰："自汝去后，吾将闭门养性，不再诊病，即戚友亦不应矣！"师家中藏书仍富，诊余坐拥百城，借以自遣。晚年尝语张赞臣兄云："余一生已无营求，唯此三年中，颇欲将书籍整理完成，了却心愿。"不意竟未能偿愿而逝，此亦谢师所引为遗憾者欤。

余抵港后，曾两次上书，恭问起居。师闻余来港后尚能生活，颇引为慰。去年十月姚若琴君自沪来港小游，备述谢师近况，谓杜门学道，不问外事矣。未几姚君回沪，吾乃托其向谢师致敬意。旬日后，姚君来函，谓曾访谢师，而书中未曾述明遇与未遇。又旬日后，姚君再来书，书中竟附一谢师之报丧条。函甚简略，谓系胃病抑郁所致。呜呼！一代名医，一代鸿儒，竟与尘世长别矣。

存仁不才，弱冠窃附门墙，耳提面命，循循以诱。此情此景，萦绕入梦。前岁来港后，犹冀受教有日。岂意一经乖离，便成永诀。余获噩讯后，悲抑数日，不知何以自处。昔苏东坡之哭欧阳文忠也曰："上为天下恸，而下以哭其私。"吾于谢师亦曰："上为医药界恸，而下则哭吾私也。"拙于翰墨，意犹未达，止此而已。

一九五一年

谢利恒姻兄传书后

盛心如

三吴钟灵秀，独天有独厚。故乡怀耆旧，龙城无其右。李兆洛、沈星衍，文章史舆绍坟典。马培之、费晋卿，青囊神术媲华扁。澄斋谢夫子，腹笥更便便。土壤归泰华，细流纳百川。休休莫可量，淹涵诸名贤。少壮司教育，大名震南服。玉雪喷霏霏，英才兹煦毓。复穿记事珠，词源涌百斛。纸贵洛阳城，青藜成照读。晚入壶中天，仙吏隐梅福。朱颜美髯神穆穆，谦谦君子温风煦。犹忆去岁千秋祝，公与慈航同薰沐。一朝庭前惊赋鹤，故旧门生泪盈掬。君不见扬墨横行醉心目，忘祖舍本末是逐。何况中原争秦鹿，谁与领导撑地轴。我为天下苍生哭！

谢师利恒传记书后

张赞臣

　　余与陈存仁君，同事谢师。先伯熙府君，与谢师暨姚丈公鹤、孟河丁氏、以乡谊而兼世交，陈君投师姚丈，实由先父为之引。余与师庑，近在咫尺。诊余之暇，二老时相往还。鳣堂聆训，余与陈君之交谊，亦由此而益敦。岁在己丑，先父与师同臻七十。先父患消渴，早已养病家园。师特馈赠精制手杖，以介眉寿。师方健步逾恒，朱颜长髯，丰神飘洒，望若金仙。讵于是夏先父弃养，悲恸罔极。而相隔一载，师又于六月间遽归道山。在数日前，余犹追随师后，与伯未文芳诸君，应市卫生局邀商公务。归途并偕余与伯未兄市楼小酌，逸兴遄飞。遽闻溘逝，成为震悼。师夫人为同邑望族陈氏。有丈夫子四。幼尚攻读，余均擅长工程技术。女五人。临深三师弟尝语余云："师于捐馆前夕，梦张某过访，欢然道故，其情其景，一如昔日。"噫！亦异已。故余撰挽联云："从游卅载，随吾师领导医林，端仗中流支砥柱。相距一周，与先父逍遥泉下，休言近事更沧桑。"可见二老生死之交，默契之深。今陈君以所著师之传记邮示，对于师之事业与音容，宛在目前，能无感痛！爰滕以俚句六绝当哭，书后却寄：

　　壶中小隐本通儒，杖履追随亦步趋。
　　往事愁从今日忆，茫茫元气倩谁扶？
　　力挽狂澜欲起衰，化风雨时系人思。
　　卅年海上留遗爱，宁仅医林失导师？
　　老看红杏满栽庐，门外长停问字车。
　　只恐斯文天丧尽，乱中时检旧藏书。
　　妙语能教一座倾，座间名士半门生。
　　品花酌酒寻常事，毕竟风流属老成。
　　偷闲喜逐少年游，白发萧疏意态悠。
　　犹忆夕阳归棹晚，一樽邀月酌江楼。
　　罗墅湾头水接天，芙蓉圩上树含烟。
　　伤心洒尽思亲泪，哭到师门倍黯然。

第十六章

上海滩人才济济

民国时期，上海滩上的大戏院和英美烟草公司大楼

从前上海是中国发扬文化的中枢，也是商业金融的中心，不但教育发达，也掌握着全国的经济命脉。人才辈出，说也说不尽，我以行医为业，接触的人物，上中下各阶层都有，现在回想起来，大有写述的价值。

人才辈出 甲于全国

我在诊所中曾遇到一位粗粗鲁鲁的老年病人，挂号时自称姓高。他自己病愈之后，常常带着许多男女老幼来看病，大多数是工人，一部分是店员，诊金都由他付，而且对病人照顾备至，看来连药费、车费都由他代付的。有时候他还来邀我去出诊，坐着他那辆高高大大的老爷汽车，一直开到闸北陋巷中的小屋子里，陪我诊病，病者的家属都称他为高老板，对他感激涕零。

后来我对这位高先生渐渐稔熟，我问他："你老先生的贵业是什么？"他说："我是一个老粗，自从西人马礼逊铸造中文铅字之后，我因为读过'千字文'，才在上海做了中国最早的排字工人，现在却当了商务印书馆的董事，但是一天到晚清闲得很，所以凡是工人有病，我都亲自陪同他们看病，照顾他们，习以为常。"

我知道商务印书馆的创办人有三位，一位是鲍咸昌，一位是夏粹芳，还有一位是高凤池。我就问他："你是不是高凤池先生？"他说："是。"接着他就把商务印书馆的开办历史原原本本说给我听。

从前上海多是老式的书坊，如"扫叶山房""粹文堂""千顷堂"等，都是印木版书的。（按：扫叶山房的历史有一百多年。清代有两位名医，薛生白与叶天士，都在苏州悬壶，两人交恶，叶天士名其斋为"踏雪斋"，雪字影射薛生白的薛字；薛氏不甘示弱，名其斋为"扫叶山房"。后来薛氏常常刻木版书，在上海开了一间书坊，就叫"扫叶山房"。）那时节连石印都还没有发明。

他又说："第一架手摇脚踏的印刷机，是由英国运来的，中文铅字的铜模是马礼逊从香港运来的。夏粹芳、鲍咸昌深信基督教，教会中常常有印刷品，教士就请夏、鲍二人负起印刷的责任，并且把运来的一架印刷机交给他们，他们请到第一个排字工人就是我，借了一间小屋子，专门印刷教会传单，兼印商业文件，当时我不计工资，只拿一些车钱饭钱，但是印刷部分的收支，还不能相抵。因此就想印一部英语读本，使中国人学英文能得到一种范本。第一部书叫作《华英初阶》，这本书的原稿，本来是英国人用来教授印度人的，鲍咸昌就把它改编一下，出版问世。同时门前挂上一块'商务印书馆'招牌，以便招徕商业文件。

"不料这本《华英初阶》销路大好，起初只印一千本，后来印到几万册至几十万册。当时工人实在找不到，因为识字的不肯做工，做工的又大都不识字，因此我就专门负责排字，引用同乡子弟做脚踏印刷工人。最初时期夜以继日地专印这本书都来不及，到了那一年年底，竟然赚了一千块钱，于是我也被夏、鲍二人邀为股东，占股权五分之一。大家通力合作，经过十多年继续添购马达印刷机及一切设备，逐渐地扩展，编印全部小学教科书，畅销全国。到了民国十七年（1928），闸北的一间印刷工厂已经占地六十二华亩，各省各市都陆续开设分馆。夏粹芳见识最远大，每一家分馆，都自己购地建屋，南到香港，北到黑龙江都有分馆和巨幅地产。现在我照股本而论，也算是大股东之一，实在讲起来，我不谙文墨，现在的编辑印刷和经营，我都插不上手，因此空闲得很，所以自动负起照顾工人的福利工作。"

我听了这番话，深深感到上海人对工作的努力和开展，非同小可。从商务印书馆开始之后，各大书局接踵而起，成为全中国文化的发祥地，不但全国学校的教科书由上海出版，无数高深学识的专门书也在上海发行。原来商务印书馆的发迹，就是从《华英初阶》开始，后来再印《华英进阶》等书，如今凡是五十五岁以上读英文书的人，没有一个不是由这部书开始的。

经济重镇　航业先进

关于经济方面机构，从前上海很多钱庄，做钱庄的人，都是宁波和绍兴人，资本的来源，一部分是湖州人的。上海钱庄的势力，可以影响到全国。在明清时代，经济的实力本来分散各省，如"山西票号""北京官银号"，初时实力雄厚过上海的，但是上海宁绍两帮同乡的经营能力，远远地驾乎其上。又因为上海接近国际通航的关系，商品进出集中在上海，所以上海钱庄的发展，在清末已经占到全国第一位。

从前上海人的商业道德和往来信用极高，没有什么商业诈欺的事情。老板拿钱出来做生意，无论银楼、钱庄、当铺、酱园、布厂，范围尽管大，都是请一个经理，名为"当手先生"，全权经营，连账房都归当手先生聘用，做老板的人，尽管在家享福，百事不问，他们从来不会"作弊"。到了年底，由当手先生结算一年赢亏，写上一份红折纸，说明全年赚了多少钱，称为"红账"。老板客气得很，茶烟相待，略叙数语，恭送而别。在平日见面的机会很少，所以有许多老板，可以连开三四家钱庄、五六家当铺，是不足为奇的。

还有一种商业习惯，大家交易全凭信用，不签署什么契约，来来往往，只凭一句话，说出的话，也不需要第三者证明，绝对不会耍赖。这种作风，由来已久，连当时外国人和上海人做交易，不论多大数目，也相信中国人"一言为定"的商业道德。

当时外国人到上海来的，一部分是正当商人，一部分是敛财的冒险家，一部分却是外国的滑头，就利用中国人这种习惯的弱点，造成种种华洋纠葛，于是后来在交易上，就需要律师和证人，每一笔交易都要有契约。

在宁波人中我特别要提出一位来谈谈，此人就是虞洽卿先生，名和德，是宁波镇海人。他十五岁的时候，由同族人虞鹏九出信介绍他到四马路望平街一家瑞康颜料店当学徒。那时他身无长物、腰乏分文，从码头上走到四马路，恰巧大雨倾盆，他脚上穿了一双布鞋，是他母亲手制的，这时他脱了鞋子，挟在腋下，赤了脚，直走到那家颜料店去就业。后来虞氏飞黄腾达，上海人大家都知道这个故事，称他为"赤脚财神"。这家颜料店是苏州富绅奚萼衔的父亲奚润如所开设的，资本不过八百两，职工连老板只有三人。虞氏仅是学徒身份，全年收入，只得鞋袜钱十二元，但是他很勤力，很小的年纪，就当上了"跑街"。他辛勤工作，颇为东主所器重，这家颜料号那年就赚了二万多两，老板奚润如认为虞洽卿是一个出色的人才，特别酬谢了他二百两银子，请他参加作为股东，这是当时商界中未有的特例。

过了十二年，虞洽卿当上了鲁麟洋行买办。再隔九年，改任道胜洋行买办，同时他创办"四明银行"；又感到中国没有民营的航业，官营的招商局作风落后，于是他毅然开设了宁绍轮船公司。这一下子，外洋的航业界大为妒忌，联合起来和他竞争。本来从上海到宁波的船票是银元一枚，此时各洋商轮船，突然把票价改为大洋五角，因此一班宁绍同乡都为虞洽卿捏一把汗。大家无形中联合起来，一致支持同乡的事业，齐心不搭外洋船，来往宁波上海，宁愿付银元一枚，来支持虞洽卿。

虞洽卿生平对公众运动，热心参加，不遗余力。当年上海四明公所大闹公堂的一场大风波，由虞洽卿出头力争，获得胜利，这也是上海人尽皆知的。

后来他又赞助南洋劝业会，参加辛亥革命，从此大家格外地敬重他，平辈称他为"阿德哥"，后起尊他为"虞洽老"。他认为航海事业大有可为，于是他拨出二十万元，创办三北轮船公司，购买三艘轮船，行走沪汉，逐渐扩展，沿长江各区都有趸栈，因为他为人精明能干，每遇困难，俱能迎刃而解。后来三北公司旗下的轮船增至三十二艘，吨位达到四万余吨。同时他又代理宁兴、新宁兴等轮船七艘，邮船五艘，成为中国最早的一个"航业大王"。他颇重桑梓之谊，所以他属下的职员，都是三北人、舟山人。影响所及，外洋轮船的从业员，也是舟山人居多。现在常来香港的一艘"铁行公司"的极大外洋船，就以"舟山号"为名。（按：如今全世界共有七位船大王，希腊占三人，美国占二人，中国也占到二人之多，一位姓董是定海籍 [即舟山]，一位姓包，是鄞县籍，都属浙江宁波人，拥有船只吨数，虽远超于前，但是这种事业，或多或少与虞洽卿当年创下的宁波系有关。）

在我行医时期，有一位方小姐，常常在中午时间陪我到航运俱乐部去诊视虞洽老的小毛病，久而久之，成为相稔。我每次到航运俱乐部去，总见到不少莺莺燕燕在旁服侍他。他有午睡习惯，见他身体强健，精力过人，所以患的病都是微不足道。虞洽老为人也很风趣，特别是在三杯落肚之后，更是妙语如珠。记得他有两句最令人捧腹绝倒的话：

梅兰竹菊多细撇！
四书五经莫乱抛。

这两句话，一句是谈画理，一句是教人珍惜书本，原是很文雅的，可是一经他用宁波乡音读出来，就大大地"笑煞人"了。

后来他争取到租界上极高的地位，担任工部局华董好多年，又任宁波旅沪同乡会会长，租界当局对他极尊敬，特地把宁波旅沪同乡会会所所在的西藏路，改名为"虞洽卿路"。

法租界也有一条短短的路，叫作"朱葆三路"，是纪念华人朱葆三的。朱葆三是定海东乡北蝉村人，他刻苦耐劳，到上海做罐头食品号学徒，后来结识叶澄衷，叶爱其才能，助其成为五金业领袖。积资既丰，发起及领导中国通商银行、浙江地方银行、浙江实业银行、四明银行及华安保险公司、长和轮船公司、永安轮船公司等。对社会公益的事，也极出力。总账房顾晴川的儿子顾少川，即大名鼎鼎的外交家顾维钧。朱葆三对法租界的金融事业贡献很大，所以法租界当局就以"朱葆三路"来纪念他。

朱葆三子孙蕃衍，久居南市斜桥，有一所大房子。他家的常年西医是庄德，中医是丁甘仁老师，每年各送诊金二百银元。丁老师过世几年之后，我受聘为他家常年医席，因此我差不多三两天要到他的家中去。这座房子很大，门前有一幅大草地，设有秋千架，医生一到，仆人就把悬挂在廊下的一只"铜钟"当当当连打几下。他有五房子媳，孙儿孙女不少，这批人看完病之后，还有佣仆车夫等候着看病。朱氏也每年致送诊金二百银元之巨。但是朱葆三本人，我却始终没有见过一面。

纱厂巨子 荣氏企业

接着我再讲几位全国性的大实业家，这几个人，每一个人都可以称为该行业的大王。

第一位要讲的是荣宗敬，他是无锡人。无锡人有开工厂的特长，当地的工厂也多得很，称为"小上海"。荣宗敬到上海，他自有卓越出众的特长，就是"信用"。初时遇到了一位富绅张叔和（即味莼园，俗称"张园"的主人）借给他许多钱，合伙做事业，每年到了新年正月初二，荣宗敬总是手持一份"红账"，到张家拜年，不但官利十足，而且红利优厚，因此张叔和对他另眼看待，把事业逐步扩大起来，帮助他创办申新纱厂。

那时一般纱厂都很小，只有申新纱厂规模宏大，因为他信用好，银行钱庄纷纷放款给他。于是由第一厂起，开至九厂，我常去看病的是第五纱厂，照我现在回忆起来，是红砖砌成的厂房，其长度大约有此间一条柯士甸道那么长，那时这些厂的经济支持者，已变成中国银行。民国十八年（1929），上海整个商场起了一个风波，申新纱厂的经济也遭到困难，荣宗敬本来住在西摩路（今陕西北路）旧宅，这一年，他手臂受伤，到无锡梅园去养病，我由他的弟弟荣德生先生介绍到无锡荣巷他的私人花园"梅园"里面的客舍中，为他做病后调理。

梅园后面有一个宗敬别墅，建筑得十分雅致，隔壁造了一个很大的庙宇，叫作开元寺。这一年开元寺正在动工兴建，还没有完全竣工。

荣宗敬经营的纱厂，对全国人衣料的供应，发挥了极大的贡献，使当时的洋布，不必仰给于外国，给国家的经济增加了一个庞大数字；而工人数字之多，也对市民生活有很大的帮助，所以他被称为"纱厂大王"毫无愧色；而他的影响力之大，可以说至今还存在着，不但国内的大纱厂是他的成就，连到现在香港的纱厂帮巨子，有些是他的后人，有些是他的门下故旧，现在香港的纱厂，成为经济繁荣的主力，也要归功于荣宗敬先生的。

上海是东南灵气所钟，人才辈出，我再讲一个故事。从前布匹的染色，往往洗了几次，就会褪色，唯有一种外国来的"阴丹士林"，百洗不褪。从前这种技术是秘密的，中国人无法学得到，只有日本人学到了这个秘诀，但是日本的染厂，也严谨地守着秘密，学徒只限于日本人，对中国学徒是不收的。

上海一家纱厂中有一个学徒，聪明伶俐，样样事情都会做，于是厂方就派他到日本去。那时他年纪很小，剃光了头发，在日本混了两三年，讲得一口纯正的日本话，名字也改为日本姓名，就在日本染厂招考学徒时考了进去。过了几年，阴丹士林不褪色的秘密，他已完全学到，于是他挟着这个本领，回到上海，也做出不褪色的布料来了。这个学徒后来成为纱厂染厂的厂长，又到香港来开设一家很大的染织厂，现在又到非洲去发展了。

纱厂是不容易经营的，经常受到市面的影响，销售有盛衰，亏折和倒闭的不乏其例。我举一个例，从前上海总商会副会长聂云台，他是聂中丞的儿子，他的母亲是曾国藩的女儿，闺名纪芬，簪缨世家，积资甚丰。聂氏为了提倡实业起见，办了一个大中华纱厂，我的堂兄陈伯陶辞掉了沪宁、沪杭两路工程处的职务，到大中华纱厂去担任总务主任。不料只有短短的两年，这家纱厂就亏折殆尽。聂云台从此多病，退休在家，一天到晚卧在床上，研究医药。他常常邀我去看病，但他对疾病用药，知识丰富，为他开一张药方，总要讨论半小时左右。他的母亲聂老夫人很受人尊敬，自号"崇德老人"，对医药更有研究，出过一部《崇德老人验方录》。她为人慈祥，谈话也很文雅，谈到清末宦海名人患的什么病，用的什么药，最后是怎样死的，历历如数家珍，我替她看病更是小心翼翼，有时要带着古本医书和她商讨之后，方才处方。

聂云台的住宅在法租界马斯南路（今思南路），隔壁

福新面粉公司的"宝星牌"面粉商标

是一条很宽阔的弄堂，里面有几幢小型花园住宅，是李石曾等发起建造的，住的人都是李氏的友好，如程潜、覃振、梅兰芳等。因为崇德老人常常口头为我宣扬，所以我也替这几位名人看过病。梅兰芳待人接物最是谦恭有礼，我为他的儿女看了病，他必然恭送到门口，拱手道别。

后来聂云台爽性不再经商，专事写作，特地在床上放置一个特制的矮几，就在床上写稿，陆续出版了《聂氏家言》和两部医药书，这些书由我经手代为校印，印刷费不过每部二三十元。

为荣宗敬处理全盘账务的是王禹卿，此人勤劳朴实，做事头头是道，管理的账目井井有条，深得荣氏的器重，他的地位一年一年提高。一次荣宗敬忽然想到要开面粉厂，但是自己业务繁忙，就派王禹卿专司其事。面粉厂又是一个大事业，规模之大，仅次于纱厂，王禹卿大展雄才，结果成为"面粉大王"。

我开业时，王禹老常常来看病，直到彼此来到香港，他住在铜锣湾附近，我那时在香港还有分诊所，也在铜锣湾，他有病时依然看我。这时他已退休了，悠闲得很。有时话旧，我觉得他的相貌有一个特点，眉毛两边特别长，这是寿征，也是一种威势，可以统率成千成万的工人。

烟业大王　宁波陈氏

香烟厂在外国是八大实业之一。从前上海人吸的香烟都是外国来的，利权外溢，言之可叹。后来有南洋富商简照南、简玉阶兄弟两人到上海，开设南洋兄弟烟草公司，在虹口设厂出品"大联珠""白金龙"等香烟，这是用了很大的资本来经营的。简氏兄弟在烟草公司的组织章程中，订明赚到的钱，拨出几分之几作为公益用途，上海人对他们都称颂不置，但是对外国香烟，还不能抗争。后来出了一位陈楚湘（按：上海有两位名人都叫陈楚湘，一位年纪较大的是胡庆余堂东主，一位是后起之秀烟草业巨子），他本来是三马路一家烟纸店的小职员，从小就是我的朋友，乃宁波三北乡人。他在爱国运动的狂澜时代，个人经营着一个很小的香烟公司，最初已定名为华人烟草公司，后来因为华人两字太显明，所以改名华成烟草公司，最先出"金鼠牌"香烟，商标模仿"茄力克"香烟。因为上海专卖香

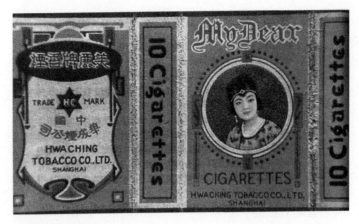

"美丽牌"香烟烟标

烟的烟纸店，无论大小，以三北乡人为多，他以同乡之谊，着力推销，销路越来越大，公司就改为股份公司。每一次发生爱国风潮，金鼠牌的销量就直线上升。后来又有一个机会，上海郑家木桥南路共舞台，演出《失足恨》，主角是吕月樵的女儿吕美玉，因为她是民生女校的校花，女学生登台演戏，大家刮目相看，这是上海京戏界从来没有的现象。她登台时，头上戴了一个珠钻镶成的头箍，看上去特别美丽。一时上海书报画刊，都竞登她的照片，真是红到发紫。陈楚湘便利用这个机会出了一种"美丽牌"香烟，就拿吕美玉的戏装照片，印在烟包上面。这种烟问世之后，销数惊人，几乎每一个吸烟的人都要一试"美丽牌"。后来吕美玉下嫁法租界名人魏廷荣，而美丽牌香烟的销数却日益上涨，吕美玉因为得不到好处，引起诉讼，由鄂森律师代表出庭。经过几次调解，言明嗣后每箱香烟付给吕美玉酬金二元，由于这种香烟销路广大，这笔数目也很可观，而陈楚湘也由于事业发达成为"香烟大王"。

小本经纪 成大事业

上海是中国实业的发源地。实业大王刘鸿生，我并不熟稔，不敢贸然落笔。但是还有许多刻苦耐劳白手兴家的人，我略有往还。有一种"小小豆腐干"，即用豆腐干切成小方块，用蘑菇汁煮成，外面用薄纸包裹，每八小块一包，售铜元一枚。开办的人叫陈万运，后来他又与两个朋友合伙，创办"三友实业社"，以制造"三角牌毛巾"和"西湖毛巾"出名。随后逐步发展，在沪郊高郎桥设厂，占地八十亩；又在杭州设厂，占地四十亩，成为"上海机制国货联合会"会长。

一位是吴蕴初，他是苦学生出身，喜欢研究化学，发明了打倒东洋货的味精，后来又做氮气，事业蒸蒸日上。抗战之时，曾经个人捐献两架飞机给国家。

又有一位是冼冠生，他是广东人，最初在南市九亩地新舞台戏院旁，租一间小屋子，日间卖叉烧，晚间卖叉烧粥。新舞台的老板夏月珊、夏月润兄弟，见他诚实勤劳，特许他在戏院内托盘兜售糖果食品，他就在这时发明了一种纸包陈皮梅和果汁牛肉干。日久之后，正式开办"冠生园"，新舞台中一部分人投资当董事，又在南京路、霞飞路等热闹地区开设门市部，并附设餐厅。后来又在漕河泾辟地设厂，是中国最大的机制饼干糖果制造商。

真可说上海是灵气所钟，各行各业都有杰出的人才。但是我因为不懂经商，所以本文都是业余之暇，一股兴趣，由从前的日记中摘录出来，随摘随写，材料常感不足，我参考许多文献记载，务求其翔实，因为我向来有"考证癖"，凡是有可能的话，一定要考证到第一手资料。前面所说的虞洽卿初就业的瑞康颜料号，资本不过八百两，而一年之中，竟然赚到了二万多两，这一定会令读者产生很大的怀疑。其实我这一段资料，是特地从虞洽卿的女儿虞澹涵女士（即当年最早选出的"上海小姐"，也就是江一平大律师的夫人，今住香港）处借到一本虞洽卿事迹史料的抄本，是红格子手写本，封面上还批着"此系孤本不可遗失"八个字，所以读者对此毋庸置疑。（但是读者诸君如发觉有错误之处，请尽量指出，当在这本书再版时详细改正。如有照片插图，请借出铸版，要读者与作者打成一片，有错就改，我是毫不固执己见，自以为是的。）

真正的"上海人"，中心只限于县城之内，县城之外，如徐家汇、闸北、浦东、大场、法华等，已算城外人。在民国十七八年，县城内的人口，不过二十万，但是英法两租界，当时称作"十里洋场"，有无数的宁波人、绍兴人、湖州人。（按：现在香港人对粤闽两省以外的人，统称为上海人，连山东人、蒙古人也认作上海人，其实真正上海人还是不多。）

县城内的真正上海人，经营的商业并不多，创业最大的富商，是沙船帮，我的岳家是姓王，沙船字号叫作"王信义"，在上海不但有王家码头，还有王信义浜，但是县城内外的真正上海人，忠厚俭朴，带有浓厚的保守气息，因此在商业上便觉得落后。

上海滑头 三个有半

上海是事业家的中心，也是冒险家的乐园，真才实学的人虽多，左道旁门的人也有不少，上海人称这类不正当的人物，叫作"滑头"。

向来人们对若干"人"和"事"都会编成"三个半"作为谈话资料。譬如：论物有"三把半刀"，一把是理发的剃刀，一把是厨房的菜刀，一把是裁缝的剪刀，还有半把是浴室中的扦脚刀。上海早年有一种很普遍的传说，说上海的滑头，也有三个半。第一个是钱庠元，第二个是施十滴，第三个是黄磋玖，还有半个是吴鉴光。这三个半滑头，名气大得很，我要分别叙述，但是三个半滑头的姓名，传说不一。钱庠元知道的人很少，往往误以吴鉴光充数，今查得蔡声白夫人莫川媚女士写的一本《我的日记》，记述数十年的上海旧事，其中一段是：

> 民国六年（1917）六月一日（四月二十一日，星期三）晴。至笑舞台观《上海半滑头》。该剧乃隐射

虹庙星相家吴瞎子鉴光者。演来淋漓尽致，讽刺备至，但吴鉴光依然生意滔滔，不少迷信者仍奉为半神仙也。

据此真实的记载，我的写述，也就有了根据。

钱庠元，他在浙江路偷鸡桥开设一家"钱存济堂"药材店。他的经营手腕很灵活，出了不少膏丹丸散，有的是说真方卖假药，在上海他是在报纸上刊登药物广告的第一人，可是从来没有人说过他是挂羊头卖狗肉。后来他用赚来的钱，在浙江路偷鸡桥买进一幅很大的地皮。消息传出之后，大家都惊奇他何以发财发得那么快，于是大家才知道他卖的是假药，因此他就被称为一个滑头。

接着我要讲施十滴。他最早在上海南京路开设一间照相馆，生涯不恶，后来鉴于上海每年暑期，总是有无数人头痛发热，呕吐泄泻，重的昏迷不醒，弄到医院门庭若市，当时称作"时疫"，普通人统称"发痧"，又混称为"霍乱"。他便乘时发明一种痧药水，病者只要进服十滴，就可以止呕止泻，功效的确不错。从前上海卫生当局没有管制成药的条例，药水的原料，初期含有鸦片烟精（即鸦片烟膏用火酒浸成液体），而且再掺和着樟脑和白兰地，所以发痧的人，突然间四肢发冷吐泻不止，饮了十滴水，就会霍然而愈。于是就有不少富有之家大量购进，在门上贴写着一张条子，写明"赠送痧药水"，这样一来，此人就大发其财了。

但是暑期的呕吐泄泻，大部分是暴泻症（按：即急性肠胃炎，所以一吃这种药水就好），一部分是真正的霍乱，发病时顿即上吐下泻，只要经过几小时，手指纹都瘪了下去，俗称"瘪螺痧"。患者立时面目全非，不省人事，死亡极速。从前的人辨不清楚："发痧泄泻是假霍乱，泻米泔汁样的才是真霍乱。"真霍乱日本人称为"虎列拉"，又称"虎疫"，形容其势如猛虎，大家莫不谈虎色变，连急救都来不及。痧药水对假霍乱多数有效，可是遇到了真正的霍乱症，还是无效。一般人不明白这个道理，对他的痧药水，歌功颂德的固然很多，认为徒有虚名的也大不乏人，这种人就称施十滴为大滑头。后来卫生当局制定药物管制条例，勒令将鸦片烟精改用其他相等的药料，功效还是不错。他在上海大马路发行所，挂着一张相貌堂皇穿着獐绒马褂的大照片，上海人行经其地，都要看他一眼。

吴鉴光是一个盲目的卜卦算命先生，一到上海，就在南京路中心虹庙对面房租最贵的地区开设一个"命馆"，门口是玻璃大窗，路人可以从外面看到里面。初时他每天出钱雇用许多人扮作客人模样，挤着去问卦算命，过路的人见到有这么多人算命，一时就轰动起来，而且这些雇用的人还负责替他到处宣扬，称他是活神仙。

吴鉴光所收的算命费很贵，要一元二角，这个数目，在当时看来的确是很大的。其实吴鉴光的眼睛，并不是完全瞎的，他有一只眼还能看得见人，所以他戴上一副黑眼镜，来客的身份，仍然能看得到，他在算命时，立刻可以看出来者是何等人物。有许多妓女，一坐下去，他屈指一算，就爽爽快快说出："这个命，父母都不是亲生的，小的时候苦到没有饭吃，现在走着一步桃花运……"讲到那些妓女眼泪都流出来。

又有一种人很紧张地请他算命，他偷偷地从黑眼镜中一看，会突然"啊呀"一声，说："这人命犯火德星君，正在发高烧，人事不知，再隔几天，几时几刻有性命之危。"来客点头不止，哭丧着脸问他有什么办法可想，这时吴鉴光就要为这个客人当夜"解星宿"消灾延寿，须延请四个道士，吹吹唱唱，连三牲香烛锡箔等费，要收三十六元八角，并且指定在下午几时，带同子女来叩头。来客在这种情况之下，无不唯命是从，把银钱悉数付清。

他暗暗还察看到来客的身份，以及身世的贵贱。有些人要收到七八十元以上，类似这种收入的每天总有八九人，加上七八十人的算命费，他一天的总收入，真是惊人。其实所谓解星宿只是诈欺取财的手法而已，所以当时上海的一些有识之士，称他为半个头的滑头。

黄楚九氏 建大世界

最后要讲黄楚九，原名磋玖，他是清代末年上海南市的一位眼科医生，亲自研制眼药，并且买卖西药，因此有点西药常识。因为眼科生意不甚理想，所以就暗地里出卖春药，借以自给。不料行销太广，竟被拘捕到上海县衙门。审判他的是县知事王欣甫，王是浙江碛石人，对黄楚九出卖春药深痛疾恶，判打屁股四十大板，还要鸣锣游街。这件事，凡是六十岁以上的上海乡绅们都知道的。

民国初年，黄楚九在爱多亚路龙门路口，自置一座洋楼，挂上了眼科医生的招牌，生意只是平平而过，但是自从购置产业之后，外界都疑心他仍在出卖某种药物。黄楚九此人脑筋极好，无时无刻不动脑筋，而且懂得揣摩病家的心理，这也是他的特长之处。

黄楚九稍有成就之后，就创办了一间药房，上海有大规模的西药房，他是首创第一人，出品"也罗补脑水"，由于广告登得大，说是西人也罗医生发明的，生意好得很，而且销行到全国各地。恰巧那时节有一个葡萄牙医生，名字也叫"也罗"，诊务本来很好，上海人称他为西洋医生，他认为黄楚九影射他的名字，因而对黄氏提起诉讼。讼案发生之后，黄氏的辩护是：这种药乃黄医生发明的，黄字译成英文，即是"也罗"。因此判决无罪。这件事情发生，上海人为之哗然，滑头之名，自此轰传全沪。

后来他又创办了第二家西药房，成为上海西药业中的怪杰。

早年，他认识一位地产业巨子叫作经润三，两人交往很密，就在大马路大新街中心，合办了一个"楼外楼游乐场"。实际上范围很小，不过是一个屋顶花园，只有三个小型剧场，但是因为在顶楼，客人入场要坐电梯直上。那时电梯发明未久，好多人从未搭过，因此很多人被他们吸引了去，赚了很多钱。

民国四年（1915）八月十五日，上海新闻报刊载的"楼外楼"广告

　　经润三见了这种情况，认为游乐事业大有前途，再和黄楚九在楼外楼附近合开了一家戏馆，准备抗衡南市的"新舞台"，所以名为"新新舞台"。那时节别家戏院有个武丑杨四立演"盗魂铃"，在戏台上能翻四只高台，颇为叫座，黄楚九脑筋一动，就到北京请到了六十多岁的伶界大王谭鑫培到上海来演唱，借以竞争。由于"盗魂铃"叫座，黄楚九就要出噱头，请谭鑫培也要演一次"猪八戒盗魂铃"，预先在台上布置了四只半台子，要老谭翻台子显身手。那时老乡亲孙菊仙住在大庆里，常到新新舞台后台去聊天，见到这个情形，就对谭鑫培说："你已年迈，名闻南北，犯不着再翻台子，博取声誉。"谭鑫培听他的话，就在台

上做了一个象征式翻台子，实际上由高处走了下来而已。那时台下有一个看客，其人姓王，是宁波人，竟高声大喝倒彩，黄楚九恰巧在旁，就伸出巨灵之掌，掴了姓王的两个耳光。那人见到四周都是黄楚九的人，便默然而退，次日向宁波同乡会申诉。宁波同乡在上海声势很大，即刻召集会员大会，认为新新舞台侮辱客人，提出好多条件，否则，准备天天去闹场子。黄楚九弄得毫无办法，就叫总经理孙玉声（即海上漱石生）亲自到宁波同乡会去叩头认错，还说了几句抱歉的话。这件事闹得满城风雨，尽人皆知，反而生意大佳。

其时硖石有一位富商，是浙江海宁商会会长徐申如（即徐志摩的父亲）。黄楚九到海宁去看潮，徐知道黄楚九在上海经商长袖善舞，大发其达，特地设宴请黄楚九为主宾，陪客之中请了一个逊清时当上海县知事的王欣甫，此人早已退休，即是打过黄楚九屁股的人。徐申如初时不知其事，入座之后，一经介绍那位卸任知县，王氏反而窘得不得了，黄楚九见了王欣甫心有不释，但表面上还是以富商的姿态谈笑自若，宴毕之后，暗呼"倒霉"不已。

经润三的太太经汪帼珍（人称经大娘娘）、胞弟经营三，都拥有巨资和地产，他们和黄楚九扩大组织，在南京路西藏路口合伙经营"新世界游乐场"，规模更大，内部有十多个剧场，百戏杂陈，令人目不暇给。入场券每客小洋二角，游客日夜不断，常常挤得人山人海，水泄不通，成为租界上居民的一个大众娱乐场。

后来经润三因病逝世，他在临死时对他的妻子说："黄楚九非池中物，不易控制，你要和他谈判，将新世界游乐场双方出价，哪一方出价高，就归哪一方独资经营。"黄楚九知道了这个消息，出价很大，经汪帼珍出价更高，于是新世界就归经大娘娘经营，黄楚九拿了一笔钱就退出股份，在法租界开设一个更大的游乐场，叫作"大世界"，正门在一条叫作八里桥路的横街中，后面有一幅极大的空地，地主是上海有名的南浔巨商张澹如。因为"大世界"的生意大有前途，势非扩展不可，于是黄楚九便向张氏商议，要租下这块空地，称为"租地造屋"。那时节八里桥路，商店林立，只有这一块极大的空地，毗连着"大世界"。黄楚九出了很普通的代价，就把它租了下来，于是把"大世界"的正门改建，面向爱多亚路西藏路转角，门口装得更堂皇，里面也添建了一个"共和厅"，一切门窗等，都仿古式设计，周围都是五层高楼，辟设了很多场子，演出各种地方性戏剧。那时大世界门票也是小洋二角，买票入场，可以整整地玩上一天。新建落成开幕之后，不但轰动全上海，凡是沪宁、沪杭两路的人，到了上海，也必然要到大世界玩一次。

蔡声白夫人莫川媚女士的日记也印出一节，说：

一九一七年七月十四日（阴历五月二十六日）阴。大世界游乐场今日开幕。闻人言：该场系由张勋出资，而由黄楚九经理者，发起人中有名伶周凤林，固三十

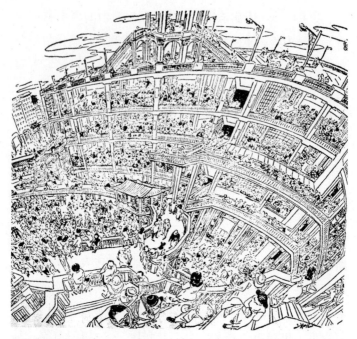

大世界游乐场的速写画，画中的一个长方形亭子，即共和厅，为群莺会唱所在，可容纳数百人

年前名震全沪之昆戏艺员，乃适于前数日逝世，不及目睹该场开业云。

这段文字，日期记得很清楚，但是张勋出资，周凤林发起，我就不知道了。

黄楚九办"大世界"有了很大的成就之后，就什么生意都想做，又在大世界外边铺面开了一家福昌烟草公司，出品"小囡牌"香烟，帮他设计的人，就是后来的影戏大王张善琨。在香烟没有发行时，全上海遍贴招纸，招纸是一张白纸，上面画上一个很大的"红蛋"，旁边一个字也没有，大家猜不出这是什么玩意。接着红蛋招纸之后几天，又改贴一个小孩子的招纸，又过几天第三张招纸才登出"小囡牌"香烟问世，奉送红蛋。后来又用同样手法，到处贴出一个"烤"字，最后人家才知道他们出品的一种"翠鸟牌"香烟，烟叶是"烤"制过的。不过福昌烟公司的香烟，如"红玫瑰""至尊牌"等，始终没有十分风行。

有一个时期，上海掀起一阵交易所狂潮，各种股票上涨，几乎三天五天，就可以发财。黄楚九看了这个情形，食指大动，便开设了一个日夜交易所，跟着又开了一家"日夜银行"，都是日夜营业的。交易所那时是一个买空卖空的事业，黄金时代好似昙花一现，不久，全上海几十家交易所纷纷倒闭，亏本的人不计其数，名为"信交风潮"，牵动了全上海的金融，有几家钱庄竟然在一夜之间倒闭。

这时黄楚九见势不佳，立刻把日夜交易所关门，专营"日夜银行"，这一个脑筋动得很好，因为上海的银行营业时间，只在下午四五时为限，唯有日夜银行是日夜营业的，因此它的客户都是另一批人物。

日夜银行就因为毗连大世界游乐场，大家认为大世界每天人山人海，生意旺盛，所以对日夜银行极有信心，而且这个地区，是英法两租界中心点，附近有好多赌台，大家赢了钱，还可以贪夜存入这家银行。又因为大世界附近都是幺二堂子，以及八仙桥一班低级妓院（当时上海人称作韩庄），还有数以千计的"野鸡"，这些人的淫业收入全靠夜间，而且心目中认为大世界是大事业，日夜银行是很可靠的，所以他们做下来的钱纷纷存了进去。

日夜银行为了拉拢储蓄存款，除了厚给利息之外，还附送大世界门券，因此有许多散户都到日夜银行去开户口。

黄楚九经营了日夜银行之后，收到的存款越滚越大，他觉得一切事业发展，没有一样快过地产，所以他就运用客户的存款，要做房产事业。其中有一处租地造屋，是三星舞台，共有三个股东，即周炳臣、赵如泉、庞莱臣，由于戏馆生意不好，纠葛很多，租金始终不付，各种麻烦丛集涉成讼事，赵如泉为此被捉将官里去，周炳臣因此破产，而三星舞台封上了法院的封条，租金全无着落，黄楚九损失最重，愤怒异常，这使他大大地摔了一个筋斗，厄运也就由此开始。

正在这个时期，那个所谓滑头的钱庠元，年老退休，将钱存济堂的一方地产卖给他，黄楚九雄心勃勃，要钱庠元为他租到左右两幅大地产，结果由香粉弄口起直到偷鸡桥左右二幅巨大的地产都租到了，于是兴建二三十幢铺面楼宇，租出作为商店，楼上有几百间写字间。最初的打算，租金收入会大有所获，万不料这一年是"一·二八事变"之前，市面衰落，他所订的租金较高，好久都租不出去，虽然接近先施公司，地段旺盛，铺面款式新颖，仍旧乏人问津。

黄楚九知道这大幅地产，要是没有人租借的话，不但亏折浩大，而且要动摇日夜银行存户的信心，因此他毅然决然自己斥资连开了中药店、南货号、茶叶店、茶馆、杂货店、笺扇庄等十几间大商号，空置了好久的新屋，就此热闹起来，特别是其中"萝春阁"茶馆的生煎馒头最为出名，楼上请了扬州说书王少堂说"水浒"，康又华说"三国"，座客常满。

这时候，上海人就互相传说黄楚九做的生意，七十二行中他要占到三十六行，又有人传说，各行各业黄楚九都做过了，只有棺材店没有开。表面上他的事业蒸蒸日上，实际上的情况如何，外界就不知道了。

黄楚九声名日隆，捐出龙门旧宅赠予新药同业公会，除公会应用之外，底层还继续办"黄礁玖眼科医院"，聘请专家数人治病，施诊给药，分文不取。这件事很多人赞美他，说他"君子不忘其旧"，西药业中人也拥护他，认为他是西药业的领袖，社会上渐渐认为他是一个正当商人，滑头之名，已经没有人说起了。

黄楚九在爱多亚建造住宅知足庐落成之时，是他全盛时代，大厅中可摆十几桌筵席，来往客人，除了绅商名流之外，又有许多风雅人物，如孙玉声、天台山农、七子山人等都是他的座上客，他便常常收集书画古董，兴致极浓。有一位出身湖州的清末老乡绅，到了上海经济支绌，带了一百把各别不同的家传扇子，扇面上的书画，都出于明清两代大书家大画家之手，每一把扇骨的质料和雕刻，都是不同的。他曾经和丁福保商量，愿意廉价出让，议定价值为二百元。这个数字，在当时已为数不小，丁福保说："你不妨走门路兜售给黄楚九，他或者还可以出得多些。"这人听了丁福保的话，后来见到黄楚九，黄只看了两把扇子，一把是翁同龢的字，一把是石涛的画，就赞不绝口，说："好。"即以巨款相赠。这位湖州人对他这种豪情胜慨，倾倒不止。于是黄氏在暑期中宴客时，每天手中要换一把扇子，扇面扇骨都是稀有之品。

黄楚九每年逢到寒冬季节，在大宴宾客时，有一个惯例，必然穿不同样的皮裘袍子马褂，以示阔绰。所以上海皮裘业中人没有一个人不知道他的，而且他们总是把北方运来的清官遗物或遗老们所藏的名贵皮衣，优先让他挑选，所以他穿的皮裘，往往都是有来历的。

交进霉运 死神光降

黄楚九的事业，表面上看来事事顺利，不断发展，但是实际上，他有几件"致命伤"的事情，因为他能够善为掩饰，大家都被他瞒过。

我写述本文，为了研究黄楚九何以忽然急转直下地进入逆境，特地约了几位黄氏门生故旧相聚畅谈，这些人都与黄氏有深切关系，但关于他的故事，形形色色，众议纷纭，莫衷一是。对他失败的原因，却追溯出几条线索：

一、黄楚九办的福昌烟草公司，做香烟的生意始终没有十分成功，出一种牌子，只是轰动一时，很快销声匿迹。

堆积在栈房里的香烟，经过几个梅雨季节，完全耗损殆尽。有一次马占山在东北抵抗日军，成为全国人民所崇拜的第一个"抗日英雄"，黄楚九灵机一动，就赶紧大量制造一种"马占山"香烟，一切烟盒和贴招纸、广告牌，都已准备好，不料马占山突然被日军收买，归入伪组织的队伍中。消息证实之后，人民心目中的英雄偶像就倒下来了。黄楚九的几万箱马占山香烟根本没有发行，像这般浩大的损失，还有好几宗。

二、黄楚九更大的致命伤，就是开"日夜交易所"。交易所的风潮勃然而起，人人赚了不少钱，但毕竟是空头的事，忽然间又会一败涂地，无数人霎时倾家荡产，日夜交易所也因此而崩溃了，所有的客户个个倒下来了，欠的钱一无着落，只有一个廉南湖还够硬气，把他的"小万柳堂"的地契，给黄楚九作为偿还欠款。日夜交易所一共蚀掉多少万，也无从查考，这笔账就挂在日夜银行的财产账内，作为一个户口的呆账，这也使得日夜银行永久陷于经济上不平衡的状态。

三、黄楚九所办的"大世界"的地基，是南浔富商张澹如的产业，本来是一块荒地，地价便宜得很，自从"大世界"开幕之后，地价飞涨数十倍。但是租地造屋，地皮还是别人做地主，黄楚九并没有占到地产上涨价的利益。他又见到"大世界"对面的另一块荒地，造了几十条弄堂房子如"恒茂里"等，从荒地一变而为热闹地区，计算租息，是一个了不得的数字，当然地价也涨了数十倍，因此他蓄意经营地产了。

　　谁知道黄楚九买进了偷鸡桥钱存济堂的一块地皮，左右两幅大地产，仍是租地造屋，房屋造了好久，才告竣工，恰逢市面惨落，房地产的价值一落千丈，南京路上哈同洋行所造的楼房，如新新公司对面的一大列铺子，竟然空置了两三年。连最热闹的四马路空屋也不少。黄楚九所造的房屋，当然也不例外，虽然这些楼宇的下层他自己开了十几家铺子，但是楼上的写字间，只零零落落租出十几间，而建筑费大部分没有付清，加上了三星舞台连打几年官司，舞台被封，空关甚久，经济上大受打击，所以表面上虽然豪华阔绰，骨子里实在空虚得很。

　　四、黄楚九开的许多铺子，家家虚有其表，亏本的比不亏本的多。其中有一家黄九芝堂国药号，职员和我很熟，知道最初是由日夜银行拨出一万元开办的，生意清淡得很，月月要亏折到一千余元，原来这笔开办费是他在日夜银行开了一个放款的户口，将每月亏耗都写在账上，这不但本利无归，而且每月还要继续亏折下去。这般情况，只是许多商铺中的一个例子。

　　还有，他所有经营的生意，当事人不像老一辈人那样诚实可靠，都地滥开花账，家家只有蚀本，没有赚钱。日夜银行的存款不断地拨出来应急维持。这使得黄楚九忧心如焚，因此百病丛生，患的都是"攻心的暗病"。

　　日夜银行原是一所畸形的银行，对银行帮同业，向少往来，所以日夜银行缺头寸时，向同业调动头寸的，除了钱存济的一张道契可以抵押之外，租地造屋没有抵押价值的。他有一个大客户就是黄金荣，不得已时，只好向这位老朋友借款周转。每次借款，总说是有什么大计划，黄金荣也深信不疑，一次一次地借给他。

五、本来一个人有了病，一边医治，一边休息，不难复原，唯有黄楚九，一有了病，心事更重，疾病的进展，跟着他的心境而增加。别人可以生病，黄楚九却生不得病，因为日夜银行的信誉，集中于黄楚九一身，他有什么风吹草动，便立刻会牵动到银行的不稳。

六、黄楚九开的店铺之中，依然每月亏本，而且有一间茶叶号，经理先生借了这块招牌，自己私营出口生意，在行商方面，滥取货物负下了巨额欠款。黄楚九初蒙在鼓中，后来查出了这种营私舞弊，于是就把日夜银行中这家茶叶号的户口冻结起来，不再支付一个钱。经理先生弄得没有办法，连店员的薪水都欠下来。谁知道由于这间铺子一欠薪水，黄楚九属下所有职工数千人，都惊惶起来，纷纷传说，人人担心饭碗要打破了，加之日夜银行中无数存款客户，就是"大世界"的职员和艺员，每一户口的存款数字，其实小得很，但是人数一多，计算起来数目就大了，所以日夜银行最早的提款风潮，是由"大世界"的职工开始的。提款一经开始，情形有如洪水泛滥，如潮涌至，是无法阻挡得住的，因此黄楚九的病就越来越重。

起初提款的职工们，知道这件事不能闹出去，闹了出去，将来的饭碗势必发生问题，所以外界的户口，还没有得到风声。黄楚九在病重时，每天要张罗现金已经筋疲力尽，在昏迷之时，他的太太拿出许多首饰交到当铺中换取现金，每天筹集数百元到一千元，交进日夜银行，以资应付。（按：黄太太忠厚得很，所以子媳女婿个个都蒙福泽，有声于社会。）此时职员们还运用一种手法，就是十元以下的户口一律照付，十元以上的户口，用劝慰的方式，赠送"大世界"月券和全年优待券。在日夜银行户口中，有一部分是操着皮肉生涯的女性，每晚非到"大世界"不可，有了月券或长券，也就不再提款了。

日夜银行　倒闭风潮

这样地敷衍下去，实际上日夜银行已进入"弥留状态"，而黄楚九的病，也踏上弥留状态，而且接近了死亡的边缘。（按：在香港说过书的吴玉荪夫妇，有存款二百元，到行提款，虽经百般劝慰，他们坚决要提取，费了无数口舌，大家说人情，才提到现款，足见那时已经暴露出十分困难的情况了。其中最大的存户，是"大世界"女艺员王美玉，王美玉在日夜银行有存款二千元，始终未曾提取，后来，黄楚九死后，哭得最伤心的就是王美玉。）

一天，有一个大户，要提款一千元，但是日夜银行实在无法支付，经理碰到这件事情，好似晴天霹雳，打电话到黄公馆，黄氏在病中听到电话，就昏迷不省人事。那时，知足庐一切宴会早已停止，大门紧闭。上海各大小报纸，历年都有黄氏机构的大广告，刊费的数字相当大，但是有关黄楚九的任何消息，都小心翼翼地处理，日夜银行的不稳状态，始终只字不提。消息出自人口，但报纸上还是不作报道；只有一家《时事新报》，忽然登出一张黄楚九的照片，仅注明"黄楚九先生小像"七个字而已，这是暗示性的报道，读者看了莫名其妙。

原来这时黄楚九生命危在旦夕，他自己知道这次祸闯得太大了，临终时对家人只说了几句话："身后之事，请黄老板他们帮忙。"说罢就一瞑不视，与世永诀。

身后风波 出人意表

次日，各报都刊出黄楚九逝世的讣告，新闻见诸报端，同时日夜银行也拉上了铁门。噩耗传出，便震动了整个上海，其中最着急的就是黄金荣，因为他是最大的债主。

黄楚九在知足庐大厅中的灵堂，刚刚布置就绪，就有成千成百的男女债主，都是小贩、佣仆、鸨母和操皮肉生涯的妓女，听到消息跑到灵堂中大吵大闹，没有解决办法，不准入殓。捕房当局束手无策，法租界的白相人也都袖手旁观，因为他们各人或多或少有钱存在日夜银行，所以不无切肤之痛。

吵闹的情况，从上午一直吵到下午，不许黄的遗体入殓，而且灵柩被债主们围困，殓后也抬不出去，结果由租界警务当局派了几个外国籍的捕头，出来维持秩序，倏忽之间，匆匆入殓。那时节，厅中人山人海挤得水泄不通，有人把大门紧闭，而且找到一把锁，将大门锁上不准棺材抬出去。于是当局出动大批巡捕，先将大门拆除，然后驱散群众，将灵柩搬上柩车，绝尘而去。这一幕惨剧，当时我知道得很清楚。

黄楚九柩车出于知足庐之后，原定五七开吊，发出讣闻，当时并没有把设灵地点刊在讣闻之上，以免债权人群集哄闹，只在先一日分别用电话知照各亲友。谁知开吊之日，又弄出一场"意想不到之事情"来，这是一位朋友告诉我的。

怎么叫作"意想不到之事情"呢？原来黄楚九五七开吊之期，大世界游乐场的小职员都知道的，不过不晓得地点何在。到了开吊的前夕，不知哪一个传出消息，说是开吊的地点是在胶州路万国殡仪馆。消息一传出，顿时一班老鸨野鸡以及妓院中的相帮、龟公之类，一传十，十传百，交头接耳地定出一个办法，准备全体搭乘公共汽车在是日上午十时齐集万国殡仪馆，各带"秽物"一包，预定大闹殡仪馆。因为银行关闭，存款一无着落，损失私蓄，人人有切肤之痛。于是次晨许多人聚在一处，拥进万国殡仪馆去。

本来万国殡仪馆门前有印度巡捕看门，普通人不准贸然进入，这时见到大批不伦不类的莺莺燕燕即加拦阻。一个娼妓抛了一包秽物，比炸弹还厉害，印籍巡捕即时外避，大家像潮水一般地涌进去，只见里面有一家丧家，是姓"王"

的，这班人也不知道什么王黄有别，吵闹一阵，大抛秽物。这家姓王的丧家，弄得狼狈不堪，等到问明真相，已经挽救不及了。这件事虽是大大的误会，但也可以说明怨毒之于人心矣！

原来黄楚九家人，早已料到有此一着，故意声东击西，传出讹言，实际上是在新闸路玉佛寺开吊，排场很小。又有人追查黄楚九葬在哪里，也始终没有人知道。一部分人以为必定葬在上海第一流人物的下葬地"万国公墓"，但是大家知道黄楚九与万国公墓的创办人经汪帼珍女士，因新世界拆股事闹得不开心，绝不会葬到那里去。过了好多年，事过境迁，才知道黄楚九是葬在漕河泾的，这是后话。

后来，法院宣告黄楚九破产，黄太太连首饰都交出来，经法院清理后，公布一张遗物拍卖单，胪列钻石玉器古董皮裘等千余件，拍卖品的名单在报章上连登了三天，才全部登完。另外组织善后委员会，隔了一两年，才发还存户存款的一成，又隔了好久，再发还半成，从此以后再也不发了。

盖棺论定，黄楚九不失为一位具有无限雄心的事业家，至今在他那许多故旧朋友口中，还是毁誉参半。有人说他抱的是"烟卤主义"，即是说他一个人创办了许多事业，养活了许多职工，每个职工，都有一家老小，赚了人工，大家赖以举火，若是天假以年，恐怕什么"大王"的衔头，也会轮到他的。

另外有件逸事。某年，黄楚九曾在报端刊载广告，"征求一终年常带笑容之人"，当然也有人去应征，却不知他弄些什么玄虚。原来他开的温泉浴室，要招请一位和蔼可亲的招待员，结果，有一位笑口常开的胖子人选，在温泉浴室做了很多年。

黄楚九死后，"大世界"依然生意鼎盛，法院判决归大债主黄金荣管理，他补回一部分款项之后，便改称"荣记大世界"了。

我写这篇稿子时，总想写出日夜银行究竟负债多少，问过一位最熟悉黄家情况的老伙计，他说总共的欠款，不过六十万元左右，我不甚信服。但知道还款时先是由上海商业储蓄银行八仙桥分行代为办理，于是我又问该行的老职员，他说："总数记不清了，客户的存折数目都小得很，以二三十元的户口最多，推想起来，总共的负债额，是不会超过七十万元。"

不过，我总觉得，这一场轰动上海的日夜银行倒闭风潮，亏欠的金额，数字可能不止七十万，又去访问过从前银钱帮的老前辈，据他们说："这件事情没有文字上的记录，究竟亏欠多少，无从考证。"不过他拿出一九二七年五月上海钱业公会入会同业录给我看，里面共有钱庄八十五家，资本额照现在看来，都小得很，我抄出为首的六个例子：

　　瑞昶钱庄：资本十二万两，股东贝润生六股，邱省三四股，经理是罗如莲。

　　乾元钱庄：资本六万两，股东为姚紫若等，经理朱允升。

义昌联记钱庄：资本十二万两，刘鸿生两股半，瞿鹤鸣七股半，经理沈景周。

致祥钱庄：资本六万两，股东严味莲独资，经理王伯壎。

福隆钱庄：资本十万两，股东汤椿年三股，顾馨一、方伯等各一股，经理夏厥侯。

承裕牲记钱庄：资本十八万两，股东方稼笙七股，黄伯惠二股，陈友斋等各三股，经理谢韬甫。

我看这几家当时有名的钱庄，资本不过六万两到十八万两，虽然是初创时的股本数字，后来的存款数字，当然要超过资本额。但是从前钱庄势力大，中型银行且要让它三分，何况日夜银行是一家小型银行，同业暗地里都称它为"野鸡银行"，大家不相往来，所以日夜银行的存款能亏欠六七十万，已经是出人意料的，这个亏欠的数目，虽不中，亦不远矣。

如此看来：当时纸币因为和银元"等价使用"的，所以六七十万元的债款，已是一个惊人的数目，足见其时的币值相当稳定，物价之廉，也可以推想而知了。

前文叙述黄楚九日夜银行倒闭始末，究竟倒去存户多少钱？当时访问过不少人，有些说六十万，有些说七十万，我因为这些说法不一致，所以前文中曾表示怀疑，并在文前说明，希望作者和读者打成一片，我有什么错误之处，请读者指正，如有那一时代的任何图片，倘蒙见借刊载，尤表欢迎，以便在出版的单行本中，做更为完美的补充。

自从《大人》杂志出版本书之后，因为日夜银行的倒闭，实在是当年上海一件大事，有几个不相识的读者打电话给我，有些说黄氏倒去客户的数目，绝对超过七十万，据他所知，有一个户口且达三十万元之多。我正纳罕中，忽然又接到从前上海商业储蓄银行高级人员金宗城先生（现在香港海外信托银行董事）的电话，说："老朋友，日夜银行倒闭还款的事，是由我经办的，那时还款一成，有三十多万，十倍的数目当然有三百万，但是因为年代久，我也说不出一个确数，你最好去问一下当时租界法院办理这件破产案的清理官潘肇邦会计师，他现今住在香港的铜锣湾。"我听到了这个消息，开心不已。连打了六七个电话，才找到潘老先生，他亲自接听。

潘老先生说："日夜银行倒闭之后，清理产业变成现金需要很长时间，但是存户催促，急如星火，于是商请上海商业储蓄银行暂为垫款，发还一成，总计各户的存款，是四百万出头，确数我也不记得了。"如此一说，当然以潘先生的话为最有根据而且准确。

日夜银行派还第一次债款之后，第二次不归上海银行派发，因为上海银行深恐有碍行誉，由法院假座八仙桥青年会礼堂，设立两张写字台，每户摊还半成，此后就没有下文了。

如此看来，倒去了存户四百万之数，确乎是一笔大数目，怪不得一班存户要鼓噪不休了。

犬与华人　不准入内

前文讲到黄楚九与西洋医生打官司的事情，竟然一下子打赢了。因为当时华洋涉讼，总是中国人输得多，足见那时黄氏在上海的经营手法，应付一切，确是高人一等。

从前租界上的外国人，对中国人是蔑视的，我举出几个例子来说说。

第一件，是租界当局对中国官厅，采取不理睬姿态，尤其是清廷的官员，更不摆在眼里，并且极尽其侮辱之能事。记得西人的家庭，出入都用马车，特地仿制清廷官员所穿的箭衣，作为马夫的制服，头上还戴上一顶尖顶的缨帽，帽上拖着一条红带子，这是表示中国的官员，只配做他们的马夫而已。法租界的巡捕，也戴缨帽，只是不穿箭衣而穿巡捕制服，同样是侮辱中国官员。

第二件，中国人在马路上走，喜欢慢吞吞地踱方步，越是有身价的人，越是踱得慢，而西人走路却快得很，因此在马路旁人行道上，西人常常嫌中国人走得慢，他们便用手把中国人大力推开；还有好多西人眼戴托力克（眼镜名称），手拿司的克（手杖），口衔茄力克（烟名），高视阔步，挥着司的克把中国人乱推乱打，中国人无不肃静回避。如果走避慢了一些，他们便会伸出巨灵之掌掴你几下，叫作"五支雪茄烟";有些用脚来踢人,称为"外国火腿",是没有人敢反抗的。

第三件,是外白渡桥旁边的一个公园,俗称"外滩公园",中国人是不许进入的。他们为防止中国人走进去,特地在门口挂一块绝端侮辱中国人的木牌,上面写着八个字,叫作"犬与华人,不准入内"。这不但表示华人没有资格入内,而且将犬字冠于华人两字之上,意思是中国人比犬都下一等。这块牌子挂了几十年,看见的人无不痛心疾首,但是因为国势衰弱,也奈何他们不得!

后来汽车风行,红缨帽的马车夫消灭了,但是西人住宅门前的看门人,还是戴着这种帽子。

五四运动一起,人民的自尊心和爱国心,勃然兴起,租界当局鉴于这种运动的声势浩大,有许多场合,姿态逐渐转变过来,而外滩公园那块侮辱华人的木牌子也无形消失了。然而,外滩公园华人依然不能进入,倒是日本人穿了和服木屐,可以拖男带女地走进去,有一部分日本人穿着西服,也可以昂然入内,因此中国人穿了西装,也可以混进去,但是从前穿西装的人少得很。这些事情,老上海想必至今仍未忘怀。

第十七章

法币成功银元废

民国时期，上海怡和洋行大楼

"一·二八"战事结束，老百姓思前想后，总以为中国方面，士气有余，可是军备不足，难以取胜。谁知道最大的症结，却在于国内的币制问题。钱庄银行都怕有人兴风作浪，凭纸币来兑换银元，一下子全国的金融（系统）就会崩溃的，所以在战事未停之前，上海市金融界便宣布停市，而且还经过两次延期，始终没有开业，这是金融界有自知之明。

"一·二八"战事既告停止，可恨无数小钱庄仍然收购银元，一批批地运往虹口，这些都是金融界的奸商败类，贪图微利，把市面上流通的银元，搜罗一空。据报纸上报道，大批银元都装箱运到了日本去。

如此看来，"一·二八"战事虽告结束，而日本人的侵略行为，绝无停止之意。当时上海商界已经知道这是一个重大的隐忧，政府当局也认为这是将来再度发生战争时的心腹之患。

当时英国人已经看得很明白，中国要抗战的话，银元问题必须解决。大抵当时中外人士纷纷讨论，我财政当局就聘请了一位英国币制专家罗斯劳滋爵士到南京来当经济顾问，研究改革币制的方法。

金银比价 时有上落

现在的世界,大的集团如美国以黄金做单位,所谓"美元集团";英国联邦以英镑为单位,所谓"英镑集团",英镑也是跟金价走的,因为都是以黄金作为准备金。

中国以银两为单位,一切都跟着银价走的。从前银两的价格,相当值钱,所以清代对外国的各种赔款、订立的条约,都是订明要用白银分若干年还清。

我曾为此披览清代外交"辱国条约"书中,查到几次关于赔款的数目,都是以银两来计算的,计有:

(一)道光二十二年(1842),即是"鸦片战争"的结果,中国赔款二千一百万两。

(二)光绪二十年(1894),中国和日本签订《马关条约》,赔款二万万两。

(三)光绪二十六年(1900),义和团之变,即是"八国联军"之役,签订《辛丑条约》,中国赔款四万万五千万两。

这种赔款,外国人深恐清廷不能按期赔偿,于是签约订明由外人管理海关,将关税收入先扣除赔款,多余的款项,叫作"关余"。海关制度的订立和江海关的建造,都是外人赫德经营的,后来就在上海海关门前立了一个赫德像,在英租界还有一条"赫德路"(今常德路)。

清代在上海设立的"江海大关"，是宫殿式的建筑物，地点在南市大东门外大码头，后来的海关管理权划归西人所管，旧关就废弃不用了

其实赫德是一位极善钻营做官的人，慈禧太后六十岁生日，赫德送皇家式的马车一辆，附赠四个马夫，手法比官场的老手还要深一层。从此以后，中国为了要支付赔款，连海关的税收都操在外国人的手中，这真是丧权辱国达于极点了。

银元的价值，对美元和英镑，究竟怎样算法？我不是专家，实在讲不出来。我因为早时到过中国香港和日本，知道中国一元，相等于港币一元。中国的一元，相等于日币一元六角，本来币制极稳定，而且因为供应的关系，有时"金贵银贱"，中国的一元，就等于港币九角五分；有时"银贵金贱"，中国的一元，就等于港币一元一角。我在早期到香港时，在沪港轮上碰到一个豪客，大家谈得很投机，我问他："贵业是什么？"他说："我是真正的无业游民，就是家中有一些钱，把这些钱运用起来周游世界，逢到银贵金贱，便把银元到金本位区域换金子，逢到金贵银贱时，就把金子换银元。从前来来往往，海关对携带金银，不论多少，是没有限制的，所以混了好多年，所积的财产，反而越滚越大了。"我听了他的话，觉得此人很是聪明，从他的这段谈话之中，才知道金银的市价常有上落的。

当时一般中国人都不明了这种情况，更不知道什么叫作"外汇"的牌价，只有少数进出口商人懂得外汇，连一般银行钱庄都没有外汇部，外汇的牌价，只归在上海外滩的外国银行挂牌出来决定一切。

上海的金融界，分"银行""钱庄"两种，照理来说，银行一开，钱庄应归于淘汰，然而事实上并不如此。银行一切以银元和纸币为单位，吸收储蓄存款，放出商业贷款，从中取利，是银行唯一的生财之道，而且银行对于往来存款户用支票的，即使存有现金，概不给息，支票存款不足时，就要退票，这是必然的。

庄票制度　信用为本

钱庄就不同了，往来存款都用庄票。庄票硬得很，凡是有资格在钱庄开户的人，必然是有身价的人，而且庄票是不退的。还有一个特点，钱庄与客户的往来，如有存款多余，照给利息。就为了这一个特点，所以豪富之家都与钱庄往来，开出来的庄票，都是以银两计算，为了以银两计算的关系，没有什么"升水"和"降水"，因为那时节所有洋行管理的房屋，房租是讲每月多少两银子，付租的人就不会在"升水"时吃亏。

还有一点，钱庄是无限公司组织，股东都是殷实的富户，要是钱庄有不稳的话，都由股东摊派偿还，一个钱也不会少的。

银行是有限公司性质，要是银行倒闭的话，根据有限公司条例，赔偿是赔不足的。当然那时节的银行也极少倒闭，像日夜银行的倒闭，属于例外。

如此说来，钱庄的势力，在金融界中处于极优越的地位，不但历史悠久，到了银行兴起，钱庄还是占着很大的优势。

那时节，我因为付房租要用银两，常常吃到升水的亏，但是要向钱庄去开一个户口，需有殷实富户担保，所以我没有资格在钱庄中开一个户口。（按：银行界中第一个开始创办银两存户的是上海商业储蓄银行，他们也发行一种支票，这种支票上写明"九八规元"银多少两，这种存户也有利息的，这是银行采取钱庄方式的第一家。）

所谓"庄票"，有一部分根本是一本白纸簿，在正票与骑缝之间，由钱庄盖上两个图章，所有银码，都是用墨笔临时写上去的，再在银码字样上盖上几个图章。另外由钱庄本身签出的名为"划条"，也是在白纸上写了几个墨笔字，盖上几个章。

钱庄发出的庄票　　钱庄同业使用的划条

　　所谓"划条"，是钱庄与钱庄相互划付款项的一种单据，看来很简陋。钱庄的图章是木刻的，上面刻着"凭票向中国通商银行南市分行收，他人拾得作为废纸"。毛笔字写得有如龙翔凤舞，虽然上面写的银码只得五百五十两，但是签单人的笔迹，是无法能假冒得像的。

　　又有一张划条，是大德钱庄出的，上面写的字，是"收敝号元十万两计正金划元姓名下三万两，花旗划五丰名下七万两"，中间还写上一个"直"字，收尾的抬头是"汇丰宝行照"，下面只盖了"大德"两字的一个小图章，再写了"三月十八日"字样。

　　从这张划条看来，知道是由大德钱庄开出，送交汇丰银行转托向日本正金银行元姓钱庄户下划三万两、美国花旗银行五丰钱庄户下划七万两。这样两笔大数目的款项，就凭这样一张白纸写成的划条，只有"大德"两个小字的图章，就可以划来划去，可以证明钱庄与银行的往来，都是讲信用，来往只凭这般简单的划条。

这里我要讲讲钱庄问题，庄票是怎样的一件东西？

庄票往来是由钱庄方面派跑街向客户，恭恭敬敬地送上一本"经折"，又称"折子"，这个折子专为客户存款而用的，相等于现在银行的解款簿。但是这个经折，并不是印刷品，仅是一个空白的折子，有一个蓝布制的套子，钱庄收到了客户的银两存款，就用毛笔在折子上写明收到存款的数目，在数目上盖一个章，就算收到款子的凭证。

庄票并不是存户自己开的，要向钱庄预先开定数目及张数。好在钱庄的跑街对大的客户，他们早晚都来问候，所以客户只要拿出经折，任由跑街拿去，把庄票开好了送来，只有小的客户才要亲自到钱庄去跑一次。其实钱庄不往来则已，一经来往，多数是大客户，况且跑街脚头最勤，用不到大客户亲自到钱庄去的。

从前的富户不肯自己出面向钱庄开户，多数由钱庄派出跑街向富户兜揽，总是要说上许多好话，如"请某某翁帮忙和小号往来往来"，而富户也总是似应非应地应付说"好的，好的，考虑，考虑"。有时跑街要连跑几次，要是富户应允了，跑街就伸出手指来代替往来的数字，譬如伸出两个手指，就是表示可以透支两千两；伸五个手指，就是表示可以透支五千两等。这种方式，钱庄方面早已调查出富户的身价和信用，无条件请富户常来"用"款子，所谓"用"的一个字，就代表"透支"两字。

富户在某钱庄开了户之后，例必先存进二三千两银子，

民国时期，上海传统的金融机构钱庄

作为往来的开始，此后可以依照钱庄方面默许的银码，随便透支用钱，这是信用往来，不需要什么抵押品的。

要是富户想用款超过透支额，好在跑街是天天来闲谈几句市面行情或任何新闻，富户只要拿出一些道契对跑街说："这道契放在你们庄里，以备不时之需。"那么，透支额就可以提高了。

这种方式，对富户是便利得很，但是钱庄也很利害，对没有身价信用的人，是绝对不会派跑街送经折和庄票上门的。那么，有许多新做生意的人，怎样去和钱庄开户呢？那就要请一个富户来做担保人，担保用款多少，所以任何一个人开出去的庄票，只要在"用"款额之内，绝对不会退票，因此庄票硬得很，相等于银行"本票"一样，付钱的责任是在钱庄方面，所以称为"庄票"。

银行的开户口，便比较容易，只要有一个形式上的介绍人，介绍人是不负赔偿之责的，所以银行存款不足，是必须退票的，因为这个责任是在客户方面，银行不必负责的。

富户向钱庄解款，并不是真的把银两车来车去，只是把自己收进来的别家庄票，解入自己往来的钱庄。钱庄与钱庄之间，从前是没有交换所的，也是全凭信用，开了一张划条，划条的数字能大能小，小的数千两，大的几十万两，是不足为奇的。

庄票的情况，已如上述，所以有身价的人，来来往往必开庄票，庄票的面额，不像支票有几元几角的，动辄必然是整数，一百两或几千两，能开得出庄票的人，不问可知这是一个富翁或富商。现在我要讲一些使用庄票的故事：

从前富商出门，口袋里必然要开好一百两或几百两的庄票数张，逢到豪赌时，大家就用庄票做赌本。因为庄票实在硬，如果拿出的庄票面额为五百两，而输去的钱不到这个数字，那么别人就爽爽脆脆地扣除赢钱，用现款找足面额上的数目。如果拿出来的是支票，受者的面孔就不同了，也不会随便收受对方支票的。

几个人合伙经营商店，在合约签订之后，大家认定的资本，都用庄票交讫，这是表示大家的实力和身价，因为普通人是开不到庄票的。

当然也有人用银行支票，不过形势便比较软弱，所以逢到合伙的场合，必定叫银行开出一种银行"本票"，那么也就绝无退票的事了，款项的兑现，都是由银行负责的。

豪富之家的子弟，如"祥泰木行"小开、"庄源大酱园"小开、"杨庆和银楼"小开、"葆大参行"小开，整天混在歌场舞榭之间，身边不作兴带现款，拿出来的都是庄票，所以舞场、赌场、妓院、烟馆，只要来人拿得出庄票的，都是豪客，绝对低声下气地招待他，一呼百应，气焰万丈。

我记得有一个人拿出一张庄票，此人也是海上闻人，庄票的面额是二万五千两。后来捕房查出这张庄票的出票人是被绑架者用来作为赎款的，按理来讲，持票人的责任就大了，当局虽然相信其不会做这种事，可是仍然派出一位高级警官向他调查此票的来历。此人说："这是由某某丝号收来的。"庄票是认钱不认人的，所以后来也就没有事了。

从前上海的游侠儿，虽然拥有巨资，但是认为开不到庄票，总是失面子的；而钱庄方面，对这种人根本不欢迎，往往百端推托，不肯让他们开户口。直到后来，钱庄的业务渐见衰落，有几家钱庄勉勉强强地给那些游侠儿开了户口，他们总是一下子存入三五万两，叫作"开簿面"，从此以后，他们的身边也开始有庄票了，赌台上见到的庄票也就格外闹猛起来了，但是支票却仍然不受欢迎。

由这种情形看来，钱庄有钱庄的手法，所以一时要将钱庄废弃的话，在废两改元之前，简直谈不到。可是钱庄只是少数大资本家所能运用，银行可以接受大小客户的存款，储蓄银行连一块钱都可以开户。时代不断在进展，钱庄存款的数字也不断增加，钱庄的用款以银两为单位，好多地方要用银两折合银元，不但麻烦，而且升水补水令到大家受损失，这是后来钱庄渐渐衰落的重要原因；还有一个主因，国家银行以银元为单位，当然省立市立的银行以及一切商办的银行也是以银元为单位，各方面的收支额越来越扩大，钱庄也就不得不急谋对策，逐步改良。在"一·二八"战事之前，已经有衰落的现象了。

参观库存　都是白银

我曾到福康钱庄参观，这是一家很大的钱庄。一天，我参观他的银库，库门是铁制的，既厚且重，库房四周也有铁板纵横围着，墙壁还有无数铁条，这是一种中国旧式的库房，乃铁匠所建成的，和现在大小银行的保险库完全不同。两者相比较，显然可以看到从前的银库是很简陋的，但是那时治安好，从来没有打劫钱庄银行的事件发生过，库房之内摆着三种存银：

> 甲：是一种方块长形的白银，叫作"大条"，每

一块的重量是一千两。

　　乙：是银元宝，每一只是白银二百两。

　　丙：是银元，银元都排列在凹形的木板中，大板一千，小板五百元。

这些库存，点数时一目了然。金元宝和客户寄存的金饰也有。总之，那时金子是不作为库存标准的。

库房里面，又阴又窄，我略略看了一看，就走了出来，原来所谓银库，却是如此。

上海既是金融的枢纽，白银是交易的本位，各行各庄总共存储的数字虽没有正确统计，照理应该很多，但实际上是一个秘密，只有几个银钱业巨子，心中有一个大约的数目，知道要是钞票挤兑的话，这些存银是远远不能相抵的。

这个秘密，从前没有一张报纸公布过，我到现在才查到《民国百人传》第四册《陈光甫小传》中，有一段记载：

　　所有上海中外银行界的存底，合拢起来，大约银两为五千二百余万两，银洋一亿九千一百六十万元，大条六千二百余万两。

这是废两改元成功之后发表的真实数字，而且还说："每年市面上流通的数字，约二十万万两以上。"这二十万万两，是大家来来往往流通的筹码，要是真的挤兑求现的话，是绝对不可能的，所以《陈光甫小传》中又说："在

福康钱庄所存的银元宝　　　　　边缘极薄的银元宝

上海，一家银行有风潮，有人帮忙，便可以度过，假使大家有风潮，就大家不能过去。"这症结的所在，就是表明现银制度，要是与别国开战的话，便不能支持了。

银楼缺银　改用银片

"一·二八"战役结束之后，银元不断被奸商收购，银楼中作为打银器的存银，也日益缺乏。这件事情，反映到了南京，国府就下令"禁止白银出口"，在船只出口时，必须经过检查，如果发现有人带白银出口，是犯法的。但实际上仍有许多白银运往日本，因为是装在军舰上运去的，海关是无权过问的。

银楼中出售的各种银器，必须要白银做材料，这个时候，反而有许多"白银片"由日本运来。这种白银片，我在出诊到某一家银楼时，曾经见到过。银片分为六寸阔、九寸阔、十二寸阔三种，很薄的卷成一卷。那家银楼的老板叹息着说："本来白银是有一定的定价，每两一元四角左右，现在白银都被偷运出口，日本人将白银再掺和一些铜质，用机器轧成银片，成卷地运回来，价格每两反而要贵到一元六角，这明明是中国人大大地吃亏，可是用银片来打银器，人工和时间比用银块便利得多，所以这个钱也只好由他们赚了。"

我听了他的话，才知道日本人不但要破坏我们的白银币制政策，而且连银楼中的用银，也给日本人所操纵了。

到了民国二十二年（1933），日本人收购银元的手段，越来越厉害。当时鹰洋渐渐绝迹，有无数奸商，搜罗龙洋、大头、小头，以及东三省、四川、云南、贵州所造的杂币，都在搜集之列。另有一种一元以下的银铸辅币，江浙人叫作"角子"，广东人称作"毫子"，上海所存的单角子、双角子，广东所造的双毫，都有人长期收买。这些大小银元，实际上质地有些合规格，有些不合规格，如北平的"公砝"，天津的"行在"，以及各省的杂币，升算都有不同，但是奸商组织的兑换店（俗称小钱庄），不问一切，尽量收罗，多多益善，小小无拘，这简直是等于人身的血液，一天一天地有人做着抽血的工作。

国民政府见到这个情况，要应付的话，第一是钱庄以银两为单位，倘然不废除银两，币制的统一就没有办法；第二是钞票，一定要规定兑换银两，那么钞票就受着银币缺乏的影响。为了这两点原因，在民国二十二年（1933）初发表统一币制的法令，所谓统一币制，实际上就是以法币的"圆"作为本位，将来也是"废银改币"的初步工作。

光绪一朝所铸银元

　　由国家银行知照上海行庄，尽量避免银元流出去，在银库里面，银元只能多不能少，国家银行也设立了些机构，尽量收购各省杂币，以示对抗，这是暗中对日本的"经济战"。

　　大约这种政策，是英国经济顾问鲁斯劳滋爵士想出来的。

　　白银收归国有，各省纷纷响应，纸币的流通额大增，所有白银一批一批运往中央，唯有华北受日本军事压迫。尽管政府宣布废除银元，但是所收集的白银，不肯运到南京，推说是要巩固华北经济基础，所以华北的白银始终被扣留着。

这个政策成功之后，政府的财富立时增加，到民国二十六年（1937）七月间，中美成立了"白银协定"，根据这个协定，美国就把许多军器和机器纷纷运到中国，这是中国国力最强盛的时期。日本人的警觉性很大，认为这样下去，并吞中国的计划会受到破坏，所以就在八月十三日掀起了上海的战争，同时也是八年全面抗战的开端。

废元改币 币值稳定

我的文字，许多是从小处着笔，反映出大处的情况。

我查明废两改元，是在民国二十二年（1933）三月九日公布的，所有银行钱庄库存的银两，都纷纷送到国家银行，调换钞票及各式各样的公债票，凡是正式的钱庄和银行，没有一家不遵从，所以这一次的改革币制，是完全成功的。

私家地窖中的藏银，也有人从地下掘出来，送到国家银行去调换，这些银两都带有霉变的气息，但是因为调换钞票的期限很长，所以有极充裕的时间，让钱庄银行陆续调换。

其实市民不需要到中央银行排队轮换法币，任何银元，只要流入钱庄银行手中，就不再发出来使用，所以市民手中的银元，一天一天地少起来，大约经过一年之后，市面上的银元近乎绝迹了。

银行和钱庄的库存银两和银元，在那时节每月要列表

光绪二十五年（1899）所铸银元

向中央银行报告的，说明存有大条（每条一千两）多少，元宝（每只二百两）多少，银元多少。所以中央银行对上海的存银一目了然，一点也无法隐瞒的。

究竟这许许多多的银两搬动不易，所以中央银行有一张表，排定某月某日由某银行交来白银库存多少多少，某月某日由某钱庄交来白银库存多少多少。如是者由废两改元，直到废元改币，时间长达两年之久。

上海是如此办理，一点都没有发生什么困难，各省省会如南京、杭州、汉口、南昌都依此法办理，办得都很顺利，连四川重庆搜集到的银元，为数也极多。唯有广州方面，当时因为政治地位特殊，收集到的银元，迟迟不肯交到中央。而北京方面，被笼罩在日本军阀统制之下，以前文化界有过一个通电说："北平是一个文化城，一切古物不准运出北平，以保持文化城的财富。"地方当局也依据此例，向中央申明，白银保存在北平，屡经催促，置之不理，这笔白银数目也是很大的。全国有一种银楼，是专门出售金器和银器的，当然要储备相当数字的白银，以供打造各种银器，中央又规定，银楼要用白银，可以向中央银行申请，察看银楼业务的大小，每月可以申请配给白银若干两。

这里面是一种有趣的事实，白银除了元宝、银元之外，还有一些旧家庭储存金、元、明、清朝代各式各样方锭、圆锭、长锭和马蹄锭等，还有一些是边缘极薄的元宝。这种东西已等于古董，成为"中国货币史"的资料，又古又旧，一望而知是无法伪造的，通常有人要钱的话，就卖给银楼，银楼升水三成收下来。只有少数搜古董的人向银楼去收购，那就要看元宝的年代论价了，价钱高到一倍以上是不足为奇的。

我和南京路裘天宝银楼中人很相熟，他们告诉我，在他们银楼中，有一批金、元、明、清的元宝，款式共有八十多种，白银的纯重达五千两左右，要升水二倍，问我有没有人要收藏这种元宝作为古玩。我虽欢喜，自己想想没有这笔闲钱，可是病家中有几位豪富的收藏家，如刘翰怡、庞莱臣、宣古愚等或者会要的，我有意无意地告诉了他们，他们说为了遵守法令，恐怕私藏白银有干法纪，所以不敢问津，只有宣古愚听了笑而不言。一般传说这些白银后来都放在炉中熔化了，作为打造银器的材料，这在保存古物方面来说，真是一件重大的损失。

藏银之家 秘密搜集

尽管政府宣布，银两和银元不再通用，但是有若干旧家，仍然在地窖中藏有许多元宝和银元，不过除了主人之外，连子孙都不知道的，这个数字也无从统计。我初时相信银楼中有许多历代不同的元宝，都放入银炉中熔化掉，其实内幕也不尽然。

有一天我到宣古愚家中，为他的女儿诊病。宣古愚是研究金石的专家，那时他已有相当年纪，人很臃肿，在家穿的衣服，是古老的宽袖大领的布棉袍子，眼睛是老花眼，戴了一副远视眼镜，十足像一个乡下老人。在我诊罢之后，他对我说："小世兄，我有些东西给你看看，大约要花一小时的时间，你要不要看看？"我说："我诊务已毕，你的宝物，我一定要瞻仰瞻仰。"

本来宣古愚收藏的古董，以古碑拓本为最多，拓本价值最贵的，一张纸值到几十两或一百两银子，这种古碑拓本，是墨拓白字，俗称"黑老虎"，他是此种拓本收藏最丰富的人。

此外，他还有有关金石学的古书甚富，我们从前在书坊中看到的《金石索》和《金石续索》等书，只是极普通

光绪一朝所铸银元

的通行本而已，这种东西非专家是不感兴趣的，既承他要我参观，我就很高兴地留下来。

谁知道宣古愚把我带到三楼一间巨室之中，并且关照佣仆不必上楼侍候。然后把门锁上，他就说：

上次你告诉我，裘天宝藏有历代旧元宝，当时我对你唯唯否否，好像不加考虑，可是我对这件事，认为是一个重大发现，机会不可错过。于是冒充乡愚，怀着一只清代同治年间的元宝，到裘天宝去，要升水调换法币。裘天宝的伙计说照银价升水一成，我当时

光绪一朝所铸银元

表示升水太少，要见经理。经理说："本店对这种旧元宝升水一成，已很客气，我们店中有的是古代元宝，你要的话，也不过升水二成。"我明知这是欺人之谈，但是装着不懂，要求他们给我看看。经理也认我是乡下人，当堂搬出八十多个元宝，我一眼就望见有两只元宝，是金代和元代的异样银锭，我就问他们，收进来的价钱是多少，卖出去又是多少，经理就说："收进来升水一成，卖出去升水二成。老先生你的元宝还是升水一成卖给我们吧！"我就说："你的话当真不当真？"经理说："生意人讲信用，说出的话，一言

宣统一朝所铸银元

为定。"我再问他："这句话会不会耍赖的？"经理说：
"说话耍赖还成什么正当商人。"于是我就说："你所
有元宝一齐卖给我。"经理听了，面孔马上变色，但
是有言在先，只好忍痛把八十多个元宝一齐卖了给我。
当时我就付出庄票六七张，经理也只好勉强地收下了，
不过，经理讲一句话："这种元宝，本来要照银价一
倍才肯卖，现在便宜给你了。"

宣古愚说完这段故事，很得意地哈哈大笑。
接着他就从四个保险箱中把那些元宝搬出来给我看。

我一看，元宝的数字，竟然多到无法计算，圆的、方的、长形的，以及细小的碎银块和银锞子，都给我见识一下。我说："你在裘天宝只买到八十多只，何以有这么多？"他又含笑地说："我就是用这种方法，到各银楼去收购，所以得到这样的成绩，我因为你一言提醒了我，所以给你看一看。"

宣古愚藏的碑文拓本，后来大部分卖给日本，因为日本有一个名家叫作赤冢忠，在日本出版一部《书道全集》，初版全书只有四厚册，第二次改版成为八大册。宣古愚写信给这位编纂人，指出他的书中某一页的碑文不是全文，并且说出这个碑在唐代时是怎样的，到了宋代碎了一角，到了元代，碑的中间有一条大裂纹，各有一个拓本为证。宣氏这封信一去，那个编纂的日本人认为他是中国金石大收藏家，于是专程到上海登门拜访，一看宣古愚收藏的金石藏品目录，认为是东亚之宝，商讨了好久，日本人花了不知多少万两银子，把它全部买了下来。后来这部《书道全集》不断补充，最近我买到一部，已达二十六巨册之多。

后来宣古愚逝世，那些历代的元宝，不知落在何人之手。我问过他的女儿，都说不知道。他有一个儿子宣刚，是位歌舞名家，又是著名的布景师，也办过歌舞团，是黎锦晖之后，歌舞团中的活跃分子，我也问过他那些元宝的下落，他也说不出所以然，真是一件憾事。

屡经战乱　人口大增

在"一·二八"前后，上海聚居的人口，究竟有多少？向来没有准确统计。不过英租界工务局的年报上，规定每五年统计一次。人口的数字，我有一本《上海通志》，里面附载有英租界工务局人口的记录，今转录如后：

民国九年（1920）
华人七十五万九千八百三十九人，
西人两万三千三百〇七人。
总共人口七十八万三千余人。

民国十四年（1925）
华人八十一万〇二百七十九人，
西人两万九千九百四十七人，
总共八十四万余人。

民国十九年（1930）
华人九十七万一千三百九十七人，
西人三万六千四百七十一人，
总计一百万余人。

民国二十四年（1935）
华人一百十二万〇八百六十人，

民国银元亦有多种，最后一枚，为光绪二十二年（1896）
发行之龙洋

西人三万八千九百十五人，

总计一百十五万九千余人。

后来的统计，就查不出。但当年华人的统计，究竟
怎样调查出来？也莫测高深。只是西人的数字，是极准
确的，其中十分之八是日本人，十分之二是英国人和其
他各国人士。

从上面的表看来，"一·二八"是在民国二十一年
（1932），战事一起，四乡的富户和难民都逃到英租界来避

难，所以人口大增。战事停止之后，有些人找到房屋，有些人找到了职业，也就落地生根不再回乡了。

前面的统计，只是英租界一区。法租界和南市闸北的居民数字，照我的推想，总数要比英租界的人口加上一倍多，所以那时上海人口总数，应在二百万人以上。（按：在我到香港来之前，上海人口称五百万，据后来的记载，上海人口超过一千万，这是以大上海来计算的。连上海四乡都计算在内了。）

银元沧桑　拓本留影

丁福保先生在编纂《古钱大辞典》时请到一位来自苏州的拓本工人，拓本的技术，大有高下之分。这位工人，只会拓平面的。但是山东、西安一带的拓碑工人，是会把石马、石龟、石狮、石像拓成立体形式，可是这种工人，南方少得很。在苏州只有一二人，在杭州也仅两三人，这种拓碑的高深艺术，快要失传了。

丁福保请的这一位拓工，专拓古钱，供给食宿，月薪三十元，在当时已算高得很。

这类拓碑拓工专家，在上海已找不到，但是一般高雅的富绅们都知道这件事。某次，青浦朱家角地下掘得一块石碑，那里的士绅，就来恳求丁福老借用拓工，请他到青浦拓了几十张。又有一次，沪绅李平书也要求丁福老借拓工一用，准备遍拓上海各处寺院的石碑，丁福老认为会妨碍自己的工作，而且不胜其烦，因此决定以后不再出借。

不料有一次，蔡子民（元培）在江苏角直发现某一个寺院有唐代吴道子塑像，蔡氏又转托吴稚晖来向丁福老借用拓工，一去一月有余，因此他极不满意。

宣古愚所藏的八十多个历代元宝，我向丁福老建议要把它完全拓一份，因为元宝上面，都有年号官厅或商家字样，这次提议他倒应允了。只是宣古愚古怪而吝啬得很，说："拓尽管拓，我要监视着，每种只能拓一张。"因此，这一批古代元宝就没有拓成，至今也未见到有拓本的流传，真是可叹之至！

丁福老有一天忽发奇想，说："元宝拓不到，银元种类繁多，现在由官方收罗熔化，要是我不把这些银元购买或商借来拓一份，那么以后这些银元的真面目，将来也没有人知道了。所以你今天诊务完毕之后，该到我这里来，商讨如何收购或商借？"

这天是星期五，是举行"粥会"的日子，江南耆老参加的经常有六七十人，我对丁福老说："这些老绅士，正是收购的对象。"丁福老说："好极了。"于是他就在粥会上宣布想要收集各种银元，当时只有陈小石说，他有北方银元二十多枚。还有一位说："收藏旧银元，以前国务总理张国淦为最多。"我就暗暗告诉丁福老，张国淦是丁仲英老师的亲家，现在寄寓在霞飞路沙发花园原址分宅出售的小洋房中，我可以代为设法。

袁寒云家　获洪宪币

忽然间又有一位老翁说："袁世凯的二公子袁克文（寒云），也有不少湖南造币厂铸造而成未经使用的洪宪银元，至少总有一种洪宪皇帝的纪念币。"丁福老一听，手舞足蹈地叫起来说："袁克文是我的老朋友，他有一部宋版的《鱼玄机诗集》，以二百银元押在我处，本来可以乘机和他交换或商购，可惜他已死了，现在不知这些银元流落在何人之手。"他要我去打听下落。

袁寒云大约是在民国十二年（1923）来到上海，写得一手好字，又擅长鉴别古董。初到上海时，震动文坛，大家莫不以一见寒云为荣。周瘦鹃编的《半月》、余大雄编的《晶报》，都拉他写稿，他写过一部《洹上私乘》，后来曾印成单行本，这是他唯一的著作。我由小说家张春帆（即《九尾龟》小说作者）引见，曾到他住的寓所里去拜访过一次。只见寒云身材瘦小，但举止很潇洒，斯文雅致，一望而知是一个王孙公子的典型，特别是他的小帽子上，还钉着一方玉，谈话时彬彬有礼，一些架子都没有。他与客应对，都在烟铺上，吸烟用的器具，相当精致。

依照他的《洹上私乘》说：袁世凯一共有十七个儿子，长子克定，是嫡母所生，次子就是他。他的母亲是韩国人，姓金，所以他不是嫡出的。三弟至十七弟，名叫克良、克端、克权、克桓、克齐、克轸、克久、克坚、克安、克度、克相、克捷、克和、克藩、克有。他们兄弟十七人，由九

洪宪纪元银币

位庶母所生，可见袁世凯的姬侍实在多，不但儿子有十七人，女儿也有十四个，孙儿更多，他们的名字，都是"家"字辈。在香港清华大学同学会，有一位会长袁家麟即是袁世凯孙儿之一。

袁寒云也生了三个儿子，叫作家嘏、家彰、家骝。我到他寓所见他时，只有一位太太，也不知道她是何许人。我听他在烟榻上大发宏论，问起他的儿子是否在上海，他很斯文地说："我到上海来，孑然一身，只有我的太太做伴。所以现在我已成为'龚半伦'了。"（按：龚半伦的故事，是指东亚病夫在《孽海花》书中写出龚定庵的儿子，对人生五伦：君臣、父子、夫妇、兄弟、朋友，什么都没有了，只拥着一个姬侍，所以自号为龚半伦。）我听见他这些话，不便接口，只好谈谈其他的问题就告别了。

寒云没有政治头脑，他的大哥克定倒是一个小政治家，怂恿他父亲做皇帝，有很大的力量。寒云有文名，常为克定所忌，他为了本身安全计，自请册封为"皇二子"，表

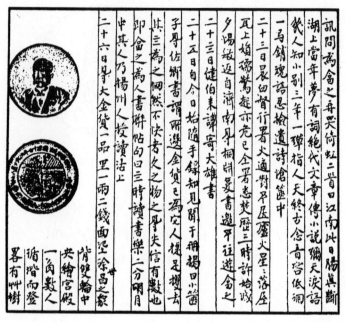

袁寒云日记之一页

示将来不做"储君",不继承皇帝的大业。

袁世凯在未登基前,已着人策划铸造洪宪纪念币。天津造币厂造了一个款式,奏请皇帝鉴定。不料拍马屁的人多得很,湖南造币厂已先将洪宪皇帝纪念币试制了四百元,献呈袁世凯核定。料不到袁世凯的皇帝只做了八十三天,所以没有核准的"洪宪纪念币"都投入炉子中熔化掉了(见商务印书馆出版《中国货币论》第六章,英国耿·爱德华[Edward Kann]著,蔡受白译),寒云临走时,从北方随身带了十块这种纪念币,还在《晶报》上写过几首纪事诗,

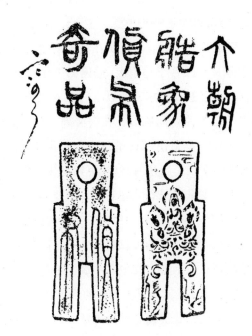

袁寒云之书法及其藏品

所以大家知道他藏有洪宪纪念币的。

　　寒云到上海，所带的财物并不多，所以一到上海就以卖文为生，订出润格。请他写文章的人不多，请他写字的人却络绎不绝。他的字实在写得有才气，而且有特别的本事，可以叫两人张纸，自己躺在烟榻上以笔蘸墨，仰天作书。但是他奇懒无比，生性散漫，常常收了人家润笔而不交件，因此卖字的生涯，日渐清淡。而且在上海又一连串弄了几房妾侍，有一位名叫梅贞，乃遗少刘公鲁的侄女，不久闹翻了，又续娶了一位，就是有名的袁唐志君（她是平润的水果西施），能写得一手蝇头小楷，还会作小说。

后来还娶了几个小老婆，我实在记不清楚，只知道还有一个叫作佩文（外号小巧宝），据说仍住在自克路侯在里旧居。我因去过寒云旧居，所以不问三七二十一，闯到他家去。房子已极简陋而陈旧，在内碰到一位半老徐娘，也不知她的名字，她自己承认是袁太太。我就问她："寒云先生遗下来的文物是否还有余留，可以出让？"她说："作孽嚛！袁先生死下来，只剩几副对联，侬要，可以随便拨几钿。"我就买了一副有上款的对联，接着我问她："袁先生从前收藏的银洋钿，可不可以出让？"她随手把抽屉角落里的旧洋钿拿出几个来，其中有一块，正是丁福老要寻的洪宪皇帝纪念币，我就花了十五倍的代价，把它换过来。那位徐娘喜形于色，其实我心中比她还要高兴，只是表面上不露出来而已。

这般的方式收集旧币，真是困难到极了，为了一块洪宪纪念币，要花这么多周折才取得到，所以我进言丁福老，不如委托小钱庄代为收集，定出价格，凡是稀见的银元，以双倍价格收买。可是在那时小钱庄收购银元，完全供给日方，本来一块钱可以升水到四成，所以你出双倍价钱，他们也不放在心上，有许多名贵钱币，只问分量不问款式，都送进日本几家银行，有谁愿意拿来拿去供你挑选呢！所以这个办法也行不通。

丁福老就出更高的代价向银楼中去收集，搜集到的银币很多。原来银元并不是始于墨西哥的鹰洋，在清代早期已经有公私机构发行银元，在清代还出过一种一两重的大银元，这些银元，都拓成拓本，今时不知流落何方。大抵日本人所出版的《中国银币图鉴》中，有不少是有丁福老的心血在内。

我为了要充实本文内容起见，曾经在《星岛晚报》副刊上征求从前上海出版的文物。不料有一位读者送来一本《银元图说》的残本，是战前蒋仲川君编纂的，可惜这本不用原来的拓本，只是将各种拓本用单线条绘成图样，线条也很工细，现在我把这些银元，分类刊入本文，也好让大家认识一下从前的银元是怎样的。

洋泾浜话 起源上海

政府公布废除银元的消息，对上海人来说，毫不介意，因为那时节大家往来都用支票和钞票，只有一些零头钱，三元五元，或是七元八元，那就要用银元来凑数。然而一元纸币，已经通行，所以很少人的口袋还带有锵锵声的银元。

上海人使用银元，范围越来越狭，大抵喜庆送礼，就要封四元或二元银元。年晚小孩子的压岁钱和新年的拜年钱，也需要用银元，给一块钱的人，已经算是很阔绰了。所以政府把元宝银元收归国有，上海人一些也不觉得有什么不便。

倒是上海四乡的殷富起了恐慌，大家纷纷说此后银元再不能通用了。有些人家把隐藏着的银元都搬出来；有些店铺把做生意往来的银元，都到县城中去兑换纸币；有些人因为四乡不靖，屡次战争如齐鲁之战，北伐军占领上海，"一·二八"日军打到苏州，四乡每次都受到惊扰，没有上海租界来得安定，他们经过屡次逃难到租界，也不胜其烦，于是爽性迁居到上海租界来，因之，租界日趋繁荣了。

从前上海的中小学校，都有英文课程，但是中学生到了毕业之后，使用英文的机会很少，只有若干人考入海关、铁路、邮局，就用得着，这些职业虽然薪水不大，但是一般都认为是"铁饭碗"。

上海大学有好多家，英文的发音，以圣约翰大学、中西女塾为最准确，在这两间大学校毕业的学生，大多数当外交家，或外交家的夫人。

倒是有许多世袭的洋行买办，仗着自己的经济力量，与西人周旋做生意。他们从未读过英文，只是懂得几句最简单的会话，说的话就叫作"洋泾浜英文"。

不要说别人，大名鼎鼎的虞洽卿，会说得一口极流利的洋泾浜英语，细听他说的话，真是好笑得很，但是西人都能领会他的意思。所以他即使在大庭广众之间，也说得很响亮，不懂英语的，还以为他的英语程度好得很。

至于劳工阶级，如西人家中的厨子、花工、女佣、车夫，以及专跑西人家的裁缝、送货员，他们的洋泾浜英语又低一级了。

何以这种英语叫作洋泾浜呢？

上海英租界最初和中国订的条约，叫作"洋泾浜章程"，所谓"洋泾浜"，的确有这么一条河浜，后来被填没了，就成为上海英法租界之间的一条大马路,叫作"爱多亚路"。

洋泾浜虽然填没了,但是"洋泾浜"至今上海人犹未能忘怀,特别是对一些不伦不类的英语,叫作"洋泾浜英文"。这种人多是早年未曾正式读过英文,而吃的是洋行饭,或打洋行工住家工的,在迫不得已的情形之下,说出发音不正、文法不对的英文,任意拼凑,也会讲得流利非常,而洋人居然懂得。这是极滑稽的一种言语,我举出几个例子如后:

有一个在西人家中当厨师的,报告主人厨房中老鼠太多,因为猫捉老鼠之故,打碎了好多杯碟,他用洋泾浜英语,对主人说:"吱吱 too much,咪咪 run run,布碌打碎 cup。"

又有一个男厨子,上工时对女主人论工价和食宿,他对主人说:"Twenty dollar one month, eat you, sleep you。"意思是说:"月薪二十元,吃你的,住你的。"女主人听了这话,面孔都红起来了。

又有一个管家,陪着他的主人游邑庙,主人指着炮仗问管家这是什么东西,而管家不知炮仗英文名,只好把炮仗之为物,分开来说:"Outside paper, gun power, make fire。"接着还说着"砰砰砰彭彭彭"六个字,主人听了也意会地明白他说的是"炮仗"。

还有一些极滑稽的话,如"You know, I know",你知我知。诸如此类都称作"洋泾浜英语",凡是久居上海的英美国人,他们也都听得懂。现在我到了香港,广东人也称不纯正的英文叫洋泾浜,都是起源于上海的。

第十八章

市面繁荣风气改

民国时期，沙逊大厦，当时远东最豪华的酒店——华懋饭店就设在大厦内

"一·二八"之役，上海的市面突然繁荣起来，因为上海四郊的人，都觉得租界比较安全，纷纷到上海租界来避难，一住了下来，就不再搬回去了。所以上海的市面日益发达，也可以说是畸形的繁荣。

但是一般外侨对上海的看法，不过是暂时的太平，中日双方迟早会有一场大战，有好多人把地产卖出去，把业务的范围缩小。

西侨产业 纷纷转手

英国人最敏感，这时公共租界的实权，虽然在英国人手中，但是工部局董事会从民国四年（1915）因欧战关系，德籍领事于十月下旬辞职，日籍董事石井明以次多数递补，到民国十六年（1927），日籍董事，又由一人增至两人，他们总觉得不安乐，可是表面上还镇定。有一件事，大家都不大留意，就是上海的电话公司，正在异常发达的时候，忽然以五百七十五万两银子转让给美国财团，全部变成美商的产业。

从前上海的电话费是按季收费的，每季收费十多元。自从美商接手之后，条约上签明，以后电话要论打电话的次数计算，每次三分钟为大洋三分，基数很低，打得少付费很便宜，打得多付费就不同了。这是美国电话收费计算的方法，好多大商埠都实行这种办法。

从前上海人对美国人电话费以次数计值，一度有人在报上反对，不久也就销声匿迹。于是各店铺和住宅都把电话锁了起来，对陌生人打电话一概谢绝。

这件事情，当时我也不知道是什么用意，何以英国人办的公用事业肯随便让给美国人？后来才知道，他们要将各种产业纷纷变卖，免得大战爆发，遭到重大损失。

上海的地产大王，除了英国籍犹太人哈同之外，还有一个英籍犹太人叫作沙逊。此人是一个独身者，终身不娶老婆。他挟有巨资，每年在上海只住八个月，其余月份用作周游世界。他的钱财，很早就用在上海买地皮。他的方法是购买一幅巨大的地皮，隔几年卖出一半，留一半建楼收租，眼光很够，他所买进的地皮，后来都变成旺盛地带。著名的一幅地，就是他斥资建成的沙逊大厦，就在南京路外滩口上，十分宏伟，每年所收的租金，都在几十万以上，他将租金收来，又购地皮。霞飞路的十三层楼大厦，也是他的产业。他的产业一多之后，银行都和他发生贷款关系，所以他要买进地皮的话，款项可以一呼而集，像这种高楼大厦，他一共有十多处。沙逊的住宅，在霞飞路善钟路（今常熟路）附近，叫作"沙发花园"，里面的房屋并不大，空地竟占到全幅地的十分之九。电车行经霞飞路，走过他的花园，要停两站，其大可知。

"一·二八"战事时期，他避居欧洲，回到上海之后，自称年事已老，要宣告退休，首先把沙发花园分割出售，直到卖光为止，其他大厦，他转让给各个地产公司，然后挟巨资远走高飞，不知所终。他这许多钱都是从中国人手中搜刮而来的。

上海还有许多洋商地产公司，股票都上市场，但是从前洋商股票市场，中国人参加买卖的人都是巨富，小康之家是不敢进去的。战争之后，房屋奇缺，租金猛涨，地产公司的股票，天天上升，外国人明收暗吐，中国巨商认为是好机会，只收不吐，所以好多地产还是套在中国人头上，但是幸有后来抗战时期的畸形繁荣，所以吃亏并不太大。最实惠的还是那些外国来的商人，往往空手而来，满载而归。

经济侵略 言之可怕

外国人在上海，最早发行公司股票、公司公债，股票都上市，所以外国人到中国来做生意，只要有第一批本钱，此后，便可以取之于华人。这种股票和公债，利益优厚，而月月涨，年年涨，不过涨的幅度，一年不会超过百分之二十左右，然而已经令到上海的高等华人，大发其财，不上数年，资本又加了几倍。

外国的股票，虽然是一种专门的投资企业，也含有一种专门的经济学，但是一到了上海就变质了。有许多外国大滑头，先先后后来上海，组织保险公司、贸易公司、地产公司，滥发股票，仗着他们的势力，谁也不去研究他们的内容和实力，其中有名人物很多，积资少者数百万，多则数千万。所以后来有一个美国人到上海，看了这种情况，写了一本书，叫作《冒险家的乐园》，并且有中文译本，我们看了之后，为之哗然。

在我记忆中，有几个外国大滑头。一个是开设汽水公司的，当时上海人称汽水为"荷兰水"，说是荷兰发明的，此人发财之后，衣锦荣归，成为巨富。一个做雪糕公司的，从前上海人称雪糕叫"冰淇淋"。这家公司的老板到上海来只带有美金三十六元，设厂制造雪糕，最初一桶一桶卖给菜馆，后来改为纸包块状批发，销路很大，大发其财，接着便开了几处冷藏库，后来再从冷藏库发展到向沿铁路各省各县收购鸡蛋，不但将鸡蛋运出口，而且把鸡蛋制成干蛋和蛋粉，运销外国，专供做蛋糕之用，此人发的财总以千万元计。但是他们在中日战争前后，一看形势不对，都把产权转卖给中国人，他们一些也没有吃到亏。

然而仍有极大数量的房屋和地产，如浦东的一个石油库，可以容纳石油二十万吨。这种油库的设备，卖不掉又搬不动，终于冻结在上海。不过，汽油和石油，销售于中国已有百年之久，根据统计，一九四八年这一年，汽油销到四千八百二十六万美元，利润的丰厚，不可胜计，所以这种设备的放弃，在他们还是不觉得十分可惜！

外国股票，在上一世纪（19世纪），有过一次风潮，叫作"橡皮股票风潮"。所谓橡皮，此间称为橡胶。橡树园设在南洋，橡胶公司的名目繁多，一种一种橡胶的出品销到上海，大家视为珍品。不久，这些股票就在上海上市了，洋商股票经纪兜销之下，每天有行情，常常几分钱的股票，隔了半个月，就变一元多，一元多的股票就变百多元，这一下子，就疯狂了整个上海金融界，不但有钱的人个个都争着买，连好多钱庄也买进了许多，不上半年，查出来有无数橡胶厂都是假设的，于是橡胶厂股票就一落千丈，几乎跌到一文不值。这么一来，影响整个上海的市面都受到影响，这就是当年所谓"橡皮股票风潮"。以古喻今，最近的香港股票市场，希望没有此等现象。

上海人受到了这一次的教训，后来对外国股票，一般人都不加信赖。然而若干买办阶级及有钱的人，后来改买美国股票，也有几家专做美国股票公司，生意虽大，但客户不多。有一年，美国市场不景气，股票大跌，此日称为"黑色星期五"，这一次风潮，中国人也受到牵连，不过范围不大。

各国的金元外币在上海，本来也有人收购，因为从前他们是采取金镑和金元政策，这都是真金铸成的硬币，后来他们也改为纸币，不过上海人因为受到了两次教训：一次是俄国的卢布票，在他们革命时节，不断地贬值发行，上海人买的很多，后来帝俄政府倒了，卢布票便成为废纸；还有一次，是第一次世界大战时期德国的马克，也贬值发行，起初大家争着购买储藏，后来德国打了败仗，马克也变得一文不值。

从此，一般上海人对外国的纸币，就再也不敢十分信任，唯有若干进出口商人，一定要结外汇，特别是对美国和英国的业务关系，数量最多，因此美金票、英国镑纸，大家还是留着很多。后来银行钱庄为了保值起见，知道外汇的重要，银行钱庄的库存中，也总有相当数量的美钞镑纸作为库存。

一般上海人，对"外汇"两字，不甚了了，自从银元改为法币之后，敏感的人，多多少少买些黄金和美钞。但是最初的一个长时期，法币对外汇的比率很稳定，我记得大约每一百元法币，可以兑美钞三十三元，这是经过好多年从未改变过的，反而美钞曾经贬值过一次，令到拥有美钞的人受到相当损失。这些都是旧话，后来的变化就大了。

妇女风气 影响全国

我讲了许多银元时代的生活情况，现在要谈谈当时上海妇女的生活。

上海早年的风气极守旧，在清末出生的女孩子，全部都要"缠脚"的。"缠脚"的情形，十分凄惨，用八九尺长的缠脚带，把脚趾重重裹住，裹得越紧，脚型越小，所谓"三寸金莲"，才算是大家闺秀。我亲眼见到几个长辈，她们的脚三寸那么小是没有的，但是也不会超过五寸，走起路来困难得很，可是在文人雅人笔下偏要把它描写成"莲步姗姗"或"莲步生花"，这真是惨极了！

到了光绪三十年（1904）左右，许多书报都喊出"天足运动"，所谓"天足"，就是要大家放弃缠脚，让女性的足天然发展。但是还有许多家长反对，有些人认为不缠脚的姑娘将来是嫁不掉的，有人说女性不缠脚，一对"尺板脚"在路上走，成何体统？所以在那时虽有不少人提倡天足，缠脚的还是大有其人在，直到清政府被推翻，天足运动渐渐风行。记得我小的时候还作过一篇作文，也是有关"提倡天足"的。

民国之后，天足运动口号喊得震天撼地，老的一代已经缠了几十年，无法纠正，只能废除缠脚带，任它自然发展，当时就把这些老式妇女的脚样称为"改组派"。到了民国四五年，新的一辈就不再缠脚了，总算把中国摧残女性生理的酷刑废止了，但是现在在世的七八十岁老太太，还可以看到缠脚的形态，其实都已是"改组派"，与最初的缠足形式已经不同了。

外国人对中国老辈妇女的缠脚，认为是全世界稀见的怪现象，所以他们一旦来华观光，必然要利用他们的摄影机，拍摄当时男人的辫子和女人的小脚，还有一样就是中国瘾君子，一榻横陈地在那里吸鸦片，回国后，就把这些照片刊入书报。侮辱中国人，莫此为甚！

缠脚的风气，在上海绝迹很早，但是在我二十五六岁时，胡庆余堂总经理陈楚湘忽然娶了一个小老婆，年龄只十八岁，面目姣好，竟然是缠脚的。后来才知道上海四马路神州旅馆有一层楼全部是"宁波堂子"，这里面的姑娘，都是由宁波乡下出来的，个个缠脚，偏偏有许多男性对这种小脚有特别的嗜好，若干文人似乎更有此癖好。（按：天津文士姚灵犀，专写歌颂小脚的诗词歌赋，前后共出了若干册，名为《采菲录》，一时传诵全国。接着又出版《采菲新编》一种，《采菲精华录》一种，都是宣扬缠脚的作品。）那时已在民国十七年（1928），还有称颂缠脚的无聊文人，陆续写出文章和小说，要是这种书没有人看的话，是不会出了一本又出一本的。

我看过姚灵犀编著的《采菲录》等书，字数达四十五万言以上。其中考证出"缠足"开始于五代时期的李后主。

六朝时代，乐府，双行缠有云："新罗绣行缠，足跌如春妍，他人不言好，独我知可怜。"

唐代有少数妇女崇尚此风，杜牧诗云："铟尺裁量减四分，纤纤玉笋裹轻云。"

宋代苏子瞻咏足词云："涂香莫惜莲承步，长愁罗袜凌波去。只见无回风，都无行处踪，偷穿宫样稳，并立双跌困，纤妙说应难，须从掌上看，"从这些诗词，就可以看得出一部分缠足的女性，都把足缠到如莲瓣一般的细小。

到了清代，此风大盛，几乎大户人家的女性，没有一个不缠脚，《板桥杂记》中就有"缠双弯步步生妍"之说。这都是历代以来玩弄女性的把戏，到了我这个时代，女孩子在五岁开始缠脚的风气已经一扫而空，能见到的都是一些上了年纪的女性。

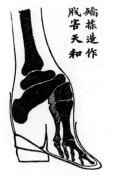
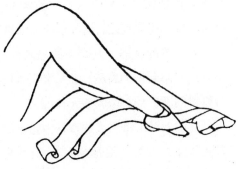

X光下的三寸金莲　　名画家曹涵美笔下的缠足图

　　再说胡庆余堂的老板陈楚湘有一天发来一张请柬，还亲自打了一个电话给我，要我早一些出席他的宴会，问他有什么事，他只是笑而不答。到了那处，我才知道是他"纳宠"之喜，所到之人都是药材商和绅士之流，医界中只有我一人，我与几位药商相识，才知道他这次娶的小老婆，有一个特点，她是一个十八岁的缠脚少女，所以大家都觉得很新鲜。这少女是哪里来的呢？原来宁波帮在上海有很大的势力，他们公余之暇，都喜欢到"神州大旅社"去玩，这家旅馆，里面一层二十多间全是"宁波堂子"，宁波同乡们因为言语方便，不嫖苏州人的妓院，而专门到这里去寻欢作乐。

　　这个少女，刚从宁波乡间被人带到上海堕入火坑的。因为宁波乡间那时还有缠足的风气，认为女子不缠足是嫁不掉的，但是这时上海见到缠足已是绝无仅有。陈楚湘虽已六十高龄，他对这个少女特别欣赏，于是就付清了她的身价，把她藏诸金屋。这天到的客人，都以小脚为话题，满座生春，其实所说的话都是粗俗不堪，不登大雅之堂的。

那时节的上海，凡是正式结婚的，在吃罢喜酒之后，必有一幕闹新房的趣剧，主人家认为越闹越发，不闹不发，所以对闹新房的一幕不表示反对。

习惯上对闹新房人的言行举止是没有限制的，所谓"三日无大小，阿公阿婆都好闹"，有些喜欢恶作剧的，早已在新房中布下了陷阱，总要闹到深更半夜或是天明才肯散去。这个情形，我见得多了，要写起来也写不尽，不过最近二十年来，闹新房的习俗已经成为一种点缀，大家都适可而止。

这一晚，主人娶的是雏妓，而且又是缠脚的，因此闹新房的资料就特别多。大众的意见，要求新娘解开缠脚带，让大家欣赏一下三寸金莲的真面目。从前新娘旁边，必有两个伴娘（又称喜娘），这晚伴娘就用婉转的话来排难解纷，说是穿了鞋的三寸金莲是可以给大家看的，要她赤了脚给大家看，那就太不好意思了。闹的人哪里肯罢休，说："我们不看不散。"新娘面上羞得通红，几乎要哭出来，但伴娘再三叮嘱新娘，洞房之夜哭不得的。闹到最后，陈楚湘也没有办法，亲口对新娘说："解开来，让大家看看罢。"伴娘就把新娘的绣鞋脱了，看起来不过三寸有余，大家先传观鞋子，接着伴娘就把缠脚带放开。缠脚带通常都是布的，那天因为是新婚之夜，她的缠脚带是用罗绸裁成的。我看了这种情况，为之黯然。

等全部缠脚带放开了，就露出了真像含苞的莲瓣一般，一般闹新房的人为之轰然，我也见到了一对小脚的真相，深深地印在脑海中。常常想到这般玩弄女性，弄到女性的足趾，除了一个大拇趾之外，其余四个足趾都屈抑在脚底下，走路全靠一个大脚指用力。真是伤天害理的行径，也是中国古代以来的坏风气，违背生理的自然发展，腾笑世界，成为中国人的一个污点。

在我少年时代，上海已看不到少女们缠脚，但是我们的前辈，可以说十个女性是有九个缠脚的。现在这种情况早已消灭，我找到几幅缠脚的图片，可以作为一种陈迹看。

在港九的蜡像馆中，也有一个缠脚女子的蜡像，但是脚趾骨做得不够逼真，我认为这种展览完全是献媚洋人，侮辱自己中国的女性。可做蜡像的材料很多，何以一定要自暴其短呢！

在我撰述本文的上一年，我到过英国，参观他们的医史博物馆，在他们的库房中也见到过许多中国缠脚女性所穿的绣花鞋子，长度不过四英寸。接待我参观的人知道我不乐意，对我说："这种古老的中国旧东西，我们还有收藏，但并不公开展览。"接着他还介绍说："这种恶习惯和英国十六七世纪女子缠腰的恶习相仿，当时女性缠腰的精致绑带，我们也保存着，好多高贵家庭的女性为了缠腰，使腰部的生理发展都受到障碍，甚至发生许多腰病，影响到肾部引起肾脏炎，以及肾萎缩等肾病，后来引起医学界大声疾呼的反对，才把这个恶习惯废除了。"

20 世纪 30 年代，穿旗袍的上海舞女

上海女性，算是中国最开通的女性，天足运动最先影响到的就是上海。而且上海女性的衣着也是最时髦的，可以说是全国妇女时装的中心，但是也可分成两类，一类是大家闺秀的装束，一类是娼门中人的奇装异服。这两类不同身价的装束，虽同样是款式新颖，可是在上海人眼中看来，大家闺秀和娼门中人是一望而知的，毕竟后者是迹近妖艳的。

上海第一次举行选举上海小姐，是在民国十八年（1929）左右，怎样选法，我已记不清楚了，只记得第一届的"上海小姐"，是虞洽卿的女儿虞澹涵，得三万多票，亚军是永安公司郭家的小姐，名字我已忘了，得两万多票。

总之，上海样样事情，都是开全国风气之先河，尤其是妇女服装，为全国各地所仿尤，特别是"旗袍"风行得最早，连当时美国电影皇后曼丽披克馥到上海时，也做了许多件旗袍回去。

上海钱庄 宁波帮多

这时候上海人的财富，渐渐从钱庄移到银行。我有一个民立中学时代的同学严仲文，他的祖父严味莲，是钱庄帮的中坚分子。仲文在中学毕业之后，他的祖父就叫他到钱庄里去做事，但是他晚间仍在青年会夜校读英文会话，虽是富家子弟，可是一些没有纨绔习气，我们很谈得来，每一个星期总有一次聚餐，他谈的都是生意经，我虽不爱听，但听多了之后，也得到不少关于这方面的知识，现在按照日记，还可以写得出。

上海的钱庄，大抵有二三百家，可是股东合久必分，分久必合，开来开去，总是几个极大家庭集团，大致说来是如此：

一、镇海李家：是由宁波镇海李也亭开始的。他从一八八二年到上海，是做漕坊的，漕坊也是一种大工业，设在南市大码头，因为与码头上沙船帮相熟，后来就转到沙船上去工作。他唯一的能力，就是善于理财和贩卖商品，沙船上就请他当营业经理，从此他就发了大财。一九一二年他就在南市开起"立余钱庄"来，同时在夷场上开了"崇余钱庄"和"慎余钱庄"，不几年，财富越来越多，可是年老多病，临死时，嘱儿子们都以钱庄为业。到了辛亥革命时期，他家已经开了五家钱庄，民国成立以后，他的后人又继续开了三家钱庄，都是有一个"余"字。接着又办天丰、地丰、元丰、黄丰四个地产公司，大量购进夷场上的地产，有若干条马路，如地丰路等，都是李家取的名字。有一条路叫作"李诵清堂路"，就是李家的私家路，后来租界当局把它扩展成为"戈登路"。

李家大房有三个儿子，二房有七个儿子，著名的有李云书、李如山、李薇庄、李徵五等，其中以李薇庄的后人，在社会上更有地位，如李祖韩、李祖夔、李祖模、李祖莱，其他还有李祖法、李祖永等，我已查不清楚他们的世系了。

二、镇海方家：也是一个大家庭，以办粮食与杂货起家，后来到上海开设同裕、尔康、安康等十四家钱庄，当然其中有几家是和人合股开设的。在杭州、汉口、宁波还有七家钱庄。我家所认识的就是他家的七房孙子蕊畴，他们的曾孙就是方椒伯（积藩），后来当过中国通商银行经理、上海总商会副会长。二十年前他还在上海，年已七十六岁，至今是否健在，无法知悉。

三、苏州程家：程家在上海开的钱庄也有不少家，最大的两家是"福源""福康"钱庄，聘任的经理是秦润卿，后来也成为上海钱业界第一流名人。

四、慈溪董家：也是一个钱业界的大家庭，开设的钱庄有十三家。

五、镇海叶家：是由一个清贫出身的撑船人叶澄衷开始的。最初的时节，他的船上搭载一个洋商老板，这个洋人粗心大意，上了岸忘记了一个重要的公事包，叶澄衷就追着上去送还他。由于找不到失主，他就把船停泊在原处，等候失主来领。那洋人果然回来探望，一见之下，叶澄衷恭恭敬敬地把原物交还，那洋人认为叶氏忠实可靠，问他要不要做生意，你当经理，我当老板，于是那洋人斥资为叶澄衷开了一家"老顺记五金号"，业务发达，接着又办缫丝厂、火柴厂，都发了大财。最后叶澄衷就开了四家钱庄，他的第四个儿子叫叶子衡，当台湾银行的买办，只有一个孙儿最胡闹，即是有名的"小捣乱"叶仲芳。

六、洞庭山严家：也有很大手面，在上海开了六家钱庄，在苏州、常熟也各开了一家。

七、洞庭山万家：在上海开了八家钱庄。

统计上面所说的七个系统，以宁波籍最多，洞庭山人次之，真正上海人开钱庄的，以我所知，只有严味莲一人，他们家世居南市王家码头一个旧宅子，我经常去的，他家中内部布置陈旧得很，足见从前的人即使多了钱，也是不喜欢铺张的。

买办阶级　不可一世

严仲文和我谈了许多钱庄的源流，接着他叹了一口气说："自从废两改元之后，钱庄衰落，看来已近式微状态了，我幸亏会说几句英语，常常和洋商银行接触，因此转到麦加利银行当'杀老虎'（从前上海洋商银行以汇丰为第一，麦加利银行为第二，麦加利银行属于香港渣打银行，所谓'杀老虎'，是近似跑街的职务）。"他后来和我倾谈，就时常谈起洋行中买办阶级的情况。现在的人提起买办阶级，就痛恨得很。究竟买办阶级的情形怎样的，想来知道的人不多，我不妨再把它详细地说一下：

我最早认识的一个买办，就是王一亭老伯，他是当时第一流画家，他的画日本人最为赏识，日本人到上海，如买不到王一亭的画，等于入宝山而空手回，所以名重一时。日本人办的"日华汽船会社"就请他做买办，买办的职务是管理华人职员，同时又办理对外事务（今称公共关系）。那时王一亭还在中年，办事很卖力，这家汽船会社日益发达，船只越来越多，改称"日清公司"，他仍然是买办，而且三井洋行在上海办的一家"绢丝制造社"，也请他当买办。他每天六点钟起身在家作画，画到十点钟便上写字间办公。他对日本人表面上很客气，内心则很痛恨，所以后来日军侵华，他偷偷地逃来过香港，在一九三八年因病逝世，享寿七十三岁。

日本的大企业，除三井之外，三菱洋行也聘有华人买办，横滨正金银行也有华人买办。这些买办，既非总经理、经理，又不是协理、襄理，而是一个独立性质的华人总管，因为洋商雇用中国人，从不登报招请，都是由买办世袭，或向亲友之间找来的，不过他要负保证人之责，而且兼理庶务，一切装修、文具和杂物，都由他去办，所以称作买办。

在日本洋行中，日本高级职员到行办公，一定要室内的华籍女职员深深地对他们鞠躬，还要奉上一杯香茗，但是对买办就没有这种礼遇。可是做了几年买办之后，必然可以买汽车，住洋房，声势浩大，称为买办阶级。

在英国银行或洋行中，也都要请买办，若干大商家，为了要引起华人对他们忠心耿耿办事起见，往往世袭其职，父位子继，特别是汇丰银行的买办，更是不可一世，汽车坐得最大，住宅也最豪华。最先当汇丰买办的是洞庭山人席正甫，他逝世之后，由他的儿子席立功、席聚星继任此职，历时甚久，积资丰厚，凡是开设钱庄的富商，都要他们入股，以资借重。所以后来席氏昆仲二人，成为协升、久源、正大、裕祥、慎益等五家钱庄的大股东，合伙的人都是数一数二的大富商，如庞莱臣等。

麦加利银行的买办是王宪臣，住宅在静安寺路，手面阔极了，与地产大王程霖生等合伙开鼎元钱庄，又与孙直斋、宋春舫等开设荣康钱庄。宋春舫是一位有名的戏剧家，亦即香港中文大学秘书主任宋淇兄的尊人。

买办的制度在上海，差不多占了很漫长的时期。当买办的人，因为接触的人多，对华洋知识丰富，他们知道一切商业，地产为第一，因为地产的价钱涨得最快。一当了买办之后，总是设法收购地产，因此上海所有中心地带的地产，除了洋行购买之外，都落在这些买办的手中。地产购入时的价格最初是很便宜的，后来跟着市面的繁荣，涨起一千倍，甚至三五千倍都不足为奇的。

前清的官员，只是在官场中打交道，最多在天津、北京买些地产。唯有盛宣怀（杏荪）目光最远大，认为上海的前途无限，所以他在上海买进不少地产，这些地产，都在静安寺路、成都路、新闸路、白克路一带，也可以称为上海夷场的地王。

法租界形势特殊，大部分的地产由法国人组织的地产公司购买，中国人之中，以陆伯鸿买到的地皮最多，其次是朱孔嘉（按：朱孔嘉，上海有同名二人，一为保险业巨子，一即地产界巨子）。陆伯鸿与朱孔嘉，都是天主教徒，所以他们买到的地皮，都在法租界新区，如劳神父路（今合肥路）、西爱咸斯路（今永嘉路）、贝当路（今衡山路）等，差不多整条马路要占到十分之六七，在他们收买的时候都是田地，他们不问地价高低，只望成交。

从前法租界新区的地皮，都是耕田，业主是乡下人，他们以高价收购，乡下人也不得不把祖业卖给他们。一二十年后，这些地方都成为井然有序的花园洋房，地价甚至于有高涨到一两千倍以上的。

这许多上海的财阀，唯一的目标，就是送子弟入英文学校，后来才流行把儿女送往海外去深造。从前上海人有后人到外国去留学，是一件了不起的事，称为"镀金"；不过从前的子弟出国，娶外国人为老婆，或是嫁给外国人，就此不再回上海的是很少见的。

从前上海富商治家，拘谨得很，不准子弟狂嫖滥赌，所以多数富绅巨贾的后代，都是争争气气地继承前人的事业，只有极少数不争气的后代，不是嫖便是赌，或是吸上鸦片烟。然而我和严仲文估计过，这些买办和富商的后裔，还是好的多而坏的少。

银元绝迹 镍币出世

银铸的角子（俗称"小洋"），以及所有铜元（俗称"铜板"），是两种辅币。银角子全国最紊乱，几乎各地有各地的银角子，名称却完全不同。上海叫"角子"，广东称"毫子"，四川叫"毫洋"，湖南、湖北都有造币厂，除了铸银元之外，也铸造角子，成色各地相差极大，这是各省财政当局的陋规和收入。在我的记忆之中，广东的双毫，价值最贱。上海的小洋，可以兑到小洋十一角和铜元数枚。诸如此类，足见不但银元的成色各省有异，角子的成色也一样有差别的。

在民国二十五年（1936）一月二十一日公布"辅币条例"，预先由中央造币厂制造一种十进制的全国统一性的辅币。辅币是什么呢？就是一元兑十角，一角兑十分，完全没有一些银子的成分，其成分如下：

一、二十分辅币：重六克，成色纯镍。

二、十分辅币：重四点五克，成色纯镍。

三、五分辅币：重三克，成色纯镍。

四、一分辅币：重六点五克，成色铜百分之

九十五，锌、锡共占百分之五。

五、半分辅币：重三点五克，成色铜百分之
九十五，锌、锡共占百分之五。

这些辅币，预先大量制造，连续造了一两年之久，分
别运到各省省会，一个命令下来，便全国通用，这种辅币，
叫作"大洋"，从此辅币就开始十进制，小洋的制度也随
之取消了。

小洋虽然成色紊乱，但究竟是有银质的，而且在全国
发行数量很大，能够吸收白银数字也极高。这一次发行镍
币和铜币，计划得十分周详，凡是银行钱庄要领取辅币，
必需自己搜罗了银角子来兑换，最小的单位，只能兑二十
元。银行钱庄为了要应用活跃起见，不得不尽量搜罗银角
子，民间对毫无银质的辅币，并无不良反应，而且从此兑
出兑进，认为十分便利，更不用天天上烟纸店去看兑换行
情，既无涨，又无跌，而且镍币做得比银角子还要精细，
分币铜色好，边缘还大一些，所以一下子大家抢着兑换。

实际上市面中应用的币制，用银元的机会比较少，用
辅币的机会较多，所以这一次搜集白银，全国收到的数量，
多得出乎意料。

当时奸商们开的小钱庄，只是注重替日本人搜集银元，
不曾注意到银角子，所以这着棋子，也是日本人始料不及的。

银元已经废除，只以一张纸币来替代，是一些没有银
子的，辅币全是铜、镍、锌，也没有白银成分。这样一来，

全国收集的白银，除了上海，数字已在前文略略讲过外，现在我又查到民国二十三年（1934）中国银行出版的《中外金融汇报》上说：

民国二十三年度（1934）各银行收集的银元数字如后：

中央银行：八千五百余万元

中国银行：一亿三千六百余万元

交通银行：五千七百余万元

中国实业银行：三千三百余万元

浙江兴业银行：九百余万元

中国通商银行：三千四百余万元

其他如中南银行、四明银行、中国垦业银行的数字都较少，不尽录。

又有一点，外国银行如英商银行有四家在民国二十三年（1934）底用银元来兑换纸币及辅币的，共有一千二百余万元。

日商银行表面上亦来兑换一千六百余万元纸币及辅币，上海还有许多美商、德商、比商、意商等十家银行，也有银元来兑换纸币，数字达两千五百余万元。

一下子，国家所存的白银数字，日益庞大。

又料不到，各省交到中央的银元数字，源源不绝，我现在用最简单的方法来叙述一下：

浙江省：杭州、温州、宁波、嘉兴、海门，收到银元数字，达二三千万元。

江苏省：南京、镇江、无锡、苏州、通州（现南通）、徐州、扬州，收到的银元数字，达六七千万元。

湖北省：汉口、宜昌、靖江，财富特丰，收到的银元，单是汉口一地，已达二千万元，其他各地也不必说了。

将白银交到中央去的还有江西、河南、湖南、四川、福建、广东、山东、山西、东三省等，可见这时中央已近乎统一全国，这是抗战之前的一件盛事。

币制改革　物价稳定

自从"一·二八"之战停止之后，直到"八一三"中日大战开始，这些时候，各方面都在进步，军事政治我不知道，上海的市况已有长足的进展，特别是币制上了轨道，物价一点也没有波动。

本文以前写的，重心都在民国十七八年，到了民国二十三四年左右，论物价当然要比前几年高些，但是并不高到离谱，这是大家肯定的一种观念。至于究竟那时物价如何，现在要查阅书报，都有困难。

一位热心读者，专程借给我一本民国二十四年（1935）出版的《申报年鉴》，里面刊有全部的物价，可惜都是以每一百斤为单位，这当然是根据当时市场批发价格而记载的，但是读者可以把一百斤来均分，再加一些零售的利润，也可以计算出当时物价的一般情况。我现在转录部分重要商品的价格如下（按：每一项商品都有最高和最低的价格，但是我只为平民消耗的程度而言，所以录出的都是低价，不取高价）：

白米：民国二十年（1931）每一石分为十八元九角、十七元八角、十七元三角和十一元四级；米质较差的只十二元二角、十一元六角、十一元和十元八角四级。民国二十一年（1932）相差无几。民国二十二年（1933）米价反为便宜，高价的只有十一元六角，低价的八元八角，这是那一年阳历一月份，青黄不接时的价格。一过了四月，高价的只八元九角半，最低价的只有六元八角。民国二十三年（1934），上半年米价还便宜，是九元、八元、七元，到了下半年度变为十一元、十元、九元，这里面的差别，与新斛旧斛有关。总之米价始终没有贵过。

祁门红茶：民国二十年（1931）和二十一年（1932）每百斤二十三元，二十二年每百斤三十元，二十三年每百斤三十六元，这是有季节性的，和世界市价都有关。

糖：糖是以袋论价的，每袋多少不详，国产的糖有惠州糖、黄岗糖、海南糖，每袋价格总在十七元、十八元上下。到民国二十三年（1934）一月，竟然卖到十二元，洋糖价格相差无几，荷兰糖很高，每袋十六元，太古糖是跟市情走的，最高十七元二角，最低十四元九角。

棉花：以公担论，民国二十年（1931），每担八十四元二角三；民国二十一年（1932）每担七十元五角；民国二十二年（1933）每担六十八元二角三；民国二十三年（1934）六十七元二角八。如此看来，棉花的价格，反而一年比一年便宜。

猪肉：也是讲担的，民国二十年（1931）每担六十二元，民国二十一年（1932），每担五十一元，民国二十二年（1933）五十二元，民国二十三年（1934）四十一元九角。

鸡蛋：是以每一千只论价的，民国二十年（1931）每千只是二十七元三角，民国二十一年（1932）是二十五元五角四，民国二十二年（1933）是二十二元七角，民国二十三年（1934）是十五元九角。

这许多物品的价格，其中所记的米价糖价，都是绝对准确的。但是从鸡蛋一项来看，四年之中，年年下降，要是如民国二十三年（1934）每千只蛋只有十五元九角的话，那么一百只鸡蛋只有一元五角九分，十只鸡蛋只是一角五分，这虽然是批发价，即使零售加上一倍的利润，每十只也不过三角，这都是民国二十四年（1935）出版的《申报年鉴》第三十四页所记载的，但在我的记忆中，好像没有吃到过这样便宜的鸡蛋。

有人说：这个表格是不错的，也许这种鸡蛋是由洋行从江北、山东一带收购的价格也不一定，但是我总不相信会便宜到这个地步，所以要追忆旧时的物价，也很难求其准确性。

俗语说："尽信书不如无书。"我来讲讲我那时的实际生活。记得上海里弄间，一到晚上，有人叫卖五香茶叶蛋，香味浓郁，十分可口，售价是一角两只，连吃两只，就可以吃饱了，很多打夜牌的人，都以此品为消夜点心。

从前上海还有一种野味店，专门出售野鸡、野鸭、熏兔子、熏鸡、熏蛋，以及熏鱼、酱肉等，以常熟人开的"马咏斋"为最有名，此外，尚有浦五房、老大房、陆稿荐等字号。静安寺附近有一家"云记"，专卖高级野味，一只很大的熏野鸡只卖大洋一元，熏鱼熏肉，一角两角都有交易，熏蛋也只售大洋四五分一只，这些都是我亲自经历的物价回忆。

照上面的表格来说：一百斤米，最低价格也不过八元上下，最贵的不过十三元，这个价格从正月到十二月，月月有变化，相差最多时，可以达二三元，这是因为来源供应的关系，政府没有规定统制的法例，随着来源多少而形成市价高下。

中国出产的米，在当地或运到上海时，也都烘过，轧过，拣过，经过一番加工手续，然而放置上不多久，仍然会出米蛀虫的，唯有来自暹罗的洋暹米，因为那边地气关系，可以久藏不坏。但是上海人择饮择食，多数一定要吃又滑又糯的国产杜米，暹米又硬又粗，入口极不滑润，所以富有之家是不吃的。经济能力较差的，则吃暹米，认为同样一斤米，烧出来的饭分量较多，又耐饥，所以暹米在上海的销路也不错。（按：暹米除了暹罗来的洋暹米之外，中国靖江也出暹米，名为客暹，价格比杜米便宜一成。）

从前一般阶层中人的消耗，样样可省，唯有米是省不了的，所以米价不能涨，稍微涨了一些，大家就要摇头叹息，说是活不下去了。

难民麇集 市面繁荣

自从四乡及各地难民麇集上海之后，最容易看到的繁荣景象，就是游乐场。大世界，生意好不必说，连很古旧的新世界也天天人山人海，还有先施、永安、新新等大公司顶楼的游乐场，也是游客满坑满谷。

至于戏院如天蟾舞台、大舞台、共舞台、黄会大戏院、中国大戏院等，都演出京剧，或请名角表演，或排连台本戏，日夜客满，一改旧时冷落气象。

电影院本来就很发达，看电影是我唯一的嗜好，当时的首轮电影院，有大光明、南京大戏院、美琪大戏院、光陆大戏院、国泰大戏院等六七家，都纷纷映演第一流新片，票价楼下收六角，楼上为一元。至于二轮的电影院，如北京大戏院、巴黎大戏院等八九家，因为票价便宜，大致分四角六角，所以也是场场爆满。

兰心大戏院大厅

　　另外有一个系统，如中央、新中央、恩派亚等戏院，专映国产电影，老实说，当时国产电影，声势远不及西片，但是因为拥有一批老观众，所以生意也还不错。

　　话剧就是这个时候兴起来的。最初只有唐槐秋领导的"中国旅行剧团"，在卡尔登演出，以唐的女儿若菁为女主角，因为团员出众，也是要在几天前预买座券的，演出的戏最有名的是曹禺的《日出》《雷雨》《原野》，被称为曹禺三部曲，开话剧界的先河。不过，初时没有固定的戏院，后来话剧组织越来越多，演出的场子，有辣斐大戏院、卡尔登戏院、兰心大戏院、丽华大戏院等五家之多，不断有新戏演出，许多有名的话剧剧本，如《金小玉》《秋海棠》《大马戏团》等，都是在这个时候产生的。

再说越剧（绍兴戏），也造成一种很大的潜势力，看的人都是一些太太、小姐，全上海有六个剧场演出，如明星、九星、同孚、国泰、同乐、龙门等，更是风靡一时。

还有上海地方戏申曲（又称沪剧）也很热闹。此外有几家书场，专唱弹词，各占一个固定场所，如沧洲书场、东方书场等，也是常常高悬客满牌的。

再说跳舞场，在"一·二八"之后，更是风起云涌。第一流舞厅有百乐门、大都会、丽都、仙乐、米高梅等，舞票规定一元三跳，但是客人的付出，往往超出这个数字，所以当时一流舞厅的舞女，每月的收入，数字之大，殊堪惊人。二流舞厅，如逍遥、爵禄、远东、大中华等更是屈指难数，生意也都很好。

有若干上海人，闲着没有事做，认为淞沪战争之后，兵灾之后必有大疫，大家纷纷争先恐后地制造成药，每天打开报纸，封面广告必然是新出的成药，名目繁多，不计其数。各报馆的广告部门弄得无法应付，只得把这些广告编排日期轮流刊登。有许多新药要等到三个月之后，才能登出一幅大广告，凡是新药上市不能不登大广告。但是新药虽多，有些竟然能畅销各地，也有些一点也销不出去，结果寂寂无闻而偃旗息鼓的。

在这许多成药中，只有一种叫作"生殖灵"的新药，广告措辞光怪陆离，生意一枝独秀。

太虚法师　受人利用

"一·二八"之后，我为三友实业社创制"三友补丸"等，除了药房药铺皆有出售之外，连烟纸店都有代售，所以销路很广，把三友实业社经济困难的局势扭转过来。(按：那时香港也有三友实业社，是独立性的，两不相关。)

成药的成本，在原料上不会超过百分之十，装潢不会超过百分之三，倒是广告方面花的钱是无限的，计算起来，总有对本对利的利益。许多朋友见我辛辛苦苦地为人作嫁，都劝我自己制造成药销行，何必舍己耘人，他们愿意拿出浩大的资本来。我说："我一生行医为业，不能经商。我为三友实业社设计制造成药，完全是为了当了好多年的医学顾问，双方交谊很深，'一·二八'之后，三友实业社受到日本人压迫，两千多工人势将无以为生，所以我才赤胆忠心为他们经之营之，我自己是绝对不愿意做的。"

一天，太虚法师叫他的门徒志静来找我。志静本来也是学医的，常常和我倾谈。那天他要我到觉林去拜会太虚，太虚法师是当时佛教的一代宗师，学问渊博得很，可称为佛学界的权威。本来我和太虚法师只是颔首之交，但是有一次，志静宣讲佛经，拿来一篇讲词，我说："佛经中的佛学名词太多，令人难解。"他要我修改成为一篇通俗的白话文，这篇文字，后来登在太虚法师办的《海潮音》杂志上。

太虚法师见了志静的这篇文字，知道是经我修改重写的，他对志静说："此人有些智慧，不妨请他到玉佛寺来听经。"因此我也去听过两次太虚法师讲经，觉得他讲得是有条有理，层次井然，与普通的法师讲经大有不同。

太虚法师为人极风趣，也有经营商业的兴致，法租界霞飞路嵩山路口的一家"觉林蔬食处"（按：馆址即名伶毛韵珂的故居），他也有股本在内的。

我到了觉林，只见太虚法师已正襟危坐着等我，他对我说："中药要在自己家里煎，是将来中医中药失败的大原因，最好把所有的药物，提炼成药水，配方时，就可以像西药一样便利。"我说："大师这个计划，从前有一家粹华制药厂创行过，但是后来是失败的。"他说："我有一个朝鲜信徒，名金国川，拥有巨资，愿意办理这件事情，取名'佛慈大药厂'，一方面宣扬国药，一方面弘扬佛教，可是缺少一个专门人才来帮助他，我想来想去，只有你是可以指导推行这件事的。"正在说话间，那位朝鲜人金国川也来了，太虚法师便为我二人介绍相识。那天，我便在觉林和太虚法师合摄一影。

金国川能说一口流利动听的国语，他的卡片上的衔头是"三德洋行经理"，我一看到三德洋行四字，便问他："你们是不是出一种'生殖灵'药品的，报纸上的广告大得很。"他说："是的。"（按：生殖灵是日本的荷尔蒙制剂，他们登的广告竟然宣传可以返老还童，而且有男变女、女变男等荒谬字句。虽然读报的人疑信参半，但生意已经大好。）我知道他已发了大财，人家说他已是百万富翁。我看此人面相不善，虽然和他说了好多话，我仍旧把这件事推却了，不过我附带说："从前粹华制药厂，有一位设计者包识生先生（按：即香港医家诗人包天白之尊人），你如有意聘请的话，我愿意介绍给你。"金国川起劲得很说："再好没有。"我们谈了好久，金国川先走，我便同太虚法师说："这位金先生做生殖灵，名誉并不太好，大师要留神一二。"太虚亦深以言为是。

过了好久，佛慈大药厂开幕了，太虚当了该厂董事长，做了很多成药，所谓提炼中药的事还没有办。开幕前夕，他们在大西洋西餐社宴请上海医药界知名人士二三百人，太虚要我做总招待，我也答应了。那晚的宴会热闹得很，散席后，我替金君料理当天的账目，金君付了款就走。我正在上边空房间中稍事休息，突然听见下面砰然一声，急急忙忙向窗口望出去，见这位金君倒在地上，原来他被人用手枪击中要害，一时马路呈现了极度紧张和混乱状态。救护车来了，搬金君上车去了，可是他在送院途中已经毙命。我对这件事情，惊惶不知所措，匆匆忙忙地要赶回家去，觉得这幕戏，实在太惊险了。

从前上海暗杀的案子很少，这样突如其来，一下子就打死一个人，我的心灵上感触很大。但是急救车一开走，马路上看热闹的人，也三三五五地散开了，除了地下遗留着一摊血迹之外，就没有什么其他的现象留下。

次晨，很早我就买了《新闻报》《申报》《时报》《时事新报》四份报纸，看它们的记载，死者的名字有好几个，新闻内容透露大致说：“金国川是朝鲜复国党员，掌理财务，后来到日本去买制药的机器，搭上了日本特务关系，为了要献功于日方，曾经出卖了复国党的组织情况，因此遭到杀身之祸。”我看了这段新闻，就打电话给太虚法师的徒弟志静，志静说：“大师昨天晚上已经离开上海，不知到何方去云游了。”

那天上午，我正在门诊时间，突然来了两个包打听，要我即刻到四马路总巡捕房去问话。我心里很烦恼，但是一想我没有和金国川合作过什么生意，因此心中坦然，跟了他们就走。

到了四马路总巡捕房，一看情形，就觉不对。问话的人是一个西捕头，旁边站着一个日本警官，这人虽然操着北京话，但是一听而知仍带着日本口音。传去询问的人已经有十二三位，都坐在一张长板凳上，一个一个依次问话，问的时候，态度极不客气，有些人答话稍稍慢些，就被他捆了两个巴掌，有两个人还扣上了手铐，打得很厉害。我想这样审讯下去，一个上午似乎还不够，谁知道问到第三个人时，就抽出我的名字，于是先问我，我照实侃侃而谈，答得很快，所以他对我一些没有疑心，就挥手叫我“回去好了”。我走出捕房，心情轻松，如释重负。

我自从受过这次教训，以后对任何朋友邀我做什么生意，都深具戒心，不敢轻易允诺，特别是约我做成药的人，更有杯弓蛇影之感。这件案子后来是否捉到凶手，我也不知道了。

第十九章

为防牵累急走避

民国时期，英国驻沪领事馆

这次"一·二八"的战事，中国方面大伤元气，闸北的繁盛地区几乎炸成一片平地，所谓"淞沪协定"，就是中国军队永久不准驻防淞沪一带地区，而且协定里面规定驻在闸北一带的警察，也由北方调派前来，在日本方面的意思，北方人比较老实而有服从心，不会反抗日本人，上海市市长吴铁城在情势比人弱的情形之下，也只好完全接受。

开战损失　人人难免

"一·二八"之战，由开战到结束，一共是三十四天。老实说，住在租界上的居民最便宜，几乎一点也没有损失，反而因为四乡的难民拥到，空余的房子都住到满坑满谷，许多空屋的业主都翻了身，菜馆家家都座上客常满，做日用品生意和五金材料的人，都发了战争财。但是从一般而论，物价高升，多数生意都停顿下来，所以许多人在无形之中，受到损失，我也并不例外。

第一件事：我在"一·二八"战事开始的那一天，受到一个非常大的打击。先时，我常常到棋盘街商务印书馆去借书，本来这个门市部只有售书，而从来没有人借书的，可是我因为认识一位"邹伯伯"，他是门市部的一个老职员，做过黑龙江分馆馆长，初时他说："借书是犯规的，不过有一个办法，就是你一次拿十几部书，签一张单子，你看到近一月时，来还掉几种，只买二三种，这是可以的。"我一想这个办法，对我很是有利，倒也使得，因此我常常利用这个"借多还少"的方法去麻烦他。

邹伯伯很喜欢饮酒，我常在他下班以后，拉他到四马路言茂源酒店去饮酒。他有一次告诉我："小世兄，你如有钱，可以买些商务印书馆股票，这种股票，面额是十元，暗市已涨到十七元，你买了这种股票，不但能取到官利一分二，而且暗市随时还会涨价。"我听了他的话便说："好极了，我还有买两千股的资格。"从前这种股票没有证券市场的，都是私相买卖，他好容易为我收买了两千股。

"一·二八"战事一起，第二天早晨，我起身出去买报，只见大风中飘着成张的纸灰，我仔细地看一下，都是商务印书馆印成的教科书的单页。初时还不知道是什么原因，后来才知道闸北商务印书馆的印刷厂已全部被炸毁，所以这种纸灰飞到了租界上，后来再和邹伯伯一谈，他说："完了完了，我们的商务印书馆股票，大概至少要跌一半以上。"

经过了三个月之后，商务印书馆的股票恢复了一些价值，因为商务印书馆在全国的产业多得很，而该馆在上海负有一个巨额的支出，就是五千个印刷工人，常常罢工，常常要求加薪，弄得经理一点没有办法。这次大火之后，工人全部遣散，但书还是照常出版。经理想出一个计划，借出一些钱给老工人，让他们自行组织小型排字房、印刷所、装订所，专门承印商务印书馆的印件，这样一来，反

有事快快走過
無事歸家靜坐
街頭站立觀望
恐遭无妄之禍
附覟
外報

1932 年，上海，警告日本轰炸的告示

而排工、印工和装订工的工资，与市上的印刷所相同。当时商务印书馆喊出一个口号，叫作"为文化而努力，为事业而奋斗"，实行每日出版一种新书的计划。法币使用的时期，纸价仍旧不变，足见法币对外汇的比率，还相当稳定。

第二件事：因为我向来有收集资料的癖好，自从《中国药学大辞典》出版之后，在爱文义路（今北京西路）卡德路（今石门二路）附近，有一座黄石大厦，叫作"巴斯德研究院"，院长是伊博恩博士，该院中有一个部门是研究中国药物的。伊博士向来在北京协和医院，以研究中国药物著称，曾经把《本草纲目》中的《鸟部》《兽部》译成英文，自从他做了巴斯德研究院院长之后，要继续他未完成的工作，翻译《草部》《木部》。请来做这件工作的人，都是世界闻名的植物学家、药物学家、化学家，中国的专家也有几人，都是西医，伊博士认为另外要请一位中医来担任顾问的工作，否则，有许多中文名词会搞不清楚，因此他们就想到，要请我来参加这个部门工作。

最初他们请我去参观谈话，我才知道他们的经费来源，是由煤油大王洛克菲勒捐助的，里面一切化学仪器和设备，完备得很，我看见了很是高兴。

在我和他们一度谈话之后，西医庄德告诉我说："要是你来任职的话，我们将致送一千二百元作为你的薪水。"这个数目相当大，他们院中各部门的主任，不论中国人外国人，都和这个数目相仿佛。我当时真觉得受宠若惊，但是我说出我的苦衷："我每天为诊务所羁，每月的收入还要超过一千二百元，所以我虽然有意参加，但是不得放弃我多年经营的诊所。"于是就由我另外推荐四人，这四人都是从前帮我编纂药学大辞典的同道，这四位的名单，是吴善庆、李怀玖、顾哲民、尤学周。他们每天担任实际工作，我每星期只到两次，负责指导和答复一切问题，院方另外送我车马费每月四百元。

待"一·二八"战事一起，好多外国专家，认为"一·二八"的战事，是全国战事的序幕，日后是不能永久太平的，所以纷纷辞职回国。这个研究中国药物的部门，就停顿下来，连我也每月损失了四百元的收入。

第三件事：还有一个研究所，在法租界祁齐路（今岳阳路），有一座日本人办的"自然科学研究所"，所长名字叫作中尾万三，中国方面的主任是李端珩博士（继李任职的是著名西医曾方广博士），李博士特地来邀我参加这个研究所，担任研究汉药的工作。他的意思也只要我当他们的顾问，每星期到两次，每月车马费为六百元。我说："让我先来参观一下再说。"我到他们那里去一参观，原来这个研究所，比巴斯德还要大，占地数十亩。进去第一个部门，是专门试验制造中国绍兴黄酒的，酒坛堆得像几座小山那么高，不知道的人还以为他们是一个造酒厂。他们知道中国人最喜欢饮的就是绍兴酒，日本人也喜欢饮这种酒，这个部门就是研究如何大量生产这种酒。

在这个部门中，有一个地窖非常大，可是造酒的工作部门，却杳无一人。李端珩在言词中透露，起初他们是从绍兴请来许多工人造酒，但是这些工人后来发觉，这个工场一成功，绍兴的制酒事业将大受打击，所以在一夜之间，这些工人全数走避一空；现在所有工作只能由日本人来负担，可是造出来的酒，总是没有绍兴酒那种味道。我心想这些绍兴造酒工人的爱国心，真值得钦佩。

我又问端珩博士，这么大的机构，经费从何而来？他说："实不相瞒，经费是由庚子赔款对日项下拨出来的。"我立刻就想到庚子赔款各国均已退回，唯有日本人坚持不肯退还，将这笔款项，来办同文书院一类的文化机构，作为文化侵略的根据地。所以我当面不说穿，只有婉言谢绝了他们的邀请。

正在我们谈话之间，忽然来了两个中国籍传达员，我一看他们的面相，便像日本宪兵队中的中国翻译一般，心里当然更不自在。他们开出口来，对中国人完全采取命令式的口吻，口头连一个"请"字也没有，叫李博士带陈某人去见所长，李博士惺惺然地拖着我就走，当时我就说："我不想去，因为这种工作对我是不适宜的。"李博士听了我的话，面有难色道："既来之，见一见也无所谓，也让我有个交代。"在这般情形之下，被他连拉带扯地进了所长室。

所长中尾万三，看样子倒像一个老年学者，他拿出一张名刺出来，上面有四个衔头都是博士。口操纯粹的北京话，穿的却是标准的中国长袍马褂，斯斯文文地对我说："本所有一个专门研究中国药物的部门，想请陈先生来帮忙。"我就答复他："我是一个开业的中医生，一则没有时间，二则学识和资格也不够。"他说："我们的研究部门，向来以《本草纲目》和先生所编的《中国药学大辞典》为根据，况且先生又编过《皇汉医学丛书》，你的资格，正是我们所久仰，真可以堪当日支汉方医学的桥梁，除了你再也找不到适当的人才了。"我听了"日支"两字，已经心头冒起火来，就想借机告辞，免得卷入这种旋涡。

正在这个时候，中尾万三忽然站起身来整整衣衫，领我到他们研究汉药的部门去参观。这个部门是另外一座极华丽的洋房，里面工作的人有二十名，桌子上放着全国各地收来的"黄连"标本，全是日本人出动各地领事馆中文化参赞收集来的。我一看这一百多种黄连标本，已吓了一跳，又见到他们抽屉中的标本照片和解剖图谱，看到我矫舌不下。至于其他药物标本和户外的种植试验场，令到我的意志动摇，发生了另外一种想法。

参观完毕之后，中尾万三诚诚恳恳地对我说："我们这里的工作，真是需要一位顾问，许多难题，非中国医家来指导是解决不了的。"我再三推辞，他却再三地坚请。我忽然一想，我说："我每星期只能来两个小时，有问题尽管问，我答不出的话，可以请教别人，隔一个星期再来答复；不过有三个条件，第一我不居名义，第二我不受薪给，第三你们有的资料，我有时要带回去研究。如果你能答应的话，我就每星期来一次。"这番话原想难他们一难，如果难他们不倒，我亦能把他们的资料带出来，全部摄成照片，存入我的研究资料档案中，便大有裨益了。

谁知道中尾万三，一口答应，要我就从下星期起，开始工作。

回家之后，我心里很是不安，认为这虽是学术工作，但是两国彼此正在交恶之时，我担任这个工作，将来我的声名也许会蒙上一重暗影。谁知道到了次日，李端瑞博士已坐了车子来接我，我深悔当时不应该答应他们，遭到这种麻烦，打算不去，又说不出理由来。李博士看我的神色便说："你到研究所去是不居名义的，并不是吃他们的饭，而且一切任你自由，老实说，我在这个机构中也很看不顺眼，为他们做一份工作，我要用他们很多的资料，等我把一篇博士论文'防己之化学研究'写好之后，我就要和他们分手的；你要是到这研究所去，早已声明在先，所有资料可以随意带回来研究，所内制作的标本解剖图多得很，你正可借此机会，拿出来拍成照片，充实你自己的资料室。"我经他这样一说，心又活动了，于是我跟他到研究所去，开始做一些学术方面的工作。

日本人做事，认真得很，原来准下午五时放工，但是为了我去办公那天的时间是五点到六点，也把那天的放工时间延迟了一小时。那时已有十几位研究员等候在会议室中，我抵达时恰巧是五点钟，全体起立迎迓，大家寒暄一下。只见桌上放着八张质询纸，我拿起来一看，有四张是当场可以解答的，还有四张要查考资料才能答复，我答复他们时，有翻译员传译。等我答复完四张纸后，已经到了六点钟，大家便道别而散。

散班之后，有一个人陪我，说："你要什么资料，只要你签个字，就可以拿走。"这次我拿了十张药物标本图，带回来之后，我就向附近一家照相馆接洽，把它一一拍下来，拍一张的代价是一元八角，我想一想，这样把他们的资料带出来，对我将来著书方面很有用途。

第二个星期，是由我自己坐车前去，桌上放有质询纸二张，内容比较扼要，我详详细细地解答清楚，其中有一张是问我："中国有什么美容药物？"一时令我难以置答，我便举了一个例子说："名演员梅兰芳常吃一种饮料，叫作石斛，这种石斛是新鲜的，乃四川的品种，一株一株种在盆里，临吃之前剪取几茎，煎茶代饮。这种石斛有浓厚的胶汁，一则养颜，一则可以润喉，令到讲话的发音都会得柔和清润。"这个答案发表之后，他们大为高兴，后来自然科学研究所还出版了两本《石斛之研究》。书末结论，说石斛非但是滋润药，还是营养剂、美容剂和长寿药。这一次讲罢之后，我到资料室把第一次带去的植物标本归还档案，但是我看到档案中动物荷尔蒙部分，有七八十份研究报告，讲的都是猪、牛、羊的睾丸和生殖器，雄牛的生殖器叫作"牛鞭"，雄鹿的生殖器叫作"鹿鞭"，还有羚羊的生殖器和犀牛的生殖器，为《本草纲目》所不详的。我一并签了字，带回家去。那天回到家中，我暗暗好笑，替他们做了一分工作，竟然取到九分的资料。

　　如是者工作了一个多月，就在龙华机场"斋藤事件"发生的那一天，我到中尾万三所长的办公室去对他说："中日两国本来是兄弟之邦，现在敌我界限越来越深，阁下爱阁下的国家，我爱我的国家，从今以后，恕我不能再到贵所来了。"中尾万三谦恭有礼地说："你的话是对的，我也谅解你的苦衷，但是只要事变解决之后，我还是要登门恭请的。"这件事就是这样地摆脱了。但是我回家之后，心里沉痛之极，为了国家，我应该辞职，为了学术研究，那就是一种损失。每次翻阅摄得的各种资料，总有无限的感慨，这也是我在"一·二八"时期中受到的许多损失之一。

突接电话 弃家出走

居留在朝鲜本土的朝鲜人，还崇尚中国汉唐遗风，有谦谦君子的风度与和蔼可亲的民族性，但是这种良好的朝鲜人，日本人反不让他们进入上海，他们带来的都是一些面目狰狞、十恶不赦的坏人。

其中有一班人，是在日本并吞朝鲜之时，大批流亡到山东，再在山东经商，学会了中国话、中国文，面貌活像中国人。那时这班人都聚集在上海法租界，而且还有一个党本部，聚了许多朝鲜志士，干着朝鲜的复国工作。我因看病的关系，与许多革命分子比较相熟，但是有一点，他们的面相都有些和山东商人相仿佛，我只知道他们的姓，总是姓金、姓李、姓朴、姓尹的，名字实在叫不出，不过碰到了面，彼此总是含笑握手。

这个复国党的组织，照我想来，核心分子不过四五十人左右。有一次我因为看病，到过他们的党本部，他们正在开会，大家席地而坐，李承晚坐在中央，后面悬着一面中央是一个太极图四面是八卦字的旗，这就是现在韩国的国旗。

那天他们开会，门前站着一个法租界警务处的包打听程子卿，我坐车夹着皮包直到门口，程子卿见了我就问："陈先生你来干什么？"言下大有阻止我进去的模样。我说："我是来看病的。"程子卿说："不行，不行，里面没有人生病，你进去作甚？"我说："我昨天来看过，一个小孩子出痧子，今天为什么不许我进去。"程子卿派伙计进去一问，果然不错，才放我进去。后来我知道，这批朝鲜革命分子，能在法租界活动，全靠程子卿在包庇着他们。只要这个党部机关给日本人知道之后，日本领事馆派人到法租界会同捕房缉捕的话，程子卿会即时通知他们，走得一个人都没有。所以他们这个党本部，常常搬迁无定的。

"一·二八"战事结束之后，日本人认为大胜利，就在北四川路的虹口公园举行一个庆祝胜利大会，当时主持这个大会的人，就是日本的白川大将、植田司令和重光葵外交大使等。

开会的早一天，已经在虹口公园布置好一个司令台，划定区域，左边是日本的空军、陆军、海军，右边是日本居留民团，后面才轮到朝鲜人。他们布置得很严密，所有日籍居民都发给一条白色绸织的签条，上面写明姓名，由居留民团盖印。朝鲜人由日本领事馆发给签条，是蓝色的，上面也写出各人的姓名。并且规定由正门东边进，西边门出。

到了开会的当天，高空中放出一个很大的气球，球的尾巴上拖着"庆祝大捷"的字样，当时住在虹口的中国人，个个黯然神伤，远而避之。

开会时的情形怎样，恕我不知道，可是开会到了下午六时，《时报》特别发出一张号外新闻，大家抢着购买。原来在大会中，检阅台被炸，白川大将重伤，有一个日本中将身亡，重光葵足部也受重伤。这个号外一出，市民们奔走相告，欣然有喜色，大家说："白川，白川，一场白

韩国志士尹奉吉

串而已。"当时《大美晚报》的号外也陆续出版了。晚上，上海各中国报纸都接到一封信，里面放着一张照片，这照片就是当时在会场上丢炸弹的那位革命志士，名字叫尹奉吉。他预先拍好这张照片，手中拿了手榴弹，胸前挂了一块牌，上面写着"为革命而牺牲"的字样，背面墙上还挂着一面韩国的太极图八卦字样的国旗，他是有计划地利用朝鲜人身份混入司令台，一连丢上两个手榴弹，然后坦坦然束手就擒。这种壮举，令人肃然起敬。

次日一清早，我买到报纸看得清清楚楚，感到非常高兴，特地泡了一杯龙井茶，坐在沙发上，想把各报再细细地看上一遍。

不料电话铃声大响，本来我懒得去听，但是铃声不断，只好起立去听，只听到一个山东口音的人，操着朝鲜人的语气对我说："你是不是陈存仁先生？"我说："是。"他又很匆忙地告诉我："程子卿先生有病，要请你立刻出诊，而且你要准备几天不回来，这是性命进出的事，你不用考虑，立刻就走。"这句话的收尾来了一句朝鲜话，叫"肯啥很意大"，这是朝鲜话"谢谢"的意思。

我接了这个电话，觉得很突兀，再一想，情形不对了，因为收尾是朝鲜话，又提到程子卿的名字，分明这是保护朝鲜革命组织中人的密语，再一想可能与虹口公园炸伤白川事件有关，也可能有我的一张名片在尹奉吉袋中被搜查到。想到这里，立刻惊骇起来，两手也颤抖不已，只觉得腹部有一股气朝下一沉，好像要大便泻出来的样子。

正在踌躇之时，第二个电话又来了，说："陈先生，你还不走，当心三套头。"说罢对方就收线。（按：所谓三套头，是捉到宪兵队，先要来三套刑罚，都是残忍无比的。）这样一来，我格外着急了，穿上了衣服，便对家人说："我要到青浦朱家角去看一个急诊，几时回来，没有一定。"说罢，从抽屉中取了一百元钞票就走。

走到门口，见到我的挂号先生，他是苏州人，我问他："搭船到苏州去，在什么码头坐船？"他说："往苏州的小船，停泊在天妃宫桥堍苏州河边，九点钟就要开船的。"我说："知道了。"顺便告诉他，我要离开上海几天，请我的门人张卿云代诊。说完，我就扬长而去。

我叫一辆黄包车，过天妃宫桥，一路在想，尹奉吉的本人，我连认识都不认识，更未参与其事，照理不会牵涉到我身上。不过，朝鲜人姓金、姓朴、姓尹、姓李的人，我都交换过名片，要是日本人在他家中搜到一张我的名片，便会滥捕无辜，宁枉无纵，也有可能；一旦被捕，就要饱尝"三套头"的苦刑。所谓三套头，一套是用老虎钳拔指甲，一套是灌自来水，另一套是坐老虎凳。想到这里，就毅然决然登上了到苏州去的内河篷船，因为那时节，火车路轨已炸断，交通还未恢复。

在踏上船之前，我说要买官舱票，或头等票，船上人说："大少爷，这里是不分官舱和头等的，一律睡地铺，不过现在火车没有开，票价要加一倍。"正在谈话之间，只见到远远地开来一辆军车，车上两个日本军人，中间有一个老人穿上了老棉裤，裤脚管扎上两条带，我仔细一看下身，完全像我诊所中的挂号先生装束，心想他们已追踪而来，不禁头部一昏，摇摇欲坠，也没有心去看这人是不是我的挂号先生，也可能挂号先生走漏了我的消息，被他们押着来领捉我。

幸亏这辆军车，一到了天妃宫桥堍转了一个弯，没有扑向我身边来，我这才胸前放下一块石头，略为清醒了些。原来五六十岁的老人都是这般装束，并不是我的挂号先生一人为然。惊魂甫定，就向船篷中一钻，拣了一个靠边的地方，倒下来便睡在船板上。自己想想也觉得好笑，何以向来镇定自若，如今乱到这般光景？

原来这种船的设备，简陋到极，全部是统舱，大家好像沙丁鱼般地一排一排睡在地上，多数是苏州人赶着回乡，一切旅行设备简单之至，船上不但没有枕头被头，连茶杯热水瓶都要自己带的。好容易等到开船，心才定了下来。

旅途寂寞　邂逅丽人

船一开以后，由于心定关系，游目四顾，才知道船上一共有五十多人，分成两排，挤挤迫迫地轧在一起，多数是劳工阶层中人。对面二人，睡定之后，除了袜，大擦脚趾丫，臭不可当，全船的人视若无睹，若无其事。而睡在我旁边的一人，又是一个穿得破破烂烂的泥水匠般的工人，赤着脚，也揉起脚趾丫来。我觉得这般环境，真不好受。

忽然间，有一个妙龄女郎，捏着鼻头，吵了起来，而且操着吴侬软语骂这些毫无礼貌的乘客，她一眼望到我，竟然叫我："陈大少，你怎么大少爷落难，也会搭这种齷齪船？"我抬起头来对她看了一眼，似曾相识，但想不起她是谁，因为病人多，他们认识我，我却记不清她是谁。正在诧异之间，那妙龄女郎竟然走了过来，说："我的睡位旁边，臭是臭得来，连隔夜饭都要呕出来。陈大少！侬这里阿好让我轧一轧。"说时她就一屁股坐下来，但是船上已挤得很，实在无插足之地，我就和邻座的那位泥水匠工人说："你可不可以和这位小姐换一个位子？"那个工人初时面有难色，那位女郎立刻拿出两只橘子出来说："老伯伯，这是送给你吃的，可不可以行个方便？"那老年工人，见到这般模样，就拿了包袱，和这个女郎换了位置，她连声称谢。便横了下来，钻在我身旁，我就和她攀谈起来，问她："侬姓啥？"

那女郎对我说："我是云南路会乐里巧云笃格小阿媛，我到你诊所看过好多次病，侬哪能忘记哉？"同时她对我身旁看了一眼，问我为什么不带行李，她说："侬哪能咽下去？"我说："我因为要到苏州去看病，匆匆忙忙一样都没有带，也不想到船上样样没有的。"她说："现在冷得很，过关的时候，检查起来，可能要五六个钟头。本来今晚可到苏州，但是要是查关麻烦的话，要在船上过一夜也说不定。"我一听到查关二字，就问她："苏州河中哪里有关？"她说："打仗之后，萝卜头（指日本人）在阳澄湖口设了一个关口，进进出出的人，都要查，现在火车不通，小船有几百只，所以查起来，时间耽搁很长。"我听了她这番话，不觉心里一寒，想起来还要过一个关口，不免有些惊惶起来。

幸亏那个姑娘一路上有说有笑，许多寂寞烦恼，都给她冲淡了。那小船行得好慢，只见别的小船都有小汽船拖着走，所以都快得很，这样更觉得自己的船慢，心里非常着急。那小姑娘竟然能够鉴貌辨色，问我："陈大少，侬有啥亲眷在苏州生病？使你这样心神不定？"我说："我到苏州，实在另有要事，你到苏州，又为了何事呢？"她说："自从东洋人打仗以来，我家粮食已断，日夜盼望我带些钱回去。"我就问她："到了苏州码头，上护龙街是否有车子可搭，我是走不动的。"她听了我的话说："好极了！

码头上可能有出租的马车等着，我陪侬一道去，我家就住在护龙街附近，我要你的马车弯一弯，请侬送我进去，能在我家中坐一坐，可以让我扎些面子，风光一下。"我说："好的，一言为定。"

一路谈天，船已到了阳澄湖的关口，那个地方早已有许多破船，沉在河中，作为封锁之用。日军耀武扬威地走上来，对一个个乘客详细察看，有一个乘客行动慢了些，日军就掴了他一个巴掌，大家肃静无声地站起来排着长龙听候检查。查到我的身边，见我一无行李，旁边依着一个姑娘，认为我是纨绔子弟，倒对我不加理会，大喝一声，便算检查完了。大家就重行各归原位躺了下来，这时我才想到遇见这个姑娘，使我沾光不少。但是闸口上排的小船，相互连接，有一百多只，等候了三四个钟头，还过不得关！然天色已黑，加上寒风凛冽，我冷得不得了！

这位姑娘说："今天晚上能不能到苏州，还不晓得，你还是睡下来吧！"我说："我只有一件黑紫羔袍子，可以作为被头，但是没有枕头。"那位姑娘却爽直得很，在行李中抽出一条丝棉被头来说："陈大少，你不嫌弃的话，大家就一同困吧！"于是我就和她共枕而眠。这旖旎风光的一夜，想想真是好笑。

困居苏州 痛苦万分

到了苏州码头，果然有马车等着，我就依约定的话送她回家，并且还在她家中坐了一会儿，饮了一杯茶，封了一个红封包，欢笑而别。到护龙街再找一间客栈。

我坐在马车上，要车夫介绍我一家旅店，一连问了三家，都已客满。原来这个时候，正是十九路军在苏州举行追悼阵亡将士大会前夕，由南京赶来参加的人很多。后来好容易在一个小巷口找到一家旅馆，这个旅馆是一个旧家所改造的。老板领着我去看一间官房，房间既小，设备又简陋，我在无可奈何的情况之下，也只好住了下来。老板问我："你怎么没有带被头铺盖？"我说："匆匆忙忙出来，来不及带。"他说："这房间每日租金一元二角，租一条被头，大洋一角。"我说"好的"。过了一会儿被头拿了来，这被既厚且硬，重达六七斤。我也吃不下东西，倒下去就睡，可是睡在床上，鼻头接触到被头，闻到的味道，真想呕出来。这时虽然天气很冷，但是臭虫（木虱）依然大肆活动，实在难以入睡，又想到家中是否会受到日本军人的搜查，又不知道我的母亲会不会受到惊吓。

东想西想，反复而卧，朦朦胧胧已经天亮了。起身后第一件事就是要洗脸，但他们并不供应毛巾，他们说："本来我们用日本货的铁锚牌毛巾，现在因为抵制日货，只有青布毛巾，牙刷我们是没有的。"因此我也就胡乱地洗了一通。我在洗面时，照一下镜子，只见自己在整日整夜地消耗之下，显得憔悴不堪。

我走出房门，问老板哪里可以买到毛巾、牙刷？老板告诉我："现在为时尚早，没有一家店铺开门，你最好上

'吴苑'去吃茶，那里有毛巾可借，可能连牙刷都买得到。"
正在这时，隔房走出一个老头子，给我一张卡片，上面写着"吴铁口"三字，他开口就对我说："昨天你到旅馆来时，我看到你满面晦气，今朝一看你的面相，恐有杀身之祸。"我一听了这话，真是说到了我心里，连心都像要跳了出来，只好强自镇定地说："不会有这种事，你不要胡言乱语。"说罢这句话，正想逃避他，不料他一手拉着我说："我铁算盘算出来的事是不会错的，我只讲一句话，对的你就请我算命；不对的话，一个钱都不要。"我说："我不喜欢这一套，不必多说。"他说："你呀，十岁之前已经丧父。"这句话我听了，倒有些心乱起来，因为我早年丧父，在上海的友人都不知道，何以他会知道，再一想这种人碰不得，于是我就拂袖而行，好像逃一般走出旅店。

走到太监弄"吴苑"，这是一个大茶馆，里面一连有几间连贯相通厅堂模样的茶厅。吃客大半是苏州的老乡绅，还有小半是古董商人和地皮掮客等，他们的座位无形中都有规定的，我随便拣了一个位置坐了下去，四周的茶客都以奇异的目光看着我，原来我坐的这一个位子，是一位老客人天天来的。茶房问我要些什么，我说："要一条毛巾和一支牙刷。"他说："都有。"不到一会儿，他就把毛巾和牙刷拿来，并且带了一盒无敌牌牙粉，我就舒舒服服地洗了一个脸，刷了牙，然后叫了一碗小肉面进食。

我察看四周的茶客，人头很整齐，他们都有自备的面盆、手巾、牙刷，寄留在茶房那边，每个茶客都是悠悠闲闲地相互招呼。我叫了一碗小肉面，不过动了一筷，就觉得吃不下去，因为心头好像有块石头压着，推来推去推不开。一忽儿，有一个身材细细瘦瘦的人走过我身边，大声向我招呼说："陈师兄，你怎会独自到苏州来？"我抬头一看，正是老同学王慎轩，他是苏州有名的妇科医生。于是我就拉他坐下来，我也不便说到苏州来的原因，只说来苏州想休息十天八天，倒是一个人觉得寂寞得很。王慎轩说："在我门诊时间，实在无暇陪伴你，让我的学生来陪你到苏州各处去走一趟。"我说："那好极了。"吃罢之后，就跟到他的诊所，诊所中已经有七八个病人等着，我就在他医室中看看报纸。那时节上海到苏州的火车还未通，报上满版登载着白川大将被刺的新闻，说目前正在搜捕余党。我看了，心里又是一阵不舒服。王慎轩说："我的学生姓李，他可以整天地陪着你玩，晚间请你到我家中来吃便饭。"我说："好极好极。"

出了门口，那姓李的问我，要不要到虎丘去玩一下。我说："虎丘我早已去过。"他又说出好多地方，我都回说："没有兴致。"最后他说："那么我们走得远些到灵岩山去玩吧，那边风景绝美，你一定要去一次。"我说："这个地方倒没有去过。"于是我们就坐上马车到枫桥，再换船到天平山下埠头，而且坐女人抬的轿子，上山向灵岩而去。

灵岩的风景，真是既秀丽又雄伟，是苏州最幽静的名胜。我们就在那边找到一家馆子，吃了午饭，点了四个菜，可以说每一个菜，都非常可口，但我仍是食不下咽，那姓李的说：“陈先生，你是否小病初愈，何以胃口那么差？”我说：“是的，是的。”姓李的说：“那么我不客气了，所有的菜，我可以照单全收。”不一会儿，只见他狼吞虎咽，风卷残云地一下子就吃光了。我心中暗暗佩服，毕竟心中无事，食欲才能旺盛，老古话是一句也不会错的。

灵岩山归来，已近傍晚，再到王慎轩家中，见到济济一堂，全是当地的同道，我虽尚能应付自如，但是人人都看得出我疲乏不堪，好像有病一般。

吃罢之后，回到旅馆，又撞到那个吴铁口，他一定要为我算命，并且口口声声说不要我钱。我心想样样都可以送，“命”是送不得的，我只好掏出小洋八角，对他说：“今天晚上我想好好睡一觉，这八角钱，就作为你今天早晨的相金吧！”料不到这位吴铁口又讲了一句话：“你印堂之中，晦气笼罩，我一定要替你算一个命，来报答你。”

我愤愤然地转身就把房门闭上，埋头便睡。可是这天晚上仍然转辗反侧，千愁万虑，总是睡不着，房间的一只钟又旧得很，滴答滴答声音极大，等到钟鸣四响，我还睡不着。本来我是反对迷信的，但是到了这时我“下意识”一冲动，就走下床来，去拍吴铁口的房门，吴铁口蒙蒙眬眬地起身说：“贵人来访，有何见教？”我说：“现在我来，你算命也好，测字也好，我要请你占卜一下，最近几天之中，我和我的家中，会不会弄出大事体来。”那吴铁口披起衣衫，慢条斯理地应付我，而且烧了一炷香，详详细细问我的时辰八字，还细细地看了相，最后他来了一句结语说："你这几天中，运道坏得很，不但你自己会大祸临头，而且你家也会弄到家翻宅乱。"他这几句说来，我回到房中更是心烦意乱，坐立不安，这是我一生中最难忘最痛苦的一宵。

参加悼亡　忽获喜讯

我正在百般无聊的时候，知道这一天苏州十九路军举行追悼阵亡将士大会，忽然我的勇气油然而生，匆匆忙忙整理一下衣服，还特地剃了发，去参加这个追悼大会，要向阵亡将士鞠躬致敬。

这个会场大得很，皇废基的大广场中，右面站着的都是军人，中间站着许多长官，左边都是民众。开会时仪式十分庄重，军乐齐奏，大家已经流泪如注。最后有蔡廷锴、翁照垣等十几个名将，鱼贯而入，一时掌声如雷，历十多分钟不息。待到哀乐一奏，情绪更是激动，无数人暗暗饮泣，无数人失声痛哭，当地的政府官员和社团人士举行公祭。大家想到这一次战争死伤惨烈，都是心酸欲绝。最后由蔡廷锴演说。他说的是广东国语，大家虽听不大懂，但是他讲来慷慨激昂，令人热血沸腾，我看到这一幕，感动得自身的危险都忘记了。

在这个大场面中，大家肃静地站立着，只有若干摄影记者，钻来钻去在场中乱窜。我一眼看见我的老友（上海摄影画报社长）林泽苍也在其内，背了一个相机拍个不停。我乘机和他招呼了一下，他忙得很，说："你不要走开，等一下我和你一同走。"等到散会的时节，名将们先走，一群摄影记者和林泽苍等追随其后，林泽苍施一个眼色，暗示要我和他同走。我匆匆忙忙走近他，已有十几辆汽车等着，我也混在记者群中登车，一起到十九路军的军部临时办事处。

蔡廷锴坐定之后，随便请各记者饮茶。林泽苍对我说他即刻要坐船回上海，以便冲晒底片即刻刊登报纸，忽然间他想出一句话来："我动身时到过你家，想约你同来，谁知你已逃之夭夭。"我问他："究竟日本军人有没有到我家去搜索过？"他说："根本没有。"我又问他："是不是在尹奉吉身上抄到我的名片？"他说："也不是的，尹奉吉做事，干干净净，不牵涉任何一个人。他身上挂着一块牌子，写着一人做事一人当，完全是英雄气概。但是日本人一定要抄朝鲜复国党革命机关总部，法租界派了程子卿去会同搜查，结果空无一人，空无一物，只是电话机旁边有一张电话号码表，十分之九已撕掉，只剩十分之一，上面有三个医生的名字，第一个是留学日本的西医汪企张；第二个是西医陆露沙，也是留日的，兼是戏剧家；第三个是老兄的名字。日本人把这纸角撕下，程子卿怕你受累，所以叫一个朝鲜人打电话给你，叫你快逃。后来日军到过汪企张家，问这个所在一共请你出过几次诊，搬过几次场，汪企张据实相告，也没有事，后来连陆露沙家都没有去过，所以你家也没有事。"我听了这一番话，心中一块石头就放了下来，那相面先生的话，就此烟消云散。当时我就拖着他到一家小菜馆吃饭，顿时胃口大开，连添了两碗饭，几个菜也吃得津津有味。林泽苍说："两点半，有一只新闻界合租的小船，要避免查关，绕道嘉兴回沪，你顺便搭这船回上海也就算了。"那只小船是由马达小轮拖行的，所以很快就到上海，一场虚惊，就随着林泽苍传来的喜讯而消散了。

由苏返沪 日人来访

由苏州悄悄地返回上海，又到理发铺理了发，然后回家。别人看到我容光焕发，以为我由外埠出诊回来，一些也看不出我已经过一场虚惊了。

不料，我回诊所时，看见我的挂号桌前，悬上了一幅日本"明治天皇像"，而且利用一只旧的丝绒衬阔边的镜框装上，看上去很是古朴而瑰丽。为我代诊的学生偷偷地告诉我，自从我走了之后，对面木行的老板告诉他："成都路捕房约同一个日本警察，在你家门口窥伺了两三天，想来陈医生有些问题。"（按：公共租界的董事会，本来日本人也有份，各警察局中都有日本警官三五人。）学生就问我："究竟是不是真的？"我不说是，也不答否。他说："向来日本人捉人，动辄就打，其势汹汹，所以我寻出从前你由日本带回来的一张明治天皇像悬挂出来，作为挡箭牌，因为你从前讲过，日本军人看见明治天皇像都会鞠躬致敬，不会乱来了。"（按：此像系昔年在日本花日币五分买来，因为明治天皇是对汉医有历史的关系，所以我买来用作资料的。）我问："究竟后来有什么事？"他说："根本没有发生过什么事。"

后来过了一个月，淞沪战役结束，商业及社会繁荣完全恢复。有一天，门口来了一辆大汽车，车中走出四个便装日本人，开口就说："要见陈医生。"他们抬头见到明治天皇像，即刻立正做九十度鞠躬，完毕退后三步，又再鞠躬，然后进入客厅。家人见了他们，惊慌不已。我一看他们的卡片，原来来者是"自然科学研究所"所长中尾万三博士等，才放下心来，整衣下楼，亲自款接。

他们见到我，又是深深地鞠了一个躬。坐谈之时，中尾博士说："现在中日之战已和解了，我希望你仍然到本所来，继续帮我们的研究工作，军阀好战，我们学术界是反对的，请你也不要介意。"我说："这一场战争，中国损失太厉害了。"这时恰巧我手头有一份报纸，刊出东方图书馆的损失，给中尾博士看。这张报纸说："这一次烧毁闸北东方图书馆三十多万册的书本和五千多种的图片，如宋元明善本的各省府厅州志二千一百多种，公元十五世纪前所印的西洋古籍，远东唯一孤本德国李比希化学杂志初版全套，香港久已绝版的中国汇报，罗马教皇梵蒂冈宫所藏明末唐王的太后王后王太子及其司礼监太监皈依天主教上教皇书的影片，完全在牺牲之中。"又说林琴南生平所翻译，未刊的东西洋小说，据调查所知，烧掉的有《金缕衣》《情幻记》《军前琐话》《洞冥续记》《五丁开山记》《孝女履霜记》《雨血风毛录》《黄金铸美录》《神窝》《奴星叙传》等，共一百五十九种，尚有不知道书名的，当然更多云云。

中尾万三博士看了这段新闻，呆了好久，说不出话来。他知道这一次协和的工作不能成功，于是他说："我在三个月之后再来拜访你。"所谓"协和工作"，即后来的新名词所谓"统战工作"。

这次战事终了，淞沪协定签字之后，申明上海四周不得驻防中国军队，一切军事设备完全撤离，改用东北籍警察来维持沪市治安，报纸也登载市长吴铁城对这批警察训话时的摄影，我看了之后，认为以后的日子恐怕更不好过了。

这次"一·二八"战事，银行钱庄都不敢开业，银钱业中要人，天天在城隍庙"内园"开会。他们也发觉银元制度有绝大的漏洞，自从政府发表废两改元、废元改币之后，银钱两业，尽力协助，市面上的银元，果然绝迹，有银元的人，都存入银行，由银行调换钞票。

我常常到戈登路的一家华洋染织厂去看病，看罢之后，总喜欢在那边附近徘徊，因为那处就是中央造币厂所在。我以为该厂从此以后不会再开工了，岂知他们放工时，还是有成千工人放出来，而且烟囱中还冒着浓烟，一望而知厂方仍未停工。最感到奇怪的是，我和工人们谈话，他们都顾左右而言他，不愿和我多讲话。

有一次，我就向华洋染织厂中人问道："现在银元已废除，何以造币厂还要开工？"他们说："现在造币厂，不是在做铸币的工作，而是将银元熔化成为银条，工作繁重，工人反而加添了不少。据说这种银条，有一定的规格，每天成箱成车的不知运往何处？"于是我才知道，废除银元的政策很成功，报纸上正在登载白银问题，在记忆中，记得那时节，黄金大跌，白银涨价，所以研究白银问题的论文越来越多。

陈光甫氏　雄才伟略

国民政府收回了那么多的银元，国家库存之数字，可说打破纪录。

从前中国外交政策，孟心史说过：

> 清代以来，外交方面可以分为四个时期：第一个时期是"轻外时期"。对自己国家自尊自大，对外国人一切估计得很低，外国人来朝，都要向皇帝叩头，英国大员来朝，声明朝见之时绝不叩头，但是自有许多官员及太监等，硬手硬脚地要他们叩了头为止。这是说明中国高高在上，万国的使臣来朝，都要屈膝叩头，否则，即是对堂堂的中国大不敬。第二个时期叫作"惧外时期"。中国受了各国的炮舰政策的威胁，屡战屡北，自信心消失，对外国人怕到不成体统，什

么不平等条约都会签下来。第三个时期叫作"畏外时期"。从前中国的官员，都抱定一个宗旨，"千里做官只为财"，由小官升到大官，一层层地只求无过，不求有功，而对人民百般压榨，勒索钱财，有办法的能捞到一笔大财，就算是干才，在上的眼开眼闭，只求逢时逢节，或是逢寿辰，能受到一份丰富的礼物。县官要孝敬府道，府道要孝敬京官和巡按，如西太后做寿，全体文武百官都有名贵礼物呈贡，他们只怕一件事，就是最怕和外国人交涉，逢到华洋纠葛，就不敢问谁是谁非，总认为外国人是对的，因为事情一闹大了，革职有份，至于丧失主权，在所不问，这是"畏外时期"外交上的一般情况。第四个时期叫作"媚外时期"，举凡上下官员以及一般人民，都认外国人的事，样样是对的，连月亮都是外国的圆，这一个时期维持了三四十年。

中国的外交官员，是一种论年资升级制度，先做领事的随员，做了几年，不生什么事端，就升为领事，领事做了几年，要是能博得洋人的欢心，然后升为公使，公使能做到循规蹈矩，面面讨好，就有资格升为大使。

在外交官员工作时期内，一种因为"弱国无外交"，也没有什么作为；还有一种就怕在任内发生事端，能力争主权的话，只能在自己国人面上，做些纸上功夫，说得婉转，写得圆滑，就算是能员，要是动辄和外国人据理力争，一些不肯放松的话，反为朝廷所不喜。当然也有几个杰出的外交官做出一些好事来，但多数是庸庸碌碌，垂拱而治，一切唯洋人之命是听。

中国经过"一·二八"战事之后，励精图治，要想和日本决一死战，最要紧的问题，就是要拉拢外交关系，才会掌握胜利。

从前国人有一个心理，认为美国人对中国最是亲切，在凡尔赛条约、九国公约等，都对中国有利，所以一切人等都想美国是中国最好的朋友，将来开战时，一定对中国大有帮助。

但是事实上泄气得很，美国议员常常提出许多谬论，你讲一段，我讲一段，教中国人看来真是垂头丧气。还有一点，美国人专讲做生意，不断地把美国废铁几万吨、几十万吨卖给日本人，这种消息一而再、再而三地登在报纸上，这种废铁运到了日本，一经锻炼就成为制造武器的钢铁，中国人反而得不到实际上的援助。

这又要说中国的驻美外交官员，只懂得仪表和酬酢，商务参赞也只知道一些商业常识，对中国的抗战大事，实在起不了什么作用。

在这时节，国民政府就向民间经济专家逐一咨询。上海的一班大商家，对做生意都是一等好手，但是对国家大事还是没有远见，互相推诿，推出一位陈光甫先生出来。

陈光甫先生本来是一位国学根底很好的读书人，留学美国，毕业于宾夕法尼亚大学，待到他创办"上海商业储

民国时期，上海商业储蓄银行

蓄银行"之后，一切措施都采用科学管理。从前银行对存户，像官吏对付乡下人一般，唯有上海商业储蓄银行，连一块钱都可以开户，而且职员对客户，客气得非常，大大地发挥了为客户服务的精神。

上海商业储蓄银行成立不久，存款直线上升，渐渐成为民间银行的首脑，银行界中人，事无大小，必然要请教他，他一句话力量大得很。

我还记得上海商业储蓄银行初创时期，是开设在北京路、宁波路"邓脱摩"西菜馆后面一条弄堂里，门面是由石库门改装的，里面的地板，走起来轧轧有声，但是不上几年，就一变而成为一家大银行，又隔几年，就自建大厦，成为上海独一无二的民营银行。陈先生的精神与毅力，实在是值得钦佩的。

陈先生对银元与银两，早有认识，打破银钱业的惯例，银元与银两在钱庄中都可以开户口，自从银元收归国有之后，白银都在政府手中。

从前上海的银行，很少与外国银行有直接关系，唯有上海商业储蓄银行，早与伦敦经营白银的巨擘"Mocatta & Goldsmid Co."有联络。又在伦敦、纽约、旧金山设有代理银行，行中还特辟一个国外汇兑部门，先后与伦敦"National Provincial Bank"订立英金十万镑的透支契约，又和纽约"Chemical Bank"订立美金七十五万元透支契约，又和旧金山"Wells Fargo Bank"订立"Acceptance Credit Mail"办法，即一面航寄出口汇票，一面以电报通知，即可用美金二十五万元之信用贷款。这种方式，不但上海各银行没有，连政府都认为是奇迹。

政府当局鉴于驻美公使馆的商务参赞完全不懂这种商业上的情况，认为中国政府要对美国方面打交道，唯有请陈光甫出马。

这是在民国二十四年（1935）一月五日驻美公使施肇基电告南京，说是宋子文到华盛顿政府商谈白银问题，美国政府答复无可贡献，王正廷等不断商讨，毫无结果。到了二月二十七日，美国驻上海总领事高斯（Gauss）忽然透露消息说"美国财政部部长摩根索需要邀请陈光甫商谈"，中国政府立刻同意。但是陈光甫在政府中并无任何名义，结果以财政部高等顾问名义赴美，财政部次长郭秉文等同行，一切会谈由陈光甫全权处理。

从前美国政府，对外援都啬得很，唯有在商言商，以商业的利益来打动他们，最是有效。所以陈光甫一出场，谈判就节节合拍，完成了一个重大的任务，这个任务包括了七项事宜：

（一）中国保持币制独立，不与世界任何货币集团联锁。

（二）中国除外汇黄金以外，保持百分之二十五白银为发行法币之准备。

（三）取消关于艺术及工业用银之限制。

（四）鼓铸五角及一元银辅币。

（五）美国承购中国白银七千五百万盎司，另接受五千万盎司，作为二千万美元贷款之担保。

（六）是项白银，自民国二十五年（1936）六月起，至民国二十六年（1937）一月止，八个月内分批运美。

（七）白银价格按墨西哥加拿大方式，分批决定，遇银价上涨时，中国得向市场公开出售。

这个谈判，并没有签约，只是以备忘录及双方换文方式，完成了实际的任务。

那时节，日本拼命地反对，认为这是用白银来购买军械的军事协定，对他们不利，但是也找不到确切的证据，反对尽管反对，而我们的基本工作，却由此而奠定了。

这次的换文成功之后，中国的存银，分批运往美国，由美国政府予以收购，前后数量达二亿余盎司，中国初期抗战，财政上的支持，完全靠这笔巨款。

待到战争打到相当时期之后，各国的援助陆续来了，这件事情知道的人很少。现在出版的《民国百人传》中，对这件事写得很详细。所以我说一个"大国民"的个人贡献，往往超过了许许多多外交大员的工作。

抗战开始时，陈先生在莫干山养病，大家简直不知道白银政策的内幕。

陈光甫，仪表是怎样的呢？我存有照片一张，完全是一个忠厚长者的模样，为人和蔼可亲，在他身上，一点也找不出什么架子。

一九六〇年，我在香港开业，陈先生的家人来请我出诊，我到半山宝云道陈宅，第一次见到陈先生本人，谦谦和和，蔼然仁者。等诊罢了病之后，他和我谈话，他说："你的名字我知道了很久，总以为你年纪很大，而且还知道我的朋友沈熙瑞（香港汇丰银行联合经理）是你的外甥，所以你一进门之后，我才发觉我想象中的仪表完全错误。"我说："是的，熙瑞是我的大外甥，我是他的小娘舅，所以论辈分，忝长了一辈，论年纪，我却比他小几岁。"

他又对我说："你历年提倡心理卫生的文章，我看得不少。"

过了几年，他身体上也有些小毛病，常到我九龙诊所来就诊，总是戴了一顶铜盆帽，手上握着一根司的克，谁也不知道他就是大名鼎鼎的陈光甫先生。

又有一次，他来邀我到旺角上海银行分行向该行职员演讲，这是利用同人午餐时间向他们作一小时的身心修养演讲，我就以"含笑迎人"四字为题，讲足一小时。讲毕之后，他备了丰盛的饭菜留我吃饭，并说："你的寓意很好，对他们的影响力极大。"我对他的印象是深刻难忘的。

"一·二八"后 畸形繁荣

"一·二八"战争之后，上海的繁荣，简直是直线上升，因为人口一多，房租涨价了，各游乐场所，满坑满谷，各种商业无不门庭若市，有几个特点，是战前所没有的。

一、从前上海的无线电台只有少数几家，无线电收音机也销数不大，都是一些学生们自己装置一些小型矿石机，用着一副耳套听听音乐而已。到了战事停止之后，大家纷纷购买收音机，那时的收音机都是用真空管的，普通的是三个真空管，较贵的是五个，以飞歌和飞利浦出品销行最广。商店就利用电台来作为商品宣传，最有名而电力较大的电台是"亚美电台"，后来就有许多电台继起，如"华东电台"等。当时有一家绸缎店，叫作"老九和"，是第一家在电台播送弹词节目的，轰动得很，本来弹词家的范围不出几家茶楼书场，从这个时候起身价就不同了；走红的弹词家，每月的收入要达到数百元至近千元。

二、外埠逃难来的人，工余之暇，就是游览"大世界""新世界"等游乐场，后来什么场所都挤满了人。同时更兴起了几种新事业，除了弹词家沈俭安、薛筱卿、朱耀祥、赵稼秋、周玉泉，他们一时成为听众的偶像外，申曲界也出了施春轩、筱文滨、筱月珍、邵滨孙等。其中最突出的就是越剧，如袁雪芬、马樟花等，本来这些角色是在宋家弄一间小型戏馆唱的，后来竟风靡一时，出了十多位名角。

我对这种地方性戏剧，向来不甚重视，但是我与越剧中人接触得多了，他们的生活状况，知道得比较详细，现在我来谈谈：

越剧产生在绍兴嵊县，班主被称为班长，多数拥有一只船，他就吸收当地的小姑娘，订了一种类似卖身契的条约，第一次付一百元至三百元，以后这些女孩子就归班长所有。戏班船到处漂泊，生活苦得很。早晨班长就教她们唱越剧，剧词主要的只有四句成调，女孩子一念之后，就会喃喃上口，但是她们却是一字不识的。到了一个小码头就演戏，由熟练的做主角。从前没有什么布景灯光，就是一味地唱，而剧情和唱词以及对白，都浅近得很，所以家庭妇女们都非常爱好。唱了若干时日，又换一个码头，就在浙江一带卖戏，船只行来行去。

班长对这班女孩子苛刻得很，拳打脚踢是常事，动不动还要用板子来打，年龄长大了些，班长就占有了她们，令到她们死心塌地地为他赚钱。要唱满三年之后，才有一些微薄的薪水，大约每登台一次，才给她们小洋四角至六角。

"一·二八"事件以后，大家提倡国货，三友实业社经理陈万运一天对我说："我们办的是毛巾和棉织品，刚巧可以顶住日货铁锚牌，这是日本人最痛恨的。（按：当时国产商品叫作国货业，凡是在中国畅销的日本货，由国货业一样样仿制出来去代替。三友实业社的三角牌毛巾，就顶住日本货的铁锚牌，无敌牌牙粉则顶住日本货的金刚石牙粉，天厨味精顶住日本货的味之素，菊花牌蚊香顶住日本货的野猪牌蚊香，诸如此类，各方面努力推行，日货大受打击。）现在'一·二八'之战，经过淞沪协定之后，上海笼罩在日本人势力之下，所以三友实业社迟早是要被他们烧成一片白地的。但是三友实业社工人有两千人，我们总要想一个办法，开辟一个国药部，出售国产成药。这个部门要你来负担设计之职，因为你是我们的常年医药顾问，想来你也无法推辞的。"

我自从这次谈话之后，先想出一种真马宝，因为每一只马宝重达数斤，药店里出售三分马宝，就要三角钱，如果把马宝磨成粉，每五分装成一小铁盒，售价一元，表面上雅观得很，实际上利益甚丰，对本对利。陈万运就依照我的计划，开始登报发售。初时只出马宝一种，就赚了二三万元，陈万运非常得意。他认为马宝销路较狭，还要制造一种对大众有益的补品，于是由我处方，又制成了一种三友补丸和方便丸两种。三友补丸每盒售二元，方便丸每盒只卖三角钱。方便丸的原料只是一味大黄，不过将大黄经过水蒸熟，再用电烘干，吃起来既能通便，又无腹痛，一时销路极广。

三友补丸，因定价二元，初时不易推销，陈万运利用大幅的广告牌，遍布全上海，于是销数便渐渐地大起来。在那时节，电台上的节目号召力很大，但是弹词节目都已给老九和绸缎局独占。陈万运思想很敏捷，他向二千多工人发出一张调查表，表中开明了申曲、越剧、弹词、滑稽戏等七八个项目，叫他们填写喜听的节目，三天之后，工人都把表填好交来。统计下来，喜听越剧的最多，因此三友实业社自己创办了两个电台，专门播唱越剧，把越剧人才都拉拢得来，签订合约，其中以马樟花、袁雪芬、范瑞娟最红，本来这几个人都受卖身契的约束，陈万运运用一种手腕，把卖身契都一一以高价赎了出来，于是越剧演员格外地努力为三友实业社服务。

这种越剧演员，全是女的，向来生活恶劣，营养不良，差不多个个都有病的。陈万运特地在我家旁边设立一个三友医室，由我专门为她们和三友实业社同人诊断治疗。

我因为诊得她们的肺部都不健全，所以就要她们到虹桥疗养院去照 X 光，一照下来，马樟花已是肺病第三期，袁雪芬已是肺病第二期。那时节肺病还没有特效药，马樟

越剧名伶合影，后排左起：张桂凤、筱丹桂、徐玉兰、尹桂芳；前排左起：徐天红、傅全香、袁雪芬、竺水招、范瑞娟、吴小楼

花首先病倒，不能演出。这种女演员，有许多太太团及越剧迷将她们收为"过房囡"。有一位太太，坚决不信马樟花患病重笃，并且一定要她的儿子和马樟花结婚，经我们反对无效，但是结婚后三个月，马樟花就香消玉殒。

同时，陈万运对一班越剧女演员，除了在电台演唱之外，并不限制她们登台演唱，不料一登台之后，更轰动得不可收拾。

有一个女演员叫作筱丹桂，容貌既美，又有细致的表演，这种演员意志是比较薄弱的，被一个戏院老板张春帆引诱，发生了某种关系。这个张春帆是个恶霸，管得她很严，她一切行动都要受他控制。有一个话剧演员，艺名冷山，是专为舞台设计灯光道具和编剧的，不免和筱丹桂常有接触。有一次，二人正在喁喁私语，被张春帆看到了，就打了筱丹桂两下耳光，冷山一看形势不对，避之趋吉。当晚筱丹桂就留下了"人难做、做人难、难做人"九个字的遗书，服毒自杀。消息传出来之后，全上海轰动起来，成为一时的大新闻。在出殡的那天，那家殡仪馆门口，拥满了戏迷数万人，秩序大乱，连窗格门户都被毁坏，比当年阮玲玉自杀后的出殡，还要热闹几倍。

第二十章

一枚银元值千亿

民国时期，上海，中央造币厂

这是本书的结尾。本来银元已经绝迹，到后来币制崩溃之时，银元又出现了，而且身价大增，不同往昔，所以这段文字亦是银元时代的真正结束。

屡肇战端 南京屠杀

我写本文，是从我本人所身历的情况着笔，关于内地抗战的情况，我是了解得不详细的。本来中日的一场战争，可以说开始于"九一八"沈阳失陷，到"七七"卢沟桥事变，华北五省都给日本人侵占了。

中国人的观察，日本人侵占了我们这许多土地，一定要经过消化工作，才会影响到华中，所以大部分人都想从此可以得到一个苟安的时期，还有好多时期可以拖延，但是日本人却贪得无厌，得寸进尺，咄咄逼人，一下子就到华中来继续滋生事端。

日本人对世界的宣传，总是说中国人先发生某项事件，迫得他们不得不采取军事行动，分别地区订立条约。譬如七七事变的起因，他们说是日军有一匹军马，被中国军队拉了去，于是开始轰炸宛平县，其实是否有军马失踪，也无从查考。上海"一•二八"事件发生，日本人说是三友实业社职工埋葬了他们一个从军和尚。这些事情，算他都是真的，也该协商解决，不至于会掀起一场大战。而战争结果，必然是威胁中国签订一个协定，如塘沽协定、淞沪协定之类，根据这些协定，就大大地扩展他们侵略性的军事势力。

日本人对南京方面发出的威胁，当时有一种腾传众口的论调，说是："三天可以占据南京，七天可以征服整个中国。"这种论调，当然是宣传性质。但是很多"恐日病"的人，认为有此可能。

他们在南京制造事件，仍是一套老手法。一天，宣布日本领事馆副领事"藏本"失踪了，在国际上他们宣称这又是中国人的排日行为。藏本确有其人，而且也料不到第五天时，藏本却静悄悄地从一个山洞中爬出来，觅取食物。中国人的警觉性很高，一下子就认出他是日本人，于是由郊外的一个派出所，派了几名警察把藏本送到警察总局，录取他的口供。藏本承认他是故意失踪，而且原本要自杀来报国的，但是他到了一个山洞之中，怀念家人，下不了这个决心，又因为饥饿难忍，所以出来觅取食物。这份口供，当时曾制版送刊各报，外交部派员把藏本送交日方。这一下子，日本人大丢其脸，名为"藏本事件"。一时南京民心就安定下来，连上海的市民都松了一口气。

安定了一个时期，日本人的花样又来了，他们在上海，不是说日本军人被杀，就说日本居留中国的侨民被辱，又将大批军人由日本轮船运送来沪。

这一次，政府有了准备。第一是银元收尽，法币的币制改革已成功，不怕他们捣乱金融；第二是训练成功的新兵，一师一师地准备上阵，于是反其道而行之，态度坚强。向来日本人逢到中国方面硬了，他们就软了下来；中国一软，他们就强硬起来。所以在这个紧张关头，政府对淞沪协定也顾不得了，只有把正规军调到上海四郊闸北和吴淞，意欲以武力来作为谈判的后盾。军人们个个想向日本军队作战，人人兴奋，都抱有同仇敌忾之心，所以军队一到了上海，还没有多时，战争就爆发了。

"八一三"一战，把日本人三天占领南京的美梦完全打破，而且暴露出许多败迹，战了好久，总是不能取胜，经过重重困难，才打到南京。这一回日本人愤怒极了，所以一占领了南京，就实行大屠杀。

这个时节，德国大使陶德曼出面调停，于是把战争停顿下来，中国政府得到了这个喘息时间，就部署好了第二道防线及第三道防线，这样打起来，日方就泥足深陷了。

我们上海人，在"八一三"作战时，兴奋得了不得，上海租界成为后方的供应站，军方要什么，民众就供应什么，直到日军攻破了第一道防线之后，民气就消沉下来。

当时日军对英美法三国的态度，还是保持着相当的尊重，英法两租界是不来骚扰的。中国方面的抗日人员，还可以自由搭乘洋商轮船，逃难到香港，有些还可以从香港回上海来做工作。

租界上的海关照常办公，"关余"按时拨交中国银行和交通银行，这些银行也照常办公，市民仍旧使用法币，

1941 年 12 月 8 日，太平洋战争爆发，大批日军乘卡车从四川路桥进占公共租界苏州河以南地区

法币的价值一些也没有变动。

　　向来日本人每占领到一处，就发出一种军票，但是军票的使用十分困难，大家不接受。就连为虎作伥的汉奸，也不敢把军票拿出来使用，所以日本军方不得不要求各家日本银行，把旧时所存储的中国法币拿出来使用。这些情况，一直维持到太平洋战争爆发之时。

日本军票　嫁祸中国

　　日本军队最初的计划，占领了一个地方，就使用军票收购当地的食粮和一切物资。但是这个计划，大体上是失败的，因为军票是日本军部所印行的，与日本本国的日元是不相联系的，显然他们是准备把这种军票嫁祸于中国老百姓头上，将来这笔糊涂账与日本金融界毫无关系。

尽管日本军地方越占越大，但是中国老百姓都有一个普遍深刻的印象，认为日本人泥足越陷越深，"最后胜利必属于我"，所以对军票的使用，用尽一切方法来推诿。军票的应用范围极小，只有一些附逆的汉奸，组织地方维持会，为了奉承日本军人起见，勉勉强强把军票接受下来。这些汉奸，初期全是些无智无识的地痞流氓以及失意的土豪劣绅，他们虽然用尽方法，狐假虎威地大力推行军票，但终于推来推去推不开。

再深刻地讲一句，这些地痞劣绅逢迎日军，也无非想弄些钱，然而拿到的全是军票，以军票来换法币，到处都没有人要，所以他们内心非常痛苦，知道军票的前途将来是会一文不值。

日军进展得很快，每占据一个地方，就要组织一个地方维持会，也算了却一件心事。大批的军队，本来想以战养战，一切开支以军票来支付，但是这只是一种理想，他们也没有时间来做推行的工作。所以日本人所用的军用物资，都要由日本军舰运来，在当地是接济不了的。

又有一个原因，日本人打进一个城市，只留少数士兵维持城市的治安，一切民间事情都假手于汉奸，但是粮食在城市间储存不多，要到四乡去搜罗，军票是行不通的，不论城市乡郊，要买大量粮食和蔬菜，还是要靠中国的老法币。

中国的老法币，日本人手上所有的只限于上海几家日本银行的存储，日军一路打出去，一路需要老法币来使用，显然他们所占领的地区只限于城市，一出了城，军票就一点也买不到东西。中国人渐渐地看穿了日本人的情形，他们的军事只占据了几个"点"和"线"，所谓点就是城市，所谓线就是交通线，越出了点和线，他们就没有力量了。日本散兵一出城市，动辄会不明不白地死掉，因此他们在点线之外的地区，去都不敢去。

点线之外的地方，称为"游击区"，由地方的团队维持治安，当然坏人数量占得多，所以良好的游击区比较少，而坏人占据游击区比较多，在中国军政撤退之后，就成为他们胡天胡地的世界，这些地区还是相信老法币，军票是一张也用不掉的。

我住在租界上，租界上初时日本人绝不干涉任何事，所以上海称为"孤岛"，有英法两租界的当局维持治安，再出动万国商团来作为警备队，市面不但不见萧条，反而繁荣了数倍。那时我们使用的纸币，仍然是清一色的老法币。

我有许多学生，有些从闸北逃出来，有些从外埠逃来。有一次在谈话中，某一学生问我有没有见到过军票。他说后就拿出一张一元面额的军票，这是我第一次看见军票。

南京暴行　铁证如山

有一天，摄影画报的主持人林泽苍赶来，匆匆忙忙地对我说：“我现在要买三百元军票，你有没有办法？”我当即拒绝他说：“这事我一无办法，还是另请高明。”林泽苍说：“事情很紧要，非要办到三百元军票不可。”于是他就在我家中打了十几个电话给他的朋友，恰巧有一个朋友来自苏州沦陷区，有的是军票，于是林泽苍才如愿以偿。

我在闲谈之中，问林泽苍：“你为什么急急要三百元军票呢？”他说：“有一个朋友，在虹口开照相馆，中日大战初期，各行店铺都已停业，唯有照相馆的生意好得出奇，都是日本军人来光顾的；日本军人有一种怪癖，他们强奸妇女，明明是一件不可告人的丑事，但仍要拍一张照片，而且要把妇女的面貌衣衫都拍进去，这种照片，一天要冲印几百张，所以生意好得很。冲印的材料和纸张，都由日本军方供给，但日本人也有舞弊的，有一个日本人说：‘你如给我三百元军票的话，我就额外配给你一些冲晒的纸张，是不在配给范围之内的私人行动。’”这位老板就和林泽苍说：“现在南京大屠杀，奸淫的底片成千成万地交到，可是印的晒纸有记录，一张都不许偷印，你如果能替我筹到三百元军票，我就可以买到那日本人的走私晒纸，多印两套，一套给你，一套归我。”

林泽苍认为这些照片，是日本军人作恶的铁证，不但有新闻价值，而且公诸全世界，还有意外的作用。所以他要急急地筹备这笔数目，准备带到虹口去。（按：那时节出入虹口，经过日军岗位，要鞠躬致敬，手上拿的东西要公开来给日军检查，但是摄影的晒纸一见光就会走光失效，即使租界有晒纸可买，也过不了关，所以只能用军票在虹口当地秘密收买。）

过了十几天，关于日军在南京奸杀的照片，已全部印出，不知用什么方式运出虹口，递给林泽苍，泽苍偷偷地给我看了一下。这类照片共有一百多张，一类是成排老百姓和中国军人被枪杀的情况，最多的一类是强奸妇女的照片，各式各样，奸淫镜头，看了令人发指。

这一批照片，林泽苍选出四种，又翻成底片，卖给外国驻沪的新闻记者，得到酬金法币四百元。这四张照片，后来全世界报纸都发表出来，由于形象丑恶，此处恕不发表。

后来大批照片如何下落，我也不知道了。（按：一九五三年时，日本人对于中日之战，出版了好多推究他们早期在华作战未能成功的原因，有许多人执笔指责当时军人在华作恶情况，形诸笔墨，销路很大。最后他们又出版了一部占领南京的画册，据说有图画数百幅，大抵这种图片是和这类照片有关的。这本画册出版之后，日本全国震惊，认为原来军人竟敢如此无法无天。这段消息我听到之后，急忙托日本朋友在日本购买，但是那朋友说，这书出版后第七天，已销到一百多万部，第八天就被禁止发行了，因为震动人心太厉害，所以一下子就禁掉了。）

军人霸权 野心狂妄

陶德曼对中日战争的调解，上海人都很关切。有些人认为调解必然能成功，有些人认为战争一定会抵抗到底，否则政府处在日本人的爪翼之下，以后中国的主权完全丧失，要是回到南京去的话，也不过成了一个徒有其名的政府，还有什么国家主权可言。

在谈和期间，中国方面仍有作战准备，日本也仍然把大量军需品运到上海。我们这时居留在沉闷的空气之下，本来不关心时事问题的人，也逐渐把中日战争前途作为研究资料。

那时节便产生了许多日本问题的观察家，其实这些观察家，都有其自己的打算，立论难免有偏见。

龚德柏是一位日本问题研究专家，他的观察最是深刻，他发表了许多文章，我都很喜欢读，他的意见：日本人不但要想征服全中国，而且要统治整个亚洲，所以在中国使用的军力，不过是十分之三，还有十分之七，准备用在"南征"，不惜与英美打上一仗。他这种说法，初时我们认为有些狂妄，后来这些话，却一一地应验了。

还有一个日本问题专家，是陈彬龢，他出了整套研究日本问题的小册子，撰述的人，许多见地都是很高超的，不过他有一种观念，总是不满现实，要推翻原有的政府。所以我们要听研究日本问题的话，众口纷纭，教人很难捉摸。

倒是有一次碰到一位姓刘的长者，他是早期日本留学生，对日本的情况，观察力很深，他从来不执笔写文章，但是他的话，简直句句都有来历，而且把中日战争的根本原因，分析得清清楚楚。这些话现在虽已过去，但是我看

日军入侵上海

许多抗日书报都没有表达出像他那么高超的见解。

他说出日本进攻中国，摧毁中国政府的军力，易如反掌，但是中国地方实在大，日本要是出兵几百万的话，也只要抱定宗旨和他们长期作战，使其泥足越陷越深，俗语说蛇能吞象，虽是一句不合理的譬喻，可是蛇要是真的吞并象的一部分，那么自己可能被胀死。所以日本武力的当权者，预先虽做过这种种调查，认为中国是一无可惧，甚至无数军人以游历为名，畅游中国各地。如松井石根，在没有开战之前，先到南京，再经广州返日，他也认为灭亡中国是不会超过一个月的，所以军人个个都摩拳擦掌准备出动。日本文人当权者，他们知道事情不是那么简单，虽说侵吞中国，意志是一致的，不过要运用哄、吓、骗、诈的外交方式，最好不要出动兵力开火来达到目的，这是上策，用兵动武，乃是下策。

军人们对国内文人的论调，深恶而痛疾，所以动不动就将主张缓进的政论家、外交家以及首相重臣，一个个都采取暗杀手段来消灭，大规模的暗杀事件陆续发生，不计其数。

最骇人的如首相犬养毅、财相高桥，都为日本军人公然击毙，西园寺元老也受到恐吓，政府的政策完全操纵在军人手中。

日本战前的政治制度，内阁总理虽有权提出财政部部长、教育部部长、外交部部长等名单，但是对陆军部部长、海军部部长、空军部部长，是无权过问的。是要由军方推出，内阁总理唯有仰其鼻息。军方要是反对其人并不推出部长的话，内阁总理就做不成。

还有一点，即使内阁已组织成功，内阁总理不听军部政策的话，军部就可以令海相或陆相辞职，一个人辞去，内阁就要改组，所以从前日本政府的内阁总理，完全处于军方爪翼之下。

姓刘的长者又说，那么日本为什么会造成这般的局面呢？他们是有法律根据的，因为海陆空军是直接隶属于日皇的，所以内阁总理对军事实实在在是没有一些力量来统制的。而且他们也有一种成规，军人在外行动自由，不受国内的命令拘束，所以有许多事件发生，都是军人闹出来的，内阁总理预先不知道，外交部部长更是蒙在鼓里。但是事体一经发生，当地的领事就要乖乖地收拾残局，全国性的政治也是如此。

军人在外，尽管不宣而战，外交部部长只有代表军方说圆滑的话之外，没有别的话可说，即使咎在军方，外交部也要想出适当的理由来袒护军方的。

这许多话，我倒是闻所未闻。所以陶德曼的调解，双方都是表面上做出一种媾和的姿态而已，军人是有军人的准备，中国政府也明知日本外交界不能约束军人，所以一场调解宣告失败之后，就大打起来。

当时上海的报纸，很少知道这种内部症结，和乎，战乎？大家都莫测高深。

抗战初期 五洋独秀

调解不成，掀起全面大战之后最初三年，实实在在可以说法币坚挺，老百姓对它的信心，一点也没有动摇，购买力也一如其旧，一般人都不知道什么叫作囤积，更不知道什么叫作外汇。黄金与美钞，不见流通，普通人对黄金美钞的重要性也无从知道。我们大家还是过着和从前一样的生活，认为打仗由它打下去，从不想到法币是会动摇的。

只有一部分商人和逃难移居到上海的人，知道上海的物价是如何如何，乡间的物价又是如何如何，两者之间的差额很大，既然没有生意可做，就奔走两地，把甲地的东西，带到乙地，再把乙地的东西，带到甲地，以有易无，这样卖出买进，可以从中博得不少利益，这种人后来就称为"跑单帮"。这种人从几百人开始，直到几万人，在战乱期间，借此维持生计。

最初"跑单帮"的人，目的只有五样东西，这五样东西叫作"五洋杂货"。所谓五洋杂货，是五种外洋来的实用品，即洋火（即火柴）、洋油（即火水）、洋烟（即香烟）、洋皂（即肥皂）、洋布（即外国布），这五种东西，乡间都没有生产，向来靠上海运去，是日常的必需品，跑单帮的人就采购了这种东西，钻罅觅缝地走出界线。到了乡间，把它卖掉，把当地的土产、米、鱼、肉、麻袋等带回来，走一次单帮，可以赚不少钱，因此跑单帮的人越来越多，后来人数多到几十万人。这虽然是一种畸形的生意，但是勤力的人由于跑的次数多，赚的钱比普通职工的薪水要高出几十倍。

这种跑单帮，虽然辛苦万分，可是回到上海把带回来的货色卖掉，同时再购入新货，然后就聊以自慰地进入菜馆，大鱼大肉地饱餐一顿，因此中小型的菜馆，天天座无虚席，而游乐场所也是满坑满谷。

大商家最初认为大战开始，是发战争财的机会。从前第一次世界大战时，德国颜料绝市，造成了四个千万富翁，如贝某、周某、席某、吴某等，因此，这时好多大商人也在计划，怎样才能发到战争财。可是打了三年，货价并未提高，白白地空等一场。只有五洋商人，由于跑单帮的人越来越多，他们倒有机会发了大财。

战争到了第三年年底，上海的煤来源断绝，日本军舰到了上海，向煤炭商人购煤，这一下子，煤球就起价了。

所谓煤球，是上海市民家家用来煮菜煮饭的主要燃料，是用煤屑和黄泥做成的，烧起来很耐久。由于此时存煤日少，煤球的价格天天涨，质料却渐渐地差，差到泥多煤少，煮一餐饭要用去好多煤球。我们感到生活上的影响，别的无关重要，倒是煤球关系最大。（按：后来几年，因为煤源不济，连电力都有限制了，家人吵着煤球买不到，我就想到战争开始时，曾经买过许多煤，堆在天台上，因为从前的煤栈叫煤，价格便宜，一担两担是不送的，一叫非一卡车不可，重十几吨。叫来之后，放在天台上，没有多大用处，日久之后也忘记了，后来才知道煤价飞涨，一担煤可以换十四担煤球。）

物价飞涨 法币贬值

这个时候，大家对黄金美钞还没有注意到，我查出当年黄金美钞的价格，与法币的价值实在没有什么变动，例如（录自《银行周报》）：

一、一九三八年四月：美钞一元合法币二元七角半，黄金十两合法币一千一百四十二元。

二、一九三八年十二月：美钞一元合法币六元一角八分，黄金十两，折合法币一千九百九十九元。

就上述两项来看，法币的动摇，是在一九三八年四月之后才开始的，四月之前实在和战前相差无几。

从前一般人还没有想到物价涨，就是法币贬值，不像现在的人，商业知识丰富，脑筋较为敏感，物价会不会有波动，他们早已有预感，想办法不使手中的钱受到损失，所以要买东西，还是能从心所欲的。举一个例来说：我印一种医药杂志，每一期到纸行去购买十多令白报纸，不但很容易买到，而且价钱每次相差不多。我有几个朋友是办报的，报纸的销路都很大，每天买白报纸，也都没有什么困难。直到一九三九年开始，白报纸的身价就高了一倍，本来每令三块多钱的，这时就要卖到七元左右，因此纸商个个都发了财，一般人就称他们为"纸老虎"。这还是物价波动的初期情况，后来就达到不可想象的地步。不过有一个特点，就是纸商只有抬高价格，而没有居奇不卖的情况，初时在纸商方面说来，他们也没有想到后来法币贬值，会跌到不可收拾的地步。

初期法币贬值，有一个故事，传说纷纭：德国人在第一次世界大战时，有兄弟二人，哥哥勤勤恳恳地积了许多资财，弟弟有钱就买啤酒喝。弟弟常常囊中空无一文，可是他饮罢啤酒之后，总是把那些空樽堆在后花园旷地。后来马克跌到不值钱，哥哥的积蓄化为乌有，那位一味饮啤酒的弟弟，拥有啤酒空樽两三千个，反而可以用这些空樽来换取食物，继续生存下去。这个故事，大家都付之一笑，认为这只是海外奇谈，谁知后来在上海也发生了类似这般的情形。

一般商人，只知道求货如轮转，但求稍有所获，就买进卖出，最初三年囤货的人毕竟少数，特别是成千成万跑单帮的人，钱财越赚越大，还没有囤积的观念。但是到了这时，跑单帮的人，已成为天之骄子。

我只懂得行医，根本不知道什么叫作囤货。我有一个远房舅舅陶庭瑶，那时他是亚细亚汽油公司的买办，我的妹夫就在他的机构中任职。有一天，他走来对我说："现在最好的赚钱机会就是囤货，最好囤的货，一种是火油，一种是汽油，战争持续下去，这两样东西一定要涨上几十倍，只可惜我没有钱，你能不能替我垫一些钱，买进大批汽油，储存在你那间空屋中。本来这种汽油只配给与汽油站，但我可以有办法购买一二百桶（每桶五加仑）。"我听了，心中虽不以为然，可是想到日后如果汽油绝市，自己坐汽车也不方便，因此就勉勉强强答应了他的要求。于是大批汽油，一下子就运到我的空屋之中。

这些汽油运到不过两天，四面八方的邻居都来向我婉婉转转地提出抗议，说是："你囤积了这种东西，实在危险得很。"我听到一个"囤"字，心中很不舒服，我说："明天我准定叫他们搬走就是了。"我的妹夫也没有办法，只好雇了卡车，浩浩荡荡地运走，四邻都目睹此事，大家也就放心了。不过搬到最后，我还教他留下二十桶，备作自己日后之用。谁知道日后汽油果然飞涨，涨到一千倍一万倍，连算都算不出。这时候号称"一滴汽油一滴血"，我最后的几桶汽油，要是以战前数目来讲，可以买进一幅地皮。

买地漏风　费尽口舌

我在一九三七年一月，感到上海人口倍增，诊务繁忙，原来慈安里的诊所，候诊的人，无处容身，因此想到要自己造些房子。那时节跑马厅跑马停止了多年，收入全无，就把跑马厅马霍路（今黄陂北路）正门对面的一块地皮，划成小块，分块出售。这地段很好，可是地价究竟贵不贵？造楼要花多少钱？我都无从估计，因此我又请教于丁福保老先生。那天我午后去访问他，他不在家，晚上恰巧是我参加他儿子丁惠康聚餐之期，丁惠康曾经造过一个虹桥疗养院，我就问他，我想买的地段好不好，造价大约要多少。惠康本来是我的至交，他一口说："好，好，好。"同人们也说："你不妨买下来。"我说："好，我明天一定去付定洋。"于是第二天我就到跑马总会去付定洋。我去的时候是上午九时十分，谁知道那边的职员对我说："在九点零五分，已有人买去了。"我一看定洋条上的名字却是丁惠康，这一下子，我心上就有些不自在，用电话遍找丁惠康，却找来找去找不到。到了晚间我约了聚餐会的中坚分子郑耀南、姚君伟、陆守伦三人，一同商议，如何应付这件事情，陆守伦最爽直，他说："买地皮，谁先付钱谁先得，本来是不错的，但是存仁兄先向丁惠康讨教，他不出一声地就去付了定洋，这在道义上是说不过去的，我们几人应该当夜去找他，晓以大义。"

晚间找寻丁惠康是很容易的，只要连走几家舞厅，必然可以找到。我们先到百乐门舞厅，问门口的小郎，丁先生来过没有。小郎说：正在这里面。可是我们走遍了舞池，还是找不到，后来在楼上一个酒吧才找到他，他被莺莺燕燕包围着，一见到我，就心知肚明，有些不好意思，再看后面还跟着几个老友，明知我是为了这块地皮问题而来的，惠康很不好意思地说："我怕你错过机会，抢先付了两千元定洋。"耀南马上对我说："好极了，你马上还他两千元，拿了收条去过户就算了。"惠康连说："好，好，好，过几天再办这个手续。"

陆守伦听了他的话，就觉得他明明在推诿，就说："你这样说，太不适意了。"惠康说："这块地皮，我想来想去，地位好，形势好，价钱又相宜，最好请存仁兄让给我吧，我贴一些钱，倒无所谓。"他此言一出，陆守伦、郑耀南大起反感说："你以为这块地皮好，存仁兄也以为好，从前你办虹桥疗养院时，存仁兄大力帮你的忙，昨天存仁兄认为你是老朋友来同你商量，你竟然起一个早，捷足先得，实在是太不讲道理了。"丁惠康讪讪地说不出话来，只说："我们明天再谈吧！"

陆守伦轻轻地对我说："明天还是要去追他，明知他总在这几家舞厅，我们一班朋友一定帮你力争过来。"我说："好极了，这件事只能用情理来说服他，一翻脸便会全功尽弃。"大家说："对的。"

次日下午，我邀了一班老友，约惠康吃饭，惠康推说事忙不来。我们吃罢之后，陆守伦用电话向各舞厅打听惠康的行踪，他对各舞厅的人熟得很，一会儿就知道丁惠康在丽都舞厅跳舞，于是我们一行就到丽都去找他。那时节舞厅还是一元三跳，茶资一元，他叫了一桌子舞女，我们就自动地和他并桌而坐，临走都由我付账，惠康见了我，只摇头苦笑。

第三天我们又在仙乐斯舞厅找到他，第四天我们又在斜桥弄圣爱娜舞厅碰面，第五天我们又在大都会舞厅找到他，这样一连几天，我花了不少钱，他心里有些不好意思。到了第六天，他躲在一家较为冷僻的大沪舞厅也给我们找到了。这天他同座的一个舞女正在哭泣，别人逗她笑，她哭个不停，惠康百般安抚她，她越发高声大哭，这时惠康窘得很，陆守伦是此中老手，细细地盘问，才问出这个舞女原是个处女，被惠康玷污之后，一无安置办法。陆守伦说："叫惠康赔一只钻戒了事。"那舞女说："我也说过，惠康不肯哟。他一味拖，连人都找不到。"陆守伦说："有办法。"就拉着惠康和我，在舞女面前讲明："这个钻戒言定二千五百元，由存仁兄来付，不过购地的定洋收条要过户给存仁兄，否则的话，我明天陪那个舞女到虹桥疗养院院长室来看你。"惠康一听见这句话，顿时软化下来，连说："好了，好了，就这样吧！"他就在口袋中拿出这张定洋条来，交给陆守伦，我当堂也就签了一张二千五百元支票，双方就算了结这件事情。

兴建新厦　谣诼频传

记得旧时有句谚语，叫作"与人不睦，劝人造屋"。这句话由传统上看来，的确是经验之谈，我这次地皮还没有买到，已经饱受丁惠康种种磨折，虽然终于被我买到手，而麻烦也就接踵而至。

第一个麻烦，到跑马总会去换收条的时节，柜面的职员就作梗了，看形势非要用一些小钱，不能完成更换户名的手续。幸亏我认得跑马总会的买办洪君，是我远房的亲戚，我就把收条换名的这件事拜托他，洪君说："这件事可大可小，一定要直接去跑马总会见外国经理，否则，换不成也有可能。"我说："好，我准备明天停诊，请你陪我去见他。"

到了次日上午，洪买办就陪我去见外国经理，外国经理说："最初付定洋的人一定要到场。"于是我就打电话到丁惠康的小房子（即金屋）中，恰巧接电话的就是那个接受过我二千五百元的舞女，这个舞女倒还讲义气，搁了电话没多时，就和丁惠康联袂而至跑马总会经理室。外国经理问了丁惠康几句话，惠康期期艾艾地说不清楚，那舞女说："不要吞吞吐吐，爽爽气气地讲。"惠康迫于无奈，只好签了转移户名的合约，这样才算得到一个结果。

经理室外面的几个中国职员，见到这种情形，认为本来有一些油水可捞，这样一来，财路断了，面色很不好看，有一个人对外国经理说："陈某人看来实力不充实，他买了地皮，搁置不造房子，将会影响我们的整个计划。"外国经理看我年纪很轻，是否能建屋还有问题，所以一张正式契约，他不肯签发给我，洪买办偷偷地问我："你买成了这块地皮，造屋的钱是否已有准备？"我对他说："洪老伯请你放心，签约之后，我立刻就要动工兴建，预定十个月完成。"洪买办很高兴地对外国经理说："你可以在契约上加注一句：一年内兴建完竣，否则，就要收回。"外国经理说："好。"我就付清了一部分地价，外国经理当堂把地契签了给我，那几个中国职员目击此事，顿时呆然若失。

接着第二个麻烦，就是怎样去找一位打样师（即画则师）。我和几个朋友商讨之后，想起我有一个病家，叫作奚福泉，他是上海有名的大建筑师。朋友们都说奚福泉承包的都是上海大建筑，你这一幢房子他未必感兴趣。我又特地停了半天诊，去探望他，只见他的写字楼规模很大，职员有数十人之多。他看了我的地契和图则，说："我现在手中有四个大建筑物尚未完成，实在不能再接受。"我再三再四地要求他，他仍然加以婉拒，我在这般情形之下，只好怅然而退。

回家之后，打电话给郑耀南，耀南说："奚福泉为人诚恳，如果接受了你的工程，他绝对不会受建筑工头的贿赂，一切都能掌握到不超过预算和限期。"我听他这样一讲，不加考虑地打了一个电话给奚福泉太太，因为奚太太曾患重病是我看好的，她说："包在我身上，明天你去签委托书好了。"第二天，我再到奚福泉写字楼，奚氏见了我，只是笑，不出一声地拿出一份委托书来给我签字，笑着说："你真有办法。"

第三件麻烦就要找"作头"（即承包建筑的人），这个麻烦就更多了。风声传了出去，来接头的人倒有六七人，还有许多掮客（即经纪）硬要拖我去吃饭，日日夜夜有人来谈这件事，弄得我如丈八金刚，摸不着头脑。我去请教丁福保老先生，他说："这件事是最麻烦的，没有信用的作头，是会廉价承包，半途抛工（即停工再谈价），那真要弄得你啼笑皆非。你不如爽性委托奚福泉，他找出来的作头，是不会有这种事发生的。"于是我就照他的话，去拜托奚福泉，他也勉勉强强地答应了。

　　待到图则打好样，奚福泉约同四个作头让他们估价，估价最高的一张标纸是三万二千五百元，最低的一张是三万元，我听奚福泉的话，就选了最高价的一张标纸。

　　第四件麻烦就是要筹一笔建筑费。从前人的储钱都在银行里开定期存款，不到期，要全部提出来是办不到的，除非你自己肯牺牲利息，才有得商量，这件事又经过好多周折。

　　从前造房子，没有分期付款的办法，地价是要一次付清的，建筑费三层楼宇是分四期付的，签约时，先付四分之一，作为开工打桩之用。打罢了桩，就要付第二期。一层造好之后，就要付第三期。两层造好就要付第四期。入伙时，还要付许多改装的附加杂费。

　　造这般一座三层的楼宇，时间快得很，一开工三月就造好了，造价预先准备好，是一天也不能拖欠的。

　　本来我预备的款项，只是想买了这块地皮，慢慢地才建屋，但是跑马厅的合约，要我即刻兴建屋宇，我就不得不想尽方法来动工兴建。

　　我有一个病家，是上海粤籍大律师冯炳南。我先和他商量这个合同的内容，因为他是全上海各大银行的法律顾问，他看了我这个合同说："合同没有什么话可说，你一定要准时付地价，准时造屋，一点也不可延宕的。"他又微微笑着说："要是你手头紧的话，我可介绍两个银行贷款，银行方面对放款收息总是欢迎的。"于是地价方面，我得到分期付款的优待,造屋的款项则由银行按期代付。我说:"这个办法很好,因为造屋往往会超过预算,能够如此,我就没有顾虑了。"那时节币制一点没有动摇,万不料付了两期之后,百物飞涨,币值大跌,所以等到我全数清付时,币值已经贬值了一半,我大大地获益,这是事先料想不到的。

这些麻烦完全解决之后,就择吉破土动工。我的母亲不免有些迷信,她对我说:"破土动工之日,你要对工人有一些表示,让他们开开心心地动工,才不会整蛊作怪。"我虽不迷信,但是经母亲这样一讲,倒也不能不信。所以在开工这天,我预备了些馒头糕,每人另发红封包一个,里面放了五元钞票一张,这数目在当时算很大,工人们接了红封包,一连说了许多好口彩。

这时有一件不幸的事,就是嗣父因病谢世,享年八十二岁,没有目睹新屋建成。

到全部工程完竣,我才对几个同学说。岂知一说之后,竟然在极短期间,遍传整个上海市医界,因此谣诼丛生,有些人说我中了奖券,有些人说我得到几个病家帮忙,也有人说在忆定盘路空地里掘到了藏。已故同道吴子深说得最妙,他说三个指头是绝对搭不出自造洋房的,其实这笔款子,确确实实是我历年从三个指头上一元一元地积起来的。但是一个私人医生,建造一所大楼,未免招摇太甚,所以我和几个同学和门人组织一个国医研究所,用这个名义,似乎比私家医室更来得名正言顺。

这座屋子，方向正对马霍路跑马厅的大门。可是我的新屋落成之后，法币就开始动摇了，内部装修没有一样不涨价，这样就令我超出了预算好多。

币制动摇　比数惊人

我的威海卫路新居落成，工部局给我的门牌号数是二号，亲友们都纷纷前来道贺。在请入伙酒的那晚，每桌菜是八十元，大家听了，十分惊骇，认为这是从来没有听到过的高价，因此人人感觉到币制已经动摇了。

币制动摇的情况，最显著的是米价。天天涨，初时大概涨三成，经过当局的禁令和限制，就跌一成，但是不到几天，跌了的一成又涨了起来，涨了三成，又跌一成，这般周而复始，天天涨，月月涨，年年涨，这个数字现在已无法查明，但是人人都知道打仗是打什么，战场上的是军器和人命，战场之外，打的是经济和币值。在这个时候，我也渐渐明白到黄金和外汇的重要，这时所谓外汇，以美钞为标准，于是谁都关心黄金和美钞的市价。

为了写这篇文稿，好多热心朋友为我搜集资料。有一位朋友替我在香港大学图书馆中查到战事开始之后，黄金美钞对纸币的比数列表如下：（按：这里所谓一元，起初是指老法币，后来是敌伪时期储备票，再后来是金元券、银元券等。）

一九三八年五月，美金一元，等于四千一百五十八元。（按：这是初见的纪录。）

一九三八年十二月，美金一元，等于六千一百六十元。（按：这是七个月加了半倍。）

一九三九年十二月，美金一元，等于一万三千二百七十五元。（按：币值大崩溃了。）

一九四〇年八月，美金一元，等于一万七千七百二十五元。（按：币值还是涨。）

一九四〇年九月，美金一元，等于十八元七角八分。（按：币制已改。）

一九四二年十二月，美金一元，等于二十二元六角。（按：表示这年尚稳定。）

一九四四年八月，美金一元，等于七百八十六元。（按：说明币值大泻。）

一九四五年十二月，美金一元，等于十二万一千余元。（按：币值泻得不像样子。）

一九四六年一月，美金一元，等于一千五百四十九元。（按：表示币制名目又改。）

一九四六年十二月，美金一元，等于六千七百六十五元。（按：表示币值又大泻。）

一九四七年十二月，美金一元，等于十四万九千余元。（按：表示又是大跌。）

一九四八年八月，美金一元，等于一千一百零八万元。（按：这表示币制在战事终了时数字。）

这张表，是花了很多时间查出来的。但是照我的观察，各方面都有不同的记载，因为那时节人心混乱，谁有心情去记这笔混账，后来连《银行周报》都停刊了，所以要查这个资料极为困难。但是我又有一件法宝，就是我从旧报中剪到一篇文稿，作者署名"夜兰"，原文如后：

二十六年（1937）七月，对日抗战开始，三年之间，法币信用毫无变动，然而三十年之初，军费浩繁，发行数额虽增，物价上涨指数，犹未达十倍。三十四年（1945）底，胜利复员，需款更巨，此时法币发行额，已由十五亿元增至一万亿元，为六百六十七倍（民国三十年[1941]后政府为稳定币值，发行关金券），三十五年（1946）底，发行额增至三万亿元，三十六年（1947）四月底，为六万亿元，三十七年（1948）三月底，增至七十万亿元，五月底为一二五万亿元，八月十八日增至六千万亿元，票面则十万、五十万、一百万元，充斥市场。恶性膨胀已至不可收拾之境。二十四年（1935）十一月四日实施之法币政策，历时十二年九个月又十五日，遂不得不宣告结束。

三十七年（1948）八月十九日，政府改革币制之计划，被迫提前实施，即日使用金元券，每元折合法币三百万元，同时公布金元券发行办法十七条，并宣布人民所有金银外币处理办法，中华民国人民存放国外外汇资产登记处理办法各十五条，整理财政加强管制经济办法三十三条，相辅而行。于是我国货币，改采虚金本位，每金元之法定含金量为纯金零点二二二一七分，而由中央银行发行金元券，十足流通行使。但因发行工作及执行技术未能充分配合，而又未能及时赶铸硬币，仅凭换一名称之钞票，流通市场，人民感于法币往事之教训，始则观望怀疑，继而信心动摇，终于未能作有效之支持。且其时正值会战失利，人心浮动，而政府支用浩繁，赤字剧增加以国际贸易入超增加，本国资金纷纷向外逃避，在种种不利环境之下，金元券于发行两个月后，币值即开始剧烈贬跌，三十四年（1945）一月银币一元可换金元券千元，四月中旬，折合率为一与千万之比，其跌落之情形，远甚法币。七月一日，政府又重建币制，改用银元券，并规定银币一元，收兑金元券五亿元，发行未满一年之金元券，至此亦随法币而成货币史上之名词矣。

这篇文稿，也是一位有心人所写的，实在是很可贵的资料。

我写这篇文稿迟迟不能结束，原因就为了查不到从前一块钱在战时合到多少钱，在战后合到多少钱。后来蔡声白夫人莫川媚女士送给我一叠贴报簿，我整整地翻了几小时，最后找到一段很小的新闻，是记载当时币值的，真教我欣喜若狂，现在附刊如下图。

在写这篇文稿时，还参考过好几本书，但是各种记载

（上海通讯）记者顷晤一老二八，畅谈一块银元之变迁历史，官下不胜沧海桑田之感：

「廿四年十一月，以银元一枚换得法币一元钞一张，至抗战第二年南京伪政府强迫人民以二元老法币换掉一元伪储券，并四年抗战胜利，政府又以老法币一元换得伪储券二百元，截至政府去年「八一九」改革币制时，又以银元一枚值二元金元券，

现在每一银元合老法币一万四千，宝合老法币三百万元，即每一枚银元合老法币六百万元，

元券即每枚银元合老法币一千四百四十亿老法币。短短十四年间，一枚银元已涨了一千四百四十亿倍，翻了几个身，老百姓的财产也不知翻了几个身，假如每一元券可接底至正区之邮路千四百四十亿元一元券可接底至正区之邮路，此项天文数字之贬受害者，实在不知应该向谁诉苦？」

民国时期，报载的币值新闻

错综不一。我觉得币值的变动，在各个地区还有很大的差别，换言之，上海有上海的币值，重庆有重庆的币值，广州有广州的币值，许多地区，都有显著的不同。

世乱如麻 纸比币贵

在我离沪的后期那二三年之中，我过的不知道是什么生活。早晨六时半起身，写上三五行日记，就开始出诊，八点半开始门诊，一直要看到下午六时，门诊号数最高的

纪录达到一百四十多号，出诊最多的一天是十四家。精神虽然还好，到晚间结账，拿到手的都是纸币。那时纸币的纸质越来越坏，我太太点数时，总说纸币气息难闻，一沓沓地包扎之后，只能应付次日的支出。

本来我是小家庭，自从新屋落成之后，大哥的家人都搬到我家来，母亲和弟妹，当然住在我家，岳丈岳母也搬了过来，每天上下午要开两桌饭，真是可说食指浩繁，不易应付。

买米一担，没有几天就吃光了。向米店去买米，还要讲人情，先把钞票放在麻袋中送到米店，然后才能拿到一担米，有时要三大麻袋钞票，才换到一袋米。

我还算幸运，有收入可以天天支付，最苦恼的是公务人员，虽说能获得物价指数的加薪，但物价一日数变，加到的薪水永远追赶不上物价，因此贪污丛生，贿赂百出，把从前上海的廉洁作风一扫而空。我只要讲两个故事，可见其余：

第一个故事：那时燃料绝迹，煤球成为天之骄子。行政当局下令，煤球不可囤积，也不可成担地买进，每天限买十个。但是煤球的成分，泥质多而煤质少，几个煤球，不够一个炉子生火，那怎样可以取到大量煤球呢？有办法，等警察上门来兜，问每天需要多少，可以委托他们代买，他们会在下班之后，押着送到你家中，任何人也不敢留难他。那时上海人为这种警察题了个外号，叫作"煤球警察"，这名称虽刻薄些，但是那时上海人的境况，由此可见一斑了。

第二个故事：上海多旧屋，很容易着火，救火车很快地就到了，救火员迅速地灌救，这是常例。但到了这个时候，救火员都懒洋洋不管事情，打电话报告火警时，救火会就要问有没有贴补，报火警的人总是说有。等救火车一到，首先就要向业主讲价钱（讲数），讲妥之后，一手缴钱，一手救火。凑钱的时候，四邻都把钞票搬出来，谁也不敢迟一步，如果不缴钱的话，火头蔓延全条街，他们也不管，市政当局也明知其事而无法追究。

至于此时物价之高，高到什么地步，我也可以举两件日用品来代表一下。

一种就是最不值钱的油炸桧（即油条），每一条要卖到二千元，后来涨到五千元，再后来涨到一万元。

还有一样东西，就是买一盒火柴，要一万元，什么纸币我已记不清楚，我却算了一算，究竟一根火柴要值到多少钱。拿凤凰牌（最有名的一种）来说，我叫学生细细点一下，一盒火柴大致七十根，用一万元计算，就是一根要值到一百三十三元。大家看到了这一段，可能认为是神话，但是事实确是事实，是无可否认的。

又记得那时节我到五芳斋去吃汤面，吃罢之后，付了十五万元。有一个时期，大家一开口就是讲多少多少万，一场麻将，输掉两三千万也不足为奇。

那时节的治安，除了政治性的暗杀之外，一般盗窃案却少得离奇，因为那时的钞票不值钱，抢了一袋也没有多大用处。倒是有一个风气，大家认为很严重，就是在闹市时有人购买生煎馒头、鸡蛋糕，或是臭豆腐干，乞儿就会走过抢去塞入口中，对你面露笑容而并不逃走，一般市民认为毕竟是小事体，也没有人加以拘捕，所以乞丐们倒也不愁没有东西吃。

从前走私贩毒，都是一些外省籍的黑社会分子所做的，一般瘾君子认为日本人来了，鸦片和红丸一定是很普遍的到处可以买到，但是事实上，战事越紧张，鸦片等毒品越缺乏，鸦片烟膏越来越少，烟质也越来越差。那时节吗啡并不流行，由于鸦片缺货，一般人都改吸红丸，这种红丸价格也跟着飞涨，好多人在无法可想的情形下都戒除了这个嗜好。但有些自暴自弃的人，吃尽当光还是要吸，只要北风一起，一夜之间，街头巷尾都是冻死冷僵的瘾君子，数字极高。

买米是要排队轮候的。这时候市上发现一种斑疹伤寒（按：医书上称作饥饿伤寒或战争伤寒），是由跳虱传染的，那些排队购米的人，很容易沾染到这一种带菌的虱，在上海于一季之中，竟然因此死了一千多人，连我的同道中人，也死了好多个。

钞票不值钱，但是钞票的纸张向来是很贵的，到了此时，钞票的纸越来越坏，又黄又皱，简直完全不像钞票纸。有些人鉴于购买花纸涂墙价值太贵，爽性把从前一元五元的老钞票替代花纸涂在墙上，倒也很好看，而且有讽刺的意味。

钞票这般不值钱，银行却麻烦死了，存入付出都是大

旧钞票当作糊墙纸

包大捆，放在大麻袋中，大家连点数都不愿点。但是印钞票的印刷厂，实在来不及印，银行为了便利起见，爽性由各行发行一种"拨款单"，一百万一千万都写成一张拨款单，彼此支付便利得多，因此各银行纷纷倡行拨款单。起初限于高层阶级相互使用，后来连街市都用拨款单来买菜。

所谓"拨款单"，相等于银行的本票，拨款单风行之后，好多家庭妇女连这拨款单三字都说不清楚，把它说成"八卦丹"，彼此往来就说八卦丹多少多少。

币制这样的混乱，币值天天跌，只有黄金与美钞，却相反天天涨，一个风潮一来，黄金的价格就会高了一倍，美钞成为稀世之珍。但是从前上海的黄金以十两为一大条，可是要购进十两黄金，在普通人也不是容易办到的事。

金行中为了适应这种环境起见，另外发行一两重的黄金条子，这种小条子俗称"小黄鱼"。大概因为金子是黄的，所以就称它为黄鱼。

美钞流动性比较活跃，但是购买十元美钞，也不知用多少万的钞票。总之，钞票不值钱，大家都过着数字游戏的筹码生活。

战争前期的银行，任何存款，最多的是五年期的长期存款，到了后期，钞票天天跌，等到期拿出来时，已经完全不值钱。有一个朋友，按月存款已存了四年以上，到这个时候，再也没有心情去继续存入，有一次把存折缴销，结算出来的钱，账面上明明有二万余元，可是领出来之后，只换到一篓枇杷，所以银行都大大地发了财。

捣乱毒计 抛售银元

抗战到第七年时节，日本人想捣乱上海金融，因为上海的市面可以影响到内地，上海的币制一混乱，内地的币制也会跟着混乱。不知道哪一个人想出来，把多年储存在日本银行的银元搬出来，交给小贩，由小贩到处设摊出售，或者抓在手中兜售。

这一个计划，真是毒计，因为普通人黄金美钞买不起，买一块银元毕竟轻而易举，所以购买银元的人争先恐后。

本来废两改元、废元改钞的政策实行之后，市面上的银元早已绝迹了，而且银元也久已不在市上通用之列。我们只知道日本人抢购许多银元运回日本，其实大部分银元，还存在上海几家日本银行库中，因为数量太多，运不胜运。正式开战之后，日本军舰到上海，运来的都是军人和军用物资，回去的时候，装的都是伤兵和被服，最初还有些战利品，后来连放战利品的位置都没有了，所以在那时节，一切日本货也没有运到上海，他们收购的废铁，也没有运回日本，可见运输困难，他们战争的脚步也大乱了。

至于存在银行中的银元，更没有想到继续运回去，况且那时节，日本人需要的是米粮、棉布和煤。银元即使运回去，也派不了用场，所以上海积存的银元还是相当多。日本人有棉布统制委员会、米粮统制委员会等，统制虽是统制，还是要付一些钱，钞票既来不及印，只有把银元抛出来，换钞票使用。

大家见到银元重复上市之后，一部分人叮叮当当地敲起来，认为实物毕竟是实物，尤其是乡下人，看到银元就眼红，把物品运到上海之后，就买进银元回去。

民间的财富阶级，在实行废元改币，政府实施时，表面上拿出一些银元去换钞票，实际上贮藏在地下窖中还是很多不动的，埋藏了好多年，不能流通，一旦见到银元恢复使用，有些人心也活动起来，他们把地下银元掘出来，有些拿它来换美金美钞，有些用来购买房屋地产。

我就有一个亲戚，向来住在江苏安亭，全家都穿得破破烂烂，务农为生，其实他们在地窖中，世代相传，有三千块银元，我家的老坟在安亭，他们在上海只认得我。

有一天，那位亲戚率领了子女儿孙二十多人到上海来，他说："我们在乡间苦了几十年，现在四乡不安，银元既可复用，我们也要到上海来谋生。"说罢之后，身强力壮体格伟岸的青年人，腰间多缠上了二三百银元，好几个老年人身边也各带了几十元，连小孩子身边也塞上几元。我和他们是世交，我对他说："财不可露眼，快快放进我的小房间中。"细细地点数之后，真是三千大元。我从这件事知道了，法令归法令，人民的财富埋在地窖中的，还是不在少数。

银元的市价，当时已经很高，我劝他用一小部分银元先安置一个家，其余的银元，慢慢待善价而沽，一下子卖出是不合算的，我的亲戚深以为然。

这时候，银元的身价已经脱离了现实。从前上海人租屋，很小的一个亭子间也要八元十元，一个统厢房也要三十四十元，但是这时出租房子的人，喊出很大数目的钞票，而折合银元只不过六七元，所以只有银元的身价是平步青云地涨起来。

在抗战将要结束时期，储备票不值钱，大家抢购银元，银元的摊档，全上海总有几千处，实际上并没有什么摊档，只是一个人手里拿了几十块银元，叮叮当当地敲着，就有人走近和他做交易，交易分两种，一种叫大头，价钱贵一些，一种叫小头，价钱便宜些。

这时候，我每天收入的诊金，虽是成捆的钞票，但是陆续换取银元，也不过十七八个银元，虽然我的诊金也跟着加，然而总是追不上银元的价格。

银元买卖的猖獗情况，震动了整个上海，大家只要手头有一些拨款单或钞票（按：这时的钞票面额是万元），就要赶着去买进银元，这是第一个时期的情况。

　　胜利来临，储备票以二百元折合法币一元，银元重又销声匿迹，但是法币的币制也是月月低落，市面上钞票不够用，于是市面上又出现了一种关金券，每一张关金券换法币二十元，但是究竟战争了八年之后，币制不易做到稳定，银元依然蠢蠢欲动。过了一个时期，法币、关金券都站不住，又出了一种金元券，金元券的政策是好的，可是只维持了几十天的正常价格，金元券又崩溃了。金元券一崩溃，银元又出头了，整个上海沿街又重见卖银元的人。街头上只听到一片叮叮当当之声，全是做这种交易的。

　　从前银元的市价，几天一变，渐渐地成为一日一变，更进一步，成为早晚市价不同，总是涨，涨，涨！币值总是跌，跌，跌！

　　银元涨得最厉害的时期，就是一九四八年的秋间，我每天收入的诊金，每隔两小时派人出去换银元，每次银元的价格都不同。有一天，我收到一笔钞票，叫挂号先生去换银元。他老实得很，认为附近一个银元摊索价太高，他走远一些向另一个摊去买，不料这个摊档价格更高，再走几档，价格更高，于是走回来仍旧向附近一个摊去买，不料这个摊的索价又高了，可以说在一个小时之内，会变几变。

　　在这种千变万化的情状之下，许多人都劝我从速离开上海，我听了他们的话，只是默不作声，依然按时临诊。

最后一天，我看了一百个病人的诊金，只换到四个大头。晚上一位西医朋友何云鹤，仍然按时到我家来为我讲述西医的内科学，那一晚讲的是心脏病，他见我神色自若，滔滔不绝地讲了一个半钟头，讲罢之后，他忽然泪盈于眶地说："这样的日子，实在过不下去，你有能力的话，不如早早离开上海，我家累甚重，行不开，走不动，如此情况，真不知伊于何底？"他说罢了，我就答："好，我们的讲学就至今晚为止。"我就拿出二十块银元来送给他，他面色大变，似乎又感激，又悲哀。这位何医生的学识丰富，讲解详细，我从他那里获益不少，在此以前，我已听他讲了两年有余。

正在这时候，又有五六个老同学来，看见我还在听讲书，他们觉得非常奇怪，见到我和何云鹤最后的一幕，他们说："存仁兄，你还是走吧！"这一晚我真无法入睡，眼巴巴地等待天明，整理了一下东西，觉得没有一样东西不想拿，也觉得没有一样东西可以拿，只是走到母亲身边和两位老师讲了几句辞别的话，拿起一个藤包，就此离开上海。我的太太和子女，是后来到香港的。母亲坚守自建的楼宇，不肯离沪，后来仙逝，享年八十三岁，其时我已不在上海了。

我写这篇银元时代的文稿，自此宣告结束，不久银元也在这个时期结束了它的使用价值。

银元时代 从此结束

我到了香港之后，依然以行医糊口。一九五〇年，有一天，我走过一家小兑换店，我就想起了红极一时的银元，在香港究竟能卖多少钱？一问之下才知道港币三元两毫可以换到所谓大头的银元一个。我为了"留念"起见，曾经买了一个，但是在任何场合，从未见有人使用这种银元。

光阴真快，不知不觉已在香港过了二十二年。去年八月我到美国去，在时报广场区内，见到有许多古钱铺，他们卖的是全世界金银杂币。在橱窗中我见到中国的银元也赫然陈列其间，我好奇心动，走进去问了一问价钱，他就取出一块乾隆龙洋，索价美金三十元，我只是对他笑，他说这块钱已成为古董，这一块卖了给你，我没有第二块了。我听了这两句话，苦笑不已。

这篇文稿是我应《大人》杂志之请而写的专载，每月一篇，连写了二年，料不到颇受读者欢迎。其实这些事情，论年份实在很近，好像都在眼前，可是现在说来几乎隔了一世了。其中年月方面有些已记忆不清，要是再隔几年，更不知要变到什么程度。可是知道的人，还是很多，中年以上的人都能记忆得到。我文中有什么错误，希望读者来信为我指正，不久，可能有《银元时代生活史》再版，可以逐一改正的。

原版后记

值此父亲100周年诞辰之际，谨重刊此书以为纪念。

我的父亲名保康，字存仁（又名承沅），于1908年出生在上海老城厢一个世代经商之家。祖上饶有资产，祖父及其五房弟兄在大东门一带开设了两家衣庄和两家绸缎庄。然而，在父亲八岁那年，由于经营不善，家道中落，两家衣庄及绸缎庄全部变卖还债，而祸不单行，祖父又罹急病遽然西归。孤儿寡母，没有了经济来源，全靠亲友接济度日，艰难困苦，可想而知。幼年的父亲便是在这样贫困的环境中成长起来的。父亲十多岁时，中学毕业后，在伯祖的资助下，根据祖父要让父亲学医的遗言，投考了由丁甘仁先生创办、由谢利恒先生任校长的"上海中医专门学校"。

为了阅读中医典籍，父亲又先后拜姚公鹤先生和章太炎先生为师，补习国文。由于家境贫困，父亲在读书之余还应征为丁福保先生做过抄写和剪贴工作，并时常忙里偷闲，写些短文，用"存仁"或"绿豆"作笔名，投寄当时《申报》的副刊"常识"和小报《晶报》《金钢钻》等，以获取一些稿酬，补贴生活之需。由于生活的磨炼，父亲从小养成了勤奋好学和写作的习惯，他一生除行医外，每天至少花两个小时写作，从不中辍。很多年后，父亲青年时代的朋友秦瘦鸥世伯，在一篇文章中回忆说：我和陈存仁年龄差不多，"加上都爱爬格子，向大小报投稿，于是很自然地碰到了一起（这也许就是佛教所说的缘分吧）。可我们在性格上毕竟还有差别：他沉着稳重，克制力很强，我则大胆好奇，喜爱热闹。另外有几个游侣如姚克、鄂森等经常和我去餐馆或上跳舞厅，甚至跟着别人闯进赌场或妓院去，竟想在堕落的'雪坡'上试一试'滑翔'的滋味。陈存仁却从来不愿同行，几次之后，我们也不再邀他了。当时，我们都还纯真坦率，并没有为此责怪他没有哥儿们的义气。后来我变得懂事了，一经追想，更不由不对陈存仁的富于定力，不随波逐流，感到是一种可贵的品质，也使他在十几年后便功成业就，从无数的同道中脱颖而出"（《上海滩》1992 年第 6 期）。诚如秦世伯所言，父亲的这种品质正是他日后事业成功的基本条件，而父亲这种优秀品质的形成，除了其幼年失怙、家境贫寒的客观环境的逼迫外，还得益于其所拜之师丁甘仁、丁仲英、谢利恒、姚公鹤、章太炎、丁福保诸位先生的教导和熏陶，这在父亲的著作《银元时代生活史》中有所反映。

父亲在上海中医专门学校毕业后，先后跟随丁甘仁先生和其哲嗣仲英先生写方实习。在实习阶段，父亲就筹划创办一份医药防病保健卫生常识方面的报刊，名曰《康健报》，这个想法一提出来，便得到了丁仲英和丁福保先生的支持。父亲经过周密的筹备之后，终于刊行了中国历史上第一份医药报刊。这份报纸有很多名医名人撰稿，且"编排格式新颖，大小标题做得引人注目，因此，才发行了二三期，就在社会上激起了一定程度的轰动"（《上海滩》1992年第6期）。《康健报》第一期就发行了一万四千份，以后，又获得八千户固定订户。

实习两年后，父亲获得了一定的诊病经验，获师同意后，便在山东路二号（南京路口）租得两间屋子，独立开设诊所，正式挂牌行医。由于初出茅庐，加上诊费订得较贵，开始一段时间病家并不多，每天只有三五个病人。当时父亲才二十岁，而人们选择医生总以为越老越有经验，为了适应这种心理，父亲有意识地成年穿着深色的长袍马褂，架一副平光眼镜，戴一项瓜皮帽，俨然成了一个"小老头"。在父亲的苦心经营下，数年以后，诊务有了较大的发展。这期间，父亲曾医好了于右任先生的伤寒病，与右老结下了一段友情。

1929年3月17日，为了抗议国民党政府中央卫生委员会提出的"根本提倡西药，推翻中医中药决议案"，全国医药界代表聚集上海总商会，召开"全国医药团体代表大会"，商讨对策。父亲便是这场抗议运动的发起组织者之一。大会推举了五名代表赴京请愿，父亲是为代表之一。事后，父亲撰写了《三一七国医节事件回忆录》一书。这一事件后，父亲被卫生部聘为顾问。

1935年，父亲积数年之辛劳，主编出版了一部三百多万字的《中国药学大辞典》，由世界书局出版。《中国药学大辞典》一版再版，前后达二十七版。但为了编撰这部药典，父亲疲劳过度，得了严重的神经衰弱症，休养了数月之久，才逐渐康复。两年后，父亲又主编了一部《皇汉医学丛书》，其中收集的汉医书籍达四百多种，亦由世界书局出版。秦世伯在他的文章中也谈到了父亲编撰《中国药学大辞典》之事，他说："他的规划如此细致周密，不由我不觑着他那张镇定的脸，怔了好一阵子。孔子曰：'毋友不如己者。'这个陈存仁，岂但我所不及，简直使我五体投地了。"（《上海滩》1992 年第 6 期）

1948 年底，上海物价狂涨，货币贬值，生活无以为继，父亲不得已决定离开上海，到香港另谋生路。1949 年初，父亲举家迁往香港。当时父亲所有的积蓄总共是九千港币，连订一间小公寓也不够。我一位在香港的外叔公问我父亲："沅哥，看你在上海时气派还不小，你真的只有这么一点点？好了，我现在有些事去美国几个月，你一家四人就暂时住在我这里，不必付租。唯一条件就是我这个广东用人跟了我多年，你用下去。"总算住的问题暂时解决了。在人生地不熟的香港，一切得从零开始。父亲又开始觅房设诊所，挂牌行医。香港多广东人，通行粤语，父亲深知，要赢得病家，必须克服语言的障碍，他特地聘用了两名粤籍少女做助手，一位担任挂号，一位充当翻译，自己则拼命地学广东话。同时，在行医之余，父亲仍勤奋地写作。他在香港销路最大的《星岛晚报》上辟了一个专栏"津津有味谭"，专门谈如何吃的问题，提倡在汤菜中加些中药的饮食疗法，这颇受素来讲究饮食的粤籍人士的欢迎。至今，香港五十岁以上的人对"陈存仁"这个名字仍很熟悉。

这个专栏一写就是二十年，天天一篇，一年三百六十五天，从不间断。父亲从不收取一文稿酬，但文章刊登的版面位置是从不变更的，他希冀的是一种广告效应。很快，父亲便在香港打开了局面。

父亲一生致力于弘扬祖国的传统医学。1935 年，父亲任中国医学院常务董事兼总务主任，为扩建学院，他亲自起草了集款建院的计划书，并自捐巨款，与各位董事倡导集款筹建了五座大厦。他一手创建的国医图书馆，所藏医书甚多，管理先进。然而惜逢"八一三"事变，新建大厦全部毁于战火。在香港，他参与创办了香港针灸学会，并被推举为会长。1978 年，墨西哥芭蕾舞团应邀到香港访问演出时，应当时的香港总督夫人要求，父亲曾派自己的学生去为他们针灸疗伤，针灸几次后，该团几位首席舞星的腿伤霍然痊愈。数月后，这个学生被邀请到墨西哥为墨总统针灸。这件事也多少影响了香港英国人对中医药的看法。香港中文大学创建"中药研究中心"，聘父亲为"建筑基金会主席"，父亲非常高兴，不遗余力，以一人之力，筹得捐款达一千二百万元以上，为中药研究作出了贡献。

父亲一生致力于整理和研究祖国的传统医学，他除了早年编纂的《中国药学大辞典》和《皇汉医学丛书》外，到香港后，又陆续编纂了《中医师手册》《医药常识丛书》《中国医学史》《中国药学大典》等著作。其中，《中国药学大典》是 1978 年应日本讲谈社之请而编纂的，当时父亲已年届古稀，他整整耗费了三年的时光，编纂完成了这部四大册的皇皇巨著。为了编纂这部巨著，父亲由于用脑过度，曾两度小中风。

除了医学著作之外，父亲还曾接受香港《大人》杂志之邀，连续撰写了《银元时代生活史》和《抗战时代生活史》两部关于旧上海生活的札记类书。父亲是老上海，生于斯，长于斯，又因工作关系，阅人无数，交游甚广，上至达官贵人，下至三教九流，几乎都有接触，加上他每天记日记，保存了丰富的资料，所以关于老上海的故事，往往信手拈来，便是一则兴味盎然的趣事。20世纪70年代初，香港拍摄了一部电视连续剧《上海滩》，轰动一时，而片头打出的特别顾问就是"陈存仁"，虽然他们并未征得父亲同意，但他仍很得意。

父亲一生行医，他的经验很丰富，诊断力很强，经过父亲诊断的病人，如中医药无法治疗，父亲就会告知病人，你得的是某某病，应找某某科专家，不然会误事的，许多次以后，连香港最有名的西医也不得不佩服父亲的诊断力之强。其实，父亲是一个很注重学习的人，他不仅注重中医药学的学习研究，而且同样认真地学习西医的理论和知识，早在1946年，他就曾聘请一位西医每天为他授课两小时，学习西医的病理学知识，如此坚持了两年之久。

父亲一生还参加了很多社会活动。1929年，他发起组织了"三一七"国医抗争活动。1948年，父亲被沪中医界选举为国大代表，他在大会中，对国事倒行逆施，感慨不绝，除中医提案外，不发一言，选举总统时，竟未投票，并将选票带回。1957 年，父亲又被选为东华三院高级慈善机关总理。20 世纪 70 年代中期，父亲被聘入选为香港苏浙同乡会副会长，这是在香港上海人的民间组织，历来由工商界的顶级人物担任名誉职务。

1985 年，因年龄和健康的关系，父亲宣告退隐，并移居美国洛杉矶市。1990 年 9 月 9 日，父亲在睡眠时因突发脑溢血而逝世。正如秦世伯在文中所言："他走得很匆促，也很潇洒。"

父亲生前一直希望我能继承他的事业，跟随他学医，但因那时我就读于上海南洋模范中学，对理工科有兴趣，故未能听从父亲的意愿，弃理从医。几十年后，我却为此感到十分后悔，为当时放弃了这样好的条件，未能继承父亲的事业而深深遗憾。1992 年，经朋友介绍，我在成都结识了对中药颇有研究的四川企业家李星炜先生，我们合资成立了一家生产中成药的制药公司，并发展成今天的三勒浆药业集团，以先进的生物技术来分析中药的有效成分，使中药更能发挥其效用，造福于人类，以此稍补我心底的遗憾。

陈树桐